Knaur

Von Deepak Chopra sind außerdem erschienen:

Die Körperzeit (Band 76095)
Die heilende Kraft (Band 76107)

Über den Autor:

Dr. med. Deepak Chopra ist Internist und Endokrinologe sowie Vorsitzender der »American Association for Ayurvedic Medicine«. Er ist Chefarzt am Maharishi Ayurvedic Health Center in Lancaster, Mass., USA. Dr. Chopra hält weltweit Vorträge über ayurvedische Medizin, u.a. bei der Welt-Gesundheitsorganisation, bei den Vereinten Nationen und an der Yale University.

Dr. med. Deepak Chopra

Die Körperseele

Grundlagen und praktische Übungen der indischen Medizin

Aus dem Amerikanischen von Michael Larras

Knaur

Die amerikanische Originalausgabe erschien unter dem Titel »Perfect Health. The Complete Mind/Body Guide«.

Für Maharishi Mahesh Yogi, dessen zeitloses Wissen dieses Buch möglich machte

Besuchen Sie uns im Internet:
www.droemer-knaur.de

Vollständige Taschenbuchausgabe Januar 1999
Droemersche Verlagsanstalt Th. Knaur Nachf., München
Dieser Titel erschien bereits unter der Bandnummer 76009.

Umschlaggestaltung: Vision Creativ, München
Umschlagillustration: Mauritius/Mallaun, Mittenwald
Gesamtherstellung: Ebner Ulm
Printed in Germany
ISBN 3-426-72229-1

5 4 3 2 1

INHALT

I EIN BEREICH NAMENS »VOLLKOMMENE GESUNDHEIT«

I EINLADUNG ZU EINER HÖHEREN WIRKLICHKEIT

Es gibt in jedem Menschen einen Bereich, der frei von Krankheit bleibt, niemals Schmerz empfindet und weder altern noch sterben kann. Wenn wir uns in diesen Bereich begeben, verlieren Begrenzungen, mit denen jeder glaubt, leben zu müssen, ihre Gültigkeit. Sie werden nicht einmal mehr als Möglichkeit in Erwägung gezogen. Dieser Bereich trägt den Namen »vollkommene Gesundheit«. Die Aufenthalte darin mögen sehr kurz sein, können aber auch viele Jahre dauern. Aber selbst der kürzeste Aufenthalt verursacht einen tiefgreifenden Wandel: Solange wir dort sind, verlieren die gemeinhin das Leben beherrschenden Ansichten ihre Allmacht, und die Möglichkeit einer neuen, höheren und erfüllenderen Existenz beginnt sich zu entwickeln. Das vorliegende Buch wurde für Menschen geschrieben, die dieses Neuland der Existenz erforschen und in ihrem Leben dauerhaft verwirklichen wollen.

Die Ursache einer Krankheit ist oft sehr komplex, doch eines kann mit Sicherheit gesagt werden: Es gibt keinen Beweis dafür, daß Krankwerden notwendig ist. In der Tat ist das Gegenteil der Fall. Täglich kommen wir mit Millionen von Viren, Bakterien, Allergenen und Pilzen in Berührung, doch nur in den seltensten Fällen führt dies zu einer Erkrankung. Immer wieder bekommen Ärzte Patienten zu sehen, in deren Atemwegen ganze Kolonien hochvirulenter Meningokokken völlig harmlos vor sich hin leben. Nur sehr selten brechen sie von dort aus und verursachen eine Hirnhautentzündung, eine ernste, bisweilen sogar tödliche Infektion des Zentralnervensystems.

Was löst einen solchen Ausbruch aus? Niemand weiß es genau, doch scheint dabei ein geheimnisvoller Faktor eine Rolle zu spielen, die sogenannte »Kontrolle durch den Wirt«. Das besagt, daß wir, die

»Wirte« der Krankheitserreger, ihnen entweder die Tür öffnen oder sie irgendwie vor ihnen verschlossen halten. Über 99,99 Prozent der Zeit ist die Tür geschlossen, was bedeutet, daß wir alle der vollkommenen Gesundheit viel näher sind als wir meinen.

Die Haupttodesursache in den Industrieländern sind Erkrankungen des Herzens, meist verursacht durch Ablagerungen in den Herzkranzarterien, die das Herz mit sauerstoffreichem Blut versorgen. Wenn Ablagerungen von Cholesterin und anderen Schlackenstoffen diese Arterien zu verstopfen beginnen, kommt es zu Sauerstoffmangel im Herzen, wodurch die Herzfunktion beeinträchtigt wird. Dennoch ist der Verlauf von Herzkrankheiten von Mensch zu Mensch sehr unterschiedlich. Der eine kann infolge einer einzigen Ablagerung durch die bedrückenden Schmerzen einer Angina pectoris außer Gefecht gesetzt werden, ein anderer mit mehreren Ablagerungen, die ausgedehnt genug sind, um fast die gesamte Sauerstoffzufuhr zum Herzen zu blockieren, spürt vielleicht gar nichts. Man weiß von Marathonläufern, deren Herzkranzgefäße zu 85 Prozent verstopft waren; andererseits können Menschen mit völlig freien Blutgefäßen das Opfer einer Herzattacke werden. Die Fähigkeit unseres Körpers, Krankheiten abzuwehren, ist höchst unterschiedlich.

Zusätzlich zu unserer körperlichen Widerstandskraft haben wir alle eine starke emotionale Resistenz gegen Krankheiten. Eine meiner älteren Patientinnen drückte dies so aus: »Ich habe mich genügend in die Psychologie eingelesen, um zu wissen, daß man von einem ›normalen‹ Erwachsenen erwartet, daß er sich mit dem Gedanken abfindet, krank und alt zu werden und schließlich zu sterben. Auf einer bestimmten Ebene kann ich das nachvollziehen, aber rein vom Gefühl und Instinkt her glaube ich es einfach nicht. Krank werden und körperlich verfallen kommt mir vor wie ein schrecklicher Fehler, und ich habe immer gehofft, daß jemand kommt und die Sache korrigiert.«

Diese Frau ist heute fast siebzig, und ihre körperliche und geistige Verfassung ist ausgezeichnet. Als ich sie fragte, wie sie sich die kommenden Jahre vorstelle, bekam ich zur Antwort: »Sie mögen mich zwar für verrückt halten, aber meiner Empfindung nach werde ich nicht altern und auch nicht sterben.«

Ist das wirklich so unsinnig? Menschen, die sich für zu beschäftigt halten, um krank zu werden, erfreuen sich bekanntlich einer überdurchschnittlich guten Gesundheit, während jene, deren Gedanken sich häufig um Krankheit drehen, auch anfälliger sind.

Ein anderer Patient berichtete, daß ihm die Vorstellung vollkommener Gesundheit deswegen zusage, weil es ein kreativer, ja vielleicht der einzig sinnvolle Ansatz sei, um mit den unüberschaubaren Problemen fertig zu werden, vor denen die Medizin heute steht. Als erfolgreicher leitender Mitarbeiter einer Elektronikfirma verglich er die Idee vollkommener Gesundheit mit jenen gedanklichen Durchbrüchen, die ein Unternehmen von Grund auf umgestalten können. »Visionäres Denken« ist eine einzigartige Form von Problemlösung: Um eine gegebene Situation zu verbessern, wird zunächst das Ziel viel höher gesteckt, als jeder es sich vorstellen kann, und dann nach Mitteln und Wegen gesucht, um die Vision zu verwirklichen. »Wenn die Leute weiterhin denken und handeln wie bisher«, meinte dieser Mann, »so können sie ihre Leistung wohl um fünf bis zehn Prozent steigern, indem sie härter arbeiten. Will man aber eine Leistungssteigerung um das Doppelte oder gar Zehnfache erreichen, so muß man die Meßlatte so hoch hängen, daß die Leute sagen: ›Also, wenn Sie eine derartige Verbesserung haben wollen, dann müssen wir es völlig anders anpacken.‹«

Visionäres Denken hat bei fortschrittlichen Computerfirmen im kalifornischen Silicon-Valley Anwendung gefunden: Wenn beispielsweise die gegenwärtige Ausführung einer Hardware oder Software für ihre Entwicklung 48 Monate bis zur vollen Marktreife gebraucht hat, so plant man für die nächste Generation nur 24 Monate ein. Wenn man die Fehlerquote bei der Herstellung auf fünf Prozent senken konnte, so ist die nächst anvisierte Quote Null. Genauso geht es mit der vollkommenen Gesundheit – wir stecken uns die Fehlerquote Null als Ziel und sehen dann, wie wir dieses Ziel erreichen können. In der Computerindustrie kann die Reparatur fehlerhafter Geräte acht- bis zehnmal mehr kosten, als von vornherein fehlerfreie Geräte zu bauen. Aus diesem Grund ist es ökonomisch sinnvoller, von vornherein Spitzenqualität zu erzeugen, als im nachhinein am Mittelmaß herumzukurieren.

Dasselbe gilt auch für den medizinischen Bereich, wo Vorbeugen sowohl in menschlicher wie in ökonomischer Hinsicht viel günstiger ist als eine Behandlung. Eine 1988 in den USA durchgeführte Umfrage ergab, daß die Amerikaner mehr als alles andere eine lange, schwere Krankheit fürchten. Und zwar nicht wegen der damit verbundenen Schmerzen und Leiden, sondern weil solch eine Krankheit leicht die ganze Familie an den Bettelstab bringen kann. Selbst der Tod wird weniger gefürchtet. Aber auch hierzulande, wo die Behandlungskosten weitestgehend von den Krankenkassen getragen werden, ergeben sich durch Krankheit zahlreiche Folgekosten und Verluste für die Umwelt. Es ist also klar, daß wir einen neuen medizinischen Ansatz brauchen, der das Prinzip »Qualität von Anfang an« zum Grundprinzip hat und dies Prinzip beim einzelnen Menschen umzusetzen vermag.

VISION EINER NEUEN MEDIZIN – MAHARISHI-AYURVEDA

Das erste Geheimnis vollkommener Gesundheit, das wir lüften wollen, ist, daß wir uns für sie entscheiden müssen. Wir können nur so gesund sein, wie wir es für möglich halten. Vollkommene Gesundheit beschränkt sich nicht auf einen zögernden Schritt hier und da. Sie verlangt einen völligen Umschwung in unserer Sicht der Dinge, durch den Krankheit und Alterung unannehmbar werden.

Ist aber eine Null-Fehler-Quote bei einem so komplexen Gebilde wie dem menschlichen Körper überhaupt denkbar? Nach Ansicht des US-amerikanischen National Institute of Aging, das sich mit der Erforschung des Alterungsprozesses befaßt, hat sich bislang keinerlei Ernährungsweise, Übungsprogramm, Vitamintherapie, medikamentöse Behandlung oder Veränderung der Lebensgewohnheiten als zuverlässig lebensverlängernd erwiesen. Die Verhütung degenerativer Erkrankungen bei alternden Menschen wie Herzleiden, Hirnschlag, Krebs, Arteriosklerose, Arthritis, Diabetes, Osteoporose und anderes mehr ist heute zwar in größere Nähe gerückt als je zuvor, aber noch immer unwahrscheinlich. Statistisch gesehen wird die Senkung des Cholesterinspiegels bei einer großen Anzahl von Menschen zwar das Risiko von Herzattacken senken, doch eine Garantie für jeden einzelnen kann nicht gegeben werden. In der Öffentlichkeit sprechen die Forscher zwar optimistisch von bahnbrechenden Erfindungen bei der Heilung von Krebs und anderen unheilbaren Krankheiten, sind sie aber unter sich, ist dieser Optimismus wesentlich gedämpfter. Kaum einer von ihnen erwartet mehr als eine »Politik der kleinsten Schritte«.

Um unseren Gesundheitszustand um das Doppelte oder gar Zehnfache zu verbessern, bedarf es eines anderen Wissens, das auf einem tieferen Verständnis des Lebens gründet. Dieses Buch stellt eine einzigartige Quelle solchen Wissens dar, eines Systems vorbeugender Heil- und Gesundheitskunde namens Maharishi-Ayurveda. Der vedischen Hochkultur Indiens vor mehr als 5000 Jahren entstammend, hat der Begriff Ayurveda seinen Ursprung in den beiden Sanskrit-Wörtern *ayus*, »Leben«, und *veda*, »Wissen« oder »Wissenschaft«. Ayurveda wird daher gewöhnlich als »die Wissenschaft vom Leben« übersetzt. Eine andere und genauere Lesart wäre: »das Wissen von den Lebensspannen«.

Der Zweck des Ayurveda ist, uns zu lehren, wie unser Leben beeinflußt, geformt, erweitert und schließlich gesteuert werden kann, ohne daß es dem störenden Einfluß von Krankheit und Alterung unterworfen ist. Der Grundgedanke des klassischen Ayurveda besteht darin, daß der Geist einen bestimmenden Einfluß auf den Körper ausübt und daß Freisein von Krankheit letztlich darauf beruht, daß wir uns mit unserem Bewußtsein in Verbindung setzen, es ins Gleichgewicht bringen und dieses Gleichgewicht dann auf den Körper ausdehnen. Mehr als jede rein körperliche Immunität erzeugt dieser Zustand ausgewogener Bewußtheit einen höheren Gesundheitszustand.

Der klassische Ayurveda umfaßt das gesamte Wissen von Weisen, deren Tradition viele Jahrhunderte vor dem Bau der Pyramiden begann und von Generation zu Generation weiterentwickelt wurde. Der Maharishi-Ayurveda – ein dem modernen Wissenschaftsverständnis entsprechendes System auf der Grundlage dieses Wissens – kam erst ab 1985 in den Westen. Er ist nach Maharishi Mahesh Yogi, dem Begründer der Transzendentalen Meditation, benannt worden, der sich zu Beginn der achtziger Jahre darum bemühte, den Ayurveda wiederzubeleben.

Ich hatte das Glück, einer der ersten Ärzte zu sein, die dieses neue Heilwissen anwenden konnten. In den vergangenen sechs Jahren habe ich damit mehr als 10000 Patienten behandelt und über 100 andere Ärzte in der Theorie und Praxis des Ayurveda unterwiesen. Die Übernahme des Maharishi-Ayurveda bedeutete für mich nicht, daß ich mein bisheriges schulmedizinisches Wissen aufgab, sondern daß ich es erweiterte. Die Verbindung von Maharishi-Ayurveda und westlicher Schulmedizin schafft eine Synthese von uralter Weisheit und moderner Wissenschaft, und es hat sich gezeigt, daß sich beide bestens miteinander vereinbaren lassen. Als Arzt erstelle ich nach wie vor eine Anamnese (Krankheitsvorgeschichte), untersuche die Patienten in üblicher Weise und stütze mich bei meiner Diagnose auf objektive Befunde; darüber hinaus jedoch leite ich meine Patienten dazu an, nach innen zu schauen und diese lebenswichtige ausgewogene Bewußtheit in sich selbst zu finden.

DER QUANTENMECHANISCHE MENSCHLICHE KÖRPER

Um zu verstehen, wie das geschehen kann, müssen wir uns zunächst einmal gründlicher mit dem menschlichen Körper befassen. Im Ayurveda gilt der physische Körper als das Tor zu dem, was ich den »quantenmechanischen Körper« nennen möchte. Die Physik beschreibt die Grundstruktur der Natur auf der Ebene der Quanten, die unendlich kleiner als Moleküle und selbst Atome sind. Ein Quant, definiert als die kleinste Einheit von Energie oder Materie, ist zehn- bis hundertmillionenmal kleiner als das kleinste Atom.

Auf dieser Ebene sind Materie und Energie austauschbar. Alle Quanten bestehen aus unsichtbaren Schwingungen – einer Art schemenhafter Energie –, die darauf warten, eine physische Form anzunehmen. Laut Ayurveda trifft dies auch auf den menschlichen Körper zu. Dieser entsteht zunächst in Gestalt intensiver, aber noch unsichtbarer Schwingungen, Quantenfluktuationen genannt, bevor er sich zu Energieimpulsen und Materieteilchen verdichtet.

Der quantenmechanische Körper bildet die eigentliche Grundlage für alles, was wir sind: Gedanken, Gefühle, Eiweißbausteine, Zellen, Organe – für jeden sichtbaren oder unsichtbaren Teil unserer selbst. Auf der Ebene der Quanten sendet unser Körper alle möglichen unsichtbaren Signale aus und wartet darauf, daß wir sie wahrnehmen. Unter dem spürbaren Puls pocht ein »Quantenpuls«, und da ist ein »Quantenherz«, das ihn hervorbringt. Aus der Sicht des Maharishi-Ayurveda haben alle Organe und Vorgänge in unserem Körper ein entsprechendes Gegenstück auf der Ebene der Quanten.

Der quantenmechanische Körper wäre zu nicht viel nütze, könnten wir ihn nicht wahrnehmen. Glücklicherweise ist das menschliche Bewußtsein auf Grund der unvorstellbaren Empfindlichkeit unseres Nervensystems fähig, diese feinen Schwingungen aufzunehmen. Ein einzelnes Photon, das auf die Netzhaut des Auges trifft, erzeugt dort einen weit geringeren Effekt als ein Staubpartikel, das auf einen Fußballplatz fällt. Dennoch können die hochentwickelten Nervenenden der Netzhaut, die sogenannten Stäbchen und Zapfen, tatsächlich ein einzelnes Photon wahrnehmen, eine Nachricht darüber an das Gehirn weiterleiten und so den Lichteindruck vermitteln. Man könnte die Stäbchen und Zapfen mit riesigen Radioteleskopen vergleichen, jenen gewaltigen Apparaten, die noch die feinsten Signale aus den weitesten Fernen des physikalischen Universums empfangen und sie so verstärken können, daß wir sie mit unseren Sinnen direkt wahrzunehmen vermögen.

Durch die Behandlung des allem zugrundeliegenden quantenmechanischen Körpers selbst kann der Maharishi-Ayurveda Veränderungen bewirken, die deutlich außerhalb der Reichweite der Schulmedizin liegen, die sich ja auf die grobe Physis des Körpers beschränkt. Dies liegt daran, daß die auf der Ebene der Quanten verfügbare Energie wesentlich größer ist als die auf den gröberen Ebenen. Die Explosion einer Atombombe, die ein gigantisches Quantenereignis darstellt, ist ein Beispiel dafür. Ein konstruktiveres ist der Laser, der gewöhnliches Licht, wie es aus einer Taschenlampe kommt, in kohärente Quantenschwingungen umwandelt, daß damit Stahl geschnitten werden kann.

Hier ist das Quantenprinzip am Werk, an dem sich zeigt, daß die feinsten Ebenen der Natur das größte Energiepotential enthalten. Die schwarze Leere des Weltraums zwischen den Galaxien ist zwar frei von Materie, aber selbst dort befindet sich eine unvorstellbare Menge verborgener Energie, genug in jedem Kubikzentimeter, um einen Stern hervorzubringen. Nur durch einen Quantensprung wird diese sogenannte »virtuelle Energie« explosionsartig in Form von Hitze, Licht und anderen sichtbaren Formen von Strahlung freigesetzt.

Wir alle wissen, daß beim Verbrennen eines Stückchens Holz sehr viel weniger Energie freigesetzt wird, als wenn man seine Atome durch eine Kernreaktion zertrümmern würde. Aber wir haben die schöpferische Seite dieses Beispiels noch nicht betrachtet: Wenn man auf der quantenmechanischen Ebene irgend etwas Neues erzeugt, so ist dies genauso machtvoll, als wenn man es zerstört. Die Natur läßt Felsen, Bäume, Sterne und Milchstraßen entstehen, aber der Mensch ist tagtäglich damit beschäftigt, etwas meiner Meinung nach noch viel Komplexeres und Kostbareres als einen Stern hervorzubringen, nämlich seinen Körper. Ob wir uns dessen bewußt sind oder nicht, sind wir doch alle verantwortlich dafür, wie der Körper, den wir bewohnen, beschaffen ist.

Im Winter 1988 sorgte der Kardiologe Dean Ornish aus San Francisco für Schlagzeilen, als er nachwies, daß 40 Herzkranke in fortgeschrittenem Stadium die Ablagerungen von fettigen Schlackenstoffen in ihren Herzkranzgefäßen tatsächlich abbauen konnten. Als sich die Arterien dieser Patienten allmählich wieder öffneten, gelangte vermehrt Sauerstoff in ihre Herzen, ließ die beklemmenden Brustschmerzen verschwinden und verringerte das Risiko einer tödlichen Herzattacke.

Statt zur Öffnung der Arterien auf konventionelle Medikamente oder die Herzchirurgie zurückzugreifen, wandte die Patientengruppe von Dr. Ornish einfache Yoga-Übungen, Meditation und eine strikt cholesterinarme Diät an. Was war nun an diesem Ergebnis so bemerkenswert? Die Schulmedizin hatte bis zu diesem Zeitpunkt nie anerkannt, daß eine derartige Erkrankung der Herzkranzgefäße wieder rückgängig gemacht werden kann. Die offizielle Haltung ist, daß eine einmal erkrankte Arterie einem vorgezeichneten Krankheitsverlauf folgt: Ganz gleich, was der Patient glaubt, denkt, ißt oder sonstwie tut, steuern solche Arterien unaufhaltsam ihrem grimmigen Schicksal entgegen und zerfallen jeden Tag ein wenig mehr, bis sie schließlich ganz verstopfen und dem Herzmuskel die Luft abgeschnürt wird.

Auf der Quantenebene ist dagegen kein Teil des Körpers von den übrigen getrennt. Zwar gibt es keine Drähte, die die Moleküle unserer Arterien zusammenhalten, ebensowenig wie die Sterne einer Galaxie durch Drähte zusammengehalten werden, doch werden beide, Arterien wie Galaxien, nach einem nahtlosen, vollkommenen Muster zuverlässig zusammengefügt. Diese unsichtbaren Verbindungen, die selbst unter einem Mikroskop nicht erkennbar sind, lassen sich auf die Quanten-Natur zurückführen. Ohne diesen »verborgenen Organismus« hätte unser sichtbarer Organismus keinen Bestand. Er käme nie über den Zustand einer zufälligen Teilchenansammlung hinaus.

Aus der Sicht des Maharishi-Ayurveda läßt sich Dr. Ornishs Durchbruch auf dem Gebiet der Herztherapie auch auf jede andere Störung anwenden, wenn man weiß, wie man den quantenmechanischen Körper einsetzen muß. Eine Ablagerung von cholesterindurchsetzten Schlacken sieht zwar fest aus wie Rost in einem alten Rohr, aber diese Ablagerung ist lebendig und veränderlich wie der übrige Körper. Neue Fettmoleküle dringen ein und lösen sich wieder, neue Kapillaren bilden sich, die Sauerstoff und Nährstoffe heranschaffen. Das wirklich Neue an Dr. Ornishs Studie ist die Erkenntnis, daß wir das, was wir in unserem Körper entstehen lassen, auch wieder abbauen können. Ein Patient, der mit Fünfzig an einer Herzattacke stirbt, hat ungezählte Chancen gehabt, sich neue Arterien aufzubauen. Eine Patientin, bei der mit Siebzig an der Wirbelsäule Osteoporose auftritt, hat ungezählte Chancen gehabt, eine gesunde Wirbelsäule zu erzeugen. (Die Chancen sind nicht einzeln zählbar, denn der Umbau des Körpers ist ja ein stetig fließender Prozeß. Wir müßten aber in der Lage sein, eine beschädigte Arterie oder einen brüchigen Knochen innerhalb weniger Wochen oder Monate zu heilen.) Wir bauen alle ständig unseren Körper neu auf.

Warum sollten wir nicht eine gesunde Arterie, eine gesunde Wirbelsäule, ja, einen ganz und gar gesunden Menschen hervorbringen können?

In der alten vedischen Tradition Indiens gilt Intelligenz als das der gesamten Natur zugrundeliegende Grundprinzip. Das Universum ist schließlich keine »Energiesuppe«, kein bloßes Chaos. Das unglaublich exakte Zusammenspiel aller Bestandteile unserer Welt, insbesondere die erstaunliche Existenz von Erbinformationen, spricht für das Vorhandensein einer unendlichen Intelligenz in der Natur. Oder, wie es ein Astrophysiker formulierte: Es ist ebenso wahrscheinlich, daß Leben ein Zufallsprodukt ist, wie es wahrscheinlich ist, daß ein Wirbelsturm über einen Schrottplatz fegt und dabei eine Boeing 707 entstehen läßt.

Eine der wesentlichsten Veränderungen der Naturwissenschaften besteht in dem plötzlichen Aufkommen von Erklärungsmodellen, die Intelligenz als konstituierende Kraft des Universums mit einbeziehen. (In der Physik gibt es beispielsweise das sogenannte anthropische Prinzip, demzufolge die ganze Schöpfung seit dem Urknall speziell darauf angelegt ist, den Menschen hervorzubringen.)

Warum ist das für uns von Bedeutung? Weil der Maharishi-Ayurveda in seiner Gesamtheit nichts Geringeres als eine Technologie ist, mittels derer wir die Ebene der Quanten in uns selbst erreichen können. Um dorthin zu gelangen, benötigen wir spezielle Techniken – ich werde noch im einzelnen darauf eingehen –, die es uns erlauben, hinter die Maske des stofflichen Körpers zu schauen. Wir müssen darüber hinaus die beständige Aktivität überwinden, die unser Bewußtsein erfüllt wie der Lärm eines Radios, das sich nicht mehr abstellen läßt. Jenseits dieses geistigen Redeschwalls liegt ein Bereich der Stille, der so leer erscheint wie das Quantenfeld im Weltraum zwischen den Sternen. Wie dieses birgt jedoch auch unser inneres Feld der Stille reiche Möglichkeiten.

Diese Stille in uns ist der Schlüssel zu unserem quantenmechanischen Körper. Es ist keine chaotische, sondern eine geordnete Stille. Sie hat wie unser Körper Gestalt, Zweck und Ziel, und in ihr laufen vielfältige Vorgänge ab. Statt den Körper als eine Ansammlung von Zellen, Gewebe und Organen anzusehen, können wir die

Quantenperspektive einnehmen und sehen ihn dann als einen stillen Fluß von Intelligenz, als ein unablässiges Aufperlen von Impulsen, die den stofflichen Körper erzeugen, steuern und letztendlich zu ihm werden. Das Lebensgeheimnis auf dieser Ebene ist, daß alles und jedes in unserem Körper auf einen Wink unseres Willens hin verändert werden kann.

Das mag zunächst unglaubhaft erscheinen. Lassen Sie mich deshalb ein Beispiel anführen: Timmy ist ein scheinbar ganz normaler Sechsjähriger. Aber er leidet an einer der seltsamsten in der Psychiatrie bekannten Störungen, dem Syndrom der multiplen Persönlichkeit. Timmy hat mehr als ein Dutzend verschiedener Persönlichkeiten, jede mit ihrer eigenen Gefühlswelt und Stimme, ihren eigenen Neigungen und Abneigungen. Solche Menschen mit einer multiplen Persönlichkeit sind nicht nur vom psychologischen Standpunkt aus bemerkenswert: Wenn sie aus einer Persönlichkeit in eine andere schlüpfen, vollziehen sich in ihrem Körper erstaunliche Veränderungen. Eine Persönlichkeit könnte beispielsweise zuckerkrank sein; dann würde während dieser Phase ein tatsächlicher körperlicher Insulinmangel vorliegen. Eine andere Persönlichkeit desselben Menschen könnte dagegen einen völlig gesunden Zuckerstoffwechsel haben; man würde bei ihm während dieser Phase ganz normale Insulinwerte messen. Genauso könnte eine Persönlichkeit Bluthochdruck haben, der lediglich während dieser Persönlichkeitsphase auftreten würde, in einer anderen aber nicht. Und auch Warzen, Narben, wunde Stellen und andere Hautmale sah man auftreten und verschwinden, je nachdem, welche Persönlichkeit gerade gelebt wurde.

In der Literatur über das Syndrom der multiplen Persönlichkeit wird über Patienten berichtet, bei denen sich im EEG das Muster der Hirnstromkurven plötzlich verändern oder deren Augenfarbe sich schlagartig von blau in braun verwandeln kann. Eine Frau hatte drei verschiedene Monatszyklen, entsprechend der jeweiligen Persönlichkeit. Timmy ist ein besonders erstaunlicher Fall, denn in einer Persönlichkeitsphase ist er allergisch gegen Orangensaft und bekommt prompt einen Nesselausschlag, wenn er welchen trinkt. In einem Bericht der *New York Times* darüber heißt es: »Der Ausschlag tritt bei Timmy sogar dann auf, wenn er den Saft schon getrunken hat und eine Phase mit der allergischen Persönlichkeit beginnt, während er ihn gerade verdaut. Das geht so weit, daß, wenn er diese Persönlichkeit wieder verläßt, der Juckreiz des Ausschlags sofort aufhört und die Wasserbläschen allmählich verschwinden.« Dies ist ein ausgezeichnetes Beispiel dafür, wie Signale aus unserem quantenmechanischen Körper unmittelbare Veränderungen unseres stofflichen Körpers verursachen können.

Bemerkenswert ist dies, weil Allergien bekanntermaßen nicht je nach Laune entstehen und verschwinden. Wie könnten sie auch? Schließlich warten ja unsere Immunzellen, gespickt mit den allergieauslösenden Antikörpern, lediglich passiv auf den Kontakt mit einem passenden Antigen. Sobald der Kontakt zustande kommt, wird automatisch eine Reihe chemischer Reaktionen ausgelöst.

In Timmys Fall jedoch scheint es, als ob bei der Annäherung der Moleküle des Orangensaft-Antigens an seine Immunzellen eine Entscheidung darüber getroffen wird, ob reagiert werden soll oder nicht. Das spricht dafür, daß die Zelle selbst intelligent ist. Auch muß ihre Intelligenz auf einer feineren Ebene als der molekularen liegen, denn Antikörper und Orangensaft-Antigen begegnen sich in Form gewöhnlicher Kohlenstoff-, Wasserstoff- und Sauerstoffatome.

Zu behaupten, daß Moleküle Entscheidungen treffen können, steht im Widerspruch zur Lehrmeinung der heutigen Physik. – Das wäre ja gerade so, als könnte es dem Zucker einfallen, einmal süß und einmal nicht süß zu sein. Aber es ist nicht nur die ungewöhnliche Schwere von Timmys Fall, die uns verblüfft. Wir müssen uns mit der Tatsache abfinden, daß Timmy es sich aussucht, ob er allergisch sein will oder nicht, denn wie sonst könnte er seinen Nesselausschlag quasi ein- und ausschalten? Und somit sehen wir uns mit der Möglichkeit konfrontiert, daß auch wir uns unsere Krankheiten auswählen. Wir sind uns dieser Wahl nicht bewußt, da sie auf einer Ebene unterhalb unseres Alltagsbewußtseins stattfindet. Aber wenn wir eine solche Fähigkeit besitzen, dann sollten wir sie auch steuern können.

DER KÖRPER IST WIE EIN FLUSS

Wir alle neigen dazu, unseren Körper als eine Eisstatue zu begreifen – ein festes, gleichbleibendes, stoffliches Objekt –, während er in Wirklichkeit eher wie ein Fluß ist: ein unablässig sich veränderndes, fließendes Intelligenzmuster. Von dem griechischen Philosophen Heraklit stammt der Ausspruch: »Du steigst nicht zweimal in denselben Fluß, denn ständig fließet neues Wasser nach.« Das trifft auch auf den Körper zu.

Wenn Sie sich jetzt in die Seite kneifen, so ist das Fettgewebe, das Sie zwischen Ihren Fingern spüren, nicht dasselbe wie vor einem Monat. Die Zellen Ihres Fettgewebes nehmen ständig Fett auf und geben ständig welches ab; alle drei Wochen findet ein kompletter Austausch statt. Wir bekommen alle fünf Tage eine neue Magenschleimhaut (die innerste Schicht der Magenauskleidung wird während des Verdauungsvorgangs innerhalb weniger Minuten ausgewechselt). Unsere Haut erneuert sich alle fünf Wochen. Unser Skelett, das doch so fest und beständig erscheint, ist alle drei Monate ein neues. Insgesamt gesehen fließt der Strom von Sauerstoff, Kohlenstoff, Wasserstoff und Stickstoff so rasch, daß wir in wenigen Wochen ein völlig »neuer Mensch« sein könnten; lediglich die schwereren Atome wie Eisen, Magnesium, Kupfer und ähnliche verlangsamen den Prozeß. Von außen her scheinen wir dieselben zu bleiben, doch tatsächlich sind wir eher einem Gebäude vergleichbar, dessen einzelne Steine fortwährend erneuert werden. Jedes Jahr – dies brachten Radioisotop-Versuche an den Oak Ridge Laboratorien in Kalifornien zutage – werden 98 Prozent der Atome unseres Körpers durch neue ersetzt. Der ständige Strom des Wandels wird von der Quantenebene des Geist-Körper-Systems gesteuert. Die Medizin hat sich diese Erkenntnis bislang noch nicht zunutze gemacht – sie wartet mit ihrem »Quantensprung« noch etwas ab.

Geist und Körper stehen im selben Verhältnis zueinander wie eine Datei zu ihrem Computerausdruck. Wenn wir den Körper (Ausdruck) verändern wollen, so müssen wir lernen, den Geist (Datei) neu zu schreiben. Ich möchte Sie in den folgenden Kapiteln zu einer Selbstentdeckungsreise einladen und Ihnen zeigen, wie der Maharishi-Ayurveda Ihnen von der Ebene der Quanten her – dem Neuland der Medizin – eine bessere Kontrolle über Ihre Gesundheit ermöglicht. Der Ansatz unterteilt sich in drei Schritte, denen die drei Teile dieses Buches entsprechen:

Teil I: Ein Bereich namens »vollkommene Gesundheit«

Lassen Sie uns zunächst die Möglichkeit vollkommener Gesundheit ins Auge fassen; danach wollen wir uns den praktischen Dingen zuwenden. Der Maharishi-Ayurveda lehrt, daß jeder von uns nach einem unverwechselbaren Bauplan entstanden ist, *prakriti* (Konstitutionstyp) genannt. Wenn Sie die Fragen in Kapitel 2 beantwortet haben, werden Sie wissen, welchem der zehn grundlegenden Konstitutionstypen Sie angehören. Das ist ein sehr wichtiger Schritt in Richtung auf eine höhere Gesundheit, da Ihre Prakriti Sie darüber aufklärt, wie Sie Ihrer naturgegebenen Veranlagung nach leben sollten. Laut Ayurveda weiß unser Körper, was gut oder schlecht für ihn ist. Die Natur hat uns die richtigen Instinkte mit auf den Lebensweg gegeben. Sobald Sie beginnen, diesen angeborenen Neigungen wieder Aufmerksamkeit zu schenken und ihnen zu folgen, werden Sie bemerken, daß Ihr Organismus aus eigener Kraft zum Gleichgewicht tendiert, ohne daß Sie viel dafür tun müssen.

Wie noch im einzelnen erklärt werden wird, legen winzige Ungleichgewichte in Ihrem Geist-Körper-System den Keim für künftige Erkrankungen, während andererseits die Erhaltung des Gleichgewichts einen idealen Gesundheitszustand sichern kann. Wir werden die für jede Prakriti typischen Stärken und Schwächen darstellen, so daß Sie dann Ihren eigenen Weg zur Verhütung von Krankheit wählen können. Wofür Sie besonders anfällig sind, ergibt sich aus Ihrer Veranlagung, und die erkennen Sie an Ihrer Prakriti.

Teil II: Der quantenmechanische menschliche Körper

In diesem Teil werden wir uns mehr der Erforschung der Ebene der Quanten in uns widmen und sehen, wie unser Geist den Körper in Richtung Krankheit oder Gesundheit lenkt. Tausende von Jahren bevor die moderne Schulmedizin die Geist-Körper-Verbindung entdeckte, hatten die Weisen des Ayurveda sie bereits gemeistert; sie haben eine »Technologie des Inneren« entwickelt, die von den grundlegendsten Schichten unseres Bewußtseins aus wirkt.

Das Geheimnis vollkommener Gesundheit liegt in der Ausübung dieser Techniken verborgen. Wir werden die Rolle der Meditation bei der Entfernung von Hindernissen auf dem Weg zur Gesundheit erörtern und erfahren, wie der quantenmechanische Körper des Menschen dazu dienen kann, den stofflichen Körper weit tiefgreifender zu verändern, als dies durch Medikamente, Diät oder Körperübungen jemals möglich wäre.

In diesem zweiten Teil berühren wir zahlreiche Themen, von Suchtverhalten über Krebs bis hin zur Ausscheidung stofflicher und geistiger Giftstoffe – Bereiche der Medizin also, mit denen sich die Maharishi-Ayurveda-Kliniken befassen. Wenn Sie sich selbst mit den Augen eines ayurvedischen Arztes sehen und Einblick in die Fallstudien von Menschen bekommen, die durch ayurvedische Heilverfahren geheilt wurden, werden Sie besser verstehen, warum die »quantenmechanische Heilung« einen wesentlichen Fortschritt für unseren Zugang zu Geist und Körper darstellt.

Teil III: Leben im Einklang mit der Natur

Nach einer Gesamtübersicht über das Maharishi-Ayurveda-Gesundheitssystem werde ich dieses Buch mit praktischen Ratschlägen abschließen, die ich in den vergangenen fünf Jahren meiner Praxis zusammengetragen habe. Das Ideal vollkommener Gesundheit beruht auf vollkommener Ausgewogenheit. Was immer wir essen, sagen, denken, tun, sehen und fühlen, hat einen Einfluß auf unser Gesamtbefinden. Es erscheint unmöglich, ständig alle diese unterschiedlichen Einflüsse unter Kontrolle zu halten. Doch können wir, indem wir unsere Ernährungsweise, Körperübungen sowie Tages- und Jahreszeitroutine auf unsere Konstitution abstimmen, die überwiegende Zahl der bereits vorhandenen Ungleichgewichte auffangen und künftigen Entgleisungen vorbeugen.

DIE WIEDERVERZAUBERUNG DER NATUR

Es ist faszinierend zu sehen, wie die Idee vollkommener Gesundheit zunehmend zu einer breiten intellektuellen Strömung wird, die an den Grundlagen der Naturwissenschaft rüttelt. Der Nobelpreisträger Ilya Prigogine (1977), ein Vorreiter dieser Strömung, nennt es »die Wiederverzauberung der Natur« – die Bewußtwerdung, daß die Natur keine Maschine ist, sondern eine wundervolle Umwelt, deren verborgene Möglichkeiten wir kaum erst erahnen. Die Natur gleicht dem Gesamtangebot der zahllosen einzelnen Rundfunksender, und die Wirklichkeit, in der Sie jetzt gerade leben, ist lediglich eines der vielen Sendeprogramme. Solange Sie einen bestimmten Sender eingestellt haben, scheint es nichts anderes zu geben; tatsächlich aber übertönt er nur die anderen Sender, die rechts und links davon liegen.

Um die Jahrhundertwende wies der amerikanische Psychologe William James auf die Mechanismen hin, mit denen wir unsere Sender auswählen: »Eine der größten Entdeckungen meiner Generation war die, daß Menschen ihr Leben ändern können, indem sie ihre innere Einstellung ändern.« Das war eine sehr weitsichtige Bemerkung, die sich eher auf eine künftige als auf die damalige Epoche bezog. Damals stand außer Frage, daß die Natur rein mechanisch funktioniert und unbeugsamen Gesetzen gehorcht, die der Mensch nicht beeinflussen kann. Heute sieht es so aus, als könnten die Menschen einen gewichtigen Einfluß ausüben. – Vielleicht liefert uns die Natur lediglich genau die Wirklichkeit, die wir erwarten und an die wir glauben.

Jahrhundertelang haben wir fest an Krankheit und Tod geglaubt, aber das sagt weit mehr über unsere Einstellung zum Leben aus als über das Leben selbst. Das Leben ist unendlich variantenreich, und die Kräfte, die es überdauern lassen, sind mindestens ebenso stark wie jene, die seinen Verfall bewirken. Wenn wir eine Grannenkiefer in der verseuchten Umwelt eines Großstadtzentrums pflanzen, lebt sie vielleicht 50 Jahre; draußen auf dem freien Land kann sie 200 oder gar 300 Jahre alt werden. In der reinen Luft der Rocky Mountains erreicht sie ein Alter von 2000 Jahren. Welches ist nun ihre natürliche Lebensspanne? Das hängt völlig von der Situation ab. Einige Kräfte erhalten das Leben der Grannenkiefer, andere zerstören es. Das dynamische Wechselspiel dieser Kräfte bestimmt über das Schicksal des Baumes. Je nach Umweltbedingung sind sowohl das relativ kurze als auch das ausgesprochen lange Leben natürlich.

Eine Versuchsratte hat im Käfig bei normaler Ernährung eine durchschnittliche Lebenserwartung von weniger als zwei Jahren. Senkt man die Körpertemperatur und füttert das Tier streng kalorienarm (wobei die notwendige Menge an Vitaminen, Mineralstoffen, Proteinen usw. beibehalten wird), so läßt sich die Lebensspanne verdoppeln und sogar verdreifachen. Setzt man andererseits das Tier einem erhöhten Streß aus, indem man es beispielsweise jeden Tag einer Katze vorwirft, die gerade noch außer Reichweite gehalten wird, so stirbt die Ratte binnen weniger Wochen. In all diesen Fällen weisen die inneren Organe der Ratte die gleichen Verschleißerscheinungen auf – Herz, Leber und Nieren sind gleich »alt«, selbst wenn die älteste Ratte fünfzigmal so lange gelebt hat wie die jüngste.

Mit dem Gleichgewicht der Kräfte verändert sich auch das Leben. Der Mensch kann sich seine Umwelt auswählen und sie beherrschen, was unsere Lebensspannen sehr unterschiedlich ausfallen läßt. Wenn wir von vollkommener Gesundheit sprechen, so meinen wir damit, daß das dynamische Gleichgewicht des Lebens zu unserem Vorteil beeinflußt werden kann. Noch nie hat jemand ewig gelebt, aber man kann das Durchschnittsalter um 50 Jahre erhöhen und die längste Lebenserwartung erreichen (ein Bewohner einer kleinen japanischen Insel ist erwiesenermaßen 121 Jahre alt geworden). Im Römischen Reich betrug die durchschnittliche Lebenserwartung 28 Jahre, im Jahre 2000 mag sie für den gesunden Bürger der Industrienationen 90 Jahre betragen. Das belegt ein hohes Maß an Veränderbarkeit.

Betrachtet man eine Zelle, so ist der Unterschied zwischen langer und kurzer Lebensdauer noch größer. Wenn wir aus einem Teich Wasser holen und dann einen Tropfen unter einem Mikroskop beobachten, erblicken wir ein Gewimmel von einzelligen Pflanzen und Tieren – Amöben, Algen und anderes mehr. Eine Amöbe lebt durchschnittlich zwei bis drei Wochen. Da sich Amöben jedoch durch Teilung fortpflanzen, ist das Genmaterial in jeder Amöbe so alt wie die Mutterzelle, der sie entstammt, was ihr Alter verdoppelt. Die Mutterzelle stammt nun ihrerseits von einer Mutterzelle ab usw. Bei genauerer Überlegung kommen wir daher zu dem Schluß, daß diese Amöbe aus unserem heimatlichen Teich zumindest mit einem Teil ihres Erbmaterials so alt ist wie die älteste Amöbe überhaupt, die vielleicht vor einer Milliarde Jahren entstand.

Die einzelnen Atome und Moleküle in der Amöbe halten sich dort allerdings nicht so lange auf. Sie kommen und gehen mit dem vorbeifließenden Strom von Sauerstoff, Wasserstoff, Kohlenstoff und Stickstoff. Dennoch behält die Amöbe Generation um Generation ihre Form und Eigenart bei. Irgendeine lebendige Kraft hält sie zusammen, und solange die DNS der Amöbe nicht zerstört wird, wird diese Zelle ihre Ausdrucksform des Lebens bewahren.

Unser Körper mit seinen fünfzig bis hundert Billionen Zellen ist unvorstellbar komplexer als die Amöbe, aber auch wir beherbergen Leben, das zugleich ebenso alt und ebenso jung ist. Um eine genaue Aussage über die menschliche Lebensdauer machen zu können, muß man diese ganze Vielfalt berücksichtigen. Eine typische Zelle in der Magenschleimhaut lebt nur einige Tage, eine typische Hautzelle nur zwei Wochen. Schon etwas länger lebt ein rotes Blutkörperchen – etwa zwei bis drei Monate. Sehr langlebige Zellen befinden sich in der Leber, wo sie erst nach mehreren Jahren ersetzt werden; Herz- und Hirnzellen leben offenbar ebenso lange wie der Gesamtorganismus, ohne daß sie erneuert werden.

Erstaunlich daran ist, daß dieselbe DNS alle diese Lebensspannen von der kürzesten bis zur längsten gleichermaßen steuert. Haut- und Hirnzellen sind genetisch identisch; ihre Grundstruktur wurde im Moment der Zeugung festgelegt, als eine Hälfte der DNS Ihres Vaters mit einer Hälfte der DNS Ihrer Mutter verschmolz, um das einzigartige Wesen hervorzubringen, das Sie sind. Durch einen noch nicht erforschten Prozeß erzeugte Ihre DNS alle möglichen Arten von Zellen – Gehirn-, Haut-, Herz-, Leberzellen und so fort –, von denen jede ihre eigene Lebensdauer hat. Welche Zelle länger lebt, ist durch bloßes Betrachten nicht zu ermitteln: Die Neuronen in unserem Gehirn, die ein Menschenleben lang bestehen, sind fast identisch mit den Geruchszellen unserer Nase, die alle vier Wochen ausgetauscht werden.

Wie die Amöbe besteht auch die menschliche Zelle aus Atomen, die buchstäblich durch sie hindurchfliegen. In wenigen Tausendstelsekunden wird in den Lungen Kohlendioxid durch Sauerstoff ersetzt; Natrium- und Kaliumionen werden dreihundertmal pro Sekunde in unsere Hirnzellen hinein- und wieder hinausgepumpt. Unser Herzmuskel holt sich so rasch seinen Sauerstoff aus dem Hämoglobin des Blutes, daß innerhalb weniger Sekunden das durch die Herzkranzarterien einfließende hellrote Blut das Herz fast schwarz verläßt.

Aber dieser endlose Ablauf von Aktivitäten löst unsere Gestalt und Identität ebensowenig auf wie die der Amöbe. Unsere DNS ist seit mindestens zwei Millionen Jahren eindeutig menschlich; die Ur-DNS, der sie entstammt, ist so alt wie das Leben selbst, mutmaßlich fast zwei Milliarden Jahre. Genetisch sind wir bei allem Kommen und Gehen der Baustoffe unseres Körpers sehr beständig.

EIN LEBEN OHNE UNVOLLKOMMENHEITEN

Wenn das Leben so flexibel und dynamisch sein kann, ist es verwunderlich, daß wir nicht länger leben! Und wir könnten es ja, wenn wir nur das Gleichgewicht der Kräfte in uns und um uns zu steuern wüßten. Die frühesten Weisen des Ayurveda waren kühn genug, die entscheidende Frage zu stellen: Müssen wir überhaupt krank und alt werden? Und ihre Antwort war: Nein! Wenn die Kräfte in uns ausgewogen sind und in Harmonie mit unserer Umwelt bleiben, können wir Krankheiten abwehren. Vollkommene Ausgewogenheit macht vollkommene Gesundheit möglich.

Der Maharishi-Ayurveda stützt sich auf das Prinzip, daß jede Erkrankung vermieden werden kann, solange diese Ausgewogenheit nicht nur körperlich, sondern auch seelisch und geistig aufrechterhalten wird. Die ayurvedischen Weisen lehren, daß es in jedem von uns einen Impuls gibt, zu wachsen und sich zu entfalten. Dieser Impuls sorgt automatisch für unser Gesamtgleichgewicht. Er wirkt in jeder einzelnen Zelle, besonders im Gehirn, das sowohl die Körpertemperatur steuert als auch den Stoffwechsel, das Wachstum, Hunger und Durst, den Schlafrhythmus, die chemischen Abläufe im Blut, den Atem und vieles andere mehr. Diese Koordinationsarbeit muß unvorstellbar präzise sein, damit unsere Gesundheit erhalten bleibt. (Der Hypothalamus, der untere Teil der Seitenwände des Zwischenhirns, kaum größer als eine Fingerspitze, koordiniert Dutzende dieser automatischen Prozesse und wird daher auch »das Gehirn des Gehirns« genannt.)

Aber der eigentliche Ursprung des Gleichgewichts liegt noch tiefer, auf der Ebene der Quanten. Hier kann unser grundlegender Impuls, zu wachsen und uns zu entfalten, durch spezielle Techniken verstärkt werden, von denen noch ausführlich die Rede sein wird. Dies ist ein lebenswichtiger, aber dennoch für die meisten Menschen weitgehend unbekannter Bereich, weshalb sie sich auch häufig Krankheiten und dem Alterungsprozeß hilflos ausgeliefert fühlen.

Wenn die lebenszerstörenden Kräfte die Oberhand gewinnen, verfällt der Körper zwangsläufig. Lernen wir jedoch, von dieser Ebene aus im Gleichgewicht zu leben, so gibt es für unser inneres Wachstum keine ersichtliche Grenze. Dutzende von Büchern beschreiben den Wert inneren Wachstums, doch fehlt ihnen das zentrale Element, das der Maharishi-Ayurveda betont: Wachstum vollzieht sich automatisch; es liegt im Plan der Natur begründet und ist in unsere Zellen einprogrammiert. Wir müssen lediglich den stillen Strom der Intelligenz bis an seine Quelle zurückverfolgen. Darin liegt das eigentliche Geheimnis vollkommener Gesundheit begründet. Wenn wir es dem Geist erlaubten, sich zu erweitern und höhere

Wirklichkeiten zu erforschen, würde der Körper folgen. Würde das nicht ausreichen, ihn dem Zugriff von Krankheit und Alterung zu entziehen?

Wir können nur mutmaßen, wie weit uns die Evolution führen wird, doch gibt es spektakuläre Heilungen, bei denen der Geist sich weigerte, an die Krankheit zu glauben, und der Körper ihm plötzlich folgte. Vor zwei Jahren begegnete ich einem Patienten namens Andreas S. aus der Schweiz, bei dem eine unheilbare Krebserkrankung diagnostiziert worden war. Anderthalb Jahre zuvor hatte er eine wunde Stelle an seinem Rücken bemerkt, die schmerzte, wenn er sich in seinem Stuhl zurücklehnte. Er ertastete eine geschwollene Stelle von der Größe eines Pfennigs. Seine Frau sagte, es sehe aus wie ein vergrößerter Leberfleck, und als er seinen Rücken mit dem Handspiegel seiner Frau absuchte, entdeckte er genau zwischen den Schulterblättern eine rötlich-braune Wucherung.

Dann geschah alles sehr schnell: Ein Genfer Onkologe machte eine Biopsie und diagnostizierte ein Melanom, die schnellwachsende, bösartigste Form von Hautkrebs. Schon einen Tag später wurde Andreas operiert. Die Ärzte entfernten die Wucherung und untersuchten die Lymphknoten in der rechten Achselhöhle. 15 verdächtige Lymphknoten wurden ebenfalls entfernt; vier von ihnen erwiesen sich als befallen. Nach der Beseitigung des ursprünglichen Melanoms wäre nun der nächste Schritt die Bestrahlung des Rükkens und der Schulter gewesen, um alle verbliebenen Krebszellen zu zerstören. Andreas, ein gebildeter Mann Anfang Fünfzig, verweigerte die Strahlenbehandlung.

»Ich wollte«, erzählte er mir später, »erst einmal abwarten. Das Geschwür war ja fort. Die Operation war für mich ein äußerst traumatisches Ereignis gewesen, und ich war mir nicht sicher, ob ich mich stark genug fühlte, eine weitere Behandlung durchzustehen. Wenn ich mich zu Hause erholen und wieder Selbstvertrauen finden konnte, war das nicht besser für mich?«

Der behandelnde Onkologe war gegen diesen Beschluß und meinte, daß das Melanom bei einem Abbruch der Behandlung mit Sicherheit innerhalb von sechs Monaten erneut auftreten würde.

»Und mit Bestrahlung wird das nicht geschehen?« fragte er.

»Die Wahrscheinlichkeit ist geringer«, meinte der Arzt.

»Und wieviel länger werde ich dann anschließend noch leben?«

Der Arzt mußte zugeben, daß er da nur mutmaßen konnte. Ohne Behandlung hätten Patienten mit Melanommetastasen eine Überlebenschance von wenigen Monaten. Mit maximaler Behandlung lasse sich die Lebenserwartung bestenfalls auf einige Jahre ausdehnen, wobei die Anzahl der Überlebenden nach fünf Jahren jedoch unter zehn Prozent liege und nach zehn Jahren so gut wie niemand mehr am Leben sei.

»Wenn ich sowieso auf lange Sicht keine große Chance zu überleben habe«, war daraufhin die Überlegung von Andreas, »warum soll ich dann die ganze Quälerei mitmachen, nur um irgendeinem Arzt gefällig zu sein?«

Sein Leben ging weiter, bis nach sechs Monaten ein Lymphknoten anschwoll, diesmal in der linken Achselhöhle. Die Untersuchung erbrachte das erwartete Resultat – ein neues Melanom. Zu diesem Zeitpunkt gab es keine medizinisch begründbare Hoffnung mehr.

Als Andreas zu mir in die Praxis kam, erläuterte ich ihm zunächst das Prinzip des quantenmechanischen Körpers. »Bevor ein Krebs entstehen kann, muß er auf einer tieferen Ebene ausgelöst worden sein. Statt sich also mit dem Zusammenbruch des Selbstheilungsmechanismus der DNS oder der Wirkung von Karzinogenen zu befassen, erklärt der Ayurveda, daß Krankheit auf Verzerrungen des quantenmechanischen Schwingungsmusters zurückzuführen ist, das den Körper gesund erhält. Sie können lernen, Ihr Bewußtsein auf diese feine Ebene zu lenken. In der Tat ist das, was wir Gedanken und Gefühle nennen, lediglich ein Ausdruck dieser Quantenfluktuationen. Das Bewußtsein hat die Fähigkeit zu heilen, und es scheint bei Spontanheilungen selbst fortgeschrittener unheilbarer Krankheiten den Ausschlag zu geben.«

Bei allen sogenannten unheilbaren Krankheiten kennt man diese unerklärlichen Heilungen. Und eine der Eigenarten von Melanomen besteht darin, daß die Spontanheilungsquote bei ihnen höher liegt als bei weniger gefährlichen Krebsformen. Diese spontanen Rückbildungen sind zwar relativ selten und liegen derzeit weit unter einem Prozent, können aber offenbar zu einer vollständigen, dauerhaften Gesundung führen.

»Wenn es also einem Menschen gelang, sich von einem Melanom zu heilen«, erklärte ich Andreas, »wissen wir, daß dies prinzipiell möglich ist. Die Frage ist nur: wie? Sie müssen in sich selbst einige neue Entdeckungen machen. Sie haben ebenso gute Aussichten, dies zu schaffen, wie jeder andere.«

Obwohl seine Chancen gering waren, nahm Andreas den Rat ernst. Er erlernte eine besondere mentale Technik des Maharishi-Ayurveda für Schwerkranke und unterzog sich verschiedenen Reinigungskuren, um seinen Körper von Schlacken zu befreien. (Diese Therapien werden in den Kapiteln II,1 und II,2 erläutert.) Anschließend kehrte er in die Schweiz zurück. Sechs Monate später berichtete er voller Freude, daß sich der geschwollene Lymphknoten zurückgebildet hatte. Durch Röntgenaufnahmen und Blutuntersuchungen ließ sich keine Spur des Melanoms mehr feststellen. Obwohl seine Schweizer Ärzte ihm nach dem Wiederauftreten des Melanoms nur noch drei Monate gegeben hatten, führt Andreas heute, zwei Jahre später, ein normales Leben.

Das Besondere an dem Fall ist, daß der Geist des Patienten den Körper dazu aufforderte, eine neue Wirklichkeit zu akzeptieren, und daß der Körper dies tat, ungeachtet der Tatsache, daß dies eigentlich »unmöglich« war. Wie sind solche außergewöhnlichen Ereignisse einzuordnen? Eine Studie über 400 Krebskranke, bei denen es zu einer Spontanheilung gekommen war, ergab eine Vielzahl völlig unterschiedlicher Heilungswege. Einige Leute hatten Traubensaft getrunken oder eine Vitamin-C-Pferdekur gemacht; andere hatten gebetet, hatten Kräuterpräparate eingenommen oder waren ihren Lieblingsvergnügungen nachgegangen. Eines war ihnen jedoch allen gemeinsam: An einem bestimmten Punkt ihrer Krankheit war ihnen plötzlich mit völliger Gewißheit das Gefühl gekommen, daß sie gesund werden würden und daß die Krankheit lediglich eine vorüberziehende dunkle Wolke war. Mit einemmal befanden sie sich in einem Bereich, in dem es weder Angst noch Verzweiflung noch Krankheit gab. Sie hatten zu jenem Bereich Zugang gefunden, der »vollkommene Gesundheit« genannt wird.

2 VATA, PITTA, KAPHA – ERKENNEN SIE IHREN KONSTITUTIONSTYP

Es ist ein klarer Oktobertag in München (oder Köln oder Frankfurt), und die Menschen gehen nach dem Mittagessen zurück zur Arbeit. Einige haben Hüte auf, Schals um den Hals, die Hände stecken in warmen Handschuhen: Sie bereiten sich auf den Winter vor. Andere tragen kurzärmlige Hemden: Für sie ist der Sommer noch nicht vorbei. Ein Jogger in Shorts und mit nacktem Oberkörper läuft bei Grün los und sprintet in den Park, an einer älteren Frau vorbei, die in ihrem langen Mantel mit Pelzkragen auf den Bus wartet. Man könnte meinen, diese Leute lebten in verschiedenen Klimazonen. Doch ihr unterschiedliches Verhalten ist lediglich ein Ausdruck ihrer unterschiedlichen inneren Natur.

Obwohl sich das Mittagessen der meisten der vorbeiströmenden Passanten kaum voneinander unterscheidet, reagieren sie unterschiedlich darauf. Bei dem einen liegt es leicht im Magen, bei einem anderen bewirkt es eine nervöse Magenreizung, und von den meisten wird es gar nicht bemerkt. In einigen Körpern schlägt das Herz angesichts der überfüllten Bürgersteige schneller, andere produzieren überschüssige Magensäure oder ihr Blutdruck steigt. Die Welt besteht aus den vielfältigsten Menschentypen – aber hat die Medizin dieser Vielfalt jemals Rechnung getragen?

In der Schulmedizin widmen wir den Unterschieden zwischen den Krankheiten weitaus mehr Aufmerksamkeit als den Unterschieden zwischen den Patienten. Wenn sich ein Patient über arthritische Schmerzen in der Hand beklagt, so weiß der Arzt, daß mehr als 100 Krankheitsursachen zu wunden, steifen, entzündeten und schmerzenden Gelenken führen können. Es ist bekannt, daß manche Menschen mit einer Veranlagung zur Arthritis geboren werden, aber außerdem kann eine verwirrende Menge von Umständen ebenfalls dazu beitragen: hormonale Veränderungen, körperlicher und seelischer Streß, falsche Ernährung, mangelnde Bewegung und anderes mehr.

Der Maharishi-Ayurveda steht auf dem Standpunkt, daß die Krankheiten vor allem deshalb so verschieden sind, weil sich die Menschen so stark voneinander unterscheiden. Obwohl die Biologie anerkennt, daß wir alle mit unserer »biochemischen Individualität« geboren sind, ist dies in der Arztpraxis von geringer Bedeutung. Biochemische Individualität heißt, daß kein Mensch einem statistischen Mittelwert entspricht. Zu keinem Zeitpunkt gibt es in unseren Zellen und in unserem Gewebe einen Durchschnittsgehalt an Sauerstoff, Kohlendioxid, Eisen, Insulin oder Vitamin C. Sie enthalten vielmehr in jedem einzelnen Moment eine ganz bestimmte Menge an Stoffen, die von unserem jeweiligen körperlichen Zustand sowie von unseren Gedanken und Gefühlen abhängt. Unser Körper ist eine dreidimensionale Einheit, die sich aus Millionen winziger Besonderheiten zusammensetzt. Mehr über sie zu wissen kann bedeuten, daß man Riesenschritte auf dem Weg zu einer besseren Gesundheit macht. Auf einer bestimmten Ebene setzt sich vollkommene Gesundheit in einen ganz spezifischen biologischen Zustand um.

DER ERSTE SCHRITT: BESTIMMEN SIE IHREN KONSTITUTIONSTYP

In jedem Moment setzt unser Körper entsprechend seiner ihm angeborenen Eigenschaften jedes ihm zugeführte Molekül an Luft, Wasser und Nahrung in ganz spezifischer Weise um. Wir haben die Wahl, diesen Eigenschaften entsprechend zu handeln oder sie abzuändern. Ihnen jedoch rücksichtslos zuwiderzuhandeln würde heißen, gegen die Natur zu handeln. Der Maharishi-Ayurveda versteht unter einem Leben, das im Einklang mit der Natur geführt wird – mühelos, angenehm und spannungsfrei –, ein Leben, das unserer Einzigartigkeit Rechnung trägt.

Die erste Frage, die sich ein ayurvedischer Arzt stellt, ist daher nicht, welche Krankheit ein Patient hat, sondern wer sein Patient ist. Dieses »Wer« bezieht sich selbstverständlich nicht auf den Namen, sondern auf die ganze Person des Patienten. Der Arzt sucht nach Hinweisen auf den Konstitutionstyp, auch, wie bereits erwähnt, *prakriti* genannt. Dieser Begriff stammt aus dem Sanskrit und bedeutet so viel wie »Eigenart« oder »Wesen«. Ein ayurvedischer Arzt möchte also die wesenhafte Eigenart seines Patienten erkennen, bevor er auf dessen Beschwerden und Symptome eingeht.

Der ayurvedische Konstitutionstyp gleicht einem Bauplan, aus dem die uns angeborenen Eigenschaften hervorgehen. Ein Glas Milch enthält etwa 120 Kalorien, unabhängig davon, wer es trinkt. Aber der eine setzt die Kalorien in Form von Fett an, während sie der andere fast vollständig in Energie umwandelt. Der Körper eines Kindes holt sich zum Aufbau der Knochen eine große Menge Calcium heraus, während ein älterer Mensch dasselbe Calcium wieder ausscheidet (oder aber es in Form schmerzhafter Nierensteine ablagert, wenn der Körper nicht mehr adäquat mit Calcium umgehen kann).

Durch die Ermittlung Ihres Konstitutionstyps kann ein ayurvedischer Arzt bestimmen, welche Ernährung, körperliche Aktivität oder Therapie Ihnen in optimaler Weise helfen kann und was Ihnen besonders schadet: Eine Pizza mit einer Extraportion Käse kann für jemanden mit fortgeschrittener Arteriosklerose tödlich sein; das genossene Fett könnte genau den Tropfen enthalten, der zwar nichts zum Überlaufen bringt, aber ein Stück der fettigen Schlacke ablöst und in eine Herzarterie bugsiert, wo es dann eine massive Herzattacke auslösen kann. Für jeden anderen wäre die Pizza relativ harmlos, und für Menschen, die bei normaler Kost nicht zunehmen, ist ein fettes Essen sogar angebracht.

Zu wissen, wer wir sind, also unsere Prakriti zu kennen, gibt Aufschluß darüber, was wir essen sollten. Es gibt drei wichtige Gründe, warum die Ermittlung des Konstitutionstyps den ersten Schritt in Richtung auf eine vollkommene Gesundheit bildet:

1. Der Krankheitskeim wird früh gelegt. Man findet kaum einen Herzkranken Mitte Vierzig, der nicht schon Mitte Zwanzig erste Anzeichen für diese Krankheit aufgewiesen hätte. Untersucht ein Pathologe die Arterien eines 20jährigen Unfallopfers mit einer derartigen Disposition, so kann er bei ihm erste Fettablagerungen finden, Vorstadien einer künftigen Herzattacke. Schon bei 10jährigen können sich Allergien oder chronische Fettsucht, ein erhöhter Cholesterinspiegel oder Magengeschwüre anbahnen. Leider sind die Symptome in diesem Alter, wenn die Erkrankung noch kaum begonnen hat und am leichtesten zu heilen wäre, nur schwer zu erkennen. Durch das Wissen um den Konstitutionstyp und die damit jeweils verbundenen Stärken und Schwachpunkte können vorbeugende Maßnahmen ergriffen werden, und zwar lange, bevor es zu einem Ausbruch der Krankheit kommt.

2. Der Konstitutionstyp ermöglicht den Einsatz spezifischer Vorbeugungsmaßnahmen. Keiner ist für alle Krankheiten gleichermaßen anfällig, und doch versuchen die meisten von uns, sich gegen möglichst viele von ihnen zu schützen – Krebs, Herzattacken, Osteoporose usw. –, wobei sie von einem Schreckgespenst der Medizin ans nächste geraten. Wer versucht, allen erdenklichen Krankheiten vorzubeugen, ohne die eigene Veranlagung zu kennen, tappt im Dunkeln. Warum läuft fast ein Viertel der Bevölkerung mit unbehandeltem Bluthochdruck herum? Ein Grund dafür ist, daß nur selten eine personenspezifische Verbindung zwischen Patient und Vorbeugungsmaßnahme hergestellt wird. Herzattacken, Krebs und Diabetes kommen jeweils bei ganz bestimmten Menschen vor. Es erscheint sinnvoll, daß die Präventivmedizin dieser Einsicht entsprechend vorgeht.

3. Der Konstitutionstyp erlaubt eine spezifische Behandlungsweise, sobald eine Krankheit ausbricht. Eine Einheitsbehandlung – wie die generelle Verschreibung von Valium gegen Angstzustände oder von Säurehemmern gegen Magengeschwüre – ähnelt einem Glücksspiel. Sie geht davon aus, daß eine bestimmte Krankheit bei allen Kranken gleich ist. Dem Maharishi-Ayurveda zufolge kann es bei drei verschiedenen Menschen bei drei verschiedenen Streßstärken zu Angstzuständen kommen; ihre Magengeschwüre können das Ergebnis dreier unterschiedlicher Ernährungsweisen, Arbeitsbelastungen oder familiärer Probleme sein. Sie leiden im Grunde an drei verschiedenen Krankheiten, die zufälligerweise alle drei denselben Namen haben. Das gilt für Kettenraucher ebenso wie für Eßsüchtige, Asthmatiker oder Allergiker. In allen diesen Fällen ist ein auf den jeweiligen Konstitutionstyp ausgerichtetes Vorgehen ausgesprochen präzise, weil es genau auf das eingeht, was in jedem einzelnen Patienten geschieht.

Und schließlich ist das Wissen um den eigenen Konstitutionstyp wesentlich für unsere Selbsterkenntnis. Wenn man weiß, was in einem vorgeht, so ist man nicht mehr so sehr an die Meinung seiner Umgebung darüber gebunden, was man tun, sagen, denken und fühlen sollte. Einer der Vorteile, die uns das Vertrautwerden mit dem Maharishi-Ayurveda bietet, ist, daß wir verstehen lernen, warum wir in bestimmten Situationen oder auf bestimmte Dinge genau so und nicht anders reagieren. Wenn es nach dem Werbefernsehen ginge, wären alle gezwungen, morgens ein Glas Orangensaft zu trinken, aber bei manchen Menschen führt das zu Sodbrennen oder zu einer Magenverstimmung. Das ist nicht unnormal, sondern lediglich ein Hinweis darauf, daß sie zu einem bestimmten Konstitutionstyp gehören, der die im Orangensaft enthaltene Säure nicht verträgt.

Jemand, dessen Nerven bereits durch eine Tasse schwachen Kaffees überreizt werden, unterscheidet sich in seinem Wesen von einem anderen, der drei Tassen starken Espresso trinken kann, ohne auch nur das geringste zu spüren. Wenn Sie auf eine Tasse Kaffee, einen kalten Windzug, auf Kritik von Ihrem Vorgesetzten, einen Liebesbrief oder auf Regenwetter reagieren, so erhalten Sie ein je nach Konstitutionstyp geprägtes Signal. Es ist ein sehr persönliches Signal, das nur Sie empfangen. Wenn Sie beginnen, bewußt auf all diese Signale zu hören, die Sie täglich und in jedem Moment empfangen, so werden Sie bemerken, daß sie Ihre Stimmung, Ihr Verhalten, Ihre Wahrnehmung, Ihren Geschmack, Ihre Fähigkeiten, Ihre Wirkung auf andere Menschen und vieles mehr beeinflussen.

Der Begriff »Konstitutionstyp« ist nur eine Annäherung daran, was Prakriti bedeutet. Prakriti umfaßt eigentlich Ihre ganze Welt, Ihre persönliche Wirklichkeit, die Sie von innen heraus erzeugen.

Wir könnten Prakriti auch als »psychophysiologischen Konstitutionstyp« bezeichnen, da damit sowohl der Körper (die Physiologie) als auch der Geist, die Seele (die Psyche) gemeint ist. Ich vermeide diesen Begriff wegen seiner Länge, doch ist es gut zu wissen, daß der körperliche Konstitutionstyp auch einen mentalen Aspekt enthält.

DIE SCHALTZENTRALE DES KÖRPERS

Was ist der Ursprung der Konstitutionstypen? Jeder von uns hat im wesentlichen dieselbe Art von Zellen und Organen, was nicht ausschließt, daß in dem einen Fall die Gene blaue statt braune Augen vorschreiben und umgekehrt. Und trotz der beträchtlichen Unterschiede, die zwischen den einzelnen Persönlichkeiten bestehen, haben wir alle dieselbe Gefühlspalette. Um den tieferliegenden Ursprung der Konstitutionstypen herauszufinden, richtet der Maharishi-Ayurveda seine Aufmerksamkeit auf die Schnittstelle von Geist und Körper. Es besteht kein Zweifel daran, daß diese Schnittstelle existiert. Jedesmal, wenn ein mentaler Prozeß abläuft, reagiert der Körper entsprechend. Hat ein Kind im Dunkeln Angst, so setzt sich die Angst in Form eines Adrenalinschubs in seinem Blut körperlich um. Dem Ayurveda zufolge wird die Geist-Körper-Schnittstelle, wo Gedanken in Materie umgewandelt werden, von den drei Wirkungsprinzipien der sogenannten *doshas* beherrscht.

Die Doshas sind sehr wichtig, weil sie den Dialog des Geistes mit dem Körper ermöglichen. All unsere Hoffnungen, Ängste, Träume und Wünsche sowie unsere zartesten Regungen von Gefühl und Verlangen haben in unserer Physiologie Spuren hinterlassen – diese mentalen Vorgänge formen unseren Körper fortwährend, während sie mit ihm »sprechen«. Für die meisten von uns sind diese Botschaften nicht so lebensförderlich, wie sie sein sollten. Irgendwann in unserem Erwachsenendasein beginnen die Streß- und Verschleißimpulse die Wachstums- und Ausdehnungsimpulse zu überschatten. Wenn unser Geist zu Liebe und Kreativität fähig ist, während unser Körper Jahr um Jahr verfällt, so ist es Zeit, auf die Doshas zu achten.

Der Maharishi-Ayurveda sieht den Grund dafür, daß die Kräfte des Verfalls die Entwicklungskräfte überholen, in einem Ungleichgewicht der Doshas, einem Zeichen dafür, daß Geist und Körper nicht optimal aufeinander abgestimmt sind. Dies erklärt auch, warum ein brillanter Dichter wie Keats mit 26 Jahren an Tuberkulose stirbt oder ein musikalisches Genie wie Mozart mit 35 Jahren an einer anderen Krankheit. Das Genie des Geistes war mit dem Körper nicht verbunden. Die Ausbalancierung der Doshas eröffnet die Möglichkeit, ein Geist-Körper-System aufzubauen, das stets ausgewogen, gesund und auf Entwicklung ausgerichtet ist.

Die drei Doshas werden Vata, Pitta und Kapha genannt. Obwohl sie Tausende verschiedener Vorgänge im Geist-Körper-System steuern, haben sie drei Hauptfunktionen:

Vata-Dosha steuert die Bewegungsabläufe.
Pitta-Dosha steuert den Stoffwechsel.
Kapha-Dosha bestimmt die Struktur.

Jede Zelle unseres Körpers muß alle drei Prinzipien enthalten. Damit wir am Leben bleiben, muß in unserem Körper Vata (Bewegung) sein, die es uns erlaubt zu atmen, das Blut zirkulieren zu lassen, Nahrung durch den Verdauungstrakt zu schleusen und Nervenimpulse ans und vom Gehirn zu senden. Unser Körper braucht Pitta (Stoffwechsel) zur Verarbeitung und Verteilung von Nahrung, Luft und Wasser im ganzen System, und er braucht Kapha (Struktur), damit sich Zellen bilden und zu Muskeln, Fett, Knochen und Sehnen werden. Die Natur braucht alle drei, um einen menschlichen Körper entstehen zu lassen.

Im folgenden werden wir uns eingehender mit den Doshas befassen. Zunächst möchte ich Sie jedoch bitten, Ihren Konstitutionstyp zu ermitteln, was in Ihnen ein viel persönlicheres Interesse an den Doshas erzeugen wird. So wie es drei Doshas gibt, kennt der Ayurveda auch drei Konstitutions-Grundtypen des Menschen, je nach dominierendem Dosha. Wenn ein ayurvedischer Arzt feststellt, »Sie sind ein Vata-Typ«, so herrschen bei Ihnen die Eigenschaften von Vata vor. Sie hätten also eine Vata-Prakriti (Konstitution).

Der Grund, warum es wichtig ist zu wissen, welche Prakriti man hat, ist der, daß Sie so die für Sie günstigste Ernährungsweise, körperliche Aktivität, Tagesroutine und andere Maßnahmen zur Vorbeugung gegen Krankheiten exakt bestimmen können. Ein Vata-Typ lebt bis ins kleinste Detail in einer Vata-»farbenen« Welt. Durch eine Ernährung, die Vata ausgleicht, kann er insgesamt eine stark ausgleichende Wirkung erzielen. Das wird Ihnen klar werden, sobald Sie den folgenden Fragebogen ausgefüllt haben. Vergessen Sie dabei jedoch nicht, daß bei jedem Menschen alle drei Doshas vorhanden sind, und daß alle drei im Gleichgewicht gehalten werden müssen. Die einmal gewonnene Kenntnis des eigenen Konstitutionstyps ist der Schlüssel zu völliger Ausgeglichenheit. Sie liefert das für jede Veränderung wesentliche Element: daß wir uns so sehen, wie die Natur uns geschaffen hat.

DER MAHARISHI-AYURVEDA-KONSTITUTIONSTYPTEST

Der folgende Test untergliedert sich in drei Abschnitte. Lesen Sie zunächst die ersten 20 Fragen, die sich auf Vata-Dosha beziehen, und kreuzen Sie je nach dem Grad Ihrer Zustimmung die Werte von 1 bis 6 an.

1 = Trifft nicht zu.
3 = Trifft etwas bzw. gelegentlich zu.
6 = Trifft meistens zu.

Wenn Sie den ersten Abschnitt durchgearbeitet haben, zählen Sie Ihre Werte zusammen; so erhalten Sie Ihren Vata-Gesamtwert. Tun Sie dasselbe mit den Abschnitten zu Pitta und Kapha.

Wenn Sie fertig sind, haben Sie drei verschiedene Gesamtwerte ermittelt. Indem Sie diese miteinander vergleichen, können Sie herausfinden, welchem Konstitutionstyp Sie angehören.

Was Ihre einigermaßen objektiv zu bestimmenden physischen Eigenschaften betrifft, so wird Ihnen Ihre Bewertung im Schnitt leichtfallen. Hinsichtlich Ihrer psychischen Eigenheiten und Verhaltensweisen, deren Einschätzung subjektiveren Kriterien unterliegt, sollten Sie sich daran orientieren, wie Sie die meiste Zeit Ihres Lebens oder wenigstens während der letzten Jahre gefühlt und gehandelt haben.

	VATA-TYP	Trifft nicht zu		Trifft gelegentlich zu		Trifft meist zu	
1	Ich handle sehr schnell.	1	2	3	4	5	6
2	Ich kann schlecht auswendig lernen und es auch schlecht auf lange Zeit behalten.	1	2	3	4	5	6
3	Ich bin lebhaft und begeisterungsfähig.	1	2	3	4	5	6
4	Ich habe einen leichten Körperbau und nehme schwer zu.	1	2	3	4	5	6
5	Ich kann Neues schnell aufnehmen.	1	2	3	4	5	6
6	Ich habe einen raschen und leichten Gang.	1	2	3	4	5	6
7	Ich kann mich schwer entscheiden.	1	2	3	4	5	6
8	Ich neige zu Blähungen oder zur Verstopfung.	1	2	3	4	5	6
9	Ich bekomme leicht kalte Hände und Füße.	1	2	3	4	5	6
10	Ich bin häufig besorgt und ängstlich.	1	2	3	4	5	6
11	Ich ertrage kaltes Wetter weniger gut als andere Menschen.	1	2	3	4	5	6
12	Ich spreche schnell und gelte bei meinen Freunden als sehr gesprächig.	1	2	3	4	5	6

		Trifft nicht zu		Trifft gelegentlich zu		Trifft meist zu	
13	Meine Stimmungen wechseln schnell, und ich reagiere gefühlsbetont.	1	2	3	4	5	6
14	Ich schlafe oft schlecht ein und wache nachts häufig auf.	1	2	3	4	5	6
15	Ich neige zu trockener Haut, besonders im Winter.	1	2	3	4	5	6
16	Ich bin geistig sehr rege, gelegentlich auch rastlos und sprudele vor Ideen über.	1	2	3	4	5	6
17	Meine Bewegungen sind rasch und aktiv; meine Energie kommt in plötzlichen Schüben.	1	2	3	4	5	6
18	Ich bin leicht erregbar.	1	2	3	4	5	6
19	Auf mich selbst gestellt, habe ich unregelmäßige Eß- und Schlafgewohnheiten.	1	2	3	4	5	6
20	Ich lerne schnell, aber ich vergesse auch schnell.	1	2	3	4	5	6

Vata-Gesamtwert 73

PITTA-TYP		Trifft nicht zu		Trifft gelegentlich zu		Trifft meist zu	
1	Ich halte mich für sehr effizient.	1	2	3	4	5	6
2	Ich bin bei allem, was ich tue, extrem genau und ordentlich.	1	2	3	4	5	6

3	Ich habe einen starken Willen und kann mich gut durchsetzen.	1	2	3	4	5	6
4	Bei heißem Wetter fühle ich mich eher als andere Menschen unwohl oder müde.	1	2	3	4	5	6
5	Ich schwitze leicht.	1	2	3	4	5	6
6	Auch wenn ich es nicht immer zeige, bin ich schnell gereizt oder verärgert.	1	2	3	4	5	6
7	Wenn ich eine Mahlzeit auslasse oder sich die Essenszeit verzögert, fühle ich mich unwohl.	1	2	3	4	5	6
8	Mein Haar weist mindestens eine der folgenden Merkmale auf: frühzeitig ergrauend oder Haarausfall; dünn, seidig, glatt; (rot)blond oder sandfarben.	1	2	3	4	5	6
9	Ich habe einen guten Appetit und kann große Mengen essen.	1	2	3	4	5	6
10	Manche Leute bezeichnen mich als stur.	1	2	3	4	5	6
11	Ich habe eine regelmäßige Verdauung; ich neige eher zu Durchfall als zu Verstopfung.	1	2	3	4	5	6
12	Ich verliere leicht die Geduld.	1	2	3	4	5	6
13	Ich neige zum Perfektionismus.	1	2	3	4	5	6
14	Ich brause zwar schnell auf, vergesse aber ebenso schnell wieder.	1	2	3	4	5	6
15	Ich liebe kalte Speisen wie Eis und mag eiskalte Getränke.	1	2	3	4	5	6
16	Ich empfinde die Temperatur in einem Raum eher als zu warm.	1	2	3	4	5	6
17	Ich vertrage keine scharf gewürzten oder heißen Speisen.	1	2	3	4	5	6

		Trifft nicht zu		Trifft gelegentlich zu		Trifft meist zu	
18	Ich bin nicht so tolerant, wie ich sein sollte.	1	2	3	4	5	6
19	Ich genieße Herausforderungen und bin beim Erreichen meiner Ziele sehr beharrlich.	1	2	3	4	5	6
20	Ich bin mir selbst und anderen gegenüber kritisch eingestellt.	1	2	3	4	5	6

Pitta-Gesamtwert 87

KAPHA-TYP		Trifft nicht zu		Trifft gelegentlich zu		Trifft meist zu	
1	Ich handele gewöhnlich langsam und ohne Hektik.	1	2	3	4	5	6
2	Ich nehme leichter zu und schwerer ab als andere.	1	2	3	4	5	6
3	Ich bin von Natur aus ruhig und gesetzt; ich gerate selten aus der Fassung.	1	2	3	4	5	6
4	Ich kann Mahlzeiten problemlos auslassen.	1	2	3	4	5	6
5	Ich neige zu starker Schleimbildung, Trägheit, chronischer Verstopfung, Asthma oder Nebenhöhlenentzündungen.	1	2	3	4	5	6
6	Ich brauche mindestens acht Stunden Schlaf, um mich am folgenden Tag wohlzufühlen.	1	2	3	4	5	6
7	Ich habe einen tiefen Schlaf.	1	2	3	4	5	6

8	Ich errege mich selten.	1	2	3	4	5	6
9	Ich lerne langsamer als andere, habe aber auch auf lange Zeit hin ein ausgezeichnetes Gedächtnis.	1	2	3	4	5	6
10	Ich neige zur Körperfülle.	1	2	3	4	5	6
11	Kaltes und feuchtes Wetter ist mir zuwider.	1	2	3	4	5	6
12	Meine Haare sind dicht, dunkel und gewellt.	1	2	3	4	5	6
13	Ich habe eine weiche, glatte und blasse Haut.	1	2	3	4	5	6
14	Ich habe einen kräftigen Körperbau.	1	2	3	4	5	6
15	Ich bin von Natur aus heiter, sanftmütig, liebevoll; ich vergebe gern.	1	2	3	4	5	6
16	Meine Verdauung ist träge, und ich fühle mich nach dem Essen schläfrig.	1	2	3	4	5	6
17	Ich habe eine gute Ausdauer und Widerstandskraft; mein Energiepegel ist ausgeglichen.	1	2	3	4	5	6
18	Ich gehe langsam und gemessen.	1	2	3	4	5	6
19	Ich neige zur Langschläferei und komme morgens nur langsam in Gang.	1	2	3	4	5	6
20	Ich esse mit Bedacht und gehe auch sonst langsam und methodisch vor.	1	2	3	4	5	6

Kapha-Gesamtwert 91

Gesamtwerte: Vata 73 Pitta 87 Kapha 91

Ihr persönlicher Konstitutionstyp

Es gibt zwar nur drei Doshas, doch kombiniert sie der Ayurveda zu zehn verschiedenen Konstitutionstypen:

Einfache Dosha-Dominanz

Vata
Pitta
Kapha

Liegt der Gesamtwert eines Doshas deutlich über denen der beiden anderen, so haben Sie eine einfache Dosha-Dominanz. Das gilt vor allem in den Fällen, in denen der Wert für das Hauptdosha doppelt so hoch ist wie der für die anderen, also beispielsweise Vata = 90, Pitta = 45, Kapha = 35. Doch sind kleinere Abstände auch von Bedeutung. Bei einer typischen Einfach-Dominanz treten die Charakteristika von Vata, Pitta oder Kapha deutlich hervor. Das nächstfolgende Dosha hat zwar auch einen gewissen Einfluß auf Ihre natürliche Konstitution, doch in sehr viel geringerer Weise.

Doppelte Dosha-Dominanz

Vata-Pitta oder Pitta-Vata
Pitta-Kapha oder Kapha-Pitta
Kapha-Vata oder Vata-Kapha

Wenn kein Dosha deutlich hervorsticht, haben Sie eine doppelte Dosha-Dominanz. Mit anderen Worten: Sie stehen entweder gleichzeitig oder abwechselnd unter dem Einfluß Ihrer beiden vorherrschenden Doshas. Das Dosha mit dem höheren Wert dominiert zwar in Ihrer Konstitution, doch auch das Dosha mit dem zweithöchsten Wert spielt dabei eine wichtige Rolle.

Die meisten Menschen haben eine doppelte Dosha-Dominanz. Bei manchen ist das Hauptdosha sehr stark, beispielsweise Vata = 70, Pitta = 90, Kapha = 46. Wäre hier Vata nicht so stark, so läge eine reine Pitta-Dominanz vor. In anderen Fällen sind die Abstände geringer, beispielsweise mit Vata = 85 als Hauptdosha, gefolgt von Pitta = 80 und Kapha = 40. Hier haben wir einen Vata-Pitta-Typ.

Schließlich gibt es Fälle, bei denen ein Dosha deutlich hervorsticht, die beiden anderen aber gleich sind, also Vata = 69, Pitta 86, Kapha = 69. Hier handelt es sich zwar auch um eine doppelte Dosha-Dominanz, doch der Test läßt nicht erkennen, ob das zweite Dosha Vata oder Kapha ist. Haben Sie solche Gesamtwerte, so richten Sie sich nach den Regeln für das Hauptdosha; das zweite Dosha wird sich mit der Zeit deutlicher abzeichnen.

Drei-Dosha-Typ

Vata-Pitta-Kapha

Sind alle drei Werte fast gleich, beispielsweise Vata = 88, Pitta = 75, Kapha = 82, so sind Sie ein Drei-Dosha-Typ. Dieser Typ ist jedoch recht selten. Gehen Sie die Fragen in diesem Fall nochmals sorgfältig durch oder lassen Sie sich von einem Freund bei der Überprüfung Ihrer Aussagen helfen. Lesen Sie dann die Beschreibungen von Vata, Pitta und Kapha auf den folgenden Seiten durch, damit Sie herausfinden können, ob nicht doch das eine oder das andere Dosha bei Ihnen dominiert. Kommen Sie dann zu demselben Ergebnis, so finden Sie eine ausführlichere Beschreibung dieses Typs auf Seite 62.

Vata erzeugt Verwirrung. Sollten Sie bei vielen Fragen nicht in der Lage sein, eindeutige Antworten zu finden, so könnte Ihr Konstitutionstyp durch eine Vata-Störung verdeckt sein. Vata ist der »Anführer der Doshas« und kann die beiden anderen nachmachen. Sie könnten einen leichten Körperbau und dennoch Übergewicht haben, zur Besorgtheit neigen und dazu reizbar sein, oder Sie haben abwechselnd Einschlafstörungen und Schlafsucht. Wahrscheinlich ist eine Vata-Störung der Grund solcher Wechselhaftigkeit.

Im allgemeinen sind die Konstitutionstypen nicht zweideutig. Je genauer Sie das ayurvedische System verstehen, desto leichter werden Sie beurteilen können, welche Antworten auf eine Vata-Störung und welche auf Ihre tatsächliche Natur hinweisen. Bleibt die Unsicherheit jedoch weiter bestehen, so ist es am besten, einen ayurvedischen Arzt um Rat zu fragen.

DIE CHARAKTERISTIKA DER KONSTITUTIONSTYPEN

Nachdem Sie Ihren Konstitutionstyp ermittelt haben, können Sie nun lernen, wie man ihn interpretiert. Ein wichtiger Aspekt des ayurvedischen Systems ist, daß es von den Erbanlagen ausgeht. Konstitutionstypen sind angeboren. Lange vor der Entwicklung genetischer Theorien hatten die ayurvedischen Weisen erkannt, daß Erbanlagen gebündelt und in bestimmten Erscheinungstypen auftreten: Eine dunkle Haut- und Haarfarbe ist mit braunen Augen verbunden, nicht mit blauen; eine kräftige Muskulatur geht mit einem kräftigen Knochenbau einher, nicht mit einem leichten. Geist, Körper und Verhalten sind ständig in einem subtilen Verhältnis aufeinander abgestimmt, das nur durch ein Wissen um die Doshas erkannt werden kann.

Ihr Konstitutionstyp ist die Form, in die Sie gegossen wurden, doch enthält sie nicht Ihr Schicksal. Groß oder klein zu sein, unentschlossen oder entschlußfreudig, ängstlich oder ruhig, all das charakterisiert einen bestimmten Typ. Doch gibt es noch genügend Freiraum für all diejenigen Dinge, die nicht durch den Konstitutionstyp festgelegt werden: Gedanken, Gefühle, Erinnerungen, Talente, Wünsche und anderes mehr. Die Kenntnis unseres Konstitutionstyps versetzt uns in die Lage, einen idealeren Gesundheitszustand zu erreichen. Anders als die westliche Medizin, die nur die körperliche oder seelische Gesundheit zum Ziel hat, will der Ayurveda jeden Aspekt des Lebens auf eine höhere Ebene heben. Private Beziehungen, Zufriedenheit am Arbeitsplatz, spirituelles Wachstum und soziale Harmonie stehen alle in einer engen Beziehung zu Geist und Körper; sie können daher auch durch eine einzige Heilkunde beeinflußt werden, wenn deren Wissen tief genug reicht. Das ist die Überzeugung des Maharishi-Ayurveda, und ich halte sie für ebenso gewichtig wie überzeugend.

CHARAKTERISTIKA DES VATA-TYPS

- Leichter, zarter Körperbau
- Unregelmäßiger Appetit und unregelmäßige Verdauung
- Handelt rasch
- Hat einen leichten, unterbrochenen Schlaf; Schlafstörungen
- Ist begeisterungsfähig, lebendig, ideenreich
- Ist leicht erregbar, wechselnde Gemütslage
- Greift schnell neue Informationen auf
- Vergißt schnell
- Neigt zur Besorgnis
- Neigt zur Verstopfung
- Ermüdet schnell, neigt zur Hyperaktivität
- Geistige und körperliche Energie kommt in Schüben

Das Leitmotiv des Vata-Typs ist: »wechselhaft«. Vata-Menschen sind sprunghaft und wesentlich weniger stereotyp in ihrem Verhalten als ihre Zeitgenossen mit einer Pitta- oder Kapha-Dominanz. Ihre Vielfältigkeit – in Körpergröße und Körperbau, Stimmungslage und Handlungsweise – ist gewissermaßen ihr Markenzeichen. Bei Vata-Menschen tritt die geistige und körperliche Energie in Schüben auf. Es ist typisch für diesen Personenkreis,

- zu jeder Tages- und Nachtzeit hungrig zu sein,
- Trubel und ständige Veränderung zu lieben,
- zu unterschiedlichen Zeiten zu Bett zu gehen, Mahlzeiten auszulassen und ganz allgemein unregelmäßig zu leben,
- an einem Tag eine gute Verdauung, am nächsten eine schlechte zu haben,
- kurzlebige Gefühls- und Begeisterungsausbrüche zu haben,
- rasch zu gehen.

Vom Körperbau her sind die Vata-Menschen die schlanksten von den drei Typen, und sie haben charakteristisch schmale Schultern und/oder Hüften. Für manche Vatas ist es schwer, wenn nicht sogar unmöglich zuzunehmen; sie haben ständig Untergewicht. Andere dagegen sind angenehm schlank und gelenkig. Obwohl ihr Appetit recht unterschiedlich ist, sind sie die einzigen, die nach Herzenslust essen können, ohne zuzunehmen. (Allerdings schwankt bei manchen Vatas über die Jahre hinweg das Gewicht erheblich; sie können in der Jugend regelrechte Kümmerlinge sein, in der Lebensmitte aber Übergewicht haben.)

Körperliche Unregelmäßigkeiten kommen durch eine starke Vata-Dominanz zustande – Hände und Füße etwa können für den dazugehörigen Körper zu klein oder zu groß geraten sein; ebenso die Zähne (oder sie stehen nach vorne; ein Überbiß ist für Vata-Menschen charakteristisch). Im allgemeinen sind die Vatas ansehnliche Menschen, aber O-Beine, Spreizfuß, eine verkrümmte Wirbelsäule oder eine schiefe Nasenscheidewand sowie zu nah oder zu weit auseinanderliegende Augen sind ebenfalls nicht selten. Gelenke, Sehnen und Adern treten am Vata-Körper deutlicher hervor, weil die Fettschicht unter der Haut oft sehr dünn ist. Knackende Gelenke sind die Regel.

Das Vata-Dosha ist für alle Bewegungen im Körper verantwortlich. Unsere Muskeln werden durch Vata bewegt, unser Atem wird durch Vata gesteuert, ebenso der Transport der Nahrung durch den Verdauungstrakt sowie sämtliche Nervenimpulse. Die Hauptfunktion von Vata ist die Steuerung des Zentralnervensystems. Schüttelkrämpfe, Zittern und krampfartige Anfälle sind Anzeichen von gestörtem Vata. Ist dieses Dosha einmal aus dem Gleichgewicht geraten, kommt es zu Nervenstörungen, die von Angstgefühlen und Depressionen (eine hohle Depression, verbunden mit dem Gefühl, völlig ausgelaugt zu sein; nicht die für Kapha typische dumpflastende Depression) bis hin zu klinischen Geisteskrankheiten reichen. Alle Arten von psychosomatischen Erkrankungen lassen sich auf Vata-Störungen zurückführen. Die Ausbalancierung von Vata hingegen läßt oft Symptome verschwinden, die jeglicher anderen Behandlung trotzen.

Vata leitet Vorgänge ein, ist aber nicht für deren Beendigung zuständig. Diese Charakteristik wird deutlich, wenn ein Vata-Typ aus dem Gleichgewicht gerät. Es kommt dann zu wahl- und planlosen Einkaufsausflügen, ziellosem Gerede und chronischer Unzufriedenheit. Den Vata-Menschen wird bisweilen nachgesagt, sie verausgabten sich, verschwendeten ihr Geld, ihre Energie und ihre Worte, doch trifft das solange nicht zu, wie sie (und das für das Gleichgewicht im Körper zuständige Vata) im Lot sind.

Die meisten Vatas neigen zur Besorgnis und leiden bisweilen unter Schlafstörungen, die durch ihre rastlosen Gedankenkolonnen verursacht werden. Der normale Vata-Schlaf ist von allen der kürzeste – sechs Stunden und weniger sind typisch; mit zunehmendem Alter werden es noch weniger. Das Vata-eigene und durch Streß hervorgerufene negative Gefühl ist Angst; die typischen Verdauungsbeschwerden sind Verstopfung und/oder Blähungen; ein nervöser Magen und eine unregelmäßige Verdauung sind nicht selten. Krämpfe im Verdauungstrakt sowie Schmerzen vor Einsetzen der Menstruation werden allgemein diesem Dosha zugeschrieben.

Ein ausgewogener Vata-Mensch ist dagegen ansteckend glücklich, begeisterungsfähig und energiegeladen. Sein Geist ist wach und klar; seine innere Stimmung ist heiter. Vatas sind ausgesprochen empfindlich für Veränderungen in ihrer Umgebung. Sie reagieren sofort und heftig auf Klänge und Berührungen und haben eine Abneigung gegen Lärm. Von ihrer Persönlichkeit her sind sie lebhaft, sprühend, mitreißend, unberechenbar, phantasievoll und gesprächig. Aus dem Lot geraten, bringt diese impulsive Art solche Menschen dazu, sich zu verausgaben – ihre Begeisterung schlägt in Erschöpfung um und mündet schließlich in chronische Müdigkeit und Depression.

Vata – und das ist vielleicht am wichtigsten – führt die anderen Doshas an. Das hat verschiedene Konsequenzen: Wann immer ein Dosha aus dem Gleichgewicht gerät, ist Vata das erste und verursacht die Frühstadien einer Erkrankung. Es kann die anderen Doshas vortäuschen, so daß man zunächst glaubt, daß Pitta oder Kapha das Problem schaffen (über die Hälfte aller Störungen sind in Wirklichkeit auf Vata zurückzuführen). Vata ist der »König« der Doshas; ist es im Gleichgewicht, sind es normalerweise auch Pitta und Kapha. Deshalb ist die Ausbalancierung von Vata für jeden von großer Wichtigkeit.

Die nützlichste Vorsichtsmaßregel für den Vata-Typ ist, ausreichend zu schlafen, sich nicht zu verausgaben und auf einen regelmäßigen Tagesablauf zu achten. Solche Ratschläge werden vielen Vata-Menschen gegen den Strich gehen, doch haben sie oft sehr rasch deutliche Verbesserungen bei körperlichen und psychischen Problemen zur Folge. Vata ist die Grundlage für unser Gleichgewichtsgefühl, daher ist die Ausgeglichenheit dieses Doshas lebensnotwendig.

CHARAKTERISTIKA DES PITTA-TYPS

- Mittlerer Körperbau
- Mittlere Stärke und Ausdauer
- Starker Hunger oder Durst, gute Verdauung
- Neigt unter Streß zur Gereiztheit; neigt zu Zornausbrüchen
- Helle oder rötliche Haut, oft mit Sommersprossen
- Verträgt keine direkte Sonne oder heißes Wetter
- Unternehmungslustig, liebt Herausforderungen
- Scharfer Intellekt
- Präzise, deutliche Sprache
- Kann keine Mahlzeiten auslassen
- Blondes, hellbraunes oder rötliches Haar

Das Leitmotiv von Pitta ist: »intensiv«. Menschen mit hellrotem Haar und rosiger Gesichtsfarbe haben viel Pitta; desgleichen solche, die sich durch Ehrgeiz, scharfen Intellekt, Freimütigkeit oder Kühnheit auszeichnen, die einem Wortgefecht nicht aus dem Wege gehen oder die zur Eifersucht neigen. Die kämpferische Seite von Pitta ist meist vorhanden, muß aber nicht zum Ausdruck kommen. Ausgeglichene Pitta-Menschen sind warmherzig, liebevoll und zufrieden. Ein vor Glück strahlendes Gesicht ist das Werk von Pitta. Auch ist es typisch für Pitta-Menschen,

- einen Bärenhunger zu haben, wenn sich das Essen um eine halbe Stunde verzögert,
- nach der (im allgemeinen teuren) Uhr zu leben und gegen Zeitverschwendung allergisch zu sein,

- nachts mit einem Hitze- und Durstgefühl aufzuwachen,
- die Führung zu übernehmen oder danach zu streben,
- auf andere gelegentlich zu anspruchsvoll, zu sarkastisch oder zu kritisch zu wirken,
- einen zielstrebigen Gang zu haben.

Der Pitta-Typ ist mittelgroß und wohlproportioniert. Sein Gewicht unterliegt kaum Schwankungen, doch fällt es ihm nicht schwer, ein paar Pfunde ab- oder zuzunehmen. Seine Gesichtszüge sind ebenmäßig, er hat mittelgroße Augen und oft einen durchdringenden Blick. Hände und Füße harmonisieren mit dem Körper, die Gelenke sind normal gebaut.

Pitta-Haar und Pitta-Haut sind leicht zu erkennen. Das Haar ist gewöhnlich glatt und fein, rötlich, blond oder hellbraun; es wird frühzeitig grau. Glatze, Haarausfall oder »Geheimratsecken« sind Hinweise auf ein starkes oder übermäßiges Pitta. Die Haut ist warm, weich und hell; sie bräunt nur langsam, und es kommt oft zu Sonnenbrand, ohne daß sie überhaupt bräunt (besonders, wenn das Haar fein und hell ist). Aus diesem Grund ist es für den Pitta-Typ ratsam, sich nicht der Sonne auszusetzen, was er ohnehin ungern tut. Typisch sind bei Pitta-Menschen auch Sommersprossen und Muttermale. (Bei Menschen mit rassisch bedingtem dunklem Haar und farbiger Haut sind andere Pitta-Merkmale zu beachten.)

Pitta-Menschen haben im allgemeinen einen scharfen, analytischen Verstand und eine gute Konzentrationsfähigkeit. Sie sind von Natur aus ordentlich und setzen ihre Energie, ihr Geld und sonstige Ressourcen gezielt ein. Davon hebt sich außerordentlich ihre Vorliebe für Luxusgegenstände ab: Pitta-Menschen lieben es, sich mit schönen Dingen zu umgeben; sie sind sehr empfänglich für visuelle Eindrücke.

Zugleich sind Pitta-Menschen ausgesprochen hitzig. Das kommt in allen Bereichen zum Ausdruck – in ihrer typischen Ungeduld und Hitzköpfigkeit, ebenso wie in warmen Händen und Füßen sowie in einem Brennen von Augen, Haut, Magen und Darm, wenn Pitta gestört ist. Weil ihnen ohnehin ständig warm ist, sind Pitta-Typen nicht gern lange in der Sonne. Auch vertragen ihre Augen kein grelles

Licht. Sie werden in der Hitze leicht müde und sind für harte körperliche Arbeit nicht geeignet.

Eine negative Eigenschaft der Pitta-Menschen ist ihre Neigung zu Zornausbrüchen, zu denen es unter Streß bei ihnen häufig kommt. Sie können reizbar und ungeduldig sein, anspruchsvoll und perfektionistisch, besonders dann, wenn sie aus dem Gleichgewicht geraten sind. Sie sind ehrgeizig und haben gute Führungsqualitäten, doch können sie auch barsch und verletzend sein, wodurch sie andere zurückstoßen.

Pittas sprechen deutlich und klar; sie sind häufig gute Redner. Sie haben feste Überzeugungen und lieben es, Meinungsverschiedenheiten auszutragen. Ein sarkastisches, überkritisches Verhalten weist auf eine Unausgewogenheit von Pitta hin. Wie die anderen Konstitutionstypen haben auch die Pitta-Menschen ihre zwei Seiten: Wenn sie sich im Gleichgewicht befinden, sind sie freundlich, fröhlich, selbstsicher und mutig. Sie lieben Herausforderungen, setzen aber ihre körperliche Energie mit Bedacht ein. Ihre Ausdauer ist durchschnittlich, und sogar ihre außergewöhnlich starke Verdauung, die Basis ihrer Energie, kann überstrapaziert werden. Meistens hört man in diesem Fall von Pitta-Menschen in mittlerem Alter: »Ich konnte früher alles essen, aber jetzt nicht mehr.«

Das Pitta-Dosha steuert den Stoffwechsel. Bei Pitta-Menschen ist das »Verdauungsfeuer« – wie es im Ayurveda heißt – besonders stark; es verursacht den starken Hunger und Durst. Von allen Konstitutionstypen erträgt es der Pitta-Typ am wenigsten, wenn er eine Mahlzeit auslassen muß oder eine Mahlzeit auch nur mit Verspätung auf den Tisch kommt. Er hat dann ein nagendes Hungergefühl und ist reizbar. Ein Pitta-Überschuß führt zu Sodbrennen, Stechen in den Eingeweiden, Magengeschwüren und Hämorrhoiden. Wenn hier nicht auf Ausgleich geachtet wird, schwächt Pitta das gesamte Verdauungssystem nachhaltig.

Die Haut des Pitta-Typs ist sehr empfindlich; es kommt leicht zu Ausschlägen, Entzündungen und Akne. Das Weiß der Augen reagiert ebenfalls unmittelbar auf Reizungen und wird rot (Pitta-Überschuß führt auch leicht zu Sehschwäche). Pitta-Menschen haben einen gesunden Schlaf, doch können sie bisweilen nachts mit einem

Hitzegefühl aufwachen. Ihre Schlafdauer ist durchschnittlich und liegt bei etwa acht Stunden. Wenn sie aus dem Gleichgewicht geraten, leiden Pitta-Menschen unter Schlaflosigkeit, besonders bei gleichzeitiger Arbeitsüberlastung.

Die wichtigste Vorsichtsmaßregel für Pitta-Menschen ist, daß sie ein maßvolles, geregeltes Leben führen. Jede Zelle unseres Körpers ist in ihrer Versorgung mit Wasser, Nährstoffen und Luft von Pitta abhängig. Toxine aller Art haben schnell eine Pitta-Störung zur Folge. Auf Grund ihrer erhöhten Empfindlichkeit reagieren Pitta-Menschen heftig auf belastete Nahrung, verschmutzte Luft und verunreinigtes Wasser, Alkohol und Zigaretten. Dies gilt besonders auch für eine durch Feindseligkeit, Haß, Intoleranz und Eifersucht vergiftete Atmosphäre. Das Pitta-Dosha gibt uns unseren Instinkt für Maß und Reinheit, die beide von entscheidender Bedeutung für unsere Gesundheit sind.

CHARAKTERISTIKA DES KAPHA-TYPS

- Kraftvoller Körperbau; große körperliche Ausdauer und Leistungsfähigkeit
- Gleichmäßige Energie; langsame, anmutige Bewegungen
- Ruhige, ausgeglichene Persönlichkeit; regt sich selten auf
- Kühle, glatte, dicke, bleiche und oft ölige Haut
- Nimmt Neues langsam auf, hat aber ein gutes Langzeitgedächtnis
- Tiefer, langer Schlaf
- Neigung zur Fettleibigkeit
- Langsame Verdauung, mäßiger Hunger
- Liebevoll, tolerant, verzeiht gern
- Neigt zur Besitzanhäufung und Selbstgefälligkeit

Das Leitmotiv von Kapha ist: »entspannt«. Das Kapha-Dosha als Strukturprinzip bewirkt Stabilität und Beständigkeit; es stellt Reserven bereit, die dem für Kapha typischen schweren Körper Kraft und Ausdauer verleihen.

Eine Kapha-Konstitution gilt dem Ayurveda als Glücksfall, denn im allgemeinen bedeutet dies eine gute Gesundheit; auch haben Kapha-Menschen eine heiter-gelassene, friedliche Sicht der Dinge. Es ist typisch für einen Kapha-Menschen,

– lange über Entscheidungen zu brüten,
– langsam aufzuwachen, lange im Bett herumzuliegen und nach dem Aufstehen sofort Kaffee trinken zu müssen, um richtig wach zu werden,
– sich mit der vorhandenen Situation zufriedenzugeben und sie zu bewahren suchen, indem andere Menschen beschwichtigt werden,
– die Gefühle anderer zu respektieren,
– sich durch Essen trösten zu wollen,
– feuchte Augen zu haben, sich anmutig zu bewegen und auch bei Übergewicht einen gleitenden Gang zu haben.

Kapha verleiht körperliche Stärke und Widerstandskraft gegen Krankheiten. Kapha-Typen sind ansehnliche Menschen, bisweilen untersetzt, mit breiten Hüften und/oder Schultern. Sie neigen stark zur Gewichtszunahme – sie brauchen Essen nur anzusehen, und schon nehmen sie zu. Da sie diese zusätzlichen Pfunde nur schwer wieder loswerden, werden Kaphas oft fettleibig, wenn sie aus dem Gleichgewicht geraten. Aber auch Menschen mit normalem Körperbau können Kapha-Typen sein. Bei doppelter Dosha-Dominanz, beispielsweise Vata-Kapha, kann der Körper sogar mager sein. Ein deutliches Kapha-Zeichen ist eine kühle, glatte, dicke, bleiche und oft ölige Haut. Große, sanfte Rehaugen – »wie mit Milch gefüllt«, lautet die Beschreibung in alten Texten – sind ebenfalls typisch. Alles, was in einem Gesicht oder an einem Körper auf Ruhe und Beständigkeit hinweist, ist ein Anzeichen für eine zugrundeliegende Kapha-Dominanz. Bei Frauen rühren die sprichwörtlichen »üppigen Rundungen« von Kapha her.

Das Kapha-Dosha führt zur Langsamkeit. Langsame Esser, die üblicherweise auch langsam verdauen, sind im allgemeinen Kaphas; desgleichen Menschen mit langsam-bedächtiger Ausdrucksweise. Da sie gesetzt und selbstbeherrscht sind, geraten Kapha-Typen selten aus der Fassung und sorgen in ihrer Umgebung für Frieden. Sie nehmen die Welt hauptsächlich durch Geruch und Geschmack wahr. Kapha-Menschen legen viel Wert auf Essen, wie sie sich überhaupt sehr auf Körperempfindungen verlassen; sie sind sehr erdverbunden.

Kaphas haben einen gleichbleibenden Energiepegel. Ihre Ausdauer ist größer als die der anderen Konstitutionstypen. Sie sind auch eher zu körperlicher Arbeit bereit; körperliche Erschöpfung tritt bei ihnen selten auf. Es ist sehr »kaphisch«, nahezu alles zu hamstern und aufzubewahren – Geld, Gegenstände, Energie, Worte, Nahrung und Fett. Letzteres wird zumeist weiter unten gespeichert, an den Schenkeln und am Gesäß. Da das Kapha-Dosha die wasserhaltigen Gewebe versorgt, macht sich ein Kapha-Ungleichgewicht meist an den Schleimhäuten bemerkbar. Der Kapha-Typ beklagt sich leicht über Probleme mit den Nebenhöhlen und den Atemwegen, über Allergien, Asthma sowie über schmerzende Gelenke (Arthritis ist allerdings ein typisches Vata-Problem). Die Beschwerden nehmen im späten Winter und im Frühling zu.

Kapha-Menschen sind von Natur aus liebevoll und tolerant; sie verzeihen gern. Mütterliches Verhalten bringt Kapha zum Ausdruck. In Krisensituationen sind sie nicht leicht aus der Fassung zu bringen, und sie wirken auf andere beruhigend. Sie neigen jedoch dazu, selbstzufrieden zu sein, und selbst der ausgeglichenste Kapha-Typ schiebt unter Streß Dinge auf. Eine typische negative Eigenschaft von Kapha-Menschen ist ihre Habsucht oder ihr Festhalten-Wollen. Wer es nicht ertragen kann, sich von alten Sachen zu trennen, bringt damit einen Kapha-Überschuß zum Ausdruck. Ein unausgewogenes Kapha bewirkt Sturheit, Trägheit, Lethargie und Faulheit.

Wie Vata ist auch Kapha ein kaltes Dosha, unterscheidet sich jedoch dadurch, daß es nicht trocken ist. Da bei ihnen die Durchblutung im allgemeinen gut ist, haben Kapha-Menschen keine kalten Hände und Füße. Sie verabscheuen feucht-kaltes Wetter und reagieren darauf, indem sie langsamer und sogar depressiv werden. Der Kapha-Schlaf ist lang und tief. Typische Kapha-Menschen schlafen mehr als acht Stunden; ihr Problem ist nicht Schlaflosigkeit, sondern Schlafsucht. Sind sie aber einmal in Gang gekommen – was eine ganze Weile dauern mag –, so sind sie bis spät in die Nacht voller Energie.

Von allen drei Dosha-Typen lernt der Kapha-Typ am langsamsten. Dafür hat er ein gutes Langzeitgedächtnis und erwirbt sich mit der Zeit solide Kenntnisse in seinem Spezialgebiet. Seine Wissensaufnahme erfolgt langsam und methodisch. Wenn er aus dem Gleichgewicht gerät, wird er träge und dickköpfig.

Die wichtigste Vorsichtsmaßregel für Kapha-Menschen ist, daß sie für ihre Weiterentwicklung sorgen. Jegliche Stagnation verwandelt die Kapha-Stabilität in Trägheit. Kaphas müssen darauf achten, daß sie sich nicht an Vergangenem, an Menschen und Besitztümern festklammern und sich Veränderungen widersetzen. Wenn sie dafür sorgen, daß sie genügend stimuliert werden – was vielen Kaphas ja nicht angeboren ist –, so kommt ihre Vitalität zum Vorschein. Schweres, kaltes und übermäßiges Essen, mangelnde Bewegung und eintönige Arbeit bewirken das Gegenteil. Kapha gibt uns ein Gefühl von innerer Sicherheit und Beständigkeit – ein wesentlicher Aspekt gesunden Lebens.

DER ZWEI-DOSHA-TYP

Jeder von uns bekommt bei seiner Geburt etwas von jedem Dosha mit auf den Weg. Wenn wir von »reinen« Vatas, Pittas oder Kaphas sprechen, dann deswegen, weil bei ihnen ein Dosha stark überwiegt; sie sind Extremfälle. Bei den meisten besteht eine doppelte Dominanz, wobei eines der beiden Doshas stärker, aber nicht extrem ausgeprägt ist.

Jene Minderheit der Menschen mit einfacher Dominanz hat den Vorteil, daß sie nur auf einen tonangebenden Faktor in ihrem Leben zu achten brauchen. Da allerdings alle drei Doshas ausgewogen sein müssen, ist dieser Vorteil letztendlich gering. Natürlich richtet man sein Augenmerk vor allem auf das Hauptdosha, aber dennoch sollte man mit allen dreien vertraut sein. Bei jedem Konstitutionstyp spielen alle drei Doshas ihre Rolle, nur haben eben meist ein oder zwei davon einen besonders ausgeprägten Stellenwert.
Anzeichen für »reine« Konstitutionstypen sind:

Vata
Schlanker Körperbau, schnell, wechselhaft, lebhaft. Vata-Menschen wirken auf andere unberechenbar. Unter Druck reagieren sie erregt und angsterfüllt.
Pitta
Mittlerer Körperbau, ordentlich und entscheidungsfreudig, kraftvoll. Pitta-Menschen hinterlassen bei anderen einen Eindruck der Intensität. In Streßsituationen reagieren sie zornig und heftig.
Kapha
Schwerer Körperbau, ruhig, beständig, umgänglich. Kapha-Menschen wirken auf andere entspannt. Unter Druck werden sie störrisch und schweigsam.

Wir können diese Charakteristika kombinieren und erhalten so eine recht gute Vorstellung davon, was unter einer doppelten Dosha-Dominanz zu verstehen ist. Ein Vata-Kapha kann beispielsweise sowohl erregbar als auch ruhig sein; diese an sich unwahrscheinliche Kombination ist bei diesen Menschen recht deutlich sichtbar. Das dominierende Dosha prägt die primären Reaktionen auf die Umwelt, sowohl die geistigen wie die körperlichen. Das zweite Dosha hat verschiedene Auswirkungen, doch vermischen sich die beiden meist nicht wie Farben auf einer Palette. Kombiniert man Vata, das einen leichten Körperbau hervorruft, mit Kapha, das ja für einen schweren Körperbau verantwortlich ist, so ist das Ergebnis nicht generell eine mittlere Statur, was ja typisch für Pitta wäre. Meist kommt bei einem Vata-Kapha entweder das eine oder das andere Merkmal zum Tragen. Auch gibt es Phasen, in denen ein Mensch deutlich von einem Dosha zu einem anderen Dosha überwechselt (so kann ein Pitta-Vata unter Streß zu Furcht und Zorn neigen, entweder zu beidem gleichzeitig oder mal zum einen, mal zum anderen). In der ayurvedischen Praxis ist bei doppelter Dominanz folgendes zu beobachten, was zu einem besseren Verständnis des Zusammenspiels der drei Doshas beiträgt:

<u>Vata-Pitta:</u> Im allgemeinen haben diese Menschen wie reine Vatas einen leichten Körperbau, bewegen sich rasch, sind freundlich und

gesprächig, packen aber mit mehr Dynamik an und haben einen ausgeprägteren Intellekt (beides Pitta-Charakteristika). Sie erreichen weniger die Extreme von Vata, sind also nicht so überspannt, physisch belastbarer und beständiger. In ihrer Gesamtkonstitution drückt sich die Stabilität von Pitta aus. Sie haben auch eine bessere Verdauung als reine Vatas und leiden weniger unter Kälte, da Pitta den Kreislauf an»feuert«. Anders als reine Vatas, die mit ihrer extremen Empfindlichkeit gegenüber ihrer Umgebung oft sehr unter Lärm, Luftzug und anderen äußeren Unannehmlichkeiten leiden, haben Vata-Pittas ein etwas dickeres Fell.

Pitta-Vata: Menschen mit diesem Konstitutionstyp haben meist einen mittleren Körperbau; sie sind stärker und muskulöser als Vata-Pittas, die mehr den sehnigen und knochigen reinen Vatas ähneln. Pitta-Vatas haben schnelle Bewegungen, eine gute Ausdauer und sind oft bestimmt. Die Intensität von Pitta ist in ihnen stärker spürbar als die Leichtigkeit von Vata. Sie haben eine stärkere und regelmäßigere Verdauung als Vata-Pittas oder Vatas. Sie nehmen Herausforderungen gern an und gehen mit Begeisterung und oft sogar mit Aggressivität ans Werk.

Vata-Pittas und Pitta-Vatas neigen sowohl zur Furcht als auch zum Zorn, den negativen Emotionen der beiden Doshas. Wenn sie aus dem Gleichgewicht geraten und unter Streß stehen, läßt sie diese Kombination angespannt, abgehetzt und unsicher werden. Unausgewogene Pitta-Vatas (und die Vata-Pittas folgen ihnen auf den Fersen) entsprechen nach heutiger Terminologie dem Typ A, der als hochgradig anfällig für Herzkrankheiten gilt.

Pitta-Kapha: Kapha ist ein solch stark strukturbedingendes Element, daß es auch als sekundäres Dosha einen fülligen, schweren Körperbau bewirkt. Man erkennt Pitta-Kaphas an ihrer intensiven Art (Pitta) und ihrem kräftigen Körper (Kapha). Sie sind muskulöser als Pitta-Vatas und können sogar recht massig sein. Von der Persönlichkeit her haben sie die Stabilität von Kapha, gepaart mit der Kraft von Pitta und der damit verbundenen Neigung zu Zorn und Kritiklust; die Heiterkeit von Kapha tritt eher in den Hintergrund. Diese

Dosha-Kombination ist typisch für Athleten, da hier Pitta-Energie mit Kapha-Ausdauer zusammentrifft. Dieser Konstitutionstyp läßt nur schwerlich eine Mahlzeit aus. Pitta-Verdauung und Kapha-Widerstandskraft bewirken allgemein eine ausgezeichnete Gesundheit.

Kapha-Pitta: Die strukturelle Festigkeit von Kapha tritt hier noch stärker zutage. Kapha-Pittas haben eine gut ausgebildete Muskulatur mit einem stärkeren Fettanteil als bei Pitta-Kapha oder Pitta. Ihr Gesicht ist runder, desgleichen ihr Körper. Sie bewegen sich etwas langsamer als Pitta-Kaphas und sind lockerer in ihrer Art. Ihr überwiegendes Kapha gibt ihnen noch mehr Ausdauer und stetige Energie. Sie fühlen sich am besten bei regelmäßiger Aktivität, wodurch ihre Tendenz zu Trägheit und Mattigkeit ausgeglichen wird, doch sind sie weniger unternehmungslustig als Pitta-Kaphas.

Vata-Kapha: Dieser Typ läßt sich durch einen schriftlichen Test nur schwer ermitteln, da Vata und Kapha starke Gegensätze sind, ganz zu schweigen von der Vata-Tendenz, unschlüssig zu sein. Das Zünglein an der Waage ist gewöhnlich ein schlanker Körper, verbunden mit einer überraschend lockeren und entspannten Art, die so bei reinem Vata nie auftritt. Anders ausgedrückt, sind sie Kapha-Persönlichkeiten, denen die dazugehörige Körpermasse fehlt; die Unregelmäßigkeit des dominierenden Vata kann sogar dazu führen, daß diese Menschen recht klein geraten.

Anders als bei Vatas, die ständig in Bewegung sind, widerspiegelt sich in Vata-Kaphas eine innere Stabilität. Sie sind im allgemeinen ausgeglichen, aber unter Streß können sie das für Vata typische schreckhafte Verhalten zeigen. Dieser Typ kann im Bedarfsfall schnell und effizient handeln, doch herrscht sonst oft die Kapha-Tendenz zum Aufschieben vor. Auch die Neigung zu horten und zu sparen kann vorhanden sein. Da beide Doshas kalt sind, kann dieser Typ kalte Witterung nicht vertragen. Seine kalten Doshas können auch eine unregelmäßige oder langsame Verdauung bewirken.

Kapha-Vata: Dieser Typ ist dem Vata-Kapha sehr ähnlich, hat jedoch oft eine kräftigere Statur und langsamere Bewegungen. Kapha läßt ihn ausgeglichen und möglicherweise entspannter sein als den Vata-Kapha-Typ. Es fehlt ihm allerdings auch die Vata-Fähigkeit, sich zu begeistern. Er ist etwas athletischer und hat eine größere Ausdauer. Wie bei Vata-Kapha kann es auch hier zu Beschwerden durch eine unregelmäßige Verdauung und Kälteunverträglichkeit kommen.

DER DREI-DOSHA-TYP

Ein Drei-Dosha-Typ, so heißt es manchmal, hat die besten Chancen, im Gleichgewicht zu bleiben, da das Verhältnis von Vata, Pitta und Kapha fast gleich ist. Es gibt kein Leitpferd im Gespann. Ein wirklicher *sama dosha prakriti* (ausgewogener Konstitutionstyp) erfreut sich im allgemeinen sein ganzes, meist langes Leben lang einer guten Gesundheit und hervorragender Abwehrkräfte. Wenn andererseits aber bei ihnen etwas aus dem Lot gerät, sind die Samadoshas im Nachteil, da sie dann alle drei Doshas gleichzeitig wieder in eine Linie bekommen müssen. (Hier fehlt das Leitpferd, das die anderen am Ausbrechen hindert.)

Die Doshas wechseln gern, und es gibt so viele Tausende von Kombinationsmöglichkeiten, daß es höchst unwahrscheinlich ist, zu Beginn eines Lebens alle drei in gleicher Proportion zu besitzen; es ist, als würfe man drei Pfennige in einen Brunnen und stellte dann fest, daß sie in einer geraden Linie und in gleichem Abstand voneinander liegen. Es könnte also doch sein, daß Sie ein Zwei-Dosha-Typ sind. Das Wichtigste ist, sich nicht in eine Kategorie zu zwängen, sondern mehr über sich zu erfahren. Und das ist auch dann möglich, wenn Ihr Konstitutionstyp zunächst etwas vage erscheint, wie das bei einem Drei-Dosha-Typ oft der Fall ist.

3 DIE DREI DOSHAS – GESTALTER UNSERER WIRKLICHKEIT

Wenn ein ayurvedischer Arzt Sie ansieht, so erblickt er überall Zeichen der drei Doshas. Die Doshas selbst sieht er natürlich nicht, sie sind unsichtbar. Sie steuern die körperlichen Abläufe, ohne körperlich zu sein. Wir wollen sie »Stoffwechsel-Prinzipien« nennen. Das ist ein recht abstrakter Begriff, doch sind die Doshas konkret genug, um bewegt, vermehrt oder vermindert zu werden. Sie können sich im Körpergewebe »festhängen« oder in Körperteile gelangen, wo sie nicht hingehören. Sie existieren im Grenzbereich des Stofflichen, an der Schnittstelle zwischen Geist und Körper. In unserer westlichen Naturwissenschaft ist dieser Bereich noch völliges Neuland. Vata, Pitta und Kapha werden erst dann verständlich, wenn wir uns selbst aus ayurvedischer Perspektive betrachten.

DIE DOSHAS »SEHEN« LERNEN

Stellen Sie sich vor, Sie schauten sich einen Fernsehfilm an. Der Bildschirm scheint Menschen, Bäume, Tiere und Wolken am Himmel zu enthalten, aber bei genauerem Hinschauen erkennt man lediglich drei Arten von Leuchtpunkten – rot, gelb und blau –, die sich ständig zu neuen Bildern anordnen. Je nachdem, wie nah man ist, kann man entweder die Bilder oder die Pünktchen wahrnehmen. Beide Sichtweisen sind richtig, aber man könnte sagen, daß die drei Pünktchen fundamentaler sind. Wenn das Bild verzerrt ist, muß die richtige Einstellung auf dieser Ebene erfolgen.

Vata, Pitta und Kapha sind diese drei Pünktchen, die ein ayurvedischer Arzt bei uns sieht. Unsere Leber, unsere Nieren, unser Herzschlag, unser Insulinspiegel und anderes mehr sind Muster, die sich aus dem Zusammenspiel der drei Doshas ergeben. Eine richtige Einstellung des Körpers beinhaltet – wie beim Fernsehapparat – eine Abstimmung der Doshas in ihrer sich unablässig verändernden Wechselbeziehung.

Der Ansatz zur Lösung eines jeglichen Problems hängt in erster Linie davon ab, wie man das Problem sieht. In diesem Moment nehmen Sie Ihre ständige Besorgnis vielleicht nicht als Ausdruck von überschüssigem Vata wahr oder Ihre Zornausbrüche als Pitta-Überschuß. Aber mit einer leicht veränderten Sichtweise wäre dies möglich, und dann könnte man diesen Problemen durch die Regulierung von Vata und Pitta leichter zu Leibe rücken. Selbst eine so körperliche Angelegenheit wie Übergewicht geht auf den unsichtbaren, allgegenwärtigen Einfluß der Doshas zurück.

Wenn man einen großen Becher Schokoladeneis vertilgt, könnte man vielleicht meinen, es sei das Fett darin, welches das Zunehmen bewirkt. Dies hat natürlich auch seine Berechtigung, doch liegt der tiefere Grund auf der Ebene der Doshas. Denn sie sind es, die zunächst einmal den Appetit verursachen und dann bestimmen, ob man Lust auf Eis oder womöglich auf Möhren oder Sellerie hat. Und sie bestimmen auch weitgehend, ob aus den Kalorien tatsächlich ein Fettpolster entsteht. Vata-Menschen wandeln mehr Kalorien in Energie um und werden daher aus einem Eis weniger Fett einlagern als Kaphas, die zu einer stärkeren Fettspeicherung neigen.

Ohne eine Impulsgebung durch die Doshas würde das Eis gar nicht erst in Ihren Mund gelangen, viel weniger noch in Ihre Zellen. Die Kalorien im Schokoladeneis spielen also bei der Nahrungsaufnahme eine untergeordnete Rolle. Der eigentliche Verantwortliche bei der ganzen Sache ist unsere innere Intelligenz, die unsichtbar auf Ebenen wirkt, die feiner sind als die der Kalorien. Dasselbe gilt für alle anderen Lebensbereiche. Es sind nicht die Zigaretten, die Lungenkrebs hervorrufen, sondern die Menschen, die sie rauchen, angetrieben durch Gewohnheiten oder Süchte, die ihren Doshas über lange Zeit hinweg anerzogen worden sind. Man könnte sogar sagen, daß nicht Sie nach Nikotin verlangen, sondern Ihr Vata in seiner Funktion als Aufseher des Nervensystems. Wird jedoch der Beschluß gefaßt, mit dem Rauchen aufzuhören, so sind Sie es, der oder die ihn faßt, kraft Ihrer Entscheidungsfreiheit, die weiter reicht als die Doshas.

Ein Arzt, der gelernt hat, die Doshas mit erstaunlicher Deutlichkeit zu sehen, ist Dr. Brihaspati Dev Triguna. Dr. Triguna ist möglicherweise der größte heute lebende *vaidya*, wie ein ayurvedischer Arzt auch genannt wird. Seine Meisterschaft besteht in seiner Fähigkeit, einen Patienten anzusehen und seinen Puls einige Sekunden lang zu fühlen und dann sofort eine Aussage über den Zustand seiner Doshas machen zu können. Daß jemand bereits durch eine Pulsdiagnose etwas über uns wissen kann, ist ziemlich verblüffend. Bei einem Interview mit Dr. Triguna in Boston verhehlten die anwesenden Reporter nicht, daß sie unserer Beschreibung seiner diagnostischen Fähigkeiten nur wenig Glauben schenkten. »Wenn er solche Fähigkeiten hat«, meinte einer von ihnen, »kann er mir dann sagen, warum ich letzten Monat ins Krankenhaus mußte?«

Der Reporter streckte Dr. Triguna seinen Arm entgegen. Der blickte ihn aufmerksam an. Dr. Triguna ist ein großer, imposanter Mann mit tiefliegenden, dunklen Augen und dem Blick eines geborenen Arztes. Er nahm den Eindruck auf, berührte drei Sekunden lang den Puls des Reporters und sagte: »Das Pitta-Dosha scheint unausgewogen zu sein. Ich vermute eine Störung der Ausscheidungsorgane, besonders des Darms und der Nieren.«

Dem Reporter stand der Mund offen – er war gerade aus dem Krankenhaus entlassen worden, wo ihm ein schmerzhafter Nierenstein entfernt worden war. Dr. Triguna sagte ihm dann, daß er ein reiner Pitta-Typ sei, mit einem extrem übersäuerten Körper. Wie sich herausstellte, war der Mann ein halber Vegetarier, der große Mengen von Joghurt zu sich nahm, da er dies für sehr gesund hielt. Er gab betreten zu, daß er Joghurt nie gemocht habe, da er danach immer Sodbrennen gehabt habe, aber er hatte diesem Warnsignal seines Körpers nie Beachtung geschenkt.

Joghurt ist für Pitta-Menschen nicht gut, da er dieses Dosha verstärkt, was übrigens alle sauren oder vergorenen Nahrungsmittel tun. Ein solcher Ernährungsfehler, gepaart mit Alkoholkonsum und anderen Pitta-verstärkenden Gewohnheiten, hatte diesen Mann völlig aus dem Lot gebracht.

Das besondere Problem dieses Reporters hatte etwas mit einem der Teilaspekte (Subdoshas) von Pitta, dem sogenannten *Ranjaka Pitta* zu tun, das die richtige chemische Zusammensetzung des Blutes regelt. Dr. Triguna riet ihm, Magermilch mit Selters zu trinken, empfahl ihm Pitta-arme Nahrungsmittel und warnte ihn vor sauren Dingen wie Joghurt, Käse, Essig und Tomaten. Ich werde später noch auf die Bedeutung von Nahrung als Medizin und auf Dr. Trigunas Pulsdiagnose eingehen, die in Sanskrit *nadi vigyan* genannt wird. In diesem Zusammenhang ist vor allem interessant, daß die Selbstbetrachtung unter dem Aspekt der Doshas eine rasche und genaue Beurteilung unseres Gesundheitszustandes ermöglichen kann.

Außer in allen Zellen haben die Doshas ihren Sitz in bestimmten Körperteilen. Jedes Dosha hat seinen Hauptsitz, an dem auch die jeweilige Therapie ansetzt.

Sobald ein Dosha aus dem Gleichgewicht gerät, tritt das erste Symptom oft am jeweiligen Hauptsitz auf. Blähungen, Bauchschmerzen oder Verstopfung sind typische Symptome für übermäßiges Vata; ein unangenehmes Brennen oder ein Schmerz im Oberbauch weisen oft auf übermäßiges Pitta hin; Erkrankungen der Atmungsorgane, Husten oder Schnupfen sind Anzeichen für übermäßiges Kapha.

Das bedeutet nicht, daß die ersten Hinweise auf ein Ungleichgewicht immer in diesen Bereichen auftauchen. Ein Vata-Überschuß kann sich auch in Form von Schmerzen im unteren Bereich der Wirbelsäule oder als Menstruationsschmerzen manifestieren. (Wie Sie bemerkt haben werden, treten all diese Symptome im Unterbauchbereich, also im Bereich des Dickdarms, auf.) Da jedes Dosha in allen Körperteilen anwesend ist, kann ein Vata-Überschuß auch wandern und sich als Kopfschmerzen, Muskelkrampf, Asthma oder in Form eines Dutzends anderer Symptome manifestieren.

Betrachtet man Krankheit als Folge eines Dosha-Überschusses, so wird die Vorbeugung wesentlich spezifischer, denn wir kennen nun die jedem Konstitutionstyp eigenen Stärken und Schwächen. Diese sind im allgemeinen dauerhaft. Nur selten findet man einen Vata-Menschen, der sein ganzes Leben lang von Schlafstörungen verschont geblieben ist, und der Kapha-Mensch stellt früh fest, daß

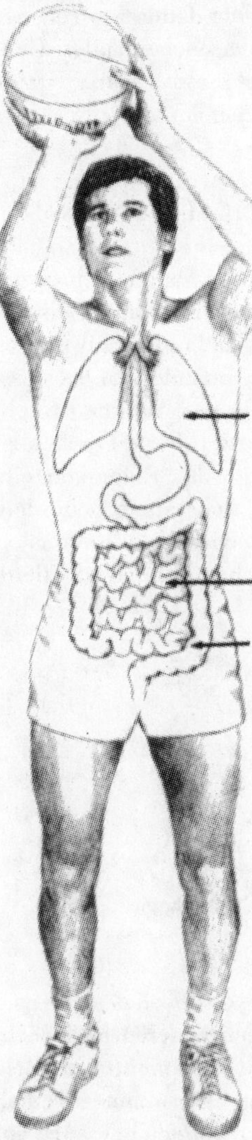

Jedes Dosha hat seinen Hauptsitz.

er Kalorien sehr schnell in Fett umwandelt. Doch was wirklich wichtig ist, ist das Wissen, daß Krankheit nicht dadurch vermieden werden kann, daß wir Vata, Pitta und Kapha nacheinander wieder ins Gleichgewicht bringen, sondern indem wir das ganze System mit Hilfe unseres Wissens auf einmal ausbalancieren.

DAS GLEICHGEWICHT IST DYNAMISCH – DIE 25 GUNAS

Auf Grund ihrer engen Verbundenheit funktioniert keines der drei Doshas für sich allein. Auch wenn wir meinen, nur auf eines einzuwirken, hat dies seine Auswirkung auf die anderen. Wenn wir ein scharfgewürztes Essen zu uns nehmen, nimmt Pitta als das heiße Dosha zu, während die beiden kalten Doshas, Vata und Kapha, abnehmen. Ein Schluck kaltes Wasser reduziert Pitta, erhöht aber Vata und Kapha. Diese beiden können durch das Essen von ein paar Fenchelsamen wieder gedämpft werden, wobei dann Pitta wieder zunimmt und so fort. Die Doshas sind wie durch zahllose unsichtbare Fäden miteinander verbunden, im typischen Auf und Ab aller lebenden Dinge.

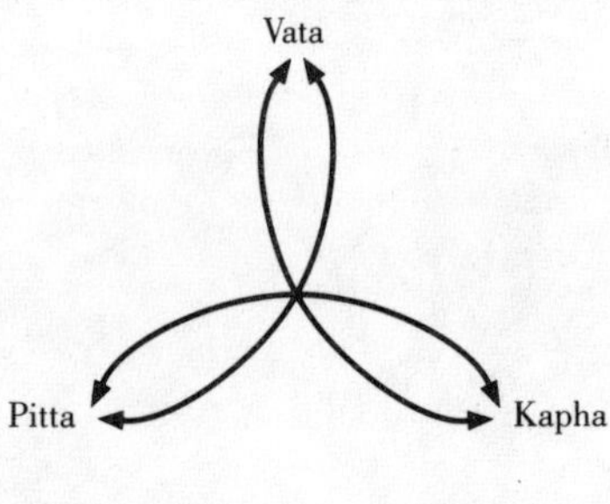

Vata ist, wie bereits gesagt, der König der Doshas, denn es verändert sich als erstes und zieht die beiden anderen nach sich. Das bedeutet, daß das Ausbalancieren der Doshas nichts mit Gleichmacherei zu tun hat. Es ist mehr der bereits erwähnten Feinabstimmung der Farben bei einem Fernsehgerät vergleichbar. Mit anderen

Worten: Die Doshas sind dann ausgewogen, wenn sie sich in einem dynamischen Gleichgewicht zueinander befinden. Veränderung und Beständigkeit müssen gleichermaßen wirksam sein können. Um dies zu erreichen, nennt der Ayurveda bestimmte Grundeigenschaften, die überall in der Natur auftreten. Es gibt 25 dieser Grundeigenschaften, auch Gunas genannt.

Vata	Pitta	Kapha
trocken	heiß	schwer
beweglich	scharf	kalt
kalt	leicht	ölig
leicht	feucht	süß
veränderlich	leicht ölig	beständig
fein	flüssig	langsam
rauh	säuerlich riechend	weich
schnell		klebrig
(führt die anderen Doshas an)		träge
		glatt

Diese Gunas sind überall in der Natur anzutreffen, unabhängig davon, ob wir von der ganzen Welt oder vom menschlichen Körper sprechen. Das Herz ist schnell und beweglich – es enthält Vata. Die Verdauung und der Stoffwechsel erzeugen Hitze – sie bringen Pitta zum Ausdruck. Die Schleimhäute sind klebrig und weich – sie haben die Merkmale von Kapha.

DIE DOSHAS UND IHRE EIGENSCHAFTEN

Die 25 Eigenschaften oder Gunas sind der Ursprung aller charakteristischen Merkmale eines Konstitutionstyps. Hier sind einige der Haupteigenschaften von Vata, Pitta und Kapha zusammen mit einigen der von ihnen hervorgerufenen Merkmalen aufgelistet.

Vata ist vor allem:

Kalt; verursacht kalte Hände und Füße sowie Abneigung gegen kalte Witterung.

Beweglich; bewirkt je nach Grad der Ausgewogenheit dieses Doshas einen gut funktionierenden oder einen schwachen Kreislauf. Bluthochdruck wird mit Vata in Verbindung gebracht, ebenso Herzrhythmusstörungen, Muskelkrämpfe und Rückenschmerzen. Ein nervöser, stechender Blick ist ein Zeichen von unausgeglichenem Vata.

Schnell; ruft zahlreiche verwandte Merkmale hervor: die Fähigkeit, Neues rasch aufzunehmen, was dann aber auch bald wieder vergessen wird; schwaches Langzeitgedächtnis; lebhafte Einbildungskraft, aber auch Alpträume; ruhelose Aktivität; impulsives Handeln; Stimmungsumschwünge; vorbeifliegende, ziellose Gedanken; schnelles Sprechen.

Trocken; verursacht trockene Haut, trockenes oder stumpfes Haar, trübe Augen, mäßiges Schwitzen. Die Haut kann aufgesprungen und rissig sein; Neigung zu Schuppenflechte oder Ekzemen.

Rauh; verursacht rauhe Haut und ungebärdiges Haar.

Pitta ist vor allem:

Heiß; verursacht warme, rosige Haut, jegliche Art von Entzündungen oder überaktivem Stoffwechsel, Hitzegefühle in Magen, Leber und Darm. Pittas lieben gewöhnlich kalte Speisen und Getränke, die ihre Hitze dämpfen.

Scharf; bewirkt einen scharfen Geist, aber auch eine scharfe Zunge; dieselbe Eigenschaft kann den Körper übersäuern und überschüssige Magensäure erzeugen.

Feucht; kann als übermäßiges Schwitzen zum Ausdruck kommen – heiße, verschwitzte Handflächen sind typisch für Pitta. Pittas haben eine Abneigung gegen schwüles Sommerwetter.

Säuerlich riechend; bewirkt bei Pitta-Überschuß Mundgeruch, säuerlichen Körpergeruch, übelriechende Ausscheidungen.

Kapha ist vor allem:

Schwer; jede Störung, die mit Schwere zu tun hat, weist auf einen

Kapha-Überschuß hin: Fettleibigkeit, schwere Verdauung, schwere und lastende Depression.

Süß; bewirkt Gewichtszunahme oder Diabetes, wenn dem Körper zu viel Zucker zugeführt wird.

Beständig; macht den Kapha-Typ selbstgenügsam; er braucht nicht so viel Stimulierung von außen wie Vata oder Pitta. Die Abläufe im Körper schwanken nicht von einem Extrem zum anderen; Veränderungen, die die beiden anderen Konstitutionstypen aus dem Lot bringen, lassen Kapha unberührt.

Weich; bewirkt eine Vielfalt von Merkmalen wie weiche Haut und Haare, Sanftmut, sanfte Augen und die Fähigkeit, Probleme ohne überzogene Erwartungen anzugehen.

Langsam; ausgedrückt in den langsamen, gleitenden Bewegungen der Kapha-Menschen sowie in ihrem langsamen Sprechen und bedächtigen Denken.

Trocken, heiß und schwer sind drei passende Etiketten für die Doshas. Wann immer etwas trocken wird, nimmt Vata zu, ganz gleich, ob es sich dabei um die Witterung oder um trockene Nahrungsmittel (Popcorn, Cracker oder Trockenpflaumen) handelt. Wenn unsere Haut oder die Nebenhöhlen austrocknen, ist dies ein Zeichen für zunehmendes oder gar überhandnehmendes Vata.

Alles Heiße dagegen verstärkt Pitta: ein heißer Julitag, ein heißes Bad oder hitzige Gefühle wie Zorn oder geschlechtliche Erregung. Wenn wir irgendwo im Körper (Magen, Dünndarm, Mastdarm) ein Brennen spüren oder wenn wir einen Ausschlag bekommen, nimmt Pitta zu. Pitta ist nicht so fein oder durchdringend wie Vata; es ist scharf und aggressiv.

Alles, was mit Schwere zu tun hat, erhöht wiederum Kapha. Gewichtszunahme, ein Gefühl von Schwere, ein lastend-verhangener Himmel ruft mehr Kapha hervor. Wenn wir bisweilen einen schwereren Schlaf als gewöhnlich haben oder uns am Morgen verkatert anstatt frisch fühlen, dann ist zuviel Kapha daran schuld. Von allen Doshas ist Kapha das beständigste, das der Materie am nächsten stehende.

Vom ayurvedischen Standpunkt aus gesehen, sind die Systeme

unseres Körpers dazu angelegt, die erwähnten 25 Gunas auszubalancieren. Wir alle bewegen uns durch eine Welt, in der Heiß und Kalt, Schwer und Leicht, Rauh und Glatt einander abwechseln. Warme Luftmassen strömen einer kalten arktischen Front nach, Dürren folgen auf Überschwemmungen, die Flut folgt der Ebbe. In diesem Auf und Ab drückt sich die Natur aus. Der Ayurveda sieht auch uns selbst als ausgewogenes Ökosystem, das dem äußeren in perfekter Weise entspricht. – Auch wir erfahren Kontraste, die uns ein Gefühl von Leichtigkeit oder Schwere, Hitze oder Kälte, Stetigkeit oder Unstetigkeit, Rauhheit oder Glätte geben.

Sobald man beginnt, die Gunas im Zusammenhang mit einem besonderen Dosha zu sehen, wird ihr Fließgleichgewicht komplexer. Das Leben wird interessanter; doch zugleich wird die Aufrechterhaltung der Ausgewogenheit schwieriger. Auf diese Weise gestaltet die Natur unsere Individualität und schärft unsere Sinne. So ist Pitta beispielsweise sowohl feucht als auch heiß; schwüles Sommerwetter ist für Pittas schwerer zu ertragen als trockene Hitze, was für diesen Typ die Wüste erträglicher macht als die Tropen. Aber darin steckt noch eine tiefere Bedeutung.

Vor über 20000 Jahren kamen prähistorische Völker über die Landbrücke, die damals noch zwischen Alaska und Nordasien bestand, und zogen von Alaska bis hinunter nach Feuerland, also fast bis in die Antarktis. Dasselbe Genreservoir erzeugte die Eskimos (die sich fast ausschließlich von Waltran, Seehundfleisch und Fisch ernähren), mexikanische Indianer (die sich von Mais und Bohnen ernähren) und Amazonas-Indianer (die sich von den für die tropischen Regenwälder typischen Tieren und Pflanzen ernähren). Die DNS in all diesen Menschen ist identisch; dasselbe gilt für die Zellen, die Organe, Enzyme und Hormone. Aber auf jeder Etappe dieser Völkerwanderung hat sich der Mensch einer anderen Umwelt angepaßt – sein inneres Ökosystem hat sich auf das äußere einzustellen gelernt. Eins haben die Eskimos, die Indianer in Nordmexiko und die Indianer im Amazonasgebiet jedoch gemein: In keiner dieser Volksgruppen gibt es ein nennenswertes Aufteten von Herzerkrankungen.

Das ist fast ein Wunder, denn keine von diesen Menschengruppen hat sich je nach irgendwelchen Diätvorschriften ernährt – man aß, was vorhanden war, und verließ sich darauf, daß der Körper das richtige Gleichgewicht finden würde. Bis noch vor kurzem hätten einem Ernährungswissenschaftler bei der Vorstellung von einer aus cholesterinhaltigem Waltran bestehenden Ernährung die Haare zu Berge gestanden. Heute wissen wir jedoch, daß Waltran reich an erst kürzlich entdeckten Omega-3-Fettsäuren ist, die nachweislich das Blut flüssiger machen und die gefährlichen Blutgerinnsel in den Herzkranzgefäßen verhindern.

Dies scheint die Erklärung dafür zu sein, daß bei den Eskimos Herzattacken rund dreißigmal seltener auftreten als bei Nordamerikanern. Aber genügt diese Erklärung? Andere, den Eskimos verwandte Volksgruppen essen keine Omega-3-Fettsäuren, sind aber dennoch genauso gegen Herzerkrankungen gefeit. In verschiedenen Umwelten lebend, hat es jede Gruppe geschafft, ein gesundes Gleichgewicht zur Natur aufzubauen, sowohl innerlich wie auch äußerlich.

Können wir dasselbe von uns behaupten? Es gibt im Leben der Menschen in den Industriestaaten nichts, was sie unwiderruflich dazu verurteilt, zu Opfern der geradezu epidemisch sich ausbreitenden Herzerkrankungen zu werden. Entsprechend der Philosophie des Ayurveda brauchen wir lediglich unsere Innenwelt mit der Außenwelt, die wir uns aufgebaut haben, in Einklang zu bringen.

Die letztliche Bedeutung der 25 Gunas ist, daß sie es ermöglichen, den Menschen als etwas über die Begrenzungen seines Körpers hinaus Bestehendes zu sehen. Als Ansammlung von Zellen endet der Mensch an der Grenze seiner Haut; in das Gewebe der Gunas eingewirkt, ist er mit der ganzen Natur verbunden. Das Kapha-Dosha ist, wie bereits gesagt, feucht und kalt; an einem kalten, nebeltrüben Dezembertag kann also ein Kapha-Überschuß eher eintreten. Die Neigung zu Depressionen könnte dementsprechend zunehmen, und das tut sie auch. Es gibt sogar ein besonderes, jahreszeitlich bedingtes Syndrom, das sogenannte SAD-Syndrom (seasonal affective disorder syndrome), das sich bei den Betroffenen in jedem Winter in Form von Depressionen manifestiert.

Die Ursache dieser Gemütsstörung liegt aus westlicher Sicht

darin, daß die Zirbeldrüse weniger Sonnenlicht erhält, was ein Ansteigen des Hormons Melatonin bewirkt. Wie die Zirbeldrüse jedoch die Verringerung der Lichtintensität spürt, ist ein Rätsel, denn diese Drüse liegt tief im Schädel eingebettet, wo sie keinem direkten Lichteinfall ausgesetzt ist. Der Ayurveda erklärt diesen Zusammenhang auf einfachere Weise: Wenn Kapha außen zunimmt, nimmt es auch innen zu. Manche Menschen, die eine Neigung zum Kapha-Überschuß haben, werden durch dieses zusätzliche Kapha krank – eine Depression nimmt ihren Verlauf. Die Zunahme betrifft jedoch zugleich uns alle, denn wir alle haben ja Kapha in uns.

Im Ayurveda hat alles seine Erklärung: Jeder von uns, ob gesund oder krank, ist den Auswirkungen ständiger Veränderungen ausgesetzt. Die Kunst besteht nicht darin, eine winterliche Depression zu bekämpfen, sondern darin, sich mit dem Jahreszeitenwechsel zu verändern. Die Natur stellt uns vor diese Herausforderung und gibt uns gleichzeitig die Fähigkeit, damit fertig zu werden. Jeden Tag fragt uns die Natur: »Ist dein Ökosystem ausgewogen?« Und jeden Tag müssen wir ihr Rede und Antwort stehen. Ob wir gesund bleiben oder erkranken, ist letztendlich von unserer Fähigkeit abhängig, im Wechselspiel der Gunas das innere und äußere Gleichgewicht zu bewahren. Gleichgewicht heißt Flexibilität im Angesicht des Wandels; vollkommenes Gleichgewicht ist vollkommene Flexibilität im Angesicht ständigen Wandels.

DIE FÜNF ELEMENTE

Wie kam der Ayurveda darauf, daß Vata trocken ist, Pitta heiß und Kapha schwer? Die Antwort ist faszinierend, denn sie ermöglicht einen vollständigen und tiefreichenden Einblick in die Natur. Vata, Pitta und Kapha sind die Grundprinzipien unseres Körpers. Als solche sind sie abstrakt, wenngleich sie sich in Form von Blut, Knochen, Magenschleimhaut, Herzschlag und Atem manifestieren.

Die Vorstellung, daß alles, was wir in der Natur sehen – Sterne, Bäume, Löwen, Rosen – im Grunde abstrakt ist, erscheint zunächst als befremdlich. Und doch ist mit Einsteins berühmter Formel $E = mc^2$, mit der er die Äquivalenz von Materie und Energie postuliert, auch nach und nach die Abstraktheit der Natur akzeptiert worden. Umgekehrt lassen sich heutzutage immer mehr höchst abstrakte Konzepte experimentell nachweisen. Die Schwerkraft, das westliche Äquivalent zur Guna »schwer«, wird gegenwärtig in Begriffen physikalischer Teilchen, sogenannten Gravitonen, erörtert, die – zumindest theoretisch – wie Bausteine bewegt und gelagert werden können.

Wir im Westen haben es uns zur Angewohnheit gemacht, die Natur als etwas anzusehen, das auf zwei Abstraktionsebenen funktioniert: auf der Ebene der Materie und auf der Ebene der Energie. Energie erscheint abstrakter als Materie, kann aber von einem Ort zum anderen fließen, zu- oder abnehmen oder gespeichert werden (beispielsweise als Elektrizität in Batterien). Das ayurvedische System kennt ebenfalls zwei Abstraktionsebenen, die unserer sinnlichen Wahrnehmung entsprechen. Eine Ebene ist die der drei Doshas, die andere enthält ein Inventar von Prinzipien, die als die fünf Elemente bezeichnet werden.

Diesen fünf Elementen werden sowohl Eigenschaften der Materie als auch Eigenschaften der Energie zugeordnet. Es sind – vom feinsten Element bis zum gröbsten –:

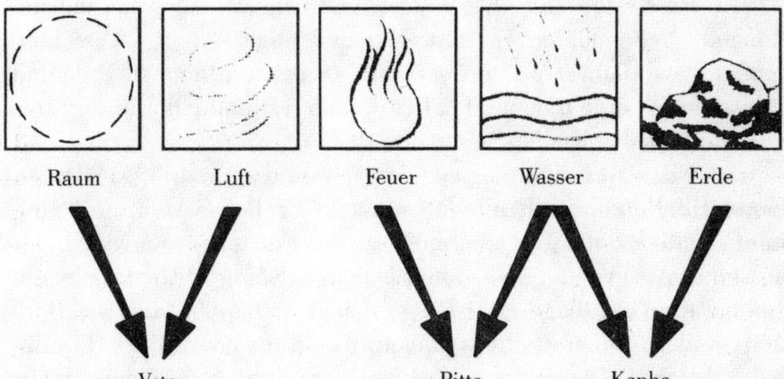

Diese Elemente entsprechen zwar der »wirklichen« Erde und Luft, dem »wirklichen« Feuer, Wasser und Raum, doch sind sie zugleich abstrakt. Auf die Frage, was die fünf Elemente darstellen, würde ein ayurvedischer Weiser nicht den Wind oder einen brennenden Holzscheit oder einen Bach nennen. Die fünf Elemente sind Codes für Intelligenzformen, die den Geist des Menschen ebenso wie die Welt, die er mit diesem Geist wahrnimmt, gestalten.

Bildet man aus den fünf Elementen bestimmte Paare, so erhält man die drei Doshas:

- Vata besteht aus Luft und Raum,
- Pitta besteht aus Feuer und Wasser,
- Kapha besteht aus Erde und Wasser.

Die Beziehung zwischen einem Vata-Überschuß und kaltem, stürmischem Wetter wird nun deutlicher, denn Vata ist das »luftige« Dosha, und zu viel Luft in Form von Wind erzeugt zu viel Vata. Ein Vata-Mensch leidet typischerweise unter Blähungen, was in anderer Weise auf die Beziehung von Luft und Vata hinweist. Luft ist fein, leicht und alles durchdringend, ebenso wie Vata.

Einem Pitta-Typ ist im allgemeinen warm, er hat etwas Feuriges an sich und neigt zum Schwitzen, wodurch das Wäßrige von Pitta zum Ausdruck kommt. Feuer ist aggressiv, kraftvoll und beweglich, ebenso wie Pitta.

Ein Kapha-Typ ist erdverbunden und neigt zu Atemwegsentzündungen, Nebenhöhlenverstopfungen und allgemein zur Verschleimung, was auf einen Wasserüberschuß zurückzuführen ist. Erde und Wasser sind beide träge und haftend, halb fest und halb flüssig. Das gilt auch für das Kapha-Dosha.

Das Element Raum, das aus den seh- und spürbaren Elementen herauszufallen scheint, nimmt im ayurvedischen System eine eminent wichtige Rolle ein: Es ermöglicht das Entstehen von Klang, der zu seiner Ausbreitung den Raum benötigt. Klang ist dem Ayurveda zufolge die Grundlage aller Dinge. Nicht hörbarer Klang wie Donner, sondern feinere Schwingungen, die in unserer stillen Bewußtheit erklingen. Der Ayurveda bedient sich dieser Schwingungen zur

Heilung des Körpers, indem er dessen Schwingungen auf verschiedene Weisen beeinflußt. Wir werden noch an späterer Stelle ausführlicher darauf eingehen.

Wenn Sie erst einmal eine Weile mit diesen neuen Begriffen umgegangen sind, werden Sie feststellen, daß sie vollkommen natürlich sind. Alle 25 Gunas können durch das Auge, den Tastsinn, die Geschmacksnerven und durch die anderen Sinne ermittelt werden, was von den Enzymen, Hormonen, Neurotransmittern und den anderen Bausteinen der westlichen Schulmedizin nicht behauptet werden kann. Wieviele Menschen kennen Sie, die beispielsweise die Grundeigenschaften von Insulin aufzählen können? Die Eigenschaften von Kapha, dem hauptsächlich für das Ausbalancieren von Insulin verantwortlichen Dosha, lassen sich dagegen leicht in einer Stunde begreifen.

DIE SUBDOSHAS

Der Vollständigkeit halber sei erwähnt, daß jedes der drei Doshas in fünf Subdoshas unterteilt wird, was der Diagnose und Therapie eine größere Genauigkeit verleiht. Alle Subdoshas haben ihren eigenen Sitz im Körper, was bei Ungleichgewicht an diesen Stellen zu spezifischen Störungen führt. Das wichtigste Subdosha von Vata ist das Prana Vata, das seinen Sitz im oberen Brustbereich und im Kopf hat. Es reguliert den Atem und die Nervenimpulse und hat damit einen weitreichenden Einfluß auf sämtliche Körperfunktionen.

Alle drei Doshas haben ein Subdosha im Herz, das einen wichtigen Knotenpunkt für alle physischen und psychischen Aktivitäten im Körper darstellt. Solch ein Detailwissen ist für einen ayurvedischen Arzt unverzichtbar; für den Patienten ist es zumindest wünschenswert. (Eine vollständige Beschreibung der 15 Subdoshas finden Sie am Ende dieses Kapitels.) Zum besseren Verständnis des Umgangs mit all dem Wissen über die Doshas möchte ich Ihnen ein Fallbeispiel schildern:

Bei Ann H. begannen die ersten Menstruationsbeschwerden im

frühen Teenager-Alter und nahmen mit den Jahren an Heftigkeit zu. Jeden Monat war sie fast eine Woche lang durch Krämpfe, Erbrechen und Durchfall außer Gefecht gesetzt. Einige Tage vor Einsetzen der Periode wurde sie in Erwartung des Unausweichlichen von Nervosität befallen; die Woche danach war sie völlig erschöpft. Insgesamt war sie jeden Monat fast zwei Wochen lang arbeitsunfähig.

Sie hatte alles mögliche unternommen, um das Problem zu lösen. Ein Arzt verschrieb ihr eine Vitamin-Pferdekur. »Meine Periode hörte schlagartig auf«, erinnert sie sich. »Ich war frei von Schmerzen, aber ich hatte nicht das Gefühl, daß das eine Heilung war. Als ich daraufhin den Arzt wieder aufsuchte, verringerte er die Dosis, aber da hatte ich fast wieder dieselben Beschwerden.«

Zwei Jahre lang ließ sich Ann von mehreren Fachärzten beraten. Ein Gynäkologe behandelte sie mit hohen Dosen eines nicht-narkotischen Schmerzmittels, das ihre Symptome etwas milderte. Andere Ärzte empfahlen eine Fortsetzung der medikamentösen Behandlung oder einen chirurgischen Eingriff.

»Die Schmerzen hatten sich auf meinen ganzen Unterleib bis zum Rücken hin ausgedehnt. Ich konnte nichts Schweres mehr heben oder größere Strecken laufen, doch wußte ich gleichzeitig, daß ich keine Lösung wollte, die auf eine Entfernung der Gebärmutter hinauslief.« Da sie schon mehrere Krankenhausaufenthalte hinter sich hatte, beschloß Ann, sich mit ihrem Zustand abzufinden und dankbar dafür zu sein, daß sie nicht völlig invalide geworden war. Im Jahre 1985 war sie dann aber doch so entmutigt, daß sie einen Eingriff für unumgänglich hielt.

Zu diesem Zeitpunkt kam sie zu einem Arzt, der eine Ausbildung in Maharishi-Ayurveda hatte. Seine Sicht der Dinge verblüffte Ann: »Er schien überhaupt nicht erstaunt zu sein, als ich ihm meine Krankheitsgeschichte erzählte. Er beschrieb meine Schmerzen mit Begriffen, die er meine Doshas nannte. Ich erfuhr, daß bei meinem Konstitutionstyp Vata vorherrscht und daß Vata, wenn es stark aus dem Gleichgewicht gerät, gewöhnlich Menstruationsbeschwerden hervorruft. Überhaupt haben Schmerzen etwas mit einem Vata-Überschuß zu tun. Außerdem gibt es ein besonderes Subdosha von Vata im unteren Rückenbereich und im Unterleib, Apana Vata, das dort

Muskelschwäche und Schmerzen verursachen kann. Insgesamt ergaben meine Symptome für ihn ein klares Bild.«

Ann war erleichtert zu hören, daß ihre Beschwerden einzuordnen waren. Das Fehlen einer sicheren Diagnose hatte ihr Gefühl von Verwirrung und Schuld noch verstärkt. Der ayurvedische Arzt stellte ihr in Aussicht, daß sie durch ein Ausbalancieren von Vata nach und nach auf ihre Medikamente verzichten könne. Die von ihm vorgeschlagene Behandlung beinhaltete eine Umstellung der Ernährung, tägliche speziell für den Unterleib konzipierte Ölmassagen, warme Bäder, warme Milch am Abend sowie das sorgfältige Einhalten einer bestimmten Tagesroutine. (Wie später noch im einzelnen erläutert werden wird, reagiert das Vata-Dosha rasch auf alle diese Maßnahmen.)

Ann bekam auch ein Kräuterpräparat, das Vata beruhigt, und es wurde ihr empfohlen, regelmäßig zu einer »Panchakarma«-Reinigungskur in die Klinik zurückzukommen. Durch die Panchakarma-Kur sollen die toxischen Rückstände vergangener Ungleichgewichte aus dem Körper ausgeschwemmt werden – ein wesentlicher Schritt für jeden, bei dem bereits eine Krankheit ausgebrochen ist. Außer dieser letzten Therapie konnte Ann alles zu Hause mit geringen Kosten selbst durchführen.

Die Erfolge der Behandlung waren ausgezeichnet und nahmen mit der Zeit noch zu. »An dem Tag, als ich mit der Maharishi-Ayurveda-Kur begann, nahm ich täglich zwanzig 400-Milligramm-Kapseln eines Schmerzmittels. Innerhalb weniger Monate konnte die Dosis auf fünf Kapseln herabgesetzt werden. Ich setzte die Behandlung vorschriftsmäßig fort und ging jedes Jahr zweimal zur Panchakarma-Kur. Heute, drei Jahre später, dauert meine Periode nur noch vier Tage, und die Schmerzen und Beschwerden haben so nachgelassen, daß ich seit zehn Monaten kein Medikament mehr nehmen muß.

Es ist für mich eine richtige Verwandlung, und ich habe mein Selbstvertrauen wiedergefunden. Ich fühle mich wieder normal und glücklich, nicht mehr wie ein Märtyrer, der gerade noch einmal einen Monat Gnadenfrist bekommen hat.«

DIE SUBDOSHAS IM EINZELNEN

Um die Ursache einer Krankheit so genau wie möglich bestimmen zu können, achtet ein ayurvedischer Arzt nicht nur auf die Doshas, sondern darüber hinaus auch auf die Subdoshas. Es sind insgesamt 15, und sie decken alle Bereiche des Körpers ab. Der folgende Überblick soll Ihnen eine genauere Vorstellung davon geben, welche Funktion die Doshas täglich erfüllen.

Vata

Vata ist mit dem Nervensystem verbunden und reicht daher bis in alle Regionen des Körpers, wobei jedes der fünf Subdoshas von Vata seinen spezifischen Sitz und seine spezifische Funktion hat. In der Tradition des Ayurveda werden sie die »Körperwinde« genannt; wir würden sie heute als bioelektrische Impulse bezeichnen, die durch Nerven, Muskeln und Blutgefäße wandern und überall dort feststellbar sind, wo es im Körper Bewegung gibt.

Prana Vata: Gehirn, Kopf und Brust

Prana Vata steuert jede Art von Wahrnehmung und Bewegung. Wie das Gehirn, wo es seinen Sitz hat, macht uns Prana Vata fähig zu sehen, zu hören, zu tasten, zu riechen und zu schmecken (vor allem jedoch zu hören und zu tasten); es belebt unsere Fähigkeit zu denken, zu verstehen und zu fühlen und gibt allen Gefühlen, den negativen wie den positiven, eine besondere Färbung. Wenn es sich im Gleichgewicht befindet, verleiht es uns Wachheit, einen klaren Kopf und Lebensfreude. Es steuert ebenfalls den Atem- und Schluckrhythmus und wird als etwas Aufwärtsstrebendes angesehen, weshalb es auch mit höheren Funktionen in Verbindung gebracht wird.

Prana Vata führt die übrigen vier Subdoshas an und stellt den wichtigsten Aspekt des Vata-Dosha dar. Da Vata wiederum den Körper als Ganzes steuert, gilt Prana Vata als das wichtigste Subdosha. Seine Gesunderhaltung ist für alle Körperfunktionen lebensnotwendig.

Ein Ungleichgewicht von Prana Vata erzeugt Besorgnis, Angst, gedankliche Überaktivität, Schlafstörungen, Nervenkrankheiten,

Schluckauf, Asthma und andere Atemprobleme sowie nervös bedingte Kopfschmerzen.

Udana Vata: Kehle und Lunge

Auf körperlicher Ebene steuert dieses Dosha den Sprechvorgang. Über das Sprachzentrum im Gehirn ist es außerdem für das Gedächtnis und den Gedankenfluß verantwortlich.

Ein Ungleichgewicht von Udana Vata verursacht Sprachfehler, trockenen Husten, Halsschmerzen, Mandelentzündungen, Ohrenschmerzen und eine allgemeine Müdigkeit.

Samana Vata: Magen, Dick- und Mastdarm

Dieses Subdosha steuert die Peristaltik, die Bewegung der Nahrung durch den Verdauungstrakt.

Ein Ungleichgewicht von Samana Vata bewirkt eine zu langsame oder zu rasche Verdauung, Blähungen, Durchfall, einen nervösen Magen, eine schlechte Nahrungsverwertung und mangelhafte Gewebebildung.

Apana Vata: Dickdarm und Unterleib

Dieses abwärts gerichtete Subdosha steuert die Ausscheidung von Abfallstoffen sowie die Sexualfunktionen und die Menstruation. Einer seiner Sitze ist der Dickdarm. Er wird als Hauptsitz von Vata angesehen, und dort treten Vata-Störungen meistens auch zuerst auf.

Ein Ungleichgewicht von Apana Vata erzeugt Verstopfung, Durchfall, Blähungen, Krämpfe in den Eingeweiden, Dickdarmentzündung, Erkrankungen der Geschlechtsorgane und Harnwege, Menstruationsbeschwerden, Schwellung der Prostata, verschiedene sexuelle Funktionsstörungen, Schmerzen im Lendenbereich und Muskelkrämpfe.

Vyana Vata: über das Nervensystem, die Haut und das Kreislaufsystem überall im Körper vorhanden

Dieses Subdosha steuert den gesamten Kreislauf, insbesondere jedoch den Herzrhythmus, die Dehnung und Zusammenziehung der Blutgefäße sowie die periphere Durchblutung. Der Blutdruck wird ebenfalls von Vyana Vata reguliert. Dieses Subdosha ist darüber hinaus für das Schwitzen, das Gähnen und für den Tastsinn verantwortlich.

Ein Ungleichgewicht von Vyana Vata führt zu Bluthochdruck,

Kreislaufschwäche, Herzrhythmusstörungen sowie zu streßbedingten Nervenstörungen.

Pitta

Pitta ist für den Stoffwechsel verantwortlich und wird mit der Körperwärme wie auch allgemein mit der Verdauung in Verbindung gebracht. Sehschärfe und scharfer Intellekt sind ebenfalls Pitta-Eigenschaften. Es gibt fünf Pitta-Subdoshas:

Pachaka Pitta: Magen und Dünndarm

Da der Sitz von Pitta im Dünndarm ist, ist dieses Subdosha sehr wichtig. Pachaka Pitta spielt eine wesentliche Rolle bei der Verdauung und der Trennung von Schlackenstoffen und Nährstoffen. Es regelt auch die Verdauungs»hitze«, d.h. es beschleunigt oder verlangsamt die Verdauung, macht sie stark oder schwach. Das Auftreten von üblem Geruch während der Ausscheidung oder eine ungenügende Auswertung der Nahrung könnte auf ein Ungleichgewicht hinweisen.

Ein Ungleichgewicht von Pachaka Pitta erzeugt Sodbrennen, einen übersäuerten Magen, Geschwüre und eine unregelmäßige Verdauung (entweder zu träge oder hyperaktiv).

Ranjaka Pitta: rote Blutkörperchen, Leber, Milz

Die komplexen Entstehungsvorgänge gesunder roter Blutkörperchen, die Regulierung der chemischen Zusammensetzung des Blutes sowie die Verteilung von Nährstoffen über den Blutkreislauf werden von diesem Subdosha gesteuert. Die Vergiftung des Körpers durch verdorbenes oder belastetes Essen oder Wasser, verseuchte Luft, Alkohol oder Nikotin wird als primärer Auslöser einer Pitta-Störung angesehen, die sich im Bereich von Ranjaka Pitta manifestiert.

Ein Ungleichgewicht von Ranjaka Pitta erzeugt Gelbsucht, Blutarmut, verschiedene Blutkrankheiten, Hautentzündungen, Jähzorn und Feindseligkeit.

Sadhaka Pitta: Herz

Sadhaka Pitta steuert nicht nur die Herzfunktion, sondern erzeugt auch Zufriedenheit, die – wie wir sagen – vom Herzen kommt; auch ist es mit guter Gedächtnisleistung verbunden. Wenn Sie nicht

»das Herz dazu haben«, Herausforderungen anzunehmen und Entscheidungen zu treffen, ist dieses Subdosha möglicherweise geschwächt.

Ein Ungleichgewicht von Sadhaka Pitta verursacht Herzerkrankungen, Gedächtnisschwund, Gemütsstörungen (wie Traurigkeit, Jähzorn, Kummer) und Unschlüssigkeit.

Alochaka Pitta: Augen

Alochaka Pitta ist das für das Sehvermögen verantwortliche Subdosha. Außerdem verbindet es die Augen mit den Gefühlen: Wenn wir »rot« sehen, »blind« vor Wut sind oder wut»entbrannte« Blicke schleudern, so ist Alochaka Pitta im Übermaß vorhanden. Wenn es sich im Gleichgewicht befindet, sorgt es für klare, gesunde Augen. Ein warmer, zufriedener Blick drückt ein sehr gesundes Pitta aus.

Ein Ungleichgewicht von Alochaka Pitta bewirkt blutunterlaufene Augen, Sehstörungen und alle Arten von Augenkrankheiten.

Bhrajaka Pitta: Haut

Zusammen mit dem Vata-Dosha ist unsere Wahrnehmung der Außenwelt durch die Haut von Pitta abhängig, das durch dieses Subdosha wirkt. Es ist ein Anzeichen von überschüssigem Pitta, wenn man eine empfindliche, gerötete oder entzündete Haut hat. Der Pitta-Typ errötet leicht und zeigt seine Gefühle durch die Haut; bei ihm kommt es unter Streß leicht zu Ausschlag, Furunkeln und Akne. Wenn es sich im Gleichgewicht befindet, läßt Bhrajaka Pitta die Haut gut durchblutet und gesund wirken, was Glück und Lebenskraft ausstrahlt.

Ein Ungleichgewicht von Bhrajaka Pitta führt zu Ausschlag, Akne, Furunkeln, Hautkrebs und allen Arten von Hautkrankheiten.

Kapha

Mit den fünf Subdoshas von Kapha sind die Subdoshas vollständig. Das Prinzip von Kapha ist Struktur und Feuchtigkeit. Die Kapha-Subdoshas sind dafür verantwortlich, daß Gewebe und Gelenke fest bleiben und genügend Feuchtigkeit erhalten; die »feuchten« Sinne – Geschmacks- und Geruchssinn – werden ebenfalls von Kapha beherrscht. Die fünf Subdoshas von Kapha sind:

Kledaka Kapha: Magen

Dieses Subdosha hält die Magenschleimhaut feucht und ist für die Verdauung verantwortlich. Der Magen ist ein höchst wichtiger Kapha-Sitz, da sich ein Übergewicht von Kapha hier oft zuerst manifestiert. (Im traditionellen Ayurveda wird Kapha-Überschuß durch Erbrechen beseitigt; dies findet im Maharishi-Ayurveda im allgemeinen keine Anwendung, da es den Körper über Gebühr belastet.) Ein ausgeglichenes Kledaka Kapha bewirkt eine feste, geschmeidige und gut befeuchtete Magenschleimhaut.

Ein Ungleichgewicht von Kledaka Kapha erzeugt Verdauungsstörungen (gewöhnlich zu träge und schwer).

Avalambaka Kapha: Brustraum, Lunge und unterer Rückenbereich

Der Sitz von Kapha ist der Brustraum, daher ist Avalambaka Kapha ein wichtiges Subdosha. Es erhält den Brustraum, die Lunge und den Rücken gesund. Die Ausdauer eines typischen Kapha-Menschen kommt aus diesen Bereichen. Der Brustkasten und die Schultern sind deshalb bei ihm gut ausgebildet. Ein ausgewogenes Avalambaka Kapha sorgt für starke Muskeln und schützt das Herz. Andernfalls kommt es je nach Stärke des Ungleichgewichts zu kongestiven Beschwerden im Brustraum, zu Atemnot, Asthma oder Herzversagen. Der Kapha-Typ verliert bei solch einem Ungleichgewicht seine übliche Energie und Abwehrkraft. Rauchen ist das schlimmste, was man diesem empfindlichen Subdosha antun kann.

Ein Ungleichgewicht von Avalambaka Kapha verursacht alle Arten von Atembeschwerden, Lethargie und Schmerzen im unteren Rückenbereich.

Bhodaka Kapha: Zunge

Dieses Subdosha gibt uns unseren Geschmackssinn. Anders als die westliche Medizin mißt der Ayurveda dem Geschmackssinn große Bedeutung bei, er beurteilt, wie gut eine Nahrung oder wie wirksam ein Medikament ist. Der Kapha-Typ reagiert auf seine Umwelt vor allem mit dem Geschmackssinn und seinem Begleiter, dem Geruchssinn. Bei einem Kapha-Menschen, der seinen Geschmackssinn strapaziert hat, kommt es häufig zur Eßsucht. Die Geschmackspapillen verlieren bei zu reichlichem oder zu häufigem Essen ihre Empfindlichkeit. Sie stumpfen auch dadurch ab, daß man sich auf wenige Geschmacksrichtungen beschränkt. Wenn der Geschmack verlorengeht, wird der Körper leicht ein Opfer anderer Kapha-Probleme wie Fettleibigkeit, Nahrungsmittelallergien, Schwellungen der Schleimhäute oder Diabetes.

Ein Ungleichgewicht von Bhodaka Kapha stumpft die Geschmackspapillen ab und beeinträchtigt die Funktion der Speicheldrüsen.

Tarpaka Kapha: Nebenhöhlen, Kopf, Rückenmark

Ein ausgeglichener Feuchtigkeitshaushalt von Nase, Mund und Augen schützt diese Sinnesorgane; die Gesunderhaltung der Rükkenmarksflüssigkeit ist lebensnotwendig für das Nervensystem. Dies alles wird von Tarpaka Kapha geregelt, das flüssig und beweglich sein sollte. Aus dem Gleichgewicht geraten, wird dieses Subdosha entweder zähflüssig oder wäßrig; beides verursacht die typischen Kapha-Probleme im Nebenhöhlenbereich.

Ein Ungleichgewicht von Tarpaka Kapha erzeugt Nebenhöhlenentzündungen und damit verbundene Kopfschmerzen sowie Heuschnupfen; es beeinträchtigt den Geruchssinn und allgemein die Sinneswahrnehmungen.

Shleshaka Kapha: Gelenke

Dieses Subdosha sorgt dafür, daß alle Gelenke des Körpers geschmiert werden. Die meisten Kapha-Störungen entstehen in der Brust und wandern dann in den Kopf hinauf. Eine Ausnahme hiervon sind die Gelenkschmerzen, die überall auftreten können. Zu viel Vata in einem Gelenk trocknet dieses aus und verursacht arthritische Beschwerden; zu viel Pitta erhitzt und entzündet ein Gelenk, was rheumatische Symptome bewirkt.

Ein Ungleichgewicht von Shleshaka Kapha erzeugt lockere, wasserhaltige oder schmerzende Gelenke sowie zahlreiche Gelenkbeschwerden.

4 EIN BAUPLAN DER NATUR

Wenn Sie je auf einem Flugplatz festsitzen, beobachten Sie einmal die Art und Weise, wie die Menschen reagieren. Manche werden außer sich sein und hin und her rennen, um einen anderen Flug zu bekommen; sie demonstrieren damit ihre Vata-Tendenz zu Besorgnis und Ungeduld. Andere werden sicher vor Zorn kochen, die Fluglinie der Inkompetenz bezichtigen und wütend verlangen, daß sie für ihr Ticket eine Gegenleistung bekommen. Sie beweisen damit ihre Pitta-Tendenz zu Zornausbrüchen und Kritik. Wieder andere werden einfach dasitzen und sich weigern, sich zu bewegen, was ihre Kapha-Tendenz zur Resignation und zur Wahrung des bestehenden Zustands zum Ausdruck bringt.

Das Gefühl von Besorgnis, Ärger oder Resignation ist mehr als lediglich eine Laune. Jeder Konstitutionstyp meint, daß seine Reaktion die natürliche sei; die Doshas färben die Situation ein und machen sie zu einer überzeugenden Version der Wirklichkeit. Versuchen Sie einmal, einen ängstlichen Vata zu beruhigen, und Sie werden rasch erfahren, wie dieser Vata-Mensch von seiner Weltsicht völlig eingenommen ist.

Natürlich haben diese Stereotypen ihre Grenzen. Jeder hat etwas Pitta in sich; bei genügend Druck wird es wachgerufen und verursacht Ärger. Umgekehrt ist Angst nicht auf einen unausgewogenen Vata-Typ beschränkt, noch ist Besitzstandswahrung ein Monopol von Kapha. Und dennoch werden unsere angeborenen Haupttendenzen immer wieder an die Oberfläche kommen, denn so hat uns die Natur nun einmal geschaffen.

Die Doshas enthalten so viel an Information, daß es zu kurz gegriffen wäre, den ayurvedischen Konstitutionstyp nur körperlich zu interpretieren. Er bezieht sich auf beides, auf Körper und Geist. Innere Ruhelosigkeit ist genauso typisch für Vata wie äußere Ruhelosigkeit; Rötungen der Haut sind ebenso typisch für Pitta wie »rotsehen«; langsam aufstehen und langsam verstehen gehen gleichermaßen auf Kapha zurück.

Bei einer ganzheitlichen Betrachtungsweise Ihrer Doshas lassen sich sehr genaue Aussagen über Ihre gesamte Natur machen. Der Ayurveda benutzt das Sanskritwort für Eigenart/Natur, *prakriti*, um zu beschreiben, wie ein Mensch von seinen Anlagen her beschaffen ist. Wir können also künftig anstelle von Konstitutionstyp das Wort »Prakriti« benutzen. Dieser Begriff war ja bereits zu Anfang dieses Buches eingeführt worden, und ich werde nun zeigen, wie die Beachtung der eigenen Prakriti der beste Weg zu einem vollkommenen Gleichgewicht ist.

ACHTEN SIE AUF IHREN KONSTITUTIONSTYP

Haben wir einmal das Erwachsenenalter erreicht, so kennen wir zumeist unsere grundlegenden Eigenschaften, was aber nicht bedeutet, daß wir Herr darüber wären – weit gefehlt. Dieselben Beschwerden hängen uns oft ein ganzes Leben lang an. Ist erst einmal der Keim für Depressionen, Übergewicht, Schlaflosigkeit oder andere chronische Probleme gelegt, so scheinen sie allen Bemühungen zum Trotz immer weiter zu wachsen. Diese Probleme entstehen aus der Prakriti, und wenn sie nicht auf dieser fundamentalen Ebene ausgejätet werden, dehnen sie ihren Einfluß aus wie hartnäckiges Unkraut, das in unserem Garten die Blumen überwuchert.

Denken wir jedoch nicht in Begriffen von Symptomen. Jeder muß seine Prakriti beachten, damit seine Lebensqualität sich verbessert und er einen höheren Gesundheitszustand erreicht. Das ist eine der ersten Lektionen, die wir lernen müssen, um Ausgewogenheit zu erlangen. Lernt man dies nicht, so gibt es nur gelegentliche Durchblicke in eine höhere Wirklichkeit.

Die Dosha-Diagnose von Robert T. ergab einen reinen Vata-Typ, was gut zu seinem leichten Körperbau und seiner freundlich-aufgeschlossenen Persönlichkeit paßte. Robert war jemand, der jedem,

dem er begegnete, ein Lächeln schenkte. Da er schnell und kontaktfreudig war, beschloß er, sich während seiner Studienzeit seinen Lebensunterhalt als Kellner zu verdienen. Die ständig hohen Anforderungen der Arbeit in einem überfüllten Restaurant warfen sein Vata jedoch gehörig aus dem Gleichgewicht, und er fühlte sich rastlos und unglücklich.

Robert beobachtete die anderen Kellner, die in dieser Umgebung offenbar gediehen oder ihre Tätigkeit zumindest als nicht aufreibender empfanden als andere Tätigkeiten. »Was ist nur los mit mir«, fragte Robert sich. Er beschloß, noch härter zu arbeiten. Aber diese Maßnahme schlug völlig fehl: Schlafstörungen traten auf, er verlor den Appetit und nahm ab. Binnen weniger Monate beklagte er sich über zahlreiche Beschwerden und Schmerzen, für die es keine körperliche Ursache zu geben schien.

Robert kam in der Annahme in meine Sprechstunde, er brauche Beruhigungsmittel, und zweifellos hätte er diese von einem anderen Arzt auch verschrieben bekommen, denn er machte einen ängstlichen und rastlosen Eindruck. Nach einer gründlichen Untersuchung kam ich jedoch zu dem Ergebnis, daß er nach allem, was er mir erzählt hatte, im Grunde nicht wirklich krank war. Als ich ihm dies sagte, reagierte Robert erstaunt, ja verletzt. Waren seine Symptome nicht so real wie die anderer Menschen? Daraufhin erklärte ich ihm, daß es sich bei ihm um einen klassischen Fall von Vata-Überschuß handele. Die Schulmedizin hätte jede seiner Beschwerden unter den Rubriken »Schlaflosigkeit«, »Angstzustände«, »Schmerzen im unteren Rückenbereich« usw. sorgfältig aufgelistet. Verfolgte man jedoch alle diese Notsignale zu ihrem Ursprung zurück, so stieß man auf einen einzigen Defekt – eine fundamentale Unausgewogenheit, die sich in verschiedenen Symptomen ausdrückte.

Glücklicherweise ist die Behandlung einer Vata-Störung erheblich leichter als die von fünf oder sechs Symptomen. In Roberts Fall bedurfte es keiner Medikamente – die Diagnose allein war ausreichend. Statt ihm Tabletten zu verschreiben, die das zugrundeliegende Problem eher verdeckt hätten, empfahl ich ihm, einfach auf seinen Körper zu horchen.

»Für Ihren Konstitutionstyp ist diese Arbeit nicht geeignet«, erklärte ich ihm. »Warum tun Sie nicht etwas, das Ihr Vata glücklich macht, statt es auf die Palme zu treiben?« Was immer er auch tun mochte, Robert würde sich niemals an Lärm, überfüllte Räume und pausenlose Aktivität gewöhnen können, weil sein Vata das einfach nicht ertragen konnte.

Was mag Vata eigentlich? Etwas mehr Ruhe und Frieden beispielsweise. Robert würde wahrscheinlich glücklicher sein, wenn ihm die Aufgabe zufiele, zwischen den Servierzeiten das Restaurant aufzuräumen und die Gedecke aufzulegen. Kreativ sein zu dürfen ist auch etwas, wodurch Vata-Menschen gedeihen. Eine Arbeit, die diesen tieferen Teil ihrer Persönlichkeit zufriedenstellt, wird ihnen auf lange Sicht mehr Erfüllung verschaffen. Kochen könnte für Robert ebenfalls das Richtige sein, oder auch künstlerische Darbietungen, eine Arbeit als Designer oder irgendeine andere Tätigkeit, die eine kreative Gestaltung erfordert.

Robert nahm sich meinen Ratschlag zu Herzen. Kaum hatte er die Arbeit im Restaurant aufgegeben und etwas Ruhe gefunden, verschwanden seine Symptome. Wenige Monate darauf nahm er eine Stelle als Designer an und ist seitdem nicht mehr in meine Sprechstunde gekommen.

Wenn man seine Doshas glücklich macht, macht man sich selbst glücklich. Das ist das Geheimnis, um das ganze Geist-Körper-System ins Lot zu bringen. Um unserem Konstitutionstyp Beachtung schenken zu können, müssen wir darauf vertrauen, daß die Bedürfnisse unseres Körpers gut für uns sind. Als ich Robert empfahl, sich nach einer neuen Arbeit umzutun, stimmte dies mit dem überein, was ihm sein Körper bereits signalisiert hatte. Niemand kann in einem unausgewogenen Zustand glücklich oder gesund sein, das wäre wider die Natur.

WIE DIE NATUR UNS SCHUF

Wie die Doshas hat auch Ihre Prakriti zwei Seiten. Sie könnte sich als ihr Gefangener fühlen, oder Sie können von ihr lernen und aus dem, was Ihr Körper Ihnen zu sagen versucht, Nutzen ziehen. Mit einer Pitta-Natur mögen Sie vielleicht zur Feindseligkeit neigen und mit einer Vata-Natur zu einer unregelmäßigen Verdauung. Nichts aber zwingt Sie dazu, einen streßreichen Lebensstil zu wählen, der Ihr Pitta zur Weißglut bringt oder Ihr Vata bis zur Erschöpfung treibt und die damit einhergehenden Probleme verursacht. Ein Leben im Einklang mit den Doshas ist ein vollkommenes Beispiel dafür, wie man innerhalb der von der Natur gesetzten Grenzen in Freiheit leben kann.

Da Sie nun einmal damit geboren sind, verändert sich Ihr Konstitutionstyp nicht. Die Doshas dagegen sind in ständigem Fluß. Ob Sie einen Berg bewundern, Kartoffelchips essen, sich Mozart anhören oder sonst etwas tun oder denken, jedesmal verändern sich die Doshas. Ein Mensch, dessen Herz heftig schlägt, erfährt unabhängig von seiner Prakriti eine starke Vata-Reaktion. *Was immer Ihre Prakriti sein mag – leben Sie alle Ihre Doshas richtig aus.* Um vollkommen gesund zu sein, muß jeder zu jedem Dosha ein ausgewogenes Verhältnis haben – das ist es, was einen zu einem ausgereiften Menschen macht.

Die positiven Charakterzüge der Doshas beinhalten folgende Merkmale:

Vata: einfallsreich, empfindsam, spontan, flexibel, heiter.
Pitta: scharfsinnig, selbstsicher, unternehmungslustig, fröhlich.
Kapha: ruhig, mitfühlend, mutig, nicht nachtragend, liebevoll.

Wenn wir einen Menschen treffen, in dem all diese Eigenschaften zum Ausdruck kommen, sind wir beeindruckt. Solch ein Mensch hat das größte Geschenk der Natur empfangen – vollkommene Ausgewogenheit. So selten sie auch sein mag, ist vollkommene Ausgewogenheit doch nicht außergewöhnlich; jeder kann sie erreichen.

Jeder Konstitutionstyp umfaßt ein weites Spektrum von Möglichkeiten. Leider haben wir alle die Angewohnheit, uns an bestimmten Normen zu orientieren, was zu Gefühlen der Unzulänglichkeit führt, sobald wir nicht dem Standard entsprechen, den wir als verbindlich ansehen. Solch ein Konformismus ist nicht naturgemäß. Nehmen wir folgendes Beispiel: Das Körpergewicht ist ein heikles Thema. Jeder möchte sein Idealgewicht erreichen. Millionen aber kämpfen vergebens. Kritiker weisen darauf hin, daß unsere Gesellschaft von dem Ziel, um jeden Preis schlank zu werden, geradezu besessen sei. Insbesondere Frauen fühlen sich verunsichert und minderwertig, wenn sie nicht so aussehen, als seien sie gerade einem Modejournal entsprungen. (Der gegenwärtige Trend zum Schlankheitstraining hat dem idealen weiblichen Körper zwar etwas mehr Muskeln hinzugefügt, zugleich aber auch das akzeptable Fettpolster fast auf Null reduziert.)

Der Ayurveda gibt die Schuld nicht der unerreichbaren Idealfigur, sondern unserem Unwissen über die uns mitgegebenen Anlagen. Eine Vata-Frau ist von Natur aus schlank; eine Kapha-Frau hat einen kräftigen, wenn nicht sogar schweren Körperbau. Was beiden Typen ihre unbestreitbare Attraktivität verleiht, liegt tiefer. Vatas sind charmant, lebhaft und sprühend – sie vermitteln ein unmittelbares Gefühl von Leichtigkeit. Kaphas sind zwar nicht mit leichten, gelenkigen Körpern ausgestattet, doch haben sie ihre eigene Schönheit – sie sind in stiller Weise heiter, haben große, sanfte Augen, eine anmutige Art und eine volle, wohlgeformte Figur. In den Augen eines Vaidya wäre dies der Idealtyp, ebenso gesund wie schön. Pittas, die dem heutigen westlichen Ideal vom Körper am meisten entsprechen, von mittlerer Statur und gut proportioniert sind, haben dazu die Eigenschaft einer gewissen Zurückhaltung, die sie attraktiv macht. Jedes Dosha fördert also ein Ideal, das von Natur aus gleichwertig ist; wir sollten es auch so sehen.

Manche Menschen meinen, daß das »Ausbalancieren der Doshas« darin besteht, gleiche »Mengen« von Vata, Pitta und Kapha zu erhalten. Das ist ein Irrtum: Man kann das Verhältnis der Doshas, mit dem man geboren ist, nicht verändern. Was man jedoch tun kann, ist, daß man für jedes Dosha in sich die jeweils spezifische

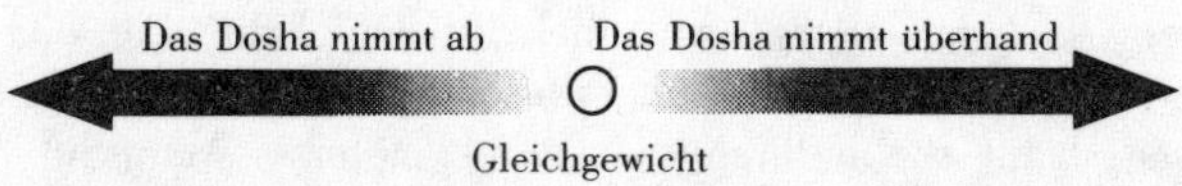

Ausgewogenheit schafft. Die Doshas funktionieren wie die alten Waagen, in deren Schalen das Zuviel oder das Zuwenig ins Lot gebracht werden muß.

Der Ayurveda empfiehlt uns, so nahe wie möglich am Gleichgewicht zu bleiben. Das ist nichts, worum man sich krampfhaft bemühen sollte. Unser Körper bleibt im Lot, solange seine Prozesse normal ablaufen. Da aber die Doshas so empfindlich auf unsere Gedanken reagieren, müssen wir lernen, sie nicht auf diesem Wege aus dem Lot zu bringen. Man stellt sich eine Dosha-Störung üblicherweise eher als einen Dosha-Überschuß vor, nicht als einen Dosha-Mangel, denn als Vata-, Pitta- oder Kapha-Typ haben wir ja schon ein volles Maß des jeweiligen Dosha. Unser Ziel ist es also, diesem Maß nicht noch etwas hinzuzufügen. Bei einem Vata-Typ, der eine schwache Verdauung hat, würde man einen Pitta-Mangel diagnostizieren, aber aus praktischen Gründen würde er so behandelt, als habe er einen Vata-Überschuß, was aller Wahrscheinlichkeit nach das eigentliche Problem wäre.

Wenn eine Störung vorliegt, würden je nach Dosha folgende Symptome auftreten:

Vata: Schmerzen, Krämpfe, Zittern, Kälteschauer, Schwindelgefühl.

Pitta: Entzündungen, Fieber, starkes Hunger- oder Durstgefühl, Sodbrennen, Hitzewallungen.

Kapha: Blutstau, schleimiger Auswurf, Schweregefühl, Wasseransammlung im Körper, Mattigkeit, erhöhtes Schlafbedürfnis.

Diese einfachen Merkmale können hilfreich sein, wenn Sie unerklärliche Symptome haben (eine ausführlichere Liste zur Zuordnung von Symptomen findet sich am Ende dieses Kapitels). Ich möchte betonen, daß diese Richtlinien keinen Ersatz für schulmedizinische Erkenntnisse darstellen; ein ayurvedischer Arzt lernt wie sein westlicher Kollege ein ganzes Leben lang, Störungen immer präziser zu diagnostizieren. Jedes Dosha kann jedes erdenkliche Symptom hervorrufen; so kann Verstopfung, ein Lehrbeispiel für eine Vata-Störung, in manchen Fällen durch Pitta oder Kapha verursacht sein, und das gilt für alle anderen typischen Symptome. Wenn Sie ernsthaft krank sind, sollten Sie daher auf jeden Fall einen Arzt aufsuchen.

Auch wenn eine chronische Krankheit vorliegt, sind Diagnosen unter Einbeziehung des Konstitutionstyps jedoch auch weiterhin nützlich. Vata, Pitta und Kapha begünstigen als jeweiliges Hauptdosha verschiedene psychische und physische Störungen.

Vata: Schlafstörungen, chronische Verstopfung, nervöser Magen, Angstzustände und Depressionen, Muskelverspannungen und Krämpfe, Beschwerden vor der Regel (prämenstruelles Syndrom), Reizdarm, chronische Schmerzen, Bluthochdruck und Arthritis.

Pitta: Ausschlag, Akne, Sodbrennen, Magengeschwüre, Haarausfall und frühzeitiges Ergrauen, Sehschwäche, Feindseligkeit, (Selbst)kritik und streßbedingte Herzattacken (Typ-A-Verhalten).

Kapha: Fettleibigkeit, Nebenhöhlenprobleme, Erkrankungen der Atmungsorgane, schmerzende Gelenke, Asthma/Allergien, Depression, Diabetes, hoher Cholesterinspiegel, chronische Trägheit am Morgen.

Dies schildert die Dinge in groben Zügen. Es gibt keine Standard-Zuordnung von Krankheit und Konstitutionstyp. Als Vata-Typ sind wir nicht unausweichlich zu Arthritis verdammt, als Pitta- oder Kapha-Typ bleiben wir nicht automatisch davon verschont. Krankheit ist etwas Individuelles und ist abhängig vom Gesamtmuster unseres Lebens, in dem der Konstitutionstyp einen wichtigen, jedoch keinen ausschließlichen Einfluß hat.

Schwere Störungen wie Herzkrankheiten oder Krebs sind ohnehin das Ergebnis von mehr als nur einem unausgewogenen Dosha. Sobald einmal ein Dosha gestört ist, folgen die anderen, sofern das Gleichgewicht nicht wiederhergestellt wird. Obwohl Erkältungen und Asthma, was die Schwere der Erkrankung betrifft, verschieden sind, werden im Ayurveda beide miteinander verbunden, weil ihnen oft eine Störung von Vata vorausgeht, der dann eine Kapha-Störung folgt. Weiß man, welches Dosha gewöhnlich der Anführer ist (meist Vata), so kann man die Störung frühzeitig beheben. Bei einem Menschen, der gleichzeitig ängstlich und gereizt ist, was typischerweise in Streßsituationen vorkommt, erkennen wir sofort eine von Pitta gefolgte Vata-Störung.

Sie werden bemerkt haben, daß einige der Symptome der Dosha-Störungen geistig-seelischer Natur sind. Das ist von großer Bedeutung. Unser Geist nimmt als erster Störungen im Körper wahr. Ein ausgeglichener Körper läßt uns wach, klar, aufnahmebereit und glücklich sein; ein Fehlen dieser Ausgewogenheit hingegen führt zu einem Abnehmen dieser Eigenschaften. Irgend etwas ist dann aus den Fugen geraten. Nach dem in unserer Gesellschaft akzeptierten Selbstverständnis kann jemand normal sein, ohne glücklich zu sein. Der Ayurveda hält diesen Zustand allerdings nicht für natürlich. Das Fehlen eines inneren Glücksgefühls ist ein Hinweis darauf, daß etwas getan werden muß, um einer sich anbahnenden Krankheit vorzubeugen.

DIE URSPRÜNGE EINER KRANKHEIT

Kürzlich sah ich eine Frau, die sich wegen Brustkrebs einer Mastektomie (Brustamputation) unterzogen hatte; die Operation war erfolgreich gewesen, und sie war außer Gefahr. Sie litt jedoch unter Schmerzen und suchte deshalb mehrmals ihren Chirurgen auf.

»Ich kann nichts finden«, sagte er.

»Aber ich habe die ganze Zeit diese Schmerzen«, beharrte sie.

»Aus medizinischer Sicht«, antwortete er, »kann es keine Schmerzen geben.«

Die in hohem Maße frustrierte Frau wurde von einer Freundin zu einer ayurvedischen Diagnose an mich verwiesen. Ich stellte fest, daß sie ein Kapha-Typ war, was normalerweise eine stabile Gesundheit bedeutet. Aber das Trauma, dem ihr Körper während der Krankheit unterworfen gewesen war, hatte zu einer schwerwiegenden Vata-Störung geführt. Aus ihrer Krankengeschichte ging hervor, daß sie sich bei den Ärzten wiederholt nicht nur über Schmerzen, sondern auch über Schlafstörungen beklagt hatte. Ihr Vata-Profil war mehr als deutlich, zumal jede größere Wunde – und dazu gehört auch ein chirurgischer Eingriff – ein drastisches Ansteigen von Vata bewirkt.

»Was sind Schmerzen?« fragte ich sie. »Ärzte neigen dazu, jeden Schmerz mit eindeutigen körperlichen Ursachen verbinden zu wollen, aber es gibt zahllose Patienten wie Sie, die unter Schmerzen leiden, die von einer Vata-Störung herrühren. Obwohl Vata mit dem Körper verbunden ist, stellt es einen besonderen, feineren Teil des Geist-Körper-Systems dar.«

Sie erhielt eine Vata-ausgleichende Therapie (der eigentlich jeder Operierte unterzogen werden sollte), die auch eine spezielle Diät, Ruhe und Meditation einschloß. Binnen kurzem gingen ihre Schmerzen auf ein erträgliches Maß zurück, und ihre Schlafstörungen verschwanden ebenso wie ihre ständigen Angstgefühle. Ein Skeptiker könnte hier den Faktor »Phantomschmerz« ins Spiel bringen, jenes merkwürdige Phänomen, das bei Amputierten oft auftritt. Wichtig ist jedoch nicht der Name des Schmerzes, sondern seine Existenz. Durch die Anwendung des Wissens über die Doshas lassen sich bisher unerklärliche Krankheiten plötzlich erklären und begreifen.

Ein besonders gutes Beispiel hierfür liefern Magengeschwüre. Die Schulmedizin kann keine konkrete Ursache für diese Geschwüre benennen, die in Amerika immerhin bei rund einem Fünftel der Bevölkerung auftreten. Aus unerfindlichen Gründen beginnt der Magen bei manchen Menschen, seine eigene Schleimhaut zu verdauen. Schlechte Ernährungsgewohnheiten, Streß und Erbanlagen sowie das vielzitierte »Geschwür-Profil« werden als Erklärung für dieses Phänomen angeführt. Noch vor kurzem galten Geschwüre als Berufskrankheit von Führungskräften – quasi als Preis für den beruflichen Erfolg. Heute weiß man, daß einfache Arbeiter, die Befehlsempfänger also, weitaus häufiger Geschwüre entwickeln als ihre Vorgesetzten.

Obwohl die Beziehung zwischen Streß und Magengeschwüren inzwischen wissenschaftlich nachgewiesen wurde, bleibt die Behandlung immer noch problematisch, und die Aussichten auf eine dauerhafte Heilung sind gering. Hat man erst einmal ein Magengeschwür gehabt, so ist die Wahrscheinlichkeit, daß auch ein zweites auftritt, recht groß.

Üblicherweise setzt man einen solchen Patienten auf Schonkost, die Milch zur Beruhigung der Schleimhaut enthält. Dazu bekommt er Säurehemmer gegen die brennenden Magenschmerzen. Man rät ihm, auf Alkohol, Tabak, Aspirin und Kaffee zu verzichten, die alle die Magenschleimhaut reizen, und seine Arbeitsbelastung zu verringern. Bei vielen Menschen, die zu Geschwüren neigen, erweist sich dieses Vorgehen als wenig wirksam, weil es zur Selbstdisziplin auffordert. Geschwürpatienten aber leiden ohnehin unter einer zu starken Selbstdisziplin. Sie beobachten sich selbst mit Späherblick und reagieren überkritisch auf ihre eigenen Mängel. Man weiß, daß diese Angewohnheit, sich selbst ständig unter Kontrolle zu halten, Geschwüre verschlimmert, wenn nicht gar verursacht. Wenn man solchen Menschen daher empfiehlt, sich noch stärker zu überwachen, so gießt man nur Öl aufs Feuer.

Es hat sich herausgestellt, daß selbst bei Patienten, die lange Zeit medikamentös behandelt wurden, ein Krankenhausaufenthalt letztlich doch noch notwendig wurde, um den Betreffenden aus seinem krankmachenden Lebensumfeld herauszunehmen. Kein Medikament kann die Krisenherde unter Kontrolle halten, wenn ein Patient unter starker Streßbelastung steht oder er in eine Gefühlskrise gerät.

Der Ayurveda bietet in solch einer Situation über die Doshas eine Lösung an. Wie Sie mittlerweile wissen, ist der typische Geschwürpatient ein Paradebeispiel für eine Pitta-Störung. Wenn man die Krankheitssymptome eines Menschen mit einer Pitta-Störung mit den Symptomen eines Geschwürpatienten vergleicht, so kann man feststellen, daß sie sich gleichen.

Die Symptome für eine Pitta-Störung sind:

- Entzündung des Verdauungstrakts,
- überschüssige Magensäure,
- Wutausbrüche, Feindseligkeit, Spannungsgefühle,
- ein brennendes Gefühl im Verdauungstrakt,
- Übersäuerung des Körpers.

Diese Liste liest sich wie die Anleitung zur Erzeugung eines Geschwürs und dient seiner Früherkennung. Nun bewirkt eine Pitta-Störung nicht notwendig ein Magengeschwür. Bei Menschen mit einer starken Pitta-Dominanz sind Geschwüre allerdings häufig. Das beste ist, einer Pitta-Störung durch eine entsprechende Ernährung, durch Körperübungen, Meditation und so fort vorzubeugen (in Teil II und III wird davon noch ausführlich die Rede sein). Hat sich bereits ein Geschwür gebildet, so sind dieselben Pitta-vermindernden Maßnahmen zu befolgen; nach und nach sollte sich der Patient außerdem von Säurehemmern, Streßursachen und gesundheitsschädlichen Angewohnheiten lösen.

Hier sind wir möglicherweise an einem kritischen Punkt angelangt. Eine Erkrankung zu begünstigen bedeutet nicht, daß wir sie verursachen. Geht man ohne Kopfbedeckung und Mantel hinaus in die Kälte, kann man sich eine Erkältung zuziehen. Wenn das geschieht, so hat unsere Unachtsamkeit dabei eine Rolle gespielt, auch wenn ein Mikrobiologe zu Recht sagen würde, daß wir die Erkältung nicht verursacht haben, sondern daß es ein Virus war. Der Maharishi-Ayurveda erlegt uns jedoch eine größere Verantwortung auf, die darin besteht, etwas über unsere Doshas zu lernen. Ich sage zwar nicht: »Letztlich sind Sie an Ihrem Krebs, Ihrer Herzattacke oder Ihrer AIDS-Erkrankung selbst schuld.« Aber meiner Ansicht nach sind Sie auch nicht getrennt von diesen Krankheiten zu sehen, was zugleich eine Chance beinhaltet, denn als aktiv Beteiligter sind wir der Krankheit wenigstens nicht hilflos ausgeliefert.

Der Maharishi-Ayurveda verliert nicht allzu viele Worte über Krankheitskeime, die von der westlichen Medizin bereits grundsätzlich erforscht sind. Das Schwergewicht liegt vielmehr auf der »Kontrolle durch den Wirt«. Und hier macht sich das Wissen über die Doshas erst bezahlt. Wenn man sich direkt einem Grippevirus aussetzt, so ist die Wahrscheinlichkeit zu erkranken lediglich in einem Verhältnis von 1:8 gegeben. Warum? Weil unser innerer Gleichgewichtszustand den Ausschlag gibt. Die Gesunderhaltung der Doshas macht den ganzen Unterschied aus.

Auf den folgenden Seiten finden Sie eine ausführliche Beschreibung der einzelnen Dosha-Störungen. In Kapitel 5 werden wir uns dann mit den ayurvedischen Techniken einer natürlichen und mühelosen Wiederherstellung des Gleichgewichts befassen.

WENN DIE DOSHAS AUS DEM LOT GERATEN

Am ehesten gerät das Dosha aus dem Gleichgewicht, das bei Ihnen dominiert. Ein Vata-Typ sollte daher eine Erhöhung von Vata vermeiden, ein Pitta-Typ eine Erhöhung von Pitta und so fort. Haben Sie eine doppelte Dosha-Dominanz, so sind beide Doshas mögliche Störenfriede. Bei jedem von uns ist jedoch Vata das aktivste Dosha. Es bewirkt die Mehrzahl aller kurzfristigen Störungen, insbesondere der streßbedingten. (Mehr über die Rolle von Vata als »König« der Doshas erfahren Sie in Kapitel 5.)

Es folgen nun die typischen Anzeichen für eine Dosha-Störung sowie ihre häufigsten Ursachen.

DIE VATA-STÖRUNG

Ein Vata-Typ ist von seinem Wesen her fröhlich, begeisterungsfähig und paßt sich den Wechselfällen des Lebens geschmeidig an. Sind Sie ein Vata-Typ und haben Sie sich diese Eigenschaften bewahrt, so sind Sie wahrscheinlich ausgeglichen. Es ist jedoch unverkennbar, daß Vatas sich im allgemeinen nicht der besten Gesundheit erfreuen. Bereits in ihrer Kindheit oder Jugend beginnen bei ihnen zahlreiche Probleme: unerklärliche Beschwerden und Schmerzen, gelegentlich Schlafstörungen oder eine ausgesprochene Neigung zu Ängstlichkeit und Nervosität.

Werden diese frühen Anzeichen nicht beachtet, so wachsen Vatas zu den häufigsten Besuchern von Arztpraxen heran und werden zu Empfängern der enormen Mengen von Schlaftabletten, Beruhigungsmitteln und Schmerzmitteln, die heutzutage verschrieben werden. Man könnte berechtigterweise sagen, daß der in den Industrieländern häufigste Krankheitszustand eine Vata-Störung ist. Daran ist nicht allein die Lebensweise schuld; nach ayurvedischer Ansicht verursacht Vata doppelt so viele Beschwerden wie Pitta und Pitta doppelt so viele wie Kapha. Typische Vata-Beschwerden wie Kopfschmerzen, Rückenschmerzen, Schlafstörungen, menstruelle Krämpfe und ständige unterschwellige Angstgefühle oder Niedergeschlagenheit sind in den Augen vieler Ärzte die Statussymbole der »armen Reichen«. Und dennoch sind es sehr reale, hartnäckige Probleme, die man angehen kann, indem man Vata wieder ins Lot bringt.

Besonders im Alter ist man für eine Vata-Störung anfällig, weil Vata dann bei jedem von uns zunimmt. Falsches Altern kann die schlimmsten Anzeichen einer Vata-Störung hervorbringen: Der Betreffende schrumpft zu einem Bündel aus Haut und Knochen zusammen; er ißt nur noch ungern und hat Schwierigkeiten mit der Verdauung; sein Geist wird ziellos; Vergeßlichkeit stellt sich ein; er verbringt lange, einsame Nächte ohne Schlaf. Keines dieser Symptome ist das Werk von Vata; sie sind alle die Folgen eines Vata-Überschusses und können daher vermieden werden.

Ein anderes Beispiel für ein Vata-Ungleichgewicht ist der Kummer. Menschen, die sich in ihre Trauer vergraben, werden unansprechbar und apathisch, verweigern das Essen und empfinden keine Lebensfreude mehr. Es ist, als ob der durch den Tod eines anderen Menschen ausgelöste Schock auch in ihnen etwas abgetötet hat. Da Vata das Nervensystem steuert, entspricht dies tatsächlich auch dem, was eingetreten ist: Kummer, ein Schock, Erschöpfung oder große Angst bringen Vata aus der Fassung, und es verliert seine Fähigkeit, uns unsere Umwelt wahrnehmen zu lassen. Das erste Stadium des Prozesses ist Weinen, Ruhelosigkeit, Zittrigkeit, jagende Gedanken und Schlafstörungen. Ist der Streß sehr tief gegangen oder hat er lange angedauert, so ist das unweigerliche Ergebnis, daß Vata zusammenbricht, was zu totaler Apathie und Reaktionsunfähigkeit führt.

Was sind die Ursachen?

Wenn man sich krank fühlt und die Ursache eine Vata-Störung ist, so gibt es gewöhnlich einen verstärkenden Auslöser, der ermittelt und neutralisiert werden kann. Die angeborene Vata-Konstitution ist gewiß ein wichtiger Faktor, doch bedarf es zusätzlich eines bestimmten Verhaltensmusters, um dieses Dosha dann tatsächlich aus dem Gleis zu werfen. Zu diesen typischen Mustern gehören folgende:

- Sie standen in letzter Zeit unter Druck und haben darauf mit Angst reagiert.

- Sie haben sich körperlich überarbeitet oder haben eine Phase großer geistiger Anspannung und Arbeitsüberlastung hinter sich.
- Sie befinden sich in einem fortgeschrittenen Zustand der Alkohol- oder Drogenabhängigkeit, oder Sie sind Kettenraucher.
- In Ihrem Leben gab es eine plötzliche Veränderung, oder die Jahreszeit wechselt.
- Ihre Ernährung beinhaltet große Mengen kalter, roher oder trokkener Speisen sowie eisgekühlte Getränke; oder Sie essen häufig bittere, scharf gewürzte oder herbe Speisen. (Zu den bitteren und herben Lebensmitteln gehören Salat, Bohnen, Kartoffeln und grüne Gemüsearten.)
- Sie haben eine strenge Diät befolgt oder haben die Angewohnheit, Mahlzeiten zu überspringen. (Das Ignorieren der Hungersignale des Körpers erhöht Vata.)
- Sie haben über längere Zeit hinweg schlecht oder gar nicht geschlafen.
- Sie haben vor kurzem eine längere Reise gemacht.
- Sie haben Kummer oder Angst oder haben einen Schock erlitten.
- Die Witterung ist kalt, trocken und windig (Herbst/Winter).

Ein ayurvedischer Arzt würde eine Vata-Störung diagnostizieren, wenn er folgende Anzeichen feststellen würde:

Geistig-seelische Symptome

Besorgnis, Angst	Nachlassen der geistigen Spannkraft
Geistige Hyperaktivität	Konzentrationsmangel
Ungeduld	Depression, Psychose

Verhaltenssymptome

Schlafstörungen	Rastlosigkeit
Erschöpfung	Appetitmangel
Unfähigkeit, sich zu entspannen	Unbeherrschtheit

Körperliche Symptome

Verstopfung
Trockene oder rauhe Haut
Aufgesprungene Haut und rauhe Lippen
Geringe Ausdauer, Energieverlust
Blähungen
Hoher Blutdruck
Kreuzschmerzen
Menstruationskrämpfe
Reizdarm
Überempfindlichkeit gegenüber Kälte und Wind
Schmerzende oder arthritische Gelenke
Gewichtsverlust, Gewebeschwäche
Akute Schmerzen, besonders Nervenschmerzen
Muskelkrämpfe, Anfälle

Es ist hierbei wichtig zu bedenken, daß jedes Dosha jedes Symptom erzeugen kann – es handelt sich bei dieser Aufzählung lediglich um die häufigsten Anzeichen für eine Vata-Störung. Auch kann ja Vata Störungen der beiden anderen Doshas vortäuschen, so daß es auch dann in Betracht gezogen werden sollte, wenn keine typischen Anzeichen für eine Vata-Störung vorhanden sind.

DIE PITTA-STÖRUNG

Pitta-Menschen befinden sich im Gleichgewicht, solange die ihnen eigene Intensität und Rührigkeit im Rahmen bleiben. Sie sind von Natur aus gutmütig und fröhlich. Sind Sie ein Pitta-Typ und besitzen diese Eigenschaften, so ist Ihr Gleichgewicht wahrscheinlich intakt. Die körperliche Gesundheit von Pitta-Menschen ist in der Regel gut und gründet auf einer ausgezeichneten Verdauung, die nach Ansicht des Ayurveda der Schlüssel für den Aufbau von gesundem Gewebe und die Erhaltung starker Abwehrkräfte ist.

Die mittleren Jahre des Lebens, vom Erwachsenenalter bis zum Ende der Berufstätigkeit, sind eine Phase, während der Pitta allgemein zunimmt. Ein Teenager, der Probleme mit Akne hat oder dem es nachts zu heiß wird, hat offensichtlich einen Pitta-Überschuß. Ein anderes häufiges Symptom tritt um die Vierzig auf, wo mit einem

Male die Haare in alarmierendem Maße ausfallen oder vorzeitig ergrauen, eine Brille nötig wird oder einen aus heiterem Himmel ein Magengeschwür oder eine Herzkrankheit überfällt.

Einige dieser Probleme sind veranlagungsbedingt, aber Pittas geraten auch leicht aus dem Lot, weil sie zu Extremen neigen. In der Annahme, daß sie alles essen können, strapazieren sie ihre gute Verdauung, indem sie entweder zu viel oder wahllos essen. Statt ihre Erfolge zu genießen, die sie auf Grund ihrer Leistungskraft erzielen, können sie regelrechte Sklaventreiber werden – ungeduldig, überzogen anspruchsvoll und angespannt. Das Pitta-Dosha belebt den Intellekt und begabt den Pitta-Menschen mit einem ausgeprägten Ordnungssinn. Aus dem Lot geraten, wird dieser zu einer fixen Idee und macht den Betreffenden zu einem unangenehmen Perfektionisten. Bei Pittas kommt dieser Zug erst bei einer starken Störung zum Vorschein, die sich zugleich in Form von Sodbrennen, Geschwüren, Herzkrankheiten und anderen streßbedingten Symptomen manifestiert.

Das Pitta-Dosha verliert seine Ausgewogenheit nicht so schnell wie Vata, und es verursacht nur halb so viele Probleme. Wenn es jedoch sein Gleichgewicht verliert, dann ist oft eine vorher auftretende Vata-Störung daran schuld. Diese Kombination führt zu jenen unterschwelligen Angstgefühlen, die jähzornige, kritische Menschen oft verzweifelt zu überspielen trachten. Eine Vata-Störung verursacht auch Bluthochdruck, den Ärzte häufig bei ihren Typ-A-Patienten feststellen.

Was sind die Ursachen?

Wenn Sie sich krank fühlen und ein Pitta-Ungleichgewicht die Ursache ist, so liegt das nicht daran, daß Sie als Pitta-Mensch oder mit einem kräftigen Schuß Pitta zur Welt kamen. Pittas neigen zur Mäßigung, und man muß schon eine ganze Menge an hochgradigem Streß, Überarbeitung oder purer Gedankenlosigkeit zusammentragen, um diesen Instinkt zum Erliegen zu bringen. Wenn Sie meinen, daß eine Pitta-Störung vorliegt, so halten Sie nach den folgenden Symptomen Ausschau und versuchen Sie, diesen entgegenzuwirken:

- Sie standen unter Streß und haben Ihren Ärger unterdrückt.
- Sie verlangen sich und anderen Höchstleistungen ab, leben unter ständigem Zeitdruck und ertragen es nicht, Zeit zu vergeuden.
- Sie haben zu viel scharfgewürzte, fette oder in Öl zubereitete Speisen zu sich genommen; Sie verwenden sehr viel Salz. Ihre Ernährung enthält große Mengen saurer oder vergorener Lebensmittel: Käse, Essig(gurken), Sauerrahm, alkoholische Getränke.
- Sie haben verdorbene oder belastete Lebensmittel zu sich genommen.
- Das Wetter ist schwül.
- Sie waren zu lange der Sonne ausgesetzt oder haben sogar einen Sonnenbrand.

Ein ayurvedischer Arzt stellt eine Pitta-Störung fest, wenn folgende Anzeichen vorliegen:

Geistig-seelische Symptome

Ärger, Feindseligkeit
Selbstkritik
Gereiztheit, Ungeduld
Groll

Verhaltenssymptome

Wutausbrüche
Rechthaberei
Tyrannisches Verhalten
Kritiksucht
Terminfetischismus

Körperliche Symptome

Entzündungen der Haut
Furunkel
Ausschläge
Akne
Übermäßiger Hunger oder Durst
Mundgeruch
Fleckige, gerötete Haut
Hitzeunverträglichkeit
Blutunterlaufene Augen
Hitzegefühle
Sodbrennen, übersäuerter Magen
Geschwüre
Säuerlicher Körpergeruch
Brennen im Mastdarm, Hämorrhoiden
Sonnenbrand, Hitzschlag
Gelbe Einfärbung von Stuhl und Urin

Es ist wichtig zu bedenken, daß jedes Dosha jedes beliebige Symptom erzeugen kann; es handelt sich hierbei lediglich um die häufigsten Anzeichen für eine Pitta-Störung.

DIE KAPHA-STÖRUNG

Kapha ist das langsamste und beständigste unter den Doshas, weshalb es nur selten aus dem Lot zu bringen ist. Von früher Kindheit an ist der Kapha-Typ ausgeglichen, ruhig, liebevoll und nie nachtragend. Sind Sie ein Kapha-Typ und haben sich diese Eigenschaften bewahrt, sind Sie allem Anschein nach ausgewogen. Die auf eine Kapha-Störung zurückgehenden Krankheiten entwikkeln sich nur langsam. Deshalb haben Kapha-Menschen im allgemeinen ein langes Leben voller Kraft, Gesundheit und Zufriedenheit vor sich.

Das Babyalter und die Kindheit sind Lebensabschnitte, in denen sich dieses Dosha bei allen Menschen entfaltet. Kapha bedeutet Wachstum und die Bildung eines starken, gesunden Körpers. Um überschüssiges Kapha in ein Bild zu fassen, braucht man sich nur einen Sechsjährigen vorzustellen, der chronische Halsschmerzen und eine Laufnase hat und sich eine Erkältung nach der anderen aufgabelt. Auch ansonsten gesunde Kaphas können diese Schwäche ein Leben lang behalten und leiden häufig unter verstopften Nebenhöhlen oder einer starken Neigung zu Erkältungen oder Grippe, wann immer das Wetter feucht und kalt wird.

Auch Allergien können sich einstellen, begleitet von einem übermäßigen Schlafbedürfnis. Kaphas bleiben gern lange im Bett und kommen nur langsam in Gang, aber wenn ihr Gleichgewicht gestört ist, werden sie morgens so träge, daß sie sich ernsthaft Sorgen machen, krank zu sein; tatsächlich ist aber zumeist nur zuviel Kapha vorhanden.

In fortgeschrittenem Alter zeigt das Bild einer Kapha-Störung einen jovialen Schwergewichtler, einen etwas verunsicherten Mann, der weder sein Übergewicht unter Kontrolle hat noch sein damit verbundenes Unbehagen. Ein weiteres Signal für überschüssiges Kapha ist die Tendenz, sich an Menschen, Dingen und Zuständen festzuklammern; hier erreicht die natürliche Neigung zur Fürsorge ein unerfreuliches Extrem. Gerät dieses Dosha ernsthaft außer Kontrolle, so kann der Betreffende auffallend still, zurückgezogen und fatalistisch werden; die Kapha-Tendenz, den Status quo bewahren zu wollen, verwandelt sich dann in eine starre Abwehrhaltung allem Neuen gegenüber. Der joviale Schwergewichtler kann ein trauriges Ende finden, wenn er an extremem Bluthochdruck, an Atemnot und einem durch überschüssige Flüssigkeit aufgedunsenen Leib leidet, was schließlich zu kongestivem Herzversagen führt.

Kaphas suchen selten einen Arzt auf, da sie eine hohe Schmerzgrenze haben und es gewohnt sind, außergewöhnlich gesund zu sein. Tun sie jedoch einmal den Schritt in die Praxis, so ist das Problem fast immer Übergewicht. Das kann bereits im Kindesalter beginnen und ein Leben lang andauern. Dazu kommen Lungen- und Nebenhöhlenbeschwerden – chronische Stirnhöhlenentzündung und die davon herrührenden Schmerzen, Heuschnupfen, Asthma sowie Husten mit schleimigem Auswurf.

Wie ärztliche Untersuchungen gezeigt haben, reagiert nur ein winziger Bruchteil von Patienten mit Nahrungsmittelallergien bei einem Test tatsächlich positiv; was allgemein vorliegt, ist eine Verdauungsstörung, bei der Kapha als Hauptgrund in Betracht kommt. Übermäßiger Schleim wird durch Weizenbrot oder Teigwaren, Milch, Butter, Käse oder weißen Zucker hervorgerufen, die alle dieses Dosha verstärken. Diabetes als vielleicht gefährlichste Kapha-Störung gehört zu den kaum heilbaren Krankheiten. Trotzdem kann ein Diabetiker ein wesentlich beschwerdefreieres und stabileres Leben führen, wenn er ein entsprechendes Dosha-Programm befolgt.

Was sind die Ursachen?

Wenn Sie sich krank fühlen, und die Ursache ist eine Kapha-Störung, so haben Sie entweder eine vorübergehende Erkältung oder Grippe, oder aber es macht sich ein schon in früheren Jahren aufgetretenes Krankheitsbild wieder bemerkbar – Allergien, Asthma, Fettleibigkeit und so fort. In jedem Fall werden sich wahrscheinlich die folgenden Einflüsse nachweisen lassen, entweder als Verursacher oder als Verstärker der Beschwerden:

- In Ihrer Familie gibt es ein erbliches Kapha-Problem wie Diabetes, Allergien oder Fettleibigkeit.
- Sie haben stark zugenommen und fühlen sich unwohl dabei.
- Ihre Ernährung enthält große Mengen an Zucker, Salz, fetten oder fritierten Speisen und schwerverdaulichen Nahrungsmitteln wie Käse, Milch oder Eis.
- Sie waren Belastungen ausgesetzt und reagierten, indem Sie sich zurückzogen und sich unsicher und unerwünscht fühlten.
- Sie sind übermäßig damit beschäftigt, zu sparen, zu sammeln und zu horten.
- In Ihren persönlichen Beziehungen sind Sie entweder sehr abhängig, oder Sie haben die Neigung zu bemuttern.
- Sie haben mehrere Tage hintereinander verschlafen.
- Die Witterung ist feuchtkalt, oder es schneit.

Ein ayurvedischer Arzt diagnostiziert eine Kapha-Störung anhand folgender Symptome:

Geistig-seelische Symptome

Stumpfheit, geistige Trägheit
Mattigkeit
Benommenheit, Depression
Klammerhaltung

Verhaltenssymptome

Neigung zum Aufschieben
Unfähigkeit, Veränderungen zu akzeptieren
Besitzgier, Geiz
Störrischkeit
Träge Bewegungen
Schlafsucht, Schläfrigkeit

Körperliche Symptome

Überempfindlichkeit gegen feuchte Kälte
Verstopfte Nebenhöhlen, Laufnase
Wasseransammlung im Gewebe, Aufgedunsenheit
Verschleimung
Hoher Cholesterinspiegel
Gliederschwere
Häufige Erkältungen
Gewichtszunahme
Allergien, Asthma
Husten mit schleimigem Auswurf, Halsschmerzen

Fahle Hautfarbe
Lockere oder schmerzende Gelenke
Zysten und andere Wucherungen
Diabetes

Es ist wichtig zu bedenken, daß jedes Dosha jedes beliebige Symptom verursachen kann; dies sind nur die häufigsten Anzeichen für eine Kapha-Störung.

5 DIE WIEDERHERSTELLUNG DES GLEICHGEWICHTS

Das bildhauerische Genie eines Michelangelo lag darin, daß er in einem rohen Marmorblock bereits die vollendete Statue erblicken konnte. Die Herausforderung für den Künstler war dann nicht die, eine Skulptur zu meißeln, sondern die im Stein gefangene Gestalt zu befreien. Dies ist im wesentlichen dasselbe, was Sie tun, wenn Sie sich ins Lot bringen. Sie erschaffen keine neue Person, Sie erlösen das verborgene Ich. Der Vorgang ist der einer Selbstentdeckung.

Das verborgene Ich, das zur Entfaltung strebt, befindet sich im vollkommenen Gleichgewicht. Um es zu finden, gibt es kein Standardverfahren – jeder von uns erreicht das Ziel auf seine ganz persönliche Weise. Die meisten Menschen haben keine – oder höchstens eine recht begrenzte – Vorstellung davon, wer sie wirklich sind, denn sie kennen keinen Weg, der sie zu ihrem eigenen Selbst hinführt. Es ist ihnen durch all die bestehenden Ungleichgewichte verborgen, wie der Grund eines Sees durch trübes Wasser. Wie Hunger und Durst ist jedoch auch der Drang nach Ausgewogenheit dem Menschen mit auf den Weg gegeben. Die Verfahren des Maharishi-Ayurveda zielen darauf ab, den Patienten ihre Ausgewogenheit zurückzugeben und sie gleichzeitig zur Erfahrung ihres wahren Selbst zu führen. Beides ist im Grunde das gleiche, wie die folgende Fallstudie verdeutlicht.

Nach seiner eigenen Schätzung hat Norman, ein Schriftsteller Anfang Sechzig, seit 30 Jahren keine Nacht mehr richtig durchgeschlafen. Normans Schlafstörungen sind typische Vata-Störungen: Sobald er zu Bett geht, gehen ihm ein Dutzend Dinge durch den Kopf, über die er sich Sorgen macht, und Hunderte von Eindrücken des Tages irren durch sein Bewußtsein. Er kann seine Aufmerksamkeit nicht von ihnen lösen, auch nicht vom Ticken der Uhr, auch nicht vom tropfenden Wasserhahn oder von den Geräuschen unten auf der Straße. Er ist die ganze Nacht unruhig und hat das Gefühl, nie länger als eine halbe Stunde am Stück zu schlafen.

Als er zu mir kam, war er sehr entmutigt; von Whisky bis Barbituraten hatte er alle erdenklichen Schlafmittel und -tricks ausprobiert, die jedoch alle keine dauerhafte Wirkung gezeigt hatten. Mit der Zeit hatte er sich mit seinem Schicksal abgefunden, jedoch nur oberflächlich, denn Norman hat einen Horror vor dem Zubettgehen und schiebt es so lange wie möglich auf. Er hat Stöße von Magazinen neben seinem Bett, in denen er liest, sobald er aufwacht. Wenn er zu rastlos ist, um zu lesen, geht er im Zimmer auf und ab, geht auf die Toilette, nimmt einen mitternächtlichen Snack zu sich oder führt mit seinen ebenfalls schlaflosen Bekannten endlose Telefongespräche.

»Und alles nur, weil ich ein Vata bin, nicht wahr?« meint er betrübt in vermeintlicher Kenntnis des Prakriti-Systems und auf Grund eines Prakriti-Tests.

»Da ist tatsächlich eine Vata-Störung«, gebe ich ihm recht. »Aber das bedeutet noch lange nicht, daß Sie ein Vata-Typ sind.« Er sieht erstaunt auf. Eine gründliche Untersuchung bringt zutage, daß er Pitta-Dominanz mit einer starken Vata-Komponente hat. Und außerdem ist es gar nicht Vata, das seine Schlafprobleme verursacht hat, sondern eher die Tatsache, daß er sein Vata hauptsächlich durch eine Überbeanspruchung seines Geistes aus dem Lot gebracht hat: Norman schriftstellerte zu jeder beliebigen Tages- und Nachtzeit und hatte niemals ernsthaft die Einführung einer Tagesroutine in Betracht gezogen. Hätte er dies getan, so wäre sein Vata niemals so über die Stränge geschlagen.

Um ihm den inneren, gesunden Norman sichtbar zu machen, begann ich, ihm zu erklären, was es mit dem Gleichgewicht auf sich hat und wie kurzfristige Störungen dauerhaft werden können.

HUNDERT THERMOSTATEN

Jede Körperfunktion hat einen Grundzustand, zu dem sie zurückkehren will, genauso wie ein Thermostat einen vorgegebenen Regelwert hat. Der Wärmehaushalt unseres Körpers funktioniert beispielsweise ähnlich wie ein Thermostat. Sie können die Körpertemperatur erhöhen, indem Sie einen Kilometer rennen oder sich in eine Sauna setzen; sobald Sie aber damit aufhören, kehrt die Temperatur zu den üblichen 37 Grad Celsius zurück. Das ist der Regelwert für unseren Körperthermostaten, so wie er von den Naturgesetzen im Verlauf der Evolutionsgeschichte festgelegt wurde. Diese Gesetze sind so flexibel, daß man sich kurzfristig von den vorgegebenen 37 Grad entfernen kann; tut man es jedoch zu weit oder zu lange, so hat dies recht unerfreuliche Auswirkungen.

Einer der Hauptgründe, warum die menschliche Physiologie so komplex ist, liegt darin, daß in uns Hunderte verschiedener Thermostaten installiert sind, von denen jeder ganz spezifischen Naturgesetzen gehorcht. Wir haben also nicht nur einen Gleichgewichtspunkt in uns, sondern mehrere. Ihre Koordinierung ist ein wahres Wunder. Vielleicht erscheint Ihnen angesichts der verwirrenden Anzahl von Hormonen, Nährstoffen und verschiedenen Botenstoffen in unserem Blut der Kreislauf wie ein wildes biochemisches Gebrodel. Tatsächlich aber ist der Blutkreislauf in solch hohem Maße ausgeglichen, daß alle Moleküle mit absoluter Zeitgenauigkeit und Dosierung genau dorthin gelangen, wo sie gebraucht werden.

Ähnlich ist auch das Gehirn in der Lage, alle ineinandergreifenden Thermostaten fehlerlos aufeinander abzustimmen. Ein winziger, kaum fünf Gramm wiegender Teil grauer Masse im Zwischenhirn, der sogenannte Hypothalamus, ist verantwortlich für das Aussteuern einer unglaublichen Anzahl verschiedenster Funktionen einschließlich des Fett- und Kohlehydrat-Stoffwechsels, des Schlafens und Wachens, des Hungers und Durstes, der Ausschüttung von Verdauungssäften, des Flüssigkeitsspiegels, des Wachstums und der Körpertemperatur – kurzum, er ist für alles verantwortlich, was in unserem Körper automatisch abläuft. Das, worum Sie sich nicht willentlich kümmern müssen, wird von unserem Hypothalamus übernommen, der deswegen auch das »Gehirn im Gehirn« genannt wird.

Dies macht deutlich, daß Ausgewogenheit eine Funktion der Intelligenz ist. Wir sind natürlich keine Ansammlung von Thermostaten, denn ein Thermostat kann sich nicht selbst regeln. Wir aber können das. Der ursprünglich vorgegebene Wert, mit dem Sie auf die Welt gekommen sind, ist Ihre Prakriti oder Ihre Veranlagung. Sie dient als Richtlinie, doch können Sie davon abweichen. Nehmen wir einmal an, jemand wird mit einer Pitta-Vata-Dominanz geboren, so wie Norman. Wir können seine Prakriti graphisch folgendermaßen darstellen:

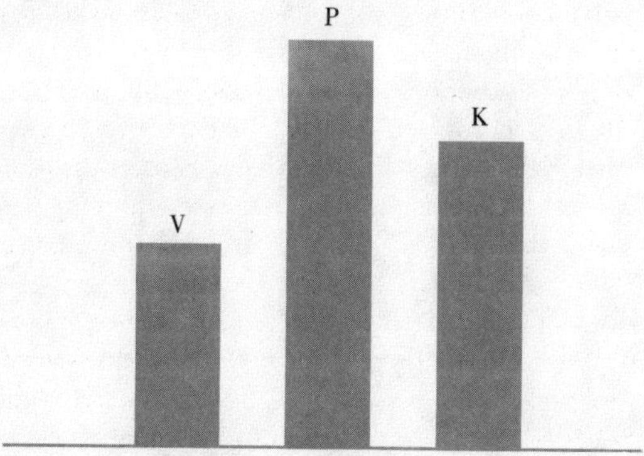

Prakriti

Im Moment der Geburt bestimmt dieser Vorgabewert das Idealverhältnis der drei Doshas während der gesamten Lebenszeit. Die vielen Hunderte von Thermostaten im Körper regeln sich nach diesem Hauptwert, so wie sie sich nach dem Hypothalamus richten. Aber wir können wesentlich leichter mit unseren Doshas als mit unserem Hypothalamus kommunizieren. Vata nimmt aller Voraussicht nach zu, sobald verstärkende Einflüsse wie kalte Witterung, trokkene Luft oder Luftzug, Angst, scharfgewürztes Essen und spätes Zubettgehen es anrühren. Diese Einflüsse wirken wie die Botschaft »mehr Vata« auf den Körper. (Pitta und Kapha haben ihre eigenen auslösenden Faktoren.)

Das Baby, das als ein Pitta-Vata zur Welt kam, kann schließlich als Erwachsener ein ganz anderer sein:

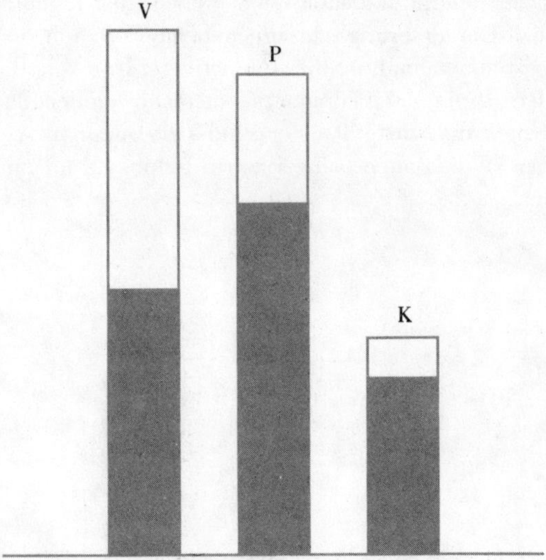

Vikriti

Er ist nun offensichtlich ein Vata-Pitta geworden, da die Doshas durch die Einflüsse des Alltags sowie durch die Ernährung, Bewegung, Schlafgewohnheiten und Gefühle einen neuen Stellenwert bekommen haben. Was immer wir auch denken, sagen, tun, sehen, fühlen, riechen oder schmecken – alles bewegt mehr oder minder unsere Doshas. Sie kehren normalerweise, ihrem Sinn für Gleichgewicht folgend, nach Abweichungen zu ihrem Ausgangswert zurück. In Normans Fall aber war irgend etwas schiefgegangen.

Auf dem stabilen Säulenrumpf befindet sich jetzt ein durchscheinender Aufsatz, der die mit der Zeit angesammelten Abweichungen anzeigt. Diese Abweichungen werden im Ayurveda *Vikriti* genannt, was soviel wie »Abweichungen von der Natur« bedeutet. Die beiden Begriffe Prakriti und Vikriti sind also Gegensätze: Der eine bezieht sich auf das, was für einen Menschen gut, der andere auf das, was für ihn schädlich ist. Man kann die Doshas nicht in ein besseres Verhältnis bringen als das, wie es im Moment unserer Geburt war.

Tun wir es, so erzeugen wir zwischen uns und der Natur nur eine Kluft. Überspringen Sie eine Mahlzeit, und Sie verstärken Ihre Vikriti, arbeiten Sie eine Nacht durch, und Sie verstärken sie weiter. Schlechtes Essen, schlechte Schlafgewohnheiten, negative Gefühle und ständige körperliche oder seelische Belastung machen Mal um Mal unser Leben etwas weniger natürlich, bis wir uns schließlich in der unnatürlichsten aller Situationen befinden – in einer ausgewachsenen Krankheit.

Gleichzeitig verändert sich auch unser Selbstbild: Anstelle von positiven Reaktionen kommen ständig negativere zum Vorschein. Vikriti macht uns empfindlicher für alle Arten von Streß. Es wirft einen Schatten über unsere feineren Gefühle. Wie viele von uns besitzen noch die unschuldige Fähigkeit zu lieben und zu vertrauen, mit der wir geboren wurden? Wir packen unsere Zellen mit allen möglichen Erfahrungen von Zurückweisung, Enttäuschung und Zweifel voll, mit denen unser Lebensweg übersät ist. Sie mögen sich heute für einen geborenen Versager, Nörgler oder Pessimisten halten oder der Meinung sein, Sie hätten ein Leben lang unter Schlaflosigkeit gelitten. Tatsache ist, daß es Jahre brauchte, um so zu werden.

In Normans Vikriti ist Vata das am schwerwiegendsten gestörte Dosha. Das ist wenig verwunderlich, da Vata das Dosha ist, das am ehesten aus dem Gleichgewicht gerät. Vata hat eine Abneigung gegen allen Lärm, gegen Gedränge und körperliche Belastung. Wenn Sie also in einen vollgestopften Vorortzug steigen, so wird Ihr Körper dies als Streß empfinden. Je öfter Sie diese Erfahrung wiederholen, desto stärker gerät Vata aus dem Gleichgewicht. Mit der Zeit wird der bloße Gedanke an die Fahrt unangenehme Empfindungen hervorrufen. Man gewöhnt sich daran, aber man gedeiht nicht dabei. Hier sind die Doshas die Führer zum richtigen Weg.

»Richtig« bedeutet lediglich naturnah. Es ist »richtig«, Vata täglich eine Weile der Muße und der Ruhe zu gönnen, weil dieses ihm gestattet, seinen Gleichgewichtspunkt wiederzufinden. Es ist »falsch«, Vata mit Lärm und Menschenmassen zu quälen, weil dies es noch weiter aus dem Gleichgewicht bringt. »Jeder muß seinen Lebensunterhalt verdienen«, mögen Sie sich einreden, wenn Sie tagtäglich den Zug zur Arbeit besteigen. Nichts jedoch wird Vata dazu bewegen, sich über diese Erfahrung zu freuen. Das ist im Grunde ein Glücksumstand, denn unsere einzige Hoffnung, uns wieder dem Zustand der Ausgewogenheit zu nähern, liegt darin, daß die Doshas sich einer falschen Behandlung verweigern und dazu tendieren, ihren Grundzustand wieder zu erreichen.

Norman fand es sehr leicht, sich in der beschriebenen Situation wiederzuerkennen. »Es ist in unserer Gesellschaft recht häufig, daß jemand ein ›falscher Vata-Pitta‹ wird«, sagte ich zu ihm. »Wenn man bedenkt, wie viele Faktoren in unserer Umwelt verstärkend wirken! Aber Vikriti ist eine Maske, eine aus Streß aufgebaute Illusion. Darunter befindet sich die ursprüngliche, ideale Kombination, die einmalige Verteilung von Vata, Pitta und Kapha, die Ihnen eigen ist. Wenn Sie zu ihr zurückfinden können, so verschwinden die Symptome. Das Schöne am Ayurveda ist, daß er den Menschen heilt, indem er ihn zu seinem besseren Selbst zurückführt.«

Der nächste Schritt war, für Norman eine neue Tagesroutine zu entwickeln, die seine aufgestörten Doshas beruhigen würde. Ich gab ihm eine Liste mit Maßnahmen, die einen Vata-Überschuß normalisieren – ein Vorgang, der »Dosha-Beruhigung« genannt wird. (Am Ende dieses Kapitels finden Sie allgemeine Empfehlungen zur Beruhigung der drei Doshas; weitere Einzelheiten folgen, wenn wir uns eingehender mit der Praxis des Maharishi-Ayurveda befassen.) Die erste Maßnahme auf der Liste war die getreuliche Einhaltung einer Tagesroutine. Für seinen Fall formulierte Norman den Wunsch nach einem Zubettgeh-Ritual:

»Eine Stunde vor dem Zubettgehen nehme ich ein warmes Bad – etwas kühler im Sommer. Dann massiere ich fünf Minuten lang leicht meine Stirn, Schläfen und Füße mit Sesamöl und trinke ein Glas warmer Milch mit einem Rasayana.« (Rasayanas sind Kräuterpräparate, die es im Ayurveda zu Hunderten gibt. Norman findet, daß das am weitesten verbreitete, Amrit Kalash, sehr wirksam ist, doch gibt es spezifische Präparate, die ebenfalls diesen Zweck erfüllen.)

»Danach sitze ich ganz ruhig da und lese etwa 20 Minuten. Für mich ist die entspannendste Lektüre ein Gedicht oder ein erhebender Text. Schließlich drehe ich das Licht aus und höre beruhigende Musik, bis ich schläfrig bin. Dann gehe ich sofort zu Bett.

Ich habe diese Routine jetzt sorgfältig vier Monate lang befolgt und schlafe regelmäßig und ohne Probleme ein. Ich schlafe dann mindestens sechs Stunden durch, was genug ist, damit ich mich am nächsten Tag erfrischt fühle.«

Insgesamt also ein glückliches Ende für ein Problem, unter dem Millionen von Menschen leiden, ohne Linderung zu finden, und dies trotz des Umstandes, daß beispielsweise in Amerika heute fast jeder Fünfte regelmäßig Schlaftabletten nimmt.

Und Norman unterzog sich ja nicht nur einer Kur gegen Schlaflosigkeit, denn er verspürt auch die anderen Vorteile erhöhter Ausgewogenheit. Er leidet nicht mehr unter häufigen Erkältungen oder kleineren Beschwerden und Schmerzen. Er ist die Sorgen und Unzufriedenheiten losgeworden, die Bestandteil seines Alltags geworden waren. Er sieht ganz eindeutig frischer aus, und seine Lebenseinstellung hat ebenfalls neue Frische erhalten.

DIE SECHS STUFEN DER KRANKHEIT

Seit Tausenden von Jahren ist es das erklärte Ziel der Medizin, den Menschen wieder zu sich selbst zu bringen – der Maharishi-Ayurveda kann dies also nicht für sich allein beanspruchen. Wir im Westen sind allerdings lange Zeit von der naturwissenschaftlich orientierten Medizin mit ihrem rein körperlichen Erklärungsmodell für Krankheiten sehr fasziniert gewesen. Erst seit jüngster Zeit räumt die Schulmedizin ein, daß Krankheiten ihren Ursprung sowohl im Körper als auch in der Seele haben können. Seit dem Aufkommen der Geist-Körper-Medizin ist die Trennung der beiden nicht mehr so selbstverständlich. Ein plötzlicher psychischer Schock wie der Tod des Ehepartners kann im Körper Verwüstungen anrichten, die das Immunsystem lahmlegen und allen möglichen Krankheiten Tür und Tor öffnen. Dies belegt die wesentlich über der Norm liegende Todesrate bei Frauen, die kurz zuvor ihren Partner verloren haben. Es liefert auch eine Erklärung dafür, warum alleinstehende Frauen, die keine Möglichkeit sehen, anderen Menschen Trost und Liebe zu geben, häufiger an Brustkrebs erkranken.

Diese Öffnung hin zu einem psychosomatischen Erklärungsmodell hat sowohl seine guten als auch seine schlechten Seiten. So wurde bislang gesagt, daß eine Lungenentzündung dann beginnt, wenn Pneumococcus-Bakterien in die Lunge eindringen und sich dort unkontrolliert vermehren. In der Geist-Körper-Medizin setzt die Erklärung bereits in einem früheren Stadium an, in dem Moment nämlich, wo das Immunsystem durch einen negativen psychischen Einfluß geschwächt wurde. Das ist zwar schon eine umfassendere Erklärung als die rein physische, doch ist auch sie leider etwas vage. Die Wechselwirkung zwischen der Psyche und dem Immunsystem ist so fließend, daß der Arzt nicht genau ermitteln kann, ab wann die negativen Gedanken die Funktion der Immunzellen beeinträchtigten.

Im Maharishi-Ayurveda können wir da präziser sein. Den alten Texten zufolge hat ein Erkrankungsprozeß sechs verschiedene Phasen. Davon sind die ersten drei nicht sichtbar und können entweder dem Geist oder dem Körper zugeschrieben werden. Mit den letzten drei treten dann Symptome zutage, die vom Patienten und vom Arzt festgestellt werden können. Jede Phase geht mit einem zusätzlichen Verlust an Ausgewogenheit einher, und das Gesamtbild verändert sich während des Krankheitsverlaufs:

1. Ansammlung – ein oder mehr Doshas sammeln sich an.
2. Verstärkung – das überschüssige Dosha beginnt sich über seinen Bereich hinaus auszubreiten.
3. Streuung – das Dosha wandert durch den Körper.
4. Lokalisierung – das wandernde Dosha setzt sich an irgendeinem nicht zu ihm gehörenden Ort fest.
5. Manifestation – an diesem Ort auftretende körperliche Symptome.
6. Ausbruch – eine voll ausgebildete Krankheit bricht aus.

Nehmen wir einmal an, daß sich bei Ihnen überschüssiges Pitta angesammelt hat, weil Sie ein Pitta-Typ sind und derzeit unter großen Belastungen stehen oder sich in der sommerlichen Hitze unwohl fühlen. Sobald sich genug Pitta-Überschuß im Körper angesammelt hat, verläßt Pitta seinen angestammten Ort und beginnt, im Körper herumzuwandern. Nach einer Weile findet es eine Stelle, an der sich *ama* (toxische Rückstände) eingelagert haben; an diesem Ama hängt es sich fest.

Damit wären die ersten drei Phasen einer Krankheit abgeschlossen. Ein westlicher Arzt hätte zu diesem Zeitpunkt noch keinen Ansatzpunkt für eine Diagnose, weil noch keines der in den Lehrbüchern verzeichneten Symptome vorläge, obwohl der Körper des Betreffenden aus ayurvedischer Sicht nicht länger vollkommen gesund wäre. Wenn Sie ein gutes Gespür für Ihren Körper haben, können Sie den Beginn einer Dosha-Störung fühlen. Jeder nimmt die kaum merklichen Veränderungen wahr, die uns eine Erkältung oder Grippe ankündigen. Auch viele andere Krankheiten kündigen sich dadurch an, daß man sich »nicht wohl in seiner Haut« fühlt – ein unbestimmtes und nicht lokalisierbares Unwohlsein. Ärzte wissen damit meist wenig anzufangen, weil sie nach eindeutigen Symptomen suchen und sich in diesem Stadium lediglich einer undeutlichen Befindlichkeit aus Beschwerden, Schmerzen, Muskelschwäche, schwachem Fieber oder einfach anhaltender Mattigkeit gegenübergestellt finden. Diese Art unbestimmter Vorwarnung des Körpers taucht auch vor einer plötzlichen Herzattacke oder vor einem Gehirnschlag auf, die durchaus nicht aus heiterem Himmel kommen. Der Betreffende hat zuvor normalerweise seine Warnungen von den Doshas bekommen, nur hat er sie nicht beachtet.

Sobald sich ein Dosha irgendwo festsetzt, leitet es die vierte Phase ein, in der dann die ersten deutlichen Anzeichen einer Krankheit erkennbar werden. Geschieht das in der Haut, so verspüren Sie etwa ein leichtes Jucken, oder Sie bekommen eine Entzündung. Ist es der Magen, so können Sie Sodbrennen oder eine Magenverstimmung bekommen. (Wir prangern hier nicht Pitta als Krankheitsauslöser an – jedes Dosha kann sich überall einnisten. Setzt sich ein Vata-Überschuß in einem Gelenk fest, was häufig geschieht, da sich dort leicht Ama ansammelt, so empfinden Sie möglicherweise einen leichten arthritischen Schmerz.) Außer solchen undeutlichen Anzeichen gibt es allerdings auch jetzt noch keinen Hinweis darauf, daß etwas Schlimmeres im Anzug ist.

Weil der Maharishi-Ayurveda auf dieser feinen Ebene unseres Körpers wirkt, kann er Symptome lindern, die sich dem Verständnis der Schulmedizin oft entziehen: unerklärliche Schmerzen, Angstsyndrome, Depressionen, Mattigkeit und so fort. Die Schulmedizin neigt dazu, sie als psychosomatische Probleme anzusehen, als Beschwerden also, die ihren Ursprung im Bewußtsein des Patienten haben. In Wahrheit haben sie ihren Ursprung in den weiterreichenden Frühstadien einer Dosha-Störung. Es ist leicht, eine solche zu beheben, solange sie noch nicht über die dritte Phase hinausgegangen ist. Hier können richtige Ernährung, Heilkräuter, Körperübungen sowie eine besondere, Panchakarma genannte Reinigungstechnik für den Körper wirksam Abhilfe schaffen. (Hiervon wird bald noch ausführlich die Rede sein.)

Haben wir es erst einmal mit einer ausgewachsenen Krankheit zu tun, so kann der Schaden, der dem Körper zugefügt worden ist, oft durch diese Behandlung allein nicht mehr behoben werden. In diesem Fall müssen wir auf weitergehende ayurvedische Techniken zurückgreifen oder sogar zu Verfahren der westlichen Medizin greifen, die vor allem auf die Behebung akuter Zustände ausgerichtet ist.

Wie wissen wir, wann die vierte Phase, das erste Auftauchen von Symptomen, sich ankündigt? Bei den meisten Erwachsenen über Vierzig brauchen wir nicht lange zu suchen, denn die meisten leiden mit bestürzender Häufigkeit unter diffusen Schmerzen und Beschwerden. In Körpern, die jahrelang einer falschen Ernährung, Fehlverhalten und gestörten Gefühlen ausgesetzt waren, sammelt sich immer Ama an, das dann ein umherirrendes Dosha an sich bindet. Es gibt jetzt jedoch noch keinen Grund zur Beunruhigung, denn was unser Körper uns in der vierten Phase zu verstehen gibt, ist nicht, daß wir in höchster Gefahr schweben, sondern daß wir uns von unseren Dosha-Überschüssen befreien sollen. Sobald wir das getan haben, finden Vata, Pitta und Kapha zu ihrem natürlichen Gleichgewicht zurück. Die Bereitschaft, sich mit den Doshas über einfache Veränderungen der Ernährung und Tagesroutine zu verständigen, kann zu erstaunlichen Ergebnissen führen, und das selbst bei schweren Krankheiten.

BALANCE

Auf den folgenden Seiten gebe ich Ihnen allgemeine Ratschläge zur Ausbalancierung von Vata, Pitta und Kapha. Es gibt vier Hauptbereiche, in denen man etwas zur Förderung der Ausgewogenheit tun kann:

- Ernährung
- Körperübungen
- Tagesroutine
- Jahreszeitenroutine

Ich werde jedem dieser Bereiche später noch, in Teil III, ein ganzes Kapitel widmen. An dieser Stelle sollen erst einmal die wichtigsten Aspekte beschrieben werden, damit Sie ein grundsätzliches Verständnis dafür bekommen, wie Sie auf Ihre Doshas einwirken können – eine Einführung, wie man auf der Grundlage seines quantenmechanischen Körpers leben kann.

Vorweg noch ein wichtiger Hinweis: Diese Erläuterungen sind *zur Vorbeugung* gegen Krankheiten gedacht. Sie eignen sich nicht zur Behandlung von Krankheiten oder als Ersatz für eine ärztliche Betreuung. Sollten Sie irgendwelche Symptome haben, so ist zwar die Ausbalancierung der Doshas lebenswichtig, aber sie reicht nicht aus. Sie müssen sich dann von einem im Maharishi-Ayurveda ausgebildeten Arzt untersuchen lassen, der Ihnen die für Ihren spezifischen Fall geeigneten therapeutischen Maßnahmen empfehlen wird.

Für diejenigen, die sich einer guten Gesundheit erfreuen, sind die folgenden Informationen jedoch von unübertrefflichem Wert. Sie stammen aus einem fünfjährigen Studium der alten ayurvedischen Texte, enthalten das gesammelte Wissen bedeutender, in Indien praktizierender ayurvedischer Ärzte sowie unsere eigene Praxiserfahrung, die wir mit Tausenden von Patienten in den USA sammeln konnten.

Bitte begreifen Sie die hier gemachten Ratschläge nicht als strikte Regeln, mit denen man sich das Leben schwermachen soll. Sie können sich ein ganzes Leben abmühen, Ausgewogenheit zu erlangen, und sie nie erreichen, weil sich die Doshas täglich, stündlich, ja von Minute zu Minute verändern. Und doch ist nichts einfacher als Ausgewogenheit. Die Natur hat unseren Körper mit dem entsprechenden Mechanismus ausgestattet. Die hier aufgeführten Prinzipien dienen nur dazu, diesen Mechanismus freizusetzen und ihn zu stärken.

Für die meisten Menschen ist das Essen eine Art Fetisch. Jeder von uns ist wahrscheinlich etwas fanatisch, was sein Verständnis von gutem oder schlechtem Essen betrifft. Da sich der Ayurveda so eingehend mit der Ernährung beschäftigt, kann er leicht dazu mißbraucht werden, den Diät-Kult zu fördern. Richtig verstanden, dienen diese ganzen Informationen jedoch lediglich dazu, unseren Körper aufzuwecken. Der Maharishi-Ayurveda bestimmt nicht, daß das eine Essen gut und das andere schlecht ist. Vielmehr entdecken wir selbst, was für uns ganz persönlich gut oder schlecht ist, indem wir auf unsere Doshas horchen.

Verzetteln Sie sich also nicht damit, ob Ihr Essen zu heiß oder zu kalt, zu schwer oder zu leicht, zu fett oder zu trocken ist. Jedesmal, wenn sich in uns ein Dosha regt, könnte man zu einer bestimmten Speise greifen, um den Körper davon abzuhalten, aus dem Gleichgewicht zu kommen. Gehen wir die Sache auf diese Weise an, so artet das Ganze bald in Fanatismus aus. Das ist nicht der richtige Weg zur Selbsterkenntnis. Jeden Tag aufs neue findet eine Verständigung zwischen uns und unserem Körper statt; die folgenden Empfehlungen sind Hinweise darauf, was Ihrem Konstitutionstyp zugute kommt.

ALLGEMEINE HINWEISE FÜR EIN AUSGEWOGENES LEBEN

Wie man Vata ausbalancieren kann

- Regelmäßige Gewohnheiten
- Stille
- Wärme
- Regelmäßige Nahrungszufuhr

– Flüssigkeitszufuhr beachten
– Die Streßbelastung senken
– Sesamöl-Massage (Abhyanga)
– Genügend Ruhe

Da Vata der »König« der Doshas ist, ist seine Ausgewogenheit für jeden vorrangig; sobald Vata wieder im Lot ist, zieht es Pitta und Kapha nach.

Der Schlüssel zum Ausbalancieren von Vata ist Regelmäßigkeit. Vata ist so empfindlich und reagiert so rasch auf Veränderungen, daß es leicht das Opfer einer Überstimulierung wird. Vata-Menschen gedeihen zwar gut inmitten von Vielfalt, doch wenn die Veränderungen ein bestimmtes Maß überschreiten, schlägt ihre Angeregtheit in Erschöpfung um. Daher fühlen sich so viele Vatas nervös und wie zerschlagen. Die Ursache ihrer Rastlosigkeit liegt darin, daß das Vata-Dosha nicht länger die Grundeinstellung der Körperrhythmen gewährleistet. Statt regelmäßig zu essen, zu schlafen und sich körperlich zu betätigen, nehmen aus dem Lot geratene Vatas wahl- und planlos Nahrung zu sich, überspringen Mahlzeiten, legen hier und dort sporadisch Hand an und gehen zu den ausgefallensten Zeiten zu Bett.

Ein solches Leben schadet allen Doshas, doch ist es für Vata am schlimmsten. Viele Vata-Menschen hängen dieser Lebensform an. Sie haben sich traurigerweise dazu konditioniert zu glauben, daß ein regelloses Leben gleichzusetzen sei mit einem anregenden. Das geeignete Gegenmittel ist hier die Einführung ausgewogener Gewohnheiten, indem man jeden Tag etwas mehr auf Regelmäßigkeit achtet.

Wenn Sie bei sich Anzeichen einer Vata-Störung feststellen, werden Ihnen die folgenden Empfehlungen helfen, Ihren Tagesablauf so umzugestalten, daß er für Ihr Vata-Dosha verträglicher wird:

– Ruhen Sie sich oft genug aus! Das ist bei jedem Vata-Problem von größter Wichtigkeit. Wenn Sie das Gefühl haben, daß Sie sich selbst zu sehr antreiben oder irgendeine (auch geistige) Tätigkeit übertreiben, dann sollten Sie innehalten und sich einfach fünf Minuten ausruhen. Auch sollten Sie ausreichend Schlaf bekommen. Nehmen Sie Schlafstörungen nicht als etwas Unabänderliches hin, selbst wenn Sie bereits seit Jahren darunter leiden. Neben Schlaf ist die tiefe Entspannung durch Meditation die beste Art, sich auszuruhen. Wir empfehlen allen Patienten, die Technik der Transzendentalen Meditation zu erlernen, damit sie diese tiefe Entspannung erleben können. Den größten Nutzen zieht Vata daraus, daß man bereits nach wenigen Minuten des Transzendierens (der zentrale Vorgang während einer Meditation) völlig beruhigt und erfrischt ist. Meditation birgt noch einen weiteren Vorteil: Sie fördert die Geist-Körper-Integration. Das wiederum gibt jedem Zyklus im Körper seinen ihm eigenen Freiraum zurück und erlaubt es ihm, alle Phasen ungehindert zu durchlaufen. Wenn Vata-Menschen erkennen, daß sie Erfüllung nur in sich selbst finden und nicht dadurch, daß sie ständig irgendwelchen Dingen nachjagen, kommen sie dem Ziel der Selbsterkenntnis einen gewaltigen Schritt näher.

- Halten Sie sich warm! Da Vata ein kaltes Dosha ist, profitiert es von Wärme. Vermeiden Sie Zugluft, denn Vata reagiert sehr empfindlich auf Bewegungen der Luft. Vata ist außerdem trocken. Achten Sie deshalb darauf, daß die Luft in Ihrem Zimmer die nötige Feuchtigkeit hat.
- Nehmen Sie eine Vata-beruhigende Nahrung zu sich (siehe Seite 263ff.). Essen Sie regelmäßig, da Vata durch einen leeren Magen verstärkt wird. Vatas verfallen sehr schnell, wenn sie sich krank fühlen oder aufhören, regelmäßig zu essen. Auch wenn Ihr Appetit schwankt, sollten Sie sich zu drei Mahlzeiten zu Tisch setzen, zu denen auch ein warmes, nahrhaftes Frühstück gehören sollte (beispielsweise ein warmer Getreidebrei). Etwas frischer Ingwer vor den Mahlzeiten regt den Appetit an und unterstützt die Verdauung.
- Trinken Sie öfters etwas Warmes am Tag, um einen Flüssigkeitsmangel zu vermeiden. Es gibt auch einen speziell auf Ihren Konstitutionstyp abgestimmten Vata-Kräutertee, den man fertig kaufen kann. Davon können Sie bis zu vier Tassen am Tag trinken. Vermeiden Sie eisgekühlte Speisen und Getränke.
- Massieren Sie Ihren Körper morgens mit Sesamöl. Diese Abhyanga genannte ayurvedische Maßnahme wird auf Seite 253ff. beschrieben.

- Duschen Sie morgens (vor der Meditation) warm und ausgiebig. Feuchte Wärme hilft bei Vata-Beschwerden und -Schmerzen.
- Vermeiden Sie geistige Überanstrengung und Reizüberflutung. Laute Musik, Gewaltszenen in Kino und Fernsehen oder überhaupt langes Fernsehen, besonders am Abend, verstärken Vata.
- Gestalten Sie Ihre Umgebung hell und licht. Vata reagiert positiv auf Sonnenlicht und fröhliche Farben. Wenn Sie einmal krank sind, wird es Ihnen guttun, sich ans geschlossene Fenster in die Sonne zu setzen. Zügeln Sie aber Ihren Drang, das Haus zu verlassen, bis Sie wieder ganz gesund sind. Gesellen Sie sich zu Menschen, die Sie aufmuntern, lesen Sie erheiternde Bücher und sehen Sie sich leichte, geistvolle Unterhaltungssendungen an. Alles, was die Vata-eigene Begeisterungsfähigkeit unterstützt und den Hang zur Besorgnis verringert, wird nützlich sein.
- Trinken Sie keinen Alkohol, solange Sie versuchen, Ihr Vata wieder ins Lot zu bringen, da dieses auf alle Arten von Stimulanzien einschließlich Kaffee, schwarzen Tee und Tabak heftig reagiert. Wenn Sie zu einer Vata-Störung neigen, sollten Sie diese Genußmittel nur in möglichst kleinen Mengen zu sich nehmen, ja, sie am besten sogar ganz aufgeben.
- Vatas haben im Winter oft eine trockene Nase, was ihre Anfälligkeit für grippale Infekte erhöht. Um dem vorzubeugen, können Sie mit der Fingerspitze je einen Tropfen Sesamöl in jeder Nasenöffnung verreiben. Halten Sie sich anschließend beide Nasenlöcher mit den Fingern zu, und beginnen Sie, Atem zu holen. Jetzt öffnen Sie rasch den Griff und schließen ihn wieder, um das Öl in die Nasenhöhlen hochzuziehen. Dabei sollten Sie sich jedoch nicht anstrengen oder gar versuchen, die Nebenhöhlen freizubekommen. Diese Behandlung wirkt besonders bei trocken-kalter Witterung lindernd – viele Vata-Menschen werden bemerken, daß dies ihre Widerstandskraft gegenüber Erkältungen und Grippe deutlich erhöht – und stärkt gleichzeitig die Nebenhöhlen (nicht nur bei Vatas, sondern bei allen Menschen). Dieser Vorgang kann bis zu zwölfmal am Tag wiederholt werden. Sind Ihre Nebenhöhlen allerdings verstopft, so sollten Sie diese Behandlung nicht übertreiben, da Öl das

Kapha-Dosha verstärkt, das oft der Auslöser von chronischer Nebenhöhlenentzündung ist.

Wie man Pitta ausbalancieren kann

- Mäßigung
- Kühle
- Zeit für sich selbst nehmen
- Begegnungen mit der Schönheit der Natur
- Ausgewogenheit von Ruhe und Aktivität
- Einschränken der Genußmittel

Der Schlüssel zum Ausbalancieren von Pitta ist Mäßigung; Sie sollten sich nicht übermäßig antreiben. Von allen Konstitutionstypen ist Pitta am stärksten mit Antrieb, Aggressivität und Energie ausgestattet. Pittas sind Menschen, die das Leben in vollen Zügen genießen und Herausforderungen begrüßen – je schwieriger, desto besser. Aber dieser innere Antrieb ist oft auch der Auslöser von ernsthaften Problemen. Pitta gibt uns einerseits feurige Energie; mißbrauchen wir sie, so verbrennt sie uns. Die Arbeitswütigen der heutigen Welt sind im allgemeinen aus dem Lot geratene Pittas, besonders dann, wenn ihre Grundstimmung von Ärger und Zwanghaftigkeit geprägt ist.

Pitta-Menschen müssen sich bewußt zurücknehmen, wenn sie bestimmte Gefahrensignale bemerken, von denen die deutlichsten der Verlust ihrer Liebenswürdigkeit und eine beginnende Zügellosigkeit ihres Appetits sind. Ein wesenhafter Zug von Pitta ist auch ein Sinn für Schönheit. Das Leitmotiv für alle unten aufgeführten Punkte ist die Einhaltung einer »goldenen Mitte«.

Wenn Sie bei sich Anzeichen einer Pitta-Störung feststellen, werden Ihnen die folgenden Empfehlungen helfen, Ihren Tagesablauf so umzugestalten, daß er besser auf Ihr Dosha Pitta abgestimmt ist:

- Nehmen Sie sich nach Beendigung Ihrer Arbeit Zeit zur Muße – der Wechsel von Ruhe und Aktivität ist der Grundrhythmus des Lebens. Da sie so viel Schaffenskraft besitzen, neigen Pittas dazu, die andere Seite des Lebens zu vernachlässigen. Gönnen

Sie sich Ihre Insel der Stille am Ende eines Arbeitstages. Essen Sie in Ruhe, stellen Sie Ihr Telefon abends ab und widerstehen Sie energisch der Versuchung, sich Arbeit mit nach Hause zu nehmen. Für uns alle liegt ja die »Insel der Stille« in uns selbst. Unausgeglichene Pitta-Menschen verlieren dies nur allzu leicht aus den Augen. Meditation ist sehr nützlich zur Wiedererlangung von innerer Ruhe und Gleichgewicht. Sie erinnert uns auch daran, daß Ruhe die Quelle dynamischer Aktivität ist. Das Geheimnis berühmter Sprinter liegt letztlich nicht in ihrer Schrittlänge, sondern in der Energie, die sie vor dem Start an den Startblöcken in sich ansammeln. Sobald Pittas entdecken, daß man die größte persönliche Macht ohne Aggression erlangt, kommen sie dem Ziel der Selbsterfahrung einen gewaltigen Schritt näher.

- Kühle in jeder Form wirkt ausgleichend auf überaktives Pitta. Ihre Schlafzimmertemperatur sollte 18 Grad nicht überschreiten. Auch sollten Sie es vermeiden, zu ausgedehnte heiße Bäder zu nehmen; zu viel feuchte Hitze kann bei Ihnen Schwindelgefühle oder Übelkeit verursachen, wenn ein Pitta-Überschuß vorliegt. Sobald Sie sich erhitzt fühlen, ist es besser, wenn Sie sich eine kühle Kompresse auf die Stirn oder in den Nacken legen, statt kalte Getränke zu sich zu nehmen. (Von eisgekühltem Wasser, das das Verdauungsfeuer zum Verlöschen bringt, wird im Ayurveda abgeraten.) Kühle, süße Getränke mit geringer Säure wie Apfelsaft oder Traubensaft sowie stilles Mineralwasser sind ebenfalls zu empfehlen. Achten Sie darauf, daß Sie bei heißem Wetter oder während einer Krankheit reichlich trinken; Pittas schwitzen im allgemeinen sehr und verlieren auf diese Weise viel Flüssigkeit. Von dem Spezial-Tee zur Beruhigung von Pitta können Sie bis zu vier Tassen am Tag trinken.
- Nehmen Sie Pitta-beruhigende Speisen zu sich und vor allem: Essen Sie nicht zu viel. Pittas neigen dazu, ihre ausgezeichnete Verdauung zu überanstrengen. Andererseits wollen Sie sich natürlich auch nicht hungrig fühlen; Pittas leiden darunter, wenn sie eine Mahlzeit auslassen müssen. Vermeiden Sie daher alle Extreme. Essen Sie täglich drei maßvolle Mahlzeiten zu regelmäßigen Zeiten. Ist Ihre Verdauung zu ungestüm, so trinken Sie

warme Milch mit etwas Zucker und Kardamon, um Ihr Pitta wieder auszubalancieren. Haben Sie jedoch ständig einen Löwenhunger und einen entsprechenden Durst, so sollten Sie Ihre Verdauung durch eine Pitta-beruhigende Ernährung (siehe Seite 268ff.) mäßigen.

- Macht Ihnen Ihr Appetit ernsthaft zu schaffen, sollten Sie dennoch keine Hungerkur versuchen. Beginnen Sie zunächst einmal damit, bei jeder Mahlzeit etwa ein Viertel weniger zu essen, dann nach zwei Tagen die Hälfte. Erreichen Sie damit einen befriedigenden Zustand der Sättigung, so können Sie die erreichte Menge beibehalten. Nimmt der Hunger wieder zu, so gehen Sie auf die erste Minderungsstufe zurück. Mit einer Nahrungsmenge, die in Ihre zum Wasserschöpfen ausgestreckten Hände passen würde, hätten Sie das ayurvedische Ideal erreicht. (Diese Regel kommt ursprünglich von Charaka, dem bedeutendsten ayurvedischen Weisen des Altertums.) Bittere Nahrungsmittel zügeln den Appetit besser als alles andere. Versuchen Sie es einmal mit Tonic Water vor der Mahlzeit, oder essen Sie einen Salat mit Chicorée, Endivien, Radicchio oder Romaine.
- Vermeiden Sie Genußmittel, da diese alle Pitta anheizen. Alkohol in jeglicher Form ist wie Öl auf das Pitta-Feuer; die wertlosen Kalorien schüren es nur weiter. Auch mit Hefe gebackenes Brot ist bei der Behebung von Pitta-Störungen hinderlich. Schwarzer Tee und Kaffee geben Ihrer Energie noch mehr Explosionskraft, statt sie auszugleichen.
- In der ayurvedischen Tradition sind Abführmittel *(virechana)* die beste Behandlung zur Verringerung von überschüssigem Pitta, und zwar deswegen, weil eine kurzfristige Leerung der Därme das Verdauungsfeuer dämpft. Sie könnten alle vier bis sechs Wochen einmal vor dem Zubettgehen einen Eßlöffel Rizinusöl einnehmen (nicht öfter). Dieses Mittel wird Sie voraussichtlich in der Nacht zwei- bis dreimal aus dem Bett treiben. Trinken Sie nach jedem Stuhlgang ein Glas warmes Wasser, um einem Wasserentzug vorzubeugen. Wenn Sie sich dann am nächsten Tag wohlig entspannt fühlen, sollten Sie wenig zu sich nehmen, vielleicht nur einige Gläser Obstsaft. Bei fester Nahrung sollten Sie

alles Schwere, Fette, Kalte oder Ölige meiden. Ruhen Sie sich ausgiebig aus. Nehmen Sie jedoch niemals Abführmittel, wenn Sie Bauchschmerzen oder Blutungen oder zurückliegende Verdauungsbeschwerden haben.

- Achten Sie darauf, daß Sie möglichst gering belastetes Essen und Wasser zu sich nehmen und möglichst reine Luft einatmen, da Pitta besonders empfindlich auf Verunreinigungen aller Art reagiert. Nahrungsmittelzusätze, auch solche, die als harmlos eingestuft werden, können winzige metabolische Störungen verursachen, die Ihrer Absicht, vollkommene Ausgewogenheit zu erlangen, zuwiderlaufen.
- Vermeiden Sie anstrengende körperliche Arbeit oder Überhitzung im Freien. Pittas ermatten rasch in der Hitze. Ihre blasse Haut, die keine starke Sonneneinstrahlung verträgt, wird Ihnen gewöhnlich signalisieren, wann es Zeit ist, nach drinnen zu gehen. Der Ayurveda empfiehlt im Sommer Vorsicht; beginnen Sie mit zehn Minuten in der Sonne und erhöhen Sie die Zeit dann allmählich auf eine halbe Stunde; eine Sonnenschutzcreme ist in jedem Fall angezeigt. Die Morgenstunden und der späte Nachmittag sind für Pitta-Menschen die besten Tageszeiten, um im Freien zu sein.
- Gehen Sie so oft wie möglich ins Freie. Die ayurvedische Tradition empfiehlt, daß Pitta-Menschen sich Sonnenuntergänge oder den Vollmond anschauen und an Seeufern und Wasserläufen spazierengehen sollen. Das alles wird von Pitta als angenehm empfunden. Im allgemeinen hilft eine schöne Landschaft Pitta-Menschen sehr, sich zu entspannen; es beschäftigt ihre Aufmerksamkeit mehr als alles andere. Vermeiden Sie dagegen Bücher oder Sendungen mit Gewaltszenen oder solche, die schockieren oder Kontroversen schüren – dies alles verstärkt Pitta ungemein. Nehmen Sie sich jeden Tag Zeit für inspirierende, unterhaltende und erheiternde Freizeitbeschäftigungen, die Pitta etwas von seiner Schärfe nehmen. Dies mildert auch die Pitta-Tendenz, sich in dem Bemühen aufzureiben, die genau festgelegten Ziele zu erreichen. Pitta-Menschen sind von ihrer Veranlagung her sehr ernsthaft; sie brauchen das Tonikum des Lachens mehr als die ande-

ren. In vieler Hinsicht ist dieses die beste Medizin, die die Natur für einen Pitta-Überschuß bereithält.

Wie man Kapha ausbalancieren kann

- Anregung
- Regelmäßige Bewegung
- Beachtung des Gewichts
- Vielfalt von Eindrücken
- Wärme, Trockenheit
- Reduzierung des Zuckerverbrauchs

Der Schlüssel zum Ausbalancieren von Kapha ist Anregung. Das Kapha-Dosha ist von Natur aus stetig und langsam; es bewirkt Verläßlichkeit und Stärke. Aus dem Lot geratene Kaphas klammern sich jedoch am Status quo fest; sie brauchen dann den Stimulus neuer Bild- und Klangeindrücke, neuer Menschen und Ereignisse. Das gilt auch für den Körper. Ohne Aktivität kann ein Kapha-Mensch lethargisch und stumpf werden. Ihre langsame Verdauung steht damit in unmittelbarem Zusammenhang. Wenn Nahrung nicht völlig verdaut wird (weil sie womöglich zu schwer, zu ölig oder überhaupt unverdaulich war), verbleiben giftige Rückstände – Ama – im Körper, die unser ganzes System verstopfen und schließlich zur Krankheit führen können. Der Kapha-Typ ist für dieses Problem besonders anfällig und muß somit sicherstellen, daß sein Verdauungsfeuer durch regelmäßige Aktivität und eine abwechslungsreiche Nahrung am Brennen bleibt.

Kapha-Menschen geraten nur langsam aus dem Gleichgewicht, finden aber auch nur langsam zurück. Deshalb ist es gut, dieses Dosha besonders zu pflegen. Verstärken wir Vata, so sehen wir schon am nächsten Tag die Auswirkungen. Kapha aber können wir durch falsche Ernährung einen ganzen Winter lang verstärken und bekommen die Rechnung erst im nächsten Frühjahr, wenn dann das angehäufte Dosha »schmilzt« und es zu den typischen Frühjahrserkältungen und Schnupfen kommt. Wenn Sie sich die Liste der 25 Gunas auf Seite 68f. anschauen, werden Sie feststellen, daß Vata und Kapha nur eine einzige Eigenschaft gemeinsam haben: Kälte. Das Ergebnis ist, daß der Vata-Typ in der Regel genau das Gegenteil von einem Kapha-Typ braucht. Darum stellt auch die Kapha-Strategie der Stimulierung das Gegenteil zur Vata-Regel der Ruhe dar. Vatas sind wie Hasen, Kaphas wie Elefanten.

Wenn Sie bei sich Anzeichen einer Kapha-Störung feststellen, werden Ihnen die folgenden Empfehlungen helfen, Ihren Tagesablauf so umzugestalten, daß er besser auf Ihr Dosha Kapha abgestimmt ist:

- Suchen Sie nach Vielfalt im Leben. Kaphas müssen sich bewußt darum bemühen, neue Erfahrungen zu machen. Sie hängen sehr an Heim und Herd, was die Gefahr bannt, sich frühzeitig zu verschleißen. Doch besteht die eindeutige Tendenz zur Stagnation, was bis zur Depression führen kann – das Schicksal vieler unausgewogener Kaphas. Wie bei den anderen Doshas ist auch hier Transzendentale Meditation sehr nützlich; sie erlaubt dem Kapha-Typ die Entdeckung einer inneren Wachheit und Lebendigkeit. Was das Leben wirklich lebendig macht, ist letztlich nicht die äußere Vielfalt, sondern der Funke der Wachheit in uns. Die Natur hat uns dazu geschaffen, ein lebendiges Interesse an neuen Ideen, neuen Gesichtern und kreativer Neuerung zu finden. Der Mensch ist angeblich das einzige Wesen, das einen Ozean überquert, um zu sehen, wie die Menschen auf der anderen Seite aussehen. Mit ein wenig Meditationserfahrung werden Kaphas aus ihrer Zuschauerrolle herausgeholt und empfinden den Wunsch mitzuspielen. Kapha-Menschen neigen zu besitzergreifendem Verhalten. Sie sammeln und horten alles, was ihnen unterkommt – Geld, Energie, Würden und Liebe. Entdecken sie, daß sie loslassen und ihre robuste Energie als Treibstoff für Wandel einsetzen können, so machen sie in ihrer persönlichen Entwicklung einen beträchtlichen Schritt vorwärts. Die Kapha-eigene große Liebesfähigkeit wird dann doppelt so stark.
- Nehmen Sie Kapha-beruhigende Speisen zu sich. Es ist außerdem wichtig, daß ein Kapha-Typ nicht zu reichlich ißt, da er eine eindeutige Neigung zu Übergewicht hat. Heißes Ingwerwasser weckt abgestumpfte Geschmackspapillen und regt auch die träge Verdauung an; letzteres ist auch durch das Kauen eines Teelöffels Fenchelsamen nach der Mahlzeit zu erreichen. Bei starker Verstopfung empfiehlt der Ayurveda trockene und herbe, zusam-

menziehende Speisen. Getoastetes Brot, Äpfel, Cracker, Gelbwurz (Kurkuma) und zahlreiche Gemüse sind zur Vermeidung von überschüssigem Kapha sowie zur Anregung der Darmtätigkeit nützlich.

– Essen Sie weniger Zucker. Kapha ist das einzige Dosha, das sehr stark mit einer Geschmacksrichtung verbunden ist, nämlich »süß«. Unabhängig von den Kalorien wird ein Kapha-Mensch zunehmen und aus dem Gleichgewicht geraten, wenn er zu viele süße Speisen zu sich nimmt. Wird der Verbrauch von Eis, Milch, Süßspeisen, Weißbrot und Butter (diese gelten im Ayurveda alle als süß) eingestellt, so führt dies oft zu einer spektakulären Besserung bei Nasenfluß, verstopften Nebenhöhlen, Allergien und Trägheit – alles typische Anzeichen von Kapha-Überschuß. Auf lange Sicht können zu viele Süßigkeiten auch Diabetes, eine schwere Kapha-Störung, verursachen. Glücklicherweise gibt es einen natürlichen Süßstoff – kaltgeschleuderten Honig –, der Kapha sogar reduziert. Ein oder zwei Teelöffel (nicht mehr) am Tag lösen überschüssiges Kapha aus dem System.
– Halten Sie sich warm. Da Kapha ein kaltes Dosha ist, profitiert es von Wärme. Trockene Wärme ist das beste Mittel, wenn Ihre Nase einmal verstopft ist, was bei Kapha-Menschen häufig der Fall ist. Eine Höhensonne oder ein Heizkissen im Nacken sind bei Kapha-Überschuß oft hilfreich.
– Vermeiden Sie feuchte Kälte. Kapha reagiert sehr empfindlich auf eine feuchtkalte Umgebung. Wenn Sie sich im Winter nicht wohl in Ihrer Haut fühlen, sollten Sie Nase, Hals und Atemorgane vor kalter Luft schützen.
– Machen Sie eine Ganzkörper-Trockenmassage, um Ihren Kreislauf zu stärken. Dieses Verfahren heißt *garshana* (siehe unten) und wird mit speziellen Rohseide-Handschuhen durchgeführt. Öl ist in diesem Fall nicht angezeigt, da ja Kapha als öliges Dosha ohnehin im Übermaß vorhanden ist. Eine in zügigen Bewegungen durchgeführte Massage von 5 bis 10 Minuten reicht aus; überanstrengen Sie sich dabei nicht. Falls Sie keine Seidenhandschuhe besitzen, reicht auch ein trockener Luffa-Schwamm.

- Trinken Sie tagsüber warme Getränke, aber in Maßen, da Kapha ja ein feuchtes Dosha ist. Um einen Schnupfen zu lösen oder Halsschmerzen zu lindern, nehmen Sie je einen viertel Teelöffel Ingwerpulver und Gelbwurz (Kurkuma) auf eine Tasse kochendes Wasser. Von dem speziellen Maharishi-Ayurveda-Kapha-Tee können Sie bis zu vier Tassen täglich trinken.
- Treiben Sie möglichst täglich Sport oder machen Sie täglich Gymnastik. Das ist eines der besten Mittel, um Stagnation und die Ansammlung von Toxinen im Körper zu vermeiden. Von Natur aus stark und muskulös, sind Kaphas in ihrer Jugend oft Athleten. Durch das meist sitzend zugebrachte Arbeitsleben entwikkelt sich dann auch der leidige Sitzspeck. Kaphas profitieren mehr als andere von regelmäßiger Bewegung und sollten ihr ganzes Leben lang körperlich aktiv bleiben.
- Seien Sie ehrlich mit sich selbst, wenn Sie krank sind und wieder auf die Beine kommen müssen. Kaphas haben eine ausgezeichnete Ausdauer und genießen körperliche Arbeit; sie haben zugleich eine hohe Schmerzgrenze und legen sich erst dann hin, wenn sie wirklich sehr krank sind. Gehören Sie zu diesem Typ, so bedenken Sie, daß es besser ist, eine Krankheit beizeiten auszukurieren. Sie sind womöglich bereits doppelt so angeschlagen wie ein anderer. Kaphas können sehr niedergeschlagen sein, wenn sie sich nicht umsorgt fühlen. Deshalb sollten Sie Ihre Freunde und Verwandten bitten, sich besonders um Sie zu kümmern, wenn es Ihnen schlechtgeht.
- Eine verstopfte Nase ist ein häufiges Kapha-Problem, dem man jedoch mit einem einfachen Mittel abhelfen kann: Lösen Sie einen viertel Teelöffel Salz in einer halben Tasse warmen Wassers auf. Stellen Sie sich dann vor das Waschbecken und gießen Sie sich etwas Salzwasser in den Handteller. Halten Sie sich die linke Nasenöffnung zu, lehnen Sie sich vornüber, und ziehen Sie das Wasser einigemal ruckartig durch die rechte Nasenöffnung hoch, so daß es in die Nebenhöhlen eindringt. Nun wiederholen Sie den Vorgang mit der anderen Nasenöffnung. Atmen Sie dabei nicht tief ein, damit kein Wasser in die Lungen gelangt, und wenden Sie keine Gewalt an, wenn Ihre Nebenhöhlen verstopft sind.

Sie werden möglicherweise niesen, oder Ihre Nase wird zu laufen beginnen. Das ist gut so. Wiederholen Sie bei Bedarf das Ganze zwei- oder dreimal. Diese Behandlung wirkt nach einer warmen Dusche noch besser, wenn die Schleimhäute gut durchblutet sind. Wenn Sie jedoch irgendwelche Schmerzen haben oder bei Ihnen eine Nebenhöhlenentzündung festgestellt wurde, so stellen Sie diese Behandlung unverzüglich ein. Sie ist dafür gedacht, den Nasengang freizuhalten, nicht zur Behebung eines akuten Krankheitszustands.

Wie man Garshana durchführt

Diese Trockenmassage sollte vor der Morgentoilette drei bis vier Minuten lang durchgeführt werden. Man benutzt dazu spezielle Seidenhandschuhe und massiert die Haut beidhändig, zügig und kräftig. Die Arme und Beine reibt man mit großzügigen, durchgehenden Auf- und Abwärtsbewegungen ab. An den Gelenken – den Schultern, Ellenbogen, Handgelenken usw. – geht man zu kleinen Kreisbewegungen über. Man beginnt mit 10 bis 20 Längsstrichen, die mit der Zeit bis auf 40 erhöht werden können.

1. Beginnen Sie mit zügigen Kreisbewegungen am Kopf und gehen dann am Hals und an den Schultern zu Längsbewegungen über. Nun wechseln Sie zwischen diesen Bewegungen, während Sie Ihre Massage an den Armen fortsetzen: Kreisbewegungen am Schultergelenk, Längsbewegungen am Oberarm, Kreisbewegungen am Ellenbogen, Längsbewegungen am Unterarm, Kreisbewegungen am Handgelenk, Längsbewegungen über die Hand und schließlich Kreisbewegungen an den Fingergelenken.

2. Setzen Sie Ihre Massage mit waagerechten Längsbewegungen an der Brust fort, aber massieren Sie nicht direkt über dem Herzen, und lassen Sie auch die Brüste bei Ihrer Massage aus.

3. Über den Magen streichen Sie mit zwei horizontalen Bewegungen, denen anschließend zwei diagonale Bewegungen folgen. Mit diesem abwechselnden Rhythmus bearbeiten Sie auch Ihren Unterbauch, das Kreuz, das Gesäß und die Schenkel, wobei Sie sich besonders all jenen Bereichen widmen sollten, in denen sich

bei Ihnen überschüssiges Fett angesammelt hat. Diese Massage regt den Kreislauf in jenen Bereichen an und löst die Toxine, die sich bei Kapha-Überschuß und überflüssigem Fett ansammeln.

4. Richten Sie sich auf und massieren Sie Ihre Hüftgelenke in Kreisbewegungen. Massieren Sie dann Ihre Beine, wie Sie auch Ihre Arme massiert haben: Längsbewegungen an den Gliedmaßen, Kreisbewegungen an Knien und Knöcheln und schließlich noch Längsstriche über die Füße.

Besonders in Verbindung mit Yoga-Übungen ist Garshana ein bewährtes Mittel gegen Cellulitis.

II DER QUANTEN-MECHANISCHE MENSCH-LICHE KÖRPER

1 QUANTENMEDIZIN FÜR EINEN QUANTENKÖRPER

Auf der nie endenden Reise zur Selbsterkenntnis sind die drei Doshas wichtige Wegweiser. Sie zeigen uns den Weg in unser Inneres, dorthin, wo Intelligenz in all ihren Formen – seien es Gedanken, Gefühle, Instinkte, Wünsche oder Weltanschauungen – verändert werden kann. Jenseits dieses Bereichs kann man noch tiefgehendere Entdeckungen machen. In diesem zweiten Buchabschnitt möchte ich diese größeren Tiefen erkunden, indem ich den »quantenmechanischen menschlichen Körper« erforsche, wie Maharishi Mahesh Yogi die unsichtbare Software nennt, die unseren Körper erzeugt, gestaltet und steuert.

In Kapitel 1 habe ich einige der Grundprinzipien des quantenmechanischen Körpers erläutert: Er ist ein Intelligenz-Netzwerk, das gesammelte Wissen nicht nur des Gehirns, sondern auch der übrigen 50 Billionen Zellen. Er reagiert sofort auf unsere feinsten Gedanken und Gefühle; aus ihm entsteht der ständige Fluß und Wandel, der unser Wesen ausmacht. Er ist weder in Raum noch in Zeit lokalisiert, sondern ist viel umfassenderer Art und erstreckt sich in alle Richtungen. Wir können unseren quantenmechanischen Körper nicht sehen, aber wir können uns seiner bewußt werden; tatsächlich sind alle unsere Sinne auf dieses Quantenfeld gerichtet, dessen Aktivität grundlegender ist als alle Materie- oder Energiefelder. Daß wir der Natur noch in einer Größenordnung gewahr werden können, die bis zu 100 Millionen mal kleiner ist als ein Atom, ist kaum vorstellbar, und ich möchte deshalb dazu noch etwas ausführen.

DIE ERFORSCHUNG DER INNENWELT

Sie wissen bereits, daß die Doshas wie Schnittstellen sind, an denen Gedanken zu Materie werden. Dies erscheint zunächst unmöglich. Materie ist solide und stabil; wir können sie sehen und berühren, messen und wiegen. Gedanken jedoch sind flüchtig und unsichtbar; sie können nicht berührt werden, und ihre Messung – beispielsweise durch ein EEG (Elektroenzephalogramm) – ist bisher noch eine sehr grobschlächtige Angelegenheit. Ein geistreicher Physiologe machte die Bemerkung, daß der Versuch, die Gehirnfunktionen mittels eines EEGs verstehen zu wollen, dem Versuch gleiche, die Regeln eines Fußballspiels dadurch verstehen zu wollen, daß man Mikrofone an der Außenwand eines Stadions anbringt und das Johlen der Zuschauer aufzeichnet.

Die Daten, die man bisher Gehirnsektionen entnehmen konnte, sind ebenfalls sehr begrenzt. Dank der ultramodernen PET-(Positronen-Emissions-Tomographie)Technologie ist es heute nun möglich, eine intensive Gefühlsregung oder Wahrnehmung im Moment ihrer Entstehung graphisch wiederzugeben. Dies geschieht durch die Aufzeichnung der Muster, die während eines Denkvorgangs von radioaktiv markierten biochemischen Substanzen erzeugt werden. Aber diese Muster, wie anschaulich sie auch sein mögen, geben uns doch keinen Aufschluß über die Art des Gedankens. Es gibt darin keinen Unterschied zwischen Liebe und Haß, Gesundheit und Wahnsinn, ganz zu schweigen von einer Darstellung der unvorstellbaren Feinheit und außerordentlichen Vielfalt der Geist-Körper-Verbindungen.

Der einzig mögliche Zugang zu diesem Bereich ist der subjektive, und zwar von der Ebene des quantenmechanischen Körpers aus. Hier geschieht der eigentliche Zaubertrick der Verwandlung von Geist in Materie. Wenn Sie im Wald vor einer Schlange zurückschrecken, so beginnt Ihr Herz heftig zu schlagen. Ihr Mund wird trocken (Ihnen bleibt »die Spucke weg«), und Ihre Beine werden wackelig. In jenem Bruchteil einer Sekunde, bevor Sie zurückspringen, ist eine Verwandlung in Ihnen vorgegangen. Ihr nicht-materieller geistiger Impuls hat sich in Form von Adrenalinmolekülen materialisiert. Die Entscheidung, die dazu führt, geschieht subjektiv: Sie beschließen, Ihrem quantenmechanischen Körper eine Absicht mitzuteilen, die dann unverzüglich umgesetzt wird. Der Sprung zurück ist nicht die einzige Reaktionsmöglichkeit. Wenn Sie keine Angst vor Schlangen hätten, käme es zu keiner Adrenalinausschüttung; statt dessen würden vielleicht biochemische Stoffe erzeugt werden, die Entdeckerfreude aufkommen ließen, oder aber Sie würden völlig unberührt bleiben.

Dies liefert dem Maharishi-Ayurveda die Argumentationsbasis für die Annahme, daß uns unser Geist eine absolute Kontrolle über uns ermöglicht und uns in die Lage versetzt, jede beliebige Reaktion zu zeigen. Unser aller Unglück ist, daß wir nach äußerst starren Regeln programmiert sind; statt einer unbegrenzten steht uns nur eine begrenzte Anzahl von Reaktionsmöglichkeiten zur Verfügung. Dafür zahlen wir einen Preis. Die Geist-Körper-Verbindung ist nicht mehr unbelastet und natürlich; nach und nach häuft sich Streß an, und die negativen Signale des Geistes beginnen, die Zellen zu schädigen. Ein altes indisches Sprichwort sagt: »Wenn du wissen willst, wie deine Gedanken gestern waren, schau dir deinen heutigen Körper an. Wenn du wissen willst, wie dein Körper morgen aussehen wird, betrachte deine heutigen Gedanken.« Die meisten von uns würden diese Selbstprüfung entrüstet von sich weisen. Doch die eigentliche Medizin, die unserem Körper fehlt, ist eine Medizin für unser Bewußtsein.

QUANTENMEDIZIN

Sobald wir einmal wissen, daß unserem stofflichen ein quantenmechanischer Körper zugrunde liegt, werden Dinge verständlich, die vorher geheimnisvoll erschienen. Hier zwei interessante Fakten zum Thema Herzattacken. Fakt I: Die weitaus meisten Herzattacken ereignen sich am Montagmorgen um 9 Uhr. Fakt 2: Die Arbeitnehmer mit dem geringsten Risiko einer tödlichen Herzattacke sind zugleich diejenigen mit der größten Zufriedenheit am Arbeitsplatz.

Bringen wir diese beiden Fakten miteinander in Verbindung, so liegt die Vermutung nahe, daß hier irgendeine Art von geheimem Entscheidungsprozeß am Werk ist. Herzattacken kommen zwar angeblich aus heiterem Himmel, doch ist es anscheinend so, daß der Betroffene zumindest in einigen Fällen bewußt die Hand im Spiel hatte. Manche Menschen, die ihre Arbeit hassen, »kündigen« an dem bewußten Montagmorgen, indem sie eine Herzattacke bekommen; andere, die ihre Arbeit lieben, tun das nicht. (Wir lassen hier einmal die Frage beiseite, warum sich die ersteren nicht ein weniger spektakuläres Ventil für ihre Frustration suchen.) Der Schulmedizin ist kein Mechanismus bekannt, der es erlauben würde, willentlich eine Herzattacke hervorzurufen. Aus der Sicht des Ayurveda ist das Herz jedoch Abbild derselben Impulse, die unseren Geist erfüllen, wozu auch alle Enttäuschungen, Ängste und Frustrationen gehören. Auf der quantenmechanischen Ebene sind Geist und Körper eins. Es ist daher nicht verwunderlich, wenn eine tiefsitzende, schwelende Unzufriedenheit ihren entsprechenden körperlichen Ausdruck in einer Herzattacke findet. Ja, jede Unzufriedenheit muß sich sogar körperlich ausdrücken, weil sich alle Gedanken biochemisch umsetzen. Wenn wir glücklich sind, wandern Substanzen aus unserem Gehirn durch den ganzen Körper und berichten jeder Zelle von unserem Glück. Diese Botschaft wiederum stimmt auch die Zellen froh; das heißt, sie beginnen durch eine Veränderung ihrer eigenen chemischen Prozesse besser zu funktionieren. Sind wir dagegen niedergeschlagen, so geschieht genau das Gegenteil: Auch unsere Traurigkeit wird jeder Zelle biochemisch mitgeteilt, was dann beispielsweise dazu führt, daß einem »das Herz weh tut« und unser Immunsystem geschwächt wird. Was immer wir denken und tun, hat seinen Ursprung innerhalb des quantenmechanischen Körpers und steigt dann wie sich vergrößernde Blasen an die Oberfläche des Lebens auf.

Sie haben möglicherweise von Experimenten gehört, in denen hypnotisierte Versuchspersonen durch die Macht der Suggestion ihre Hand wärmer werden und rote Flecken oder sogar Pusteln auf ihrer Haut auftreten lassen können. Dieser Mechanismus ist nicht auf die Hypnose beschränkt. Wir tun dies ständig, nur haben wir normalerweise keine willentliche Kontrolle darüber. Das Opfer einer Herzattacke wäre sicher schockiert, wenn man es darüber aufklären würde, daß es die Attacke selbst ausgelöst hat. Das eigentlich Aufregende daran ist jedoch, daß wir enorme, brachliegende Fähigkeiten besitzen. Statt unbewußt eine Krankheit entstehen zu lassen, könnten wir auch bewußt Gesundheit erzeugen.

Gerald R. wußte als Arzt genau, wie krank er war. Nachdem er 25 Jahre lang in Boston als Internist gearbeitet hatte, hatte man bei ihm mit Fünfzig Leukämie, also Blutkrebs, festgestellt. Gerald spürte seit diesem Moment eine wachsende Panik; er war geradezu besessen von seinem Zustand. Was die allnächtliche Lektüre medizinischer Fachzeitschriften erbrachte, war jedoch wenig ermutigend. Patienten mit seiner speziellen Form von Blutkrebs, sogenannter chronischer myeloischer Leukose, haben eine Lebenserwartung von etwa drei Jahren nach der ersten Diagnose, mit etwas Glück manchmal auch vier.

Es war noch früh. Gerald spürte außer einer ungewohnten Müdigkeit keine Veränderung seines Zustands, aber der Wert seiner weißen Blutkörperchen war auf über 40000 gestiegen, über das Vierfache des Normalwerts. Ein führendes New Yorker Krebsinstitut hatte ihm nahegelegt, einige neue, noch unerprobte Krebsmittel auszuprobieren, doch dies war mit unbekannten Risiken verbunden, ohne daß es irgendeine Garantie gab, daß sie sein Leben verlängern würden. Gerald hatte daher beschlossen zu warten, obwohl die Tatsache, daß er ohne Behandlung war, ihn ängstigte. Mehrere Krebsspezialisten hatten ihm dieselbe Auskunft gegeben: Sobald sein Leukozytenwert 50000 übersteigen würde, müßte etwas getan werden. Nachts lag Gerald mit dem Gedanken an diese Zahl wach; es war eine Grenze, vor deren Überschreiten es ihm graute.

Dann kam er zu uns, weil er von Krebsfällen gelesen hatte, bei denen sich dank Maharishi-Ayurveda eine Besserung eingestellt hatte. Geralds Haltung war zunächst sehr reserviert, und seine anfänglichen Fragen verrieten seine beträchtliche Sorge darüber, worauf er sich einließ.

»Wie gehen Sie bei der Behandlung chronischer myeloischer Leukose vor?« fragte er sofort.

»Das hier ist keine Krebsklinik«, antwortete ich ihm. »Alle unsere Schwerkranken beginnen grundsätzlich mit derselben Behandlung.«

Das war ein Schock für ihn, denn seiner Meinung nach bedurfte jede Krebsart ihrer eigenen, speziell auf sie abgestimmten, intensiven Behandlung. Im Maharishi-Ayurveda folgen wir einer anderen Logik. Unser Ziel ist es, jene Ebene vollkommener Ausgewogenheit erreichbar zu machen, die in jedem Patienten vorhanden ist, ungeachtet der Schwere seiner Erkrankung. Die Erfahrung dieser Ebene weckt die ihm innewohnenden Heilkräfte.

»Was wir wollen, ist, Ihr Bewußtsein auf eine Ebene größerer Gesundheit zurückzuführen, von wo aus diese Krankheit nicht mehr so bedrohlich wirkt. Und schließlich möchten wir sogar, daß Sie jene Ebene finden, wo sie nicht einmal mehr existiert.«

Hier protestierte Gerald: »Aber sie ist doch da, sie ist real. Wollen Sie, daß ich davor die Augen verschließe?«

»Nein«, sagte ich.

»Wenn ich in Panik gerate, so ist es die Leukämie, die mich soweit bringt«, fügte er, zunehmend erregt, hinzu. Er hatte sich seit seiner vernichtenden Diagnose verzweifelt bemüht, die Fassung zu bewahren. Die Aussicht, seine starre, angsterfüllte Haltung aufgeben zu müssen, war für ihn fast noch erschreckender als seine Krankheit selbst.

Ich beruhigte ihn. Andere Behandlungsweisen, sowohl ayurvedische als auch schulmedizinische, stünden ihm jederzeit zur Verfügung. Ich würde mit seinem behandelnden Arzt und anderen führenden Krebsspezialisten aus Boston in Verbindung bleiben. Ohne eine Behandlung seines inneren Selbst würde meiner Ansicht nach jedoch jede äußere medikamentöse oder strahlentherapeutische Behandlung zu kurz greifen. Bei einer schweren oder gar lebensbedrohlichen Krankheit kann in verschiedenen Schichten ein Ungleichgewicht entstanden sein, das jene Tiefen der Gesundheit überlagert. Jede Schicht ist wie eine Maske, die das Selbst vor sich selbst verbirgt – manche Menschen ahnen ihr ganzes Leben lang nicht, daß es einen quantenmechanischen Körper gibt. Vollkommene Gesundheit ist eine Realität dieser tiefsten Ebene, und sie wartet nur darauf, daß wir sie an die Oberfläche des Lebens bringen.

Der Anfang der Vollkommenheit, so sagen wir unseren Patienten immer wieder, liegt im Loslassen der Unvollkommenheit. Hierfür hat uns die ayurvedische Tradition zahlreiche körperliche wie auch geistige Techniken überliefert, die der Arzt nur anzuwenden braucht. »Wenn Sie die Maske der Krankheit durchschauen und Ihr inneres Selbst wahrnehmen können, und sei es auch nur für wenige Minuten am Tag, so werden Sie einen Riesenschritt auf Ihre Genesung zu tun«, versprach ich Gerald. »Niemand kann Ihnen eine Heilung garantieren, aber die ayurvedische Medizin ist stichhaltig, und sie funktioniert.«

Gerald nahm das, was ich sagte, mit einer Mischung aus Hoffnung und Skepsis auf. Ich bin mir immer sehr bewußt, wie verletzbar Patienten in solch einer Situation sind. Sie sind für Angst- und Schuldgefühle äußerst anfällig. Sie fragen sich ohnehin insgeheim, ob sie ihre Krankheit nicht verdienen und sie unabsichtlich verursacht haben. Sie machen sich Vorwürfe, daß sie nicht bewußter gegessen, ihren Arzt nicht häufiger aufgesucht und nicht gesünder gelebt haben. Sie hadern mit dem Schicksal und flehen es zugleich an, ihnen noch eine Chance zu geben.

All diese Seelenqual ist unnötig. Es ist einfach so, daß jede Krankheit auch eine kranke Wirklichkeit hervorbringt; je schwerer die Krankheit, desto verzerrter ist dann auch unser Weltbild. Denn jeder, der lebensbedrohlich erkrankt ist, wird vor allem von einem Gefühl beherrscht: dem Gefühl der Angst. Doch das macht die Situation nicht unabänderlich. Furcht prägt unser Weltbild, wenn wir in einer kranken Wirklichkeit leben. Wenn wir diese in uns entstandene Wirklichkeit aber verändern, so verwandelt sich auch unsere Wahrnehmung.

»Sie können morgen mit der Behandlung beginnen«, sagte ich zu Gerald nach unserem Gespräch und einer gründlichen Untersuchung. »Sie brauchen nicht daran zu glauben – alles, was Sie tun müssen, ist, es zu erfahren.«

Er schwieg eine Weile. »Ich werde alles versuchen«, antwortete er schließlich leise. Er begab sich direkt in die Maharishi-Ayurveda-Klinik in Lancaster, 80 Kilometer westlich von Boston.

In Anbetracht Geralds bisheriger Krankengeschichte war es

nicht überraschend, daß der erste Bluttest sehr schlecht ausfiel. Der Leukozytenwert war auf 52000 gestiegen, weit über jene Grenze hinaus, jenseits derer es keine Umkehr zu geben schien.

Nach seiner Ankunft in der Klinik wurde Gerald sofort der im vorigen Kapitel beschriebenen Behandlung zur Ausbalancierung der Doshas unterzogen. Seine Dosha-Diagnose ergab, daß er ein Pitta-Typ war, und so bekam er eine Pitta-beruhigende Diät: Salate, frisches Obst, Reis, Brot und kalte Speisen mit wenig Fett und Salz, dafür aber reichlich Süßspeisen, um Pitta zu verringern.

Gleich am nächsten Morgen erlernte er die Technik der Transzendentalen Meditation und begann, zweimal am Tag – jeweils vor dem Frühstück und vor dem Abendessen – zu meditieren. Als Arzt war Gerald über seine Umgebung erstaunt. Die Klinik in Lancaster befindet sich in einem stattlichen Herrenhaus mit 65 Zimmern inmitten eines weitläufigen Parkgeländes; nichts erinnert an eine normale Klinik. Zu Beginn des Jahrhunderts von einer berühmten Bostoner Bankiersfamilie als luxuriöses Frühjahrsdomizil errichtet, wirkt die ganze Anlage auch heute noch wie ein Familiensitz. Es liegt keine Düsternis in der Luft, keine aseptischen Gerüche, und es gibt keine sterilen Intensivstationen mit ständig piepsenden Monitoren.

Der Ayurveda legt zur Förderung des Gesundungsprozesses Wert auf eine natürliche, schöne Umgebung. Die fünf Sinne leiten ständig Signale an den quantenmechanischen Körper weiter, und jedes Signal wird von uns umgewandelt und als Erinnerungsbild, Klang, Geruch usw. gespeichert. Wenn uns das, was die Sinne sehen, hören, fühlen, riechen und schmecken, an Krankheit erinnert, so wird etwas Ungesundes aufgenommen. Wie können wir unsere Wirklichkeit erneuern, wenn wir unterschwellig ständig an unsere alte erinnert werden?

Gerald liebte seine morgendlichen Spaziergänge unter den alten Buchen des Parks, aber er war auch etwas irritiert. »Ich sehe hier nichts, was etwas mit Medizin zu tun hat«, protestierte er von Zeit zu Zeit. Ich bat ihn dann einfach, seine Behandlung fortzusetzen.

Die wirksamste Therapie, der sich Gerald unterzog, war das sogenannte *panchakarma*, ein Sanskritbegriff, der soviel bedeutet wie

»fünf Handlungen« oder »fünf Behandlungen«. Panchakarma ist eine umfassende Behandlung zur Reinigung des Körpers von Toxinen, die sich infolge von Krankheit und falscher Ernährung im Körper festgesetzt haben. Aus der Schulmedizin wissen wir, daß sich ständig Gift- und Schlackenstoffe in allen Zellen unseres Körpers ansammeln. Es wird vermutet, daß diese Abfallstoffe maßgeblich für Fehlfunktionen der DNS verantwortlich sind (die Ursache der meisten Krebsarten). Mit großer Wahrscheinlichkeit beeinträchtigen sie die Zellfunktion, was zu einem beschleunigten Alterungsprozeß führt und unsere Zellen schließlich sogar abtötet. Noch nicht genau erforscht ist, wie diese Stoffe in die Zellen gelangen. Dem Ayurveda zufolge werden sie von unausgewogenen Doshas zurückgelassen – ein sichtbarer Hinweis darauf, daß ein unsichtbarer Prozeß falsch abgelaufen ist.

Die ayurvedischen Weisen nannten alle solche toxischen Rückstände *ama* und stellten sich darunter eine übelriechende, klebrige, schädliche Substanz vor, die so gründlich wie nur möglich aus dem Körper zu entfernen war. Einige Reinigungsmaßnahmen können auch zu Hause durchgeführt werden (darüber später noch mehr), doch eine umfassende Panchakarma-Behandlung bedarf zuvor einer genauen Diagnose und kann nur stationär durchgeführt werden, da sie mit komplizierten und arbeitsaufwendigen Maßnahmen und Techniken verbunden ist, die nur unter ärztlicher Anleitung durchgeführt werden können.

Die Entgiftung durch Panchakarma erfolgt dadurch, daß die im Übermaß vorhandenen Doshas und damit das ihnen anhaftende Ama über die Ausscheidungskanäle – Schweißdrüsen, Harnwege, Darm usw. – aus dem Körper ausgeschieden werden. Für den Patienten sind die damit verbundenen täglichen Massagen und Ölbäder äußerst angenehm und entspannend, die zusammen mit den anderen Maßnahmen eine Reinigung und Wiederherstellung jener Kanäle bewirken, die Heilungssignale an unsere Zellen senden. Um es noch einmal zu sagen: Panchakarma ist keine spezifische Krebstherapie, sondern eine Behandlung, der alle Patienten unterzogen werden, um ihr Gleichgewicht wiederherzustellen.

Nach ein bis zwei Tagen spürte Gerald, wie die in ihm angesammelte Müdigkeit verflog, so als ob Jahre der Erschöpfung sich einfach auflösten. Normalerweise ein reger und hochmotivierter Mensch, entdeckte er, daß er dringend viele Stunden der Ruhe und des Schlafes brauchte. Als er das erwähnte, sagte ich ihm, daß das Loslassen von Müdigkeit gleichbedeutend sei mit dem Loslassen von Streß. Müdigkeit ist der Schatten von über lange Jahre angehäuftem Streß. Als Arzt war Gerald hinlänglich mit dem Phänomen Streß vertraut, aber es widersprach seinem medizinischen Wissen, daß Streß zu Leukämie führen kann.

»Das behaupte ich auch nicht«, entgegnete ich ihm. »Ihren Zellen ist die Erinnerung an Streß eingeprägt, und mit der Zeit verlieren sie ihre Fähigkeit, perfekt zu funktionieren. Intelligenzkreise können wie elektrische Schaltkreise unterbrochen werden. Die Gesamtintelligenz der Zelle wird geschwächt, und schließlich bricht eine Krankheit aus. In Ihrem Fall war es eine Leukämie, es hätten aber auch tausenderlei andere Störungen sein können. Was ich damit sagen will, ist, daß für alle derselbe Heilungsansatz gilt – die Wiederherstellung der körpereigenen Intelligenz.«

Eine Woche nach seiner Ankunft war Gerald drauf und dran, die Klinik wieder zu verlassen, weil er noch immer der Ansicht war, daß »nichts Medizinisches« mit ihm geschah. Als er sich sein Entlassungspapier holte, wurden ihm die Werte seines am Morgen gemachten Bluttests mitgeteilt.

»Nach dem Laborbericht ist Ihr Leukozytenwert um über 40 Prozent zurückgegangen – von 52000 auf 28000«, sagte ich zu ihm. Er konnte es nicht fassen. Das war eine geradezu überwältigende Verbesserung. Hätte Gerald sich in herkömmlicher Weise chemotherapeutisch behandeln lassen, so wäre eine Verringerung um 10000 bereits als Erfolg gewertet worden. Diesen »Erfolg« hätte er jedoch mit bedrückenden Wochen der Übelkeit und körperlicher Schwächung, mit Depressionen, Haarausfall und all den üblichen Nebenwirkungen einer solchen Behandlung bezahlen müssen.

Hier war es zu keinen Nebenwirkungen gekommen, und er fühlte sich zum erstenmal seit der Leukämie-Diagnose wieder wohl, ja so gesund wie schon seit Jahren nicht mehr. Ein weiteres ernstes Symptom seiner Krankheit war vollständig verschwunden: die abnorm hohe Anzahl unreifer Lymphozyten, die das Rückenmark leukämischer Patienten erzeugt. Eine Blutprobe am ersten Tag seines Klinikaufenthalts hatte einen hohen Wert dieser kranken Zellen ergeben; jetzt waren keine mehr vorhanden.

»Könnte das nicht auch ein Irrtum sein?« fragte er. »Bei einem Bluttest kann man ja Fehler machen.« Aber er wußte, daß solche Routinetests hochgradig präzise sind, schließlich hatte er sich selbst täglich in seiner Praxis darauf verlassen.

DIE MACHT DES BEWUSSTSEINS

Meinem Empfinden nach war das Geheimnis von Geralds Genesung ein Bewußtseinswandel. Er hatte erfahren, daß im Loslassen mehr Selbstbeherrschung liegt als in dem Versuch, seinen Körper gewaltsam zu etwas zu zwingen. Während der Zeit der Nachbetreuung wurde dies mehr als deutlich. Nachdem er die Klinik verlassen hatte, kehrte Gerald zu seiner Arbeit zurück und unterwarf sich den üblichen schweren Belastungen – mit dem Erfolg, daß sein Leukozytenwert drei Monate später bei einem Nachtest in Lancaster wieder auf 45000 angestiegen war. Er war sehr niedergeschlagen, doch brachte die ayurvedische Behandlung die Werte binnen kurzem wieder zum Sinken. Erleichtert und dankbar kehrte er nach Hause zurück, nur um sich noch verbissener in seine Arbeit zu stürzen. So war es auch kein Wunder, daß die Werte erneut stiegen.

Als er für eine weitere Woche zur Behandlung kam, fragte ich ihn etwas, womit er nicht gerechnet hatte: »Da ist viel Schmerz, wenn Sie nach Hause zurückkehren, nicht wahr?«

»Ich bin eben krank.«

»Ich meine noch etwas mehr als das reine Kranksein.«

Er sagte nichts. Es schien höchst aufschlußreich, daß die Leukämie-Diagnose gerade vier Monate, nachdem seine Frau Mitte Fünfzig an einem Herzanfall gestorben war, gestellt wurde. Gerald vermißte seine Frau sehr. Außerdem gab es öfter Reibereien zwischen ihm und seiner geschiedenen Tochter, die er bei sich aufgenommen hatte und die ihm den Haushalt führte.

Was er erkennen mußte, war, daß sein Zustand etwas mit seinem Bewußtsein zu tun hatte. Seine Gedanken beeinflußten sehr stark seinen Körper. »Stellen Sie sich vor, daß Ihr Bewußtsein wie eine Geigensaite ist. Diese Saite kann jeden beliebigen Ton hervorbringen, je nachdem, wo Sie Ihren Finger auflegen. Im Moment sind Sie ständig dabei, sich zu vergreifen; davon zeugen nicht nur Ihre wildgewordenen Leukozytenwerte, sondern auch Ihre Stimmungen, Ihre nervöse Erwartungshaltung, Ihre Schmerzen und Ihr Kummer.

In der Schulmedizin zählen nur die Noten. Unmäßig viel Zeit wird auf die bloße Vernichtung entarteter Leukozyten verwendet. Aber Sie könnten einfach einmal die Position Ihrer Finger auf der Saite wechseln. Dann würden Sie nichts zerstören, sondern eine neue Wirklichkeit mit völlig neuen Klängen erzeugen. Das ist es doch, was wir die ganze Zeit getan haben. Denken Sie einmal darüber nach.«

Gerald gab zu, daß er sich mit jedem Tag in der Klinik wohler und mit jedem Tag zu Hause schlechter fühlte. »Sie wollen aber doch nicht etwa behaupten, daß die Leukämie zurückgeht, wenn ich mich wohlfühle. Oder doch?«

»Wenn Wohlbefinden ein Teil der Heilung ist, dann ist meine Antwort: ja. Das hat nichts mit irgendwelchen Stimmungen zu tun. Unsere Stimmungen schwanken im Verlauf einer schweren Krankheit – man kann sich einmal unbeschwert und dann wieder niedergeschlagen fühlen, hoffnungsvoll und ohne Vorwarnung hoffungslos.

Diesen unvorhersehbaren Schwankungen liegt die Quantenebene unseres Bewußtseins zugrunde, auf der eine Störung aufgetreten ist. Veränderungen auf dieser Bewußtseinsebene verursachen den Stimmungsumschlag. Wenn die tiefe Ebene unserer Bewußtheit schwankt, so richten sich unsere Stimmungen danach aus. Wir haben dann auch körperliche Veränderungen zu erwarten; dafür sind die Schwankungen Ihrer Leukozytenwerte ein gutes Beispiel. Ein Wandel im Bewußtsein ist von größter Bedeutung. Als Arzt kann man nicht nur die eine Seite sehen und sagen, daß negative Gefühle das Immunsystem beeinträchtigen. Es muß auch wahr sein, daß positive Bewußtseinszustände zu einer Heilung beitragen.«

Gerald fand, daß das vernünftig klang. Seinem schulmedizinisch geprägten Weltbild, das ihn zu größter Skepsis gegenüber der Annahme veranlaßte, dem Bewußtsein sei für den Heilungsprozeß ein größeres Gewicht beizumessen als dem Körper, stand nunmehr seine eigene lebendige Erfahrung entgegen.

Unser Gespräch fand vor mehreren Monaten statt. Gerald nutzt auch weiterhin die hier skizzierten Erfahrungen, aber er braucht Zeit, um seine alten Denkschablonen völlig aufzugeben. Ich meine jedoch, daß er sich grundlegend verändert hat. Sein Leben ist heute weniger Lebenskampf; einer seiner zentralen Glaubenssätze, daß man mit jedem Atom seiner selbst ums Überleben kämpfen muß, hat an Starre verloren. Er beginnt, die Möglichkeit einer sehr tiefen ayurvedischen Wahrheit zu akzeptieren: Wenn wir die Unvollkommenheit loslassen können, wird die Vollkommenheit von selbst erscheinen.

2 DER HEILUNG DEN WEG BAHNEN

Die Wiedervereinigung mit unserem quantenmechanischen Körper ist der Hauptzweck des Maharishi-Ayurveda. Wir nennen diesen Vorgang Quantenheilung. Nach Ansicht der Schulmedizin ist unser Selbstheilungspotential fast unerschöpflich, nach Ansicht der Quantenmedizin ist es unerschöpflich. Der Intelligenzfluß, der von der Quantenebene heraufperlt, kann auf unendlich vielfältige Weise gelenkt werden und jedes beliebige Ergebnis im Körper hervorrufen, einschließlich der Heilung schwerer, ja lebensbedrohlicher Krankheiten und sogar der Umkehrung des Alterungsprozesses.

Dies alles soll auf den folgenden Seiten genauer ausgeführt werden, die die wichtigsten Heilverfahren des Maharishi-Ayurveda zum Thema haben. Es sind alles medizinische Techniken, die in unseren Kliniken Anwendung finden; sie haben jedoch fast alle Varianten, die man auch zu Hause durchführen kann und die Sie entweder diesem Buch entnehmen oder in wenigen Stunden bei einem in Maharishi-Ayurveda ausgebildeten Arzt erlernen können. Der Begriff »Heilverfahren« ist hier im weitesten Sinne zu verstehen; es sind Verfahren, die jedem zugute kommen, der sich dem Zustand vollkommener Gesundheit nähern will, nicht nur dem Kranken. Die acht besprochenen Techniken sind:

Panchakarma
Transzendentale Meditation
Urklangtherapie
Pulsdiagnose
Marma-Therapie
Bliss-Technik
Aroma-Therapie
Gandharva-Musiktherapie

PANCHAKARMA – DIE REINIGUNG DES KÖRPERS

Stoffliche Unreinheiten sind in großem Umfang dafür verantwortlich, daß unser vollkommenes Selbst vor uns verborgen bleibt; sie sind der Staub auf dem Spiegel. Aber solche Unreinheiten liegen viel tiefer als Staub und haben nicht nur Auswirkungen auf den Körper: Unsere ganze Psyche kann durch Schmerzen und Leiden verwandelt werden. Der Wert des Panchakarma liegt darin, daß es eine systematische Behandlung zur Lösung und Ausscheidung von Toxinen aus jeder einzelnen Zelle darstellt, wobei es sich der natürlichen Ausscheidungsorgane bedient – Schweißdrüsen, Blutgefäße, Harnwege und Darm.

Die alten Texte empfehlen Panchakarma zu jedem Wechsel der Jahreszeit, um Jahr für Jahr die eigene Ausgewogenheit aufrechtzuerhalten. Trotz eines hohen Gesundheitsstandards, der den meisten von uns die meiste Zeit ein Gefühl des Wohlbefindens sichert, altern auch die Menschen in den Industrienationen nicht ohne Gebrechen. Tatsächlich sind nur bei weniger als einem Drittel aller älteren Menschen kein Krebs, keine Herzkrankheit, Arthritis oder Diabetes, kein Knochenschwund und auch keine anderen degenerativen Erkrankungen zu verzeichnen, die »normalerweise« mit dem Älterwerden einhergehen. Keine dieser Krankheiten hat eine akute Ursache; aus der Sicht der Schulmedizin handelt es sich bei ihnen um komplexe Störungen, die sich ein Leben lang ansammeln – eine Art Schneeballeffekt. Eine einzelne Schneeflocke ergibt keinen Schneeball, aber der Schneeball wird mit jeder Flocke größer. Auf den Körper übertragen, sind die Schneeflocken winzige Teilchen von Ama; vollkommene Ausgewogenheit läßt sich nicht erreichen, solange diese Teilchen nicht ebenso rasch ausgeschieden werden, wie sie sich ansammeln.

Die Schritte des Panchakarma

Obgleich es wörtlich mit »fünf (Be)Handlungen« zu übersetzen ist, beinhaltet Panchakarma tatsächlich eine komplexe Abfolge von Schritten, die sich nach dem Konstitutionstyp richten und einer sorgfältigen einwöchigen Betreuung bedürfen. Es wurden etwa fünf

Jahre benötigt, um diese Verfahren genau zu beschreiben und sie der westlichen Lebensart anzupassen. Wie in anderen Bereichen des traditionellen Ayurveda, bestanden in Indien auch bezüglich des Panchakarma die unterschiedlichsten Auffassungen und Bräuche. Im Maharishi-Ayurveda durchläuft das Panchakarma folgende Schritte:

Innere Ölbehandlung (sneehana). Der Patient nimmt mehrere Tage lang am Morgen Ghee (geklärte Butter) oder ein anderes medizinisches Öl ein, um die Doshas aufzuweichen und die Verdauung zu reduzieren. (Im Ayurveda heißt dies, daß kurzfristig Agni, das Verdauungsfeuer, gelöscht wird.)

Abführen (virechana). Ein Abführmittel wird eingenommen, um den Verdauungstrakt zu entleeren, wodurch Pitta und Agni weiter reduziert werden.

Ölmassage (abhyanga). Der Patient erhält eine Ganzkörpermassage, wie man sie auch zu Hause durchführen kann. Sie wird jedoch intensiver durchgeführt und dauert doppelt so lange. Das Öl ist je nach Dosha-Typ mit bestimmten Kräuteressenzen angereichert. Stärkerer Druck wird angewandt, um die Dosha-Überschüsse zu lockern und den Ausscheidungsorganen zuzuführen. Es gibt eine weitere Ölbehandlung – das sogenannte *shirodara* –, bei der ein Strahl warmen, mit Essenzen angereicherten Sesamöls auf die Stirn fließt, der das Nervensystem sehr tief entspannt und Prana Vata ausbalanciert, jenes Vata-Subdosha, das hauptsächlich für die Gehirnfunktionen zuständig ist.

Schwitzbehandlungen (swedana). Kräuterdampfbäder öffnen die Poren und helfen, den Körper über die Schweißdrüsen von Unreinheiten zu befreien.

Einläufe (basti). Medizinische Einläufe, von denen der Ayurveda weit über 100 kennt, werden zu verschiedenen Zwecken angewandt.

Im allgemeinen wird diese Behandlung durchgeführt, um die gelösten Doshas über den Verdauungstrakt auszuspülen.

Nasentherapien (nasya). Durch das Inhalieren von medizinischen Ölen oder Kräuterdämpfen werden die Nebenhöhlen von überschüssigem Schleim und Kapha befreit, das sich leicht im Kopf ansammelt.

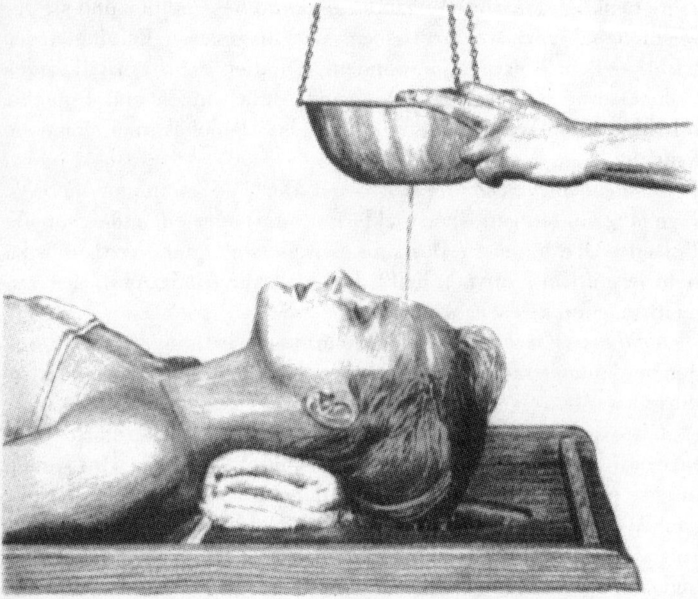

Shirodara beruhigt das Nervensystem zutiefst.

Die Wirksamkeit einer Panchakarma-Behandlung ist zu etwa 80 Prozent auf Basti, die medizinischen Einläufe, zurückzuführen. Der Hauptsitz von Vata ist ja der Dickdarm, und die Beseitigung von überschüssigem Vata ist für die Ausbalancierung der anderen Doshas äußerst wichtig. In der ayurvedischen Praxis wurde die Erfahrung gemacht, daß Störungen von Vata:Pitta:Kapha im Verhältnis von 4:2:1 auftreten. Es ist daher unverzichtbar, Vata auszubalancieren, um der großen Mehrheit von Krankheiten im Anfangsstadium vorzubeugen. (Hier ist anzumerken, daß die Warmwassereinläufe, die zu Hause gemacht werden können, aus ayurvedischer Sicht nur von geringem Wert sind, da hier nicht nur die entsprechenden Kräuterzusätze fehlen, sondern auch keine Vorbehandlung durchgeführt wird, während derer die Unreinheiten aufgeweicht, aus den Geweben gelöst und zu den Ausscheidungsorganen transportiert werden. Außerhalb einer Panchakarma-Kur können wir keine Einläufe oder Zäpfchen empfehlen. Wenn sie unbedacht oder zu häufig angewandt werden, können Einläufe zu Hause sogar eher schaden.)

Die Beschreibung der einzelnen Schritte kann kaum vermitteln, wie wirksam Panchakarma ist. Das sollen die beiden folgenden Fallstudien tun:

Daniel F., ein Bauunternehmer Ende Vierzig, bekam vor etwa zehn Jahren häufig Kreuzschmerzen. Wie so oft, konnten die Ärzte keine eindeutige Ursache feststellen. Obwohl die Kreuzschmerzen für Daniel eine quälende Wirklichkeit waren, erbrachten die Röntgenaufnahmen keine Hinweise. Nach zahlreichen Untersuchungen bei verschiedenen Fachärzten begann er, sich mit seinen unerklärlichen Schmerzen abzufinden. Wurden sie zu stark, so blieb er im Bett und nahm muskelentspannende Medikamente, bis der Anfall vorüber war.

Ein in Maharishi-Ayurveda ausgebildeter Arzt untersuchte Daniel und eröffnete ihm, daß seine Schmerzen von einer Störung von Apana Vata herrührten, jenes Vata-Subdoshas, das für den unteren Rückenbereich und den Verdauungstrakt zuständig ist. Er verordnete ihm eine Vata-beruhigende Behandlung sowie eine zweiwöchige stationäre Panchakarma-Kur. (Im Normalfall sind einwöchige Kuren ausreichend, doch können im Bedarfsfall auch zweiwöchige Kuren empfohlen werden.) Nach Abschluß der Behandlung waren die Schmerzen zum erstenmal seit zehn Jahren völlig verschwunden. Seit diesem Zeitpunkt hat Daniel so gut wie keine Schmerzen mehr gehabt. Er kommt regelmäßig zu einer Panchakarma-Kur, um einem Rückfall in seinen alten Zustand vorzubeugen.

Als Cheryl L. mit 17 Jahren Akne bekam, fiel dies nicht aus dem Rahmen der üblichen Pubertätsprobleme; das war aber eindeutig der Fall, als sie mit Einunddreißig immer noch darunter litt. Glücklicherweise waren ihre Ausschläge relativ leicht und entstellten sie nicht auf Dauer. Dennoch war ein Leben mit chronischer Akne für sie eine Belastung; im Umgang mit anderen war sie sehr gehemmt. Wie so oft, waren Gelegenheitskuren von geringem Nutzen gewesen;

die Einschränkung des Verbrauchs von Schokolade, Tomaten, in Öl gebackenen und sonstigen bei Akne verbotenen Speisen hatte so gut wie keine Besserung erbracht.

Als sie Mitte Zwanzig war, verschrieb ihr ein Hautarzt Tetracyclin, ein bei Akne im Erwachsenenalter häufig angewandtes Antibiotikum. Es kam bei ihr zu gelegentlichen, geringfügigen Nebenwirkungen wie Magenverstimmungen und Überempfindlichkeit gegen helles Sonnenlicht. Sie waren, so meinte ihr Arzt, ein geringer Preis für die Beseitigung der Krankheit. Allerdings war die Aussicht auf eine dauernde Einnahme von Antibiotika für Cheryl wenig erfreulich. Als sie daher eine Maharishi-Ayurveda-Klinik aufsuchte, wurde bei ihr eine Pitta-Störung festgestellt. (Eines der fünf Pitta-Subdoshas – Bhrajaka Pitta – verleiht der Haut im ausgewogenen Zustand einen sanften Schimmer; andernfalls ist es häufig die Ursache von Hautproblemen.)

Die Behandlung war denkbar einfach: Cheryl bekam eine Pitta-beruhigende Diät verordnet und erhielt eine Einführung in die ayurvedische Tagesroutine. Dazu machte sie eine einwöchige Panchakarma-Kur. Ihre Akne wurde geringer und verschwand binnen sechs Monaten ganz. Seitdem ist Cheryl beschwerdefrei, obwohl sie keine Medikamente mehr einnimmt.

Wo und wann wird eine Panchakarma-Kur durchgeführt?

Im heutigen Indien ist eine Panchakarma-Kur zum Jahreszeitenwechsel ein Privileg der Reichen und der wenigen, die der ayurvedischen Tradition treugeblieben sind. Die klassischen Texte weisen jedoch deutlich darauf hin, daß jeder Panchakarma braucht. Dreimal im Jahr ist ideal, am besten zu Frühlings-, Herbst- und Winteranfang. Es ist sinnvoll, die Behandlung stationär durchführen zu lassen, da der Körper eine tiefere Ruhe erhält, wenn keine täglichen Fahrten von und zur Klinik erforderlich sind. Aber auch eine ambulante Behandlung ist sehr wirkungsvoll. Wenn Sie gesund sind, sollten Sie versuchen, mindestens eine Woche lang eine solche Reinigungskur durchzuführen. Kranke sollten Panchakarma nur unter Aufsicht eines in Maharishi-Ayurveda ausgebildeten Arztes vornehmen lassen. Auch Kinder unter zwölf Jahren sollten eine derartige Behandlung nur auf die ausdrückliche Empfehlung eines Arztes hin erhalten, wie sich überhaupt eine eingehende ärztliche Untersuchung und Beratung vor jeder Panchakarma-Kur dringend empfiehlt.

TRANSZENDENTALE MEDITATION – EINE TECHNIK DES »ÜBERSCHREITENS«

Unreinheiten in den Zellen haben ihre geistigen Gegenstücke: Furcht, Ärger, Gier, zwanghaftes Verhalten, Zweifel und andere negative Gefühle. Da sie auf der Quantenebene wirken, können sie für uns ebenso schädlich sein wie ein chemisches Gift. Wie wir bereits sehen konnten, verwandeln sich negative Einstellungen durch die Geist-Körper-Verbindung in chemische Giftstoffe, die sogenannten Streßhormone, auf die eine Reihe von Krankheiten zurückgeführt werden. Im Maharishi-Ayurveda werden diese negativen Tendenzen insgesamt als »geistiges Ama« bezeichnet, von dem der Geist gereinigt werden muß. – Aber wie?

Es ist nicht möglich, den Geist zu reinigen, indem man darüber nachdenkt. Ein zorniger Geist kann seinen Zorn nicht besiegen; Furcht kann nicht Herr über Furcht werden. Dazu bedarf es einer Technik, die über den Bereich hinausführt, in dem Furcht, Ärger und andere Formen von geistigem Ama den Ton angeben. Diese Technik heißt Meditation. Wenn sie richtig gelehrt und dementsprechend angewandt wird, erlaubt die Meditation, daß wir uns von allem gedanklichen und emotionalen Ama befreien. In unseren Kliniken empfehlen wir die Transzendentale Meditation (TM) als ein einfaches, natürliches Verfahren zum Erreichen dieses Ziels.

Der Begründer der TM, Maharishi Mahesh Yogi, hat, obwohl er selbst kein Arzt ist, einen prägenden Einfluß auf die amerikanische Medizin gehabt. Er verließ, nachdem er 14 Jahre lang das Leben eines Einsiedlers geführt hatte, 1957 den Himalaya und begab sich auf die Reise, um die Meditation in allen Teilen der Welt bekanntzumachen. Innerhalb eines Jahrzehnts hatte er mehr als einhundert Länder bereist, Länder, in denen das Wort »Meditation« zuvor völlig

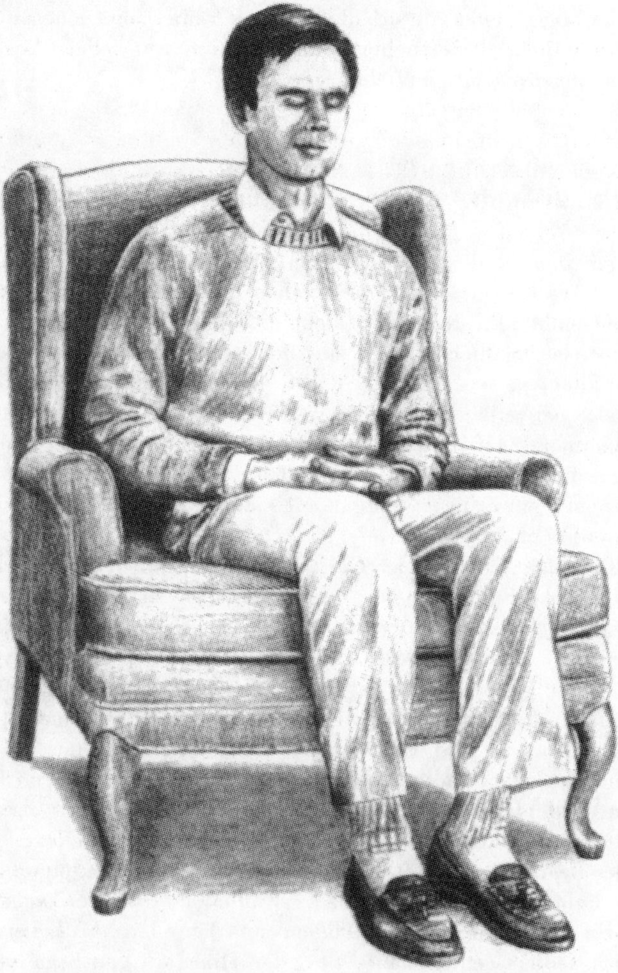

Für die Meditation unverzichtbar: eine bequeme Sitzgelegenheit.

unbekannt war, von der Technik selbst und ihren Hintergründen ganz zu schweigen. Bis Mitte der siebziger Jahre hatten weltweit bereits drei Millionen Menschen die TM erlernt, fast die Hälfte davon in Nordamerika.

Für die Meditation unverzichtbar: eine bequeme Sitzgelegenheit. Als junger Arzt in den siebziger Jahren fühlte ich mich sowohl aus persönlichen als auch aus beruflichen Gründen zur Meditation hingezogen. Persönlich versprach ich mir davon inneres Wachstum und geistige Entfaltung. Mein berufliches Interesse wurde durch umfassendes, von zahlreichen anderen Universitäten und Forschungszentren, wie Harvard, Yale, MIT, Stanford u.a., veröffentlichtes Forschungsmaterial geweckt, das belegte, daß diese Meditation nachweisbar positive Auswirkungen für den Meditierenden hatte. Etwa 6000 andere Ärzte in den USA haben ebenfalls TM gelernt; viele von ihnen verschreiben sie ihren Patienten.

Sobald die Geist-Körper-Verbindung als feststehende Tatsache akzeptiert wurde – ein Durchbruch, zu dem die TM einen entscheidenden Beitrag geleistet hat –, kamen auch andere Techniken auf den Markt. Einige von ihnen sind harmlose Imitate, die von unternehmungslustigen Geist-Körper-Bastlern ausgetüftelt wurden; andere sind Variationen bewährter Techniken. Keine von ihnen, so meine ich, hat jedoch die innere Kraft des Originals. Ich habe aus diesem Grund einen beträchtlichen Teil meiner Zeit als Arzt dem Studium des tradierten indischen Wissens gewidmet, dem die TM und die übrigen ihr verwandten Techniken des Ayurveda entstammen.

Warum nennt man sie *Transzendentale* Meditation? Es ist ein zentraler Begriff, der dennoch häufig nicht verstanden wird. Transzendieren kommt von dem lateinischen Wort transcendere und bedeutet wörtlich übersetzt: über etwas hinausgehen. Während der Transzendentalen Meditation lernt der Geist, über den Gedankenlärm hinauszugehen in einen Bereich, der still, friedlich und unversehrt ist. Er übersteigt das Kranksein, um das Gesundsein zu finden. Obwohl Meditation während vieler Jahrhunderte von einer Aura des Geheimnisvollen umgeben war, besteht ihr ganzes Geheimnis in diesem äußerst praktischen und leicht nachvollziehbaren Vorgang des Transzendierens, dem sichersten Mittel, dem Heilungsprozeß im Bewußtsein einen Weg zu bahnen.

Der Geist heilt sich selbst

In Matthias' Leben vollzog sich während seines letzten Schuljahrs eine tiefgreifende Veränderung: Seine Eltern lieferten sich eine erbitterte Scheidungsschlacht. Während seiner ganzen Schulzeit war Matthias einer der Schulbesten gewesen; seine Einser hatten ihn wenig Mühe gekostet. Auf Grund seiner ausgezeichneten Leistungen hatte er ein Vollstipendium am Massachusetts Institute of Technology erhalten, das als eine der führenden akademischen Ausbildungsstätten der USA gilt. Matthias war der ganze Stolz seiner Eltern gewesen. Ihre Entscheidung, sich zu trennen, war für alle in der Familie eine schwere Prüfung. Oft lag Matthias nachts wach und wurde Zeuge der heftigen Auseinandersetzungen seiner Eltern.

Mit der Zeit stellten sich bei ihm Kopfschmerzen ein. Er fühlte sich nicht mehr wach und aufmerksam, sondern fiel zeitweilig sogar in Depressionen. Er begann sein Studium am MIT, aber die Trennung von zu Hause verschlimmerte seine Symptome nur. Seine Kopfschmerzen nahmen immer heftigere Ausmaße an und verursachten Schwindelanfälle und Erbrechen. Seine Depressionen wuchsen, und noch vor Semesterende mußte er sein Studium abbrechen. Er konnte sich kaum noch so weit konzentrieren, daß er eine Zeitung lesen oder Musik hören konnte.

Matthias zog zu seinem Vater, einem bekannten Rechtsanwalt, der über den Mißerfolg seines Sohnes bitter enttäuscht war. Er stellte Matthias in seiner Kanzlei ein und schickte ihn in psychiatrische Behandlung, wo er einer Psychoanalyse unterzogen und mit Antidepressiva behandelt wurde. Nichts fruchtete auf Dauer. Auch die Behandlung der Kopfschmerzen blieb erfolglos.

Mit Einundzwanzig war Matthias noch immer so depressiv, daß er gegen Selbstmordgedanken ankämpfen mußte. In dieser Situation erzählte ihm ein Freund von der Transzendentalen Meditation. Matthias' Arzt räumte ein, daß Meditation nützlich sein könne, und riet ihm, den Versuch zu machen. Matthias erfuhr, daß TM eine rein mechanische Technik ist, die morgens und abends jeweils 20 Minuten lang angewandt wird. Man sitzt bequem mit geschlossenen Augen auf einem Stuhl und benutzt ein spezielles Wort, ein Mantra, das allein nach seinen Klangeigenschaften ausgewählt wird und keine besondere Bedeutung besitzt. Dieser Klang zieht den Geist an und führt ihn natürlich und ohne Mühe auf eine feinere Ebene des Denkens.

Wenn das Mantra in unserem Bewußtsein kommt und geht, sucht es immer feinere Gedankenebenen auf, bis schließlich alles Denken zurückbleibt. In diesem Moment hat der Geist transzendiert. Da er von keinerlei Gedanken mehr beherrscht wird, wird der Geist seines eigenen, tiefsten Wesens – reiner Bewußtheit – gewahr. Die Stille reiner Bewußtheit ist für den Geist ungemein erfrischend, und es fällt ihm ständig leichter, sich nicht an alten Gedankenmustern festzuhalten. Starre Denkgewohnheiten und Gefühlsschablonen fallen von selbst ab. Wenn dies geschieht, beginnt der Geist in der Tat, sich selbst zu heilen.

Während seiner ersten Meditationen begann Matthias denn auch tatsächlich deutliche Veränderungen seiner geistigen Verfassung zu bemerken. Kleine Inseln der Klarheit tauchten auf, auf denen er sich völlig wach, frei von Stumpfheit und Depression sowie von einem tiefen Glück durchdrungen fühlte. Mit der Zeit wurden die Inseln größer; Matthias lebte für die Momente, in denen er sie fand. Aber diese Inseln der Klarheit gab es ausschließlich während seiner Meditation. Wenn er an die Arbeit zurückkehrte, überfiel ihn seine Depression von neuem. Nach einigen Monaten kam er zu mir.

»Was Sie erfahren«, sagte ich, »sind verschiedene Ebenen der Bewußtheit. Ihre Depression existiert auf der einen Ebene, Ihre Kopfschmerzen auf einer anderen, und Ihre Inseln der Klarheit liegen auf noch einer anderen. Die Meditation führt Sie tiefer und tiefer zu Ihnen selbst, bis Sie schließlich in jenen Bereich gelangen, der von allem Kranksein unberührt ist. Und das ist ein sehr wesentlicher Bereich Ihrer selbst.

Wenn Sie weiter meditieren, werden sich diese Momente der Klarheit ausdehnen und die Regel werden. Sie sind im Moment noch auf bestimmte Muster in Ihrem Bewußtsein fixiert, und Ihr Körper weiß das. Ihre Depression zieht Ihre Aufmerksamkeit auf sich, und so finden Sie es schwer, sich anderen Dingen zu widmen.

Aber Sie haben gesehen, daß Sie loslassen können. Meditation ist eine Art Loslassen, sie ermöglicht es uns, einfach nur zu sein. Und wenn Sie das zulassen, wird Ihre Aufmerksamkeit immer unverzüglich zu der stillen, friedvollen, unveränderlichen Ebene zurückkehren, die wir einfach das Selbst nennen. Das Selbst ist der Ausgangspunkt des Geistes, und indem wir dorthin zurückkehren, wird der Geist von seinem Frieden und seiner Stille durchdrungen.«

Ich zeichnete ein einfaches Schaubild:

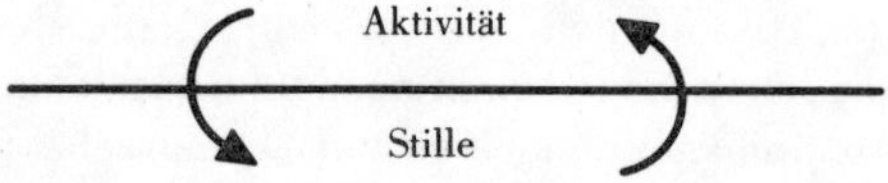

»Wenn man die Technik des Transzendierens anwendet, führt man seinen Geist aus der Aktivität in die Stille. Nach wenigen Sekunden oder auch Minuten kommt der Geist ganz von selbst zurück, wie ein Taucher, der zum Luftholen wieder an die Wasseroberfläche auftaucht. Was bringt ihn zurück? Dieselben Impulse, die uns Tag für Tag steuern: unsere Bedürfnisse. Ein unmerkliches Bedürfnis erzeugt eine kleine Welle der Aktivität in der Stille; diese Welle wächst an, bis schließlich ein ausgewachsener Gedanke entsteht.

Dieser Gedanke ist jedoch nicht mehr derselbe wie zuvor. Er wird von Glück und Frische durchdrungen sein, weil Sie ihn von einer tieferen Ebene Ihrer selbst heraufgeholt haben.«

Matthias erwähnte, daß er seit kurzem etwas Neues bemerkt habe. Immer wenn er einen Moment der Klarheit erlebte, sah er plötzlich Verszeilen vor sich, die ein vollständiges Gedicht bildeten. Dieses Gedicht entstand nicht Wort für Wort in seinem Bewußtsein, sondern es war einfach da.

»Das ist ein gutes Zeichen«, sagte ich. »Wenn Sie sich Ihrem schöpferischen Kern nähern, ändert sich damit auch die ganze Art und Weise Ihres Denkens. Anstelle von Fragmenten erscheinen Dinge als Ganzes. Die beunruhigenden Konflikte werden verschwinden. Das Selbst ist wie eine andere Gegend, eine neue Landschaft für den Geist. Solange Sie sich darin aufhalten, werden Sie sich in ganz anderer Weise erfahren.

Das intensive Leiden, das Sie erleben«, fuhr ich fort, »ist eine Ablenkung von der Wirklichkeit. Die eigentliche Wirklichkeit ist, daß Sie diese Inseln des Friedens zu jeder Zeit aufsuchen können. Sie sind ein beständiger Teil Ihrer selbst; wenn Sie ständig dort lebten, so könnte Ihnen keine Depression etwas anhaben. Was die Meditation Sie lehrt, ist, daß die Wirklichkeit dieser Ganzheit sehr anziehend ist. Sie versucht, Sie heimzurufen. Und Sie beginnen bereits, Vertrauen zu diesem Vorgang zu entwickeln, nicht wahr?«

Matthias bejahte dies und fügte hinzu, daß seine Kopfschmerzen eindeutig nachgelassen hatten und daß er begonnen hatte, die Erfüllung seines Traums, Schriftsteller zu werden, für möglich zu halten.

»Dieses Vertrauen ist ein weiteres gutes Zeichen«, sagte ich zu ihm. »Sie finden zu sich selbst zurück. Das eigene wahre Selbst zu finden ist etwas sehr Tiefgreifendes; die Suche endet nie, Ihr Körper horcht jetzt auf gesündere Signale, und solange Sie weiterhin Ihren Geist immer wieder an seinen Ursprung zurückführen, werden diese Signale zunehmend gesünder werden. Sie haben den Durchbruch geschafft; das Gesundwerden ist nur noch eine Frage der Zeit.«

Meditation als Medizin

Das ist die ermutigende Geschichte eines Patienten. Sie stützt die Ansicht, daß die Anwendung von Meditation selbst bei schweren Störungen ein vielversprechendes Mittel ist. Einer der fruchtbarsten Anwendungsbereiche ist der Bluthochdruck, der heimtückische »Killer aus dem Hinterhalt«, der fast keine Symptome vorausschickt und bei der großen Mehrheit von Herzattacken und -schlägen eine entscheidende Rolle spielt.

Ein gutes Drittel aller erwachsenen Amerikaner hat einen erhöhten Blutdruck; ein großer Teil von ihnen ist von ihren Ärzten vorgewarnt, ohne sich jedoch behandeln zu lassen. Meditation ist bei Bluthochdruck oft sehr hilfreich. Das wurde zum erstenmal in einer 1974 an der Harvard Medical School durchgeführten Studie nachgewiesen: Bei 22 Bluthochdruck-Patienten wurde 1200mal der Blutdruck gemessen – vor und nach Erlernen der Meditation. In einem

Zeitraum, der zwischen einem Monat und fünf Jahren betrug, gingen ihre Durchschnittswerte von 150/94 auf 141/88 zurück. Das reichte aus, um den unteren Wert (diastolischer Blutdruck) auf ein akzeptables Niveau zu bringen; der obere Wert (systolischer Blutdruck) nahm nicht genügend ab – als Norm gilt etwa 120 bis 130 –, aber zumindest zeigte sich eine eindeutige Besserung. Diese Ergebnisse, die durch weitere Studien bestätigt wurden, waren interessanterweise unabhängig davon, ob die Testpersonen blutdrucksenkende Mittel einnahmen oder nicht.

Sie meinen vielleicht, daß die Beseitigung von leichtem Bluthochdruck nichts Besonderes ist; doch selbst ein geringes Ansteigen des Blutdrucks ist auf lange Sicht ein sehr ernstzunehmendes Risiko. Die Hälfte aller Todesfälle, die auf Bluthochdruck zurückgeführt werden, gehen auf das Konto solch einer leichten Erhöhung. Ein Mann mittleren Alters mit normalem Blutdruck (120/80) hat durchschnittlich eine um 16 Jahre höhere Lebenserwartung als ein anderer mit leichtem Bluthochdruck (150/100). Allein durch die Ausübung von Meditation könnten die meisten Menschen unter Vierzig ihren Blutdruck unter den Grenzwert von 130/90 (leichter bzw. sogenannter kontrollbedürftiger Bluthochdruck) bringen.

Meditieren kann außerdem überhöhte Cholesterinwerte senken. Cholesterin ist ein Hauptrisikofaktor für Herzattacken, da ein übermäßig hoher Blut-Cholesterinspiegel direkt mit der Ablagerung von Fettschlacken in Verbindung gebracht wird, die dann die zum Herzen führenden Arterien verstopfen. Oberflächlich betrachtet, erscheint es zunächst erstaunlich, daß der Geist den Cholesterinspiegel beeinflussen soll, der durch die komplexe Wechselwirkung verschiedenster und ausschließlich körperlicher Faktoren bestimmt wird: Ernährung, Alter, Erbanlagen, Verdauungs- und Leberfunktion spielen hier eine wichtige Rolle. Im Jahre 1979 wählten jedoch die israelischen Forscher M.J. Cooper und M.M. Aygen 23 Patienten mit erhöhten Cholesterinwerten aus; zwölf davon begannen mit TM und übten sie elf Monate lang aus, die übrigen fungierten als Kontrollgruppe.

Am Ende dieses Zeitraums wies die TM-Gruppe eine eindeutige Senkung der Cholesterinwerte auf, und zwar von einem Durchschnittswert von 255 auf 225 (220 gilt in den USA als Normalwert für Erwachsene). Bei den Nicht-Meditierenden kam es zu keinem signifikanten Rückgang. Die Testpersonen waren so ausgewählt worden, daß sie sich in Alter, Ernährungsweise, Gewicht und körperlicher Aktivität nicht signifikant unterschieden. Durch eine weitere Studie desselben Teams wurden ähnliche Senkungen des Cholesterinwerts ermittelt. In diesem Fall wollte man zeigen, daß der Cholesterinspiegel auch bei Personen gesenkt werden kann, deren Werte stärker der Norm entsprachen.

Diese Ergebnisse sind Indizien dafür, daß das gesamte Geist-Körper-System mittels einer einzigen geistigen Technik beeinflußt werden kann; die für Bluthochdruck und erhöhte Cholesterinwerte nachgewiesenen positiven Auswirkungen wurden mittlerweile auch bei zahlreichen anderen Krankheiten festgestellt. Im Jahre 1987 analysierte der Psychologe Dr. David Orme-Johnson, ein Forscher an der Maharishi International University, die Statistiken einer großen amerikanischen Krankenversicherung hinsichtlich der Inanspruchnahme medizinischer Leistungen durch 2000 Angehörige eines Policen-Plans (das amerikanische Versicherungssystem kennt verschiedene Policen-Pläne mit entsprechenden Tarifen für Gruppen mit einem spezifischen Risikoprofil. Ein großer Versicherungsträger unterscheidet manchmal in Hunderte solcher Gruppen) für Ausübende der TM-Technik. Um in den Genuß der Tarife dieses Plans zu kommen, mußte jeder Versicherte schriftlich bestätigen, daß er regelmäßig meditierte; gleichzeitig verpflichtete er sich zu einer routinemäßigen Meditationsüberprüfung. Weitere Voraussetzungen hinsichtlich Ernährung oder Lebensweise gab es nicht.

Orme-Johnson wollte herausfinden, wie oft der typische Meditierende im Verhältnis zur durchschnittlichen Bevölkerung ärztliche Leistungen in Anspruch nahm. Der Unterschied war erstaunlich. Folgende Minderbeanspruchungen ergaben sich bei der ambulanten Behandlung:

- 46,8 Prozent bei Kindern und Jugendlichen (0–18 Jahre),
- 54,7 Prozent bei jungen Erwachsenen (19–39 Jahre),
- 73,7 Prozent bei älteren Erwachsenen (40 und darüber).

Das bedeutet eine deutliche Verbesserung der Gesundheit. Ein Meditierender höheren Alters suchte demnach viermal seltener einen Arzt auf als der durchschnittliche Versicherte. Bei der Analyse einzelner Krankheiten kam die Studie dann zu dem Ergebnis, daß die Anfälligkeit für die großen »Killer«, Herzattacke und Krebs, bei Meditierenden weit unter der Norm lag:

– 87,3 Prozent stationäre Fälle weniger bei Herzkrankheiten,
– 55,4 Prozent stationäre Fälle weniger bei gut- und bösartigen Tumoren.

Erfolge wie diese sind durch die Anwendung herkömmlicher präventivmedizinischer Maßnahmen nicht zu erzielen. Wenn irgendein Mittel die Herzerkrankungen um 50 Prozent verringern könnte, so würde dies weltweit Schlagzeilen machen (ganz offensichtlich ist dies bislang nicht geschehen). Das gilt in noch stärkerem Maße für Krebs. Jeder Fortschritt in diesem Bereich wäre ein wirklicher Durchbruch.

Auch nach einem halben Jahrhundert großzügig finanzierter Forschung ist die durchschnittliche Rate für Krebserkrankungen in den USA gleichgeblieben, und die Lebenserwartung von Krebspatienten (ab dem Zeitpunkt ihrer Diagnose) hat sich nicht nennenswert verlängert. (Das betrifft den Durchschnitt aller Patienten, wobei es selbstverständlich bei einzelnen zu einem positiven Krankheitsverlauf kommen kann und die Medizin bei bestimmten Krebsarten wie Leukämie im Kindesalter oder lokalisiertem Brustkrebs große Fortschritte gemacht hat.)

Um sich ein genaues Bild machen zu können, wertete Orme-Johnson die Daten von 600 000 Versicherten eines Versicherungsträgers aus. Dazu stellte er alle Leistungsansprüche während der Jahre 1980–1985 zusammen, um sicherzugehen, daß es sich nicht um eine kurzfristige Abweichung von der Norm handelte. Orme-Johnson fand heraus, daß der durchschnittliche Meditierende nur halb so oft zum Arzt ging wie der Durchschnittsamerikaner.

Wie man meditieren lernt

TM ist bei aller Einfachheit eine ganz spezielle Technik und muß daher von einem qualifizierten Meditationslehrer erlernt werden; Bücher sind dafür ungeeignet. Die TM-Technik kann in den deutschsprachigen Ländern in rund 150 Zentren erlernt werden, die im Anhang aufgeführt sind. Natürlich gibt es Bücher, die in der guten Absicht geschrieben wurden, TM zu lehren. Doch wer TM unter kompetenter, direkter Anleitung lernt, wird aller Wahrscheinlichkeit nach bei dieser Technik bleiben. Wer sie aber aus einem Buch lernt, hört meistens schon nach wenigen Tagen oder Wochen wieder auf und hat bestenfalls einen recht zweifelhaften Nutzen davon. Eine individuelle Einführung stellt sicher, daß die Technik in allen Einzelheiten richtig vermittelt und aufgenommen wird und dem Bedürfnis des Betreffenden entspricht.

Sollten Sie TM durch andere Techniken ersetzen? In unserer demokratischen Gesellschaft neigen viele Menschen zu der Auffassung, eine Geist-Körper-Technik sei so gut wie eine andere. Die Tatsachen sprechen jedoch dagegen. Fundierte medizinische Meditations-Forschung stützt sich fast ausschließlich auf TM-Daten (mittlerweile wurden über 300 wissenschaftliche Studien zum Thema veröffentlicht). Im Vergleich dazu existiert die nachweisbare Wirksamkeit anderer Meditationsformen eher anekdotisch.

URKLÄNGE – DIE FEINSTEN SCHWINGUNGEN DER NATUR

Sobald jemand transzendieren lernt, öffnet sich sein Geist. Wie wir sahen, hat dies positive Auswirkungen für ihn. Aber das ist noch nicht alles. Sie können auch lernen, die feinen Schichten des Geistes zu steuern. Dafür gibt es spezielle Techniken, deren erste »Urklangtechnik« genannt wird. Sie hat ihren Namen von jenen feinsten Schwingungen, die der Geist wahrnehmen kann, wenn er fast völlig still ist. Dem Ayurveda zufolge sind diese allerfeinsten Klänge nicht zufällig entstanden; die ganze Natur besteht aus ihnen. In der vollkommenen Stille des quantenmechanischen Universums entstehen Urklänge, bilden Muster und wachsen sich mit der Zeit zu

Materie und Energie aus sowie zu jener unendlichen Vielfalt der aus Materie und Energie erzeugten Dinge – Sterne, Bäume, Felsen und menschliche Wesen.

Quantenrealität

Für alle von uns, die wir in der materiellen Realität verwurzelt sind, ist diese Vorstellung höchst seltsam. Wir wollen uns deshalb einmal für eine Weile eingehender mit dem Urklang befassen. Westliche Physiker stimmen bereits darin überein, daß die grundlegendste Ebene des Naturgeschehens das Quantenfeld ist. Ein Quant wird als die kleinste Einheit definiert, in der Licht, Elektrizität oder andere Energieformen auftreten können. Die Quantenrealität entzieht sich dem Zugriff unserer alltäglichen Begrifflichkeit. In ihr gibt es beispielsweise keine feste Materie. Ein Atom wurde allgemein als das kleinste Materieteilchen der Schöpfung angesehen. Das griechische Wort »Atom« bedeutet so viel wie »nicht teilbar«. Aus der Nähe betrachtet, ist ein Atom jedoch aus noch kleineren Teilchen zusammengesetzt, die mit unvorstellbarer Geschwindigkeit um einen riesigen leeren Raum wirbeln – so leer, daß er dem interstellaren Raum in nichts nachsteht: Der Abstand zwischen zwei Elektronen ist im Verhältnis zu ihrer Größe weiter als der zwischen Erde und Sonne.

Wenn man nun wiederum diese subatomaren Teilchen untersucht, so stellt sich heraus, daß sie gar nicht aus Materie bestehen, sondern eher aus Energieschwingungen, die nur den Anschein von Festigkeit erwecken. Diese Entdeckung, daß Materie lediglich eine Form der Energie ist, brach der auf Einstein und seine Kollegen zurückgehenden Quantentheorie Bahn. Statt von festen Teilchen ausgehen zu können, die sich wie Billardkugeln auf einem Tisch bewegen, sahen sich die Physiker mit spukhaften Schwingungen konfrontiert, die in dem einen Augenblick noch als Substanz erschienen, um im nächsten Augenblick abstrakt zu werden.

Die Quantentheorie erzwang einen Wandel unseres Weltbildes. Die Quantenphysik bewies, daß die unendliche Vielfalt der uns umgebenden Dinge – Sterne, Galaxien, Berge, Bäume, Schmetterlinge und Amöben – durch ewige, unbegrenzte Quantenfelder miteinander verbunden ist, eine Art unsichtbarer Stickdecke, auf der die gesamte Schöpfung abgebildet ist. Dinge, die wir als voneinander getrennt begreifen, sind in Wirklichkeit alle Teile desselben Musters. Die klaren äußeren Abgrenzungen, die wir bei Objekten wie beispielsweise einem Stuhl oder einem Tisch wahrnehmen, sind eine Illusion, die uns durch die Begrenztheit unseres Sehvermögens vorgegaukelt wird. Hätten wir Augen, die auf die Quantenwelt eingestellt wären, so würden diese Grenzen verschwimmen und schließlich in der Wahrnehmung unbegrenzter Quantenfelder aufgehen.

Die Entdeckung der Quantenebene der Natur ermöglichte neue Entdeckungen in der Praxis: Röntgenstrahlen, Transistoren, Supraleiter und Laser, alles Dinge, die unvorstellbar waren, bevor die Wissenschaft in die tieferen Schichten der Schöpfung vordrang. Heute wird angenommen, daß es ein einziges, einheitliches Feld gibt, das der gesamten Natur zugrunde liegt. Wie ein Baum, dessen feinste Zweige zu einem größeren zusammenlaufen, die größeren Zweige zu einem Ast, die Äste zu einem Stamm, so vereinigt sich die ganze Vielfalt der Natur in diesem allumfassenden Feld. Und da ja auch wir ein Teil der Natur sind, müssen wir ebenfalls ein Teil dieses einheitlichen Feldes sein. Es ist in und um uns, zu jeder Zeit. Und durch Meditation können wir dieses allumfassende Feld selbst erfahren. Ein TM-Ausübender beschrieb diese Erfahrung so:

»Ich spüre, wie die Grenzen des Geistes ausgedehnt werden, wie der sich ständig weitende Umfang eines Kreises, bis der Kreis verschwindet und nur noch Unendlichkeit da ist. Es ist ein Gefühl großer Freiheit, aber zugleich auch eines von Natürlichkeit, viel wirklicher und natürlicher als das Eingesperrtsein in einem kleinen Raum.«

Das ist fraglos eine erhebliche Bewußtseinserweiterung, die den Geist in die Lage versetzt, eine neue, tiefe Wahrheit zu erfassen – daß ein menschliches Wesen mehr ist als ein zeitlich und räumlich umrissener Klumpen aus Fleisch und Blut. Wir haben in Wirklichkeit zwei Heimaten: Die eine ist begrenzt, die andere unendlich. Wenn wir uns der Physik zuwenden, bemerken wir, daß Elektronen, Quarks und andere Elementarteilchen der unseren Sinnen zugäng-

lichen Welt ebenfalls in Zeit und Raum lokalisiert zu sein scheinen. Sobald wir aber einen Blick über die Quantenschwelle hinauswerfen, ist jedes Teilchen die Spitze einer Welle, die sich nach allen Seiten unendlich durch Raum und Zeit ausdehnt. Das bedeutet, daß wir uns nicht genau wahrnehmen können, solange wir nicht unserer beiden Identitäten gewahr werden.
Der bereits erwähnte Meditierende meinte dazu:

»Manchmal ist das Erlebnis der Unendlichkeit so intensiv, daß ich das Gefühl für meinen Körper oder die Materie in einer unendlichen, unbegrenzten Bewußtheit verliere, in einem ewigen, unwandelbaren Kontinuum des Bewußtseins.«

Es ist sehr unwahrscheinlich, daß diese Beschreibung lediglich eine subjektive Illusion ist. Beschreibungen dieser Art kennen wir aus allen spirituellen Traditionen der Menschheit, und zwar im Osten wie im Westen.

Die Heilungskraft des Klangs

Hier erhebt sich die Frage: Wie sind wir mit jenem einheitlichen Feld verbunden? Der Maharishi-Ayurveda spricht von »Urklängen«, feinsten Schwingungen, die sich zu unsichtbaren »Fäden« bündeln. Vom Standpunkt der modernen Physik aus macht das Sinn: Es ist einsichtig, daß, wenn die zwei Elektronen eines Heliumatoms über eine gewaltige Distanz hinweg zusammengehalten werden, dies durch eine unsichtbare, aber äußerst starke Kraft bewirkt wird. Dieser Kraft muß zugleich ein Strukturelement innewohnen, da jedes Atom im Universum vollkommen ist.

Die ayurvedischen Weisen behaupteten, diese als Leim des Universums fungierenden Kräfte auf Grund von Klängen, die in ihrer inneren Wahrnehmung auftraten, ausfindig gemacht zu haben. Nachdem sie diese gehört hatten, konnten die Weisen sie selbst erzeugen und an andere weitergeben. Ein Urklang kann gesprochen oder gesungen werden; er ist jedoch noch wirksamer, wenn er innerlich angewandt wird, als mentaler (geistiger) Klang. Der Beweis dafür, daß es den Urklang wirklich gibt, liegt in seiner Anwendung:

Wenn der Körper – wie die Weisen behaupteten – auf seiner tiefsten Ebene von Klängen zusammengehalten wird, dann bedeutet das Vorhandensein einer Krankheit, daß einige Klänge ihre Reinheit verloren haben müssen.

Bis zu ihrem 80. Lebensjahr hatte Agnes R. nie Probleme mit ihrem Herzen gehabt. Plötzlich jedoch traten wiederholt dumpfe Schmerzen in der Brust auf, die als Angina pectoris diagnostiziert wurden. Agnes bekam auch dann einen Anfall, wenn sie sich nicht überanstrengte – es konnte geschehen, wenn sie still dasaß, und manchmal wachte sie nachts, nach Luft ringend, auf.

In ihrem Tagebuch sind zwischen Januar und Mai eines Jahres 60 Anfälle aufgezeichnet, also etwa alle drei Tage einer. Einige verliefen harmlos und dauerten nur zwei bis drei Minuten, andere waren heftiger, mit Schmerzwellen, die zehn Minuten lang von der Brustmitte ausstrahlten und sie keuchend und geschwächt zurückließen. »Ich bin nicht dadurch so alt geworden, daß ich mir über meine Probleme Sorgen mache«, sagte sie zu ihren Freunden. Trotzdem war sie durch diese Erlebnisse beunruhigt.

Als sie zu einem Kardiologen ging, brachten die Untersuchungen keine nennenswerte Verengung ihrer Herzkranzarterien zutage. Wie bei den meisten älteren Menschen waren ihre Arterien etwas verhärtet, aber es gab keine großflächigen Schlackenablagerungen, die dem Herzmuskel die Sauerstoffzufuhr abschnürten. Es gibt jedoch eine zweite Art von Angina pectoris, die von Krämpfen der Herzkranzgefäße herrührt, und Agnes hatte offenbar diese. Ihre Arterien waren gerade eng genug, daß ein leichter, kaum wahrnehmbarer Streß sie so weit verengen konnte, daß es zu einem Schmerzanfall kam.

»Wir wissen nicht sehr viel über diese Störung«, sagte der Arzt. »Nehmen Sie es von jetzt an einfach leicht.«

»Wenn Sie einmal 88 sind«, fuhr ihn Agnes an, »ist es das, was Sie sowieso tun!«

Sie bekam die übliche Medikation, Nitroglyzerintabletten, die ihre Schmerzen linderten, aber keine Aussicht auf Heilung boten. Neuere Medikamente wie Betablocker mildern Krämpfe oft sehr wirksam, doch durften sie in Agnes' Fall wegen ihres früheren Asthmas nicht verschrieben werden; im übrigen sind auch diese Medikamente keine Heilmittel.

Im Juni kam Agnes dann auf Anraten ihres Sohnes zu uns. Nach einer vollständigen Anamnese unterwiesen wir sie in der Urklangtechnik. Agnes übte bereits TM aus, war also mit der Anwendung innerer Klänge vertraut.

»Ein Urklang wirkt genauso«, sagte ich, »aber sein Zweck ist ein anderer. Wenn Sie sich irgendeinen Vorgang in Ihrem Körper vergegenwärtigen, so kann dieser in eine exakte Abfolge von verschiedenen Einzelschritten unterteilt werden – 1,2, 3, 4, 5 und so fort. Mit anderen Worten: Alles hat seinen Beginn, seine Mitte und sein Ende und ist so angeordnet, daß sich keines der Teile aus seiner Position entfernen kann. Wir wollen vorerst nicht darauf eingehen, was diese Schritte im einzelnen sind – die Zahl könnte sich zum Beispiel auf ein Signalmuster von Neuronen im Gehirn beziehen, auf die Ausschüttung eines Neuropeptids, die Sekretion eines Enzyms und vieles andere mehr.

Auch Ihre DNS ist nichts anderes als die Ansammlung der allergewöhnlichsten Atome – hauptsächlich Kohlenstoff, Wasserstoff und Sauerstoff –, die durch eine Abfolge von Schwingungen zusammengehalten werden, die so fein sind, daß sie mit gewöhnlichen Instrumenten nicht gemessen werden können. Aber gerade ihre Feinheit verleiht ihnen sehr viel Macht; jede Abweichung, und sei es auch nur der millionste Teil eines Millimeters, bewirkt, daß die höchst präzise Intelligenz, die das DNS-Molekül so wunderbar gestaltet, zerfällt. In einem sehr realen Sinne sind die winzigen, unsichtbaren Schwingungen, die die DNS über die Jahrmillionen hinweg zusammenhalten, die stärksten Bindungen in der Natur.

Mit unserem Intellekt können wir diese Schwingungen unmöglich analysieren, aber wir wissen, daß sie bestehen und daß die Natur sie in vollkommener Harmonie aufeinander abstimmt. Es geschieht allerdings bisweilen, daß eine Sequenz aus der Reihe tanzt. Für diesen Fall empfiehlt der Maharishi-Ayurveda die Anwendung eines speziell ausgewählten Urklangs, der die geschädigten Zellen wie eine Gußform umgibt und sie wieder in Einklang bringt. Dies wird, wie gesagt, nicht durch irgendwelche Außeneinwirkungen erreicht, sondern durch die Reparatur der Klangfolge im Kern jeder einzelnen Zelle.

Bei einer Krankheit wie Angina pectoris wissen wir, daß das Gehirn spezifische Signale aussendet, die die Arterien verengen. Das geschieht durch Botenmoleküle, die die Nerven- und Muskelzellen in den mittleren Schichten der Blutgefäße stimulieren. Ihre Krämpfe werden durch eine falsche Botschaft ausgelöst. Gewisse Medikamente wie beispielsweise Betablocker nutzen diesen Umstand und hindern die chemischen Boten des Gehirns an der Übermittlung der Botschaft. Aber der Auslöser dieser Moleküle ist der Geist; stieße man bis zu den Denkvorgängen vor und korrigierte die Impulse des Gehirns, so wäre dies wahrscheinlich sehr viel wirksamer und ganz gewiß sanfter. Und das ist der Zweck der Urklang-Therapie.«

Agnes war über die neuen Einsichten hoch erfreut. Nachdem ich sie in die Technik eingeführt hatte, wies ich sie an, sie täglich während einer bestimmten Zeit anzuwenden; sie konnte sie auch während eines Anfalls anwenden. Aber sie sollte dann auch weiterhin eine Nitroglyzerintablette unter die Zunge legen, wodurch die Schmerzen in wenigen Minuten abklingen.

Zwei Monate später schrieb mir Agnes einen glücklichen Brief, der mit den Worten begann: »Ich habe keine Schmerzen mehr!« Ihre Anfälle hatten mit dem Tag, an dem sie die Technik anwandte, aufgehört und waren nicht zurückgekommen. Genugtuung und Erleichterung klangen aus ihren Zeilen. Sie fühlte sich jetzt auch bei ihren Tätigkeiten wohl – die meisten Patienten mit Angina pectoris haben die größte Angst davor, sich auch nur in geringster Weise anzustrengen. Sie hatte keine Nitroglyzerintabletten mehr in ihrer Handtasche, und ein Jahr nach Beginn ihrer Therapie unternahm sie einen kühnen Schritt und meldete sich als Vollzeitstudentin an einem College an. Sie erzählte mir kürzlich stolz, daß sie die älteste Studienanfängerin in der Geschichte des Colleges sei.

Der Heilungserfolg durch die Urklang-Therapie ist je nach Person verschieden. Ich habe mittlerweile drei Jahre Erfahrung damit und kenne Hunderte von Fällen, in denen Patienten mit Herzkrankheiten, Krebs, multipler Sklerose und sogar AIDS über eine Verringerung ihrer Schmerzen, Ängste und verschiedener anderer beunruhigender Symptome berichteten. Das sind bislang alles Einzelfälle, die noch nicht mit Hilfe anerkannter wissenschaftlicher Methoden statistisch ausgewertet wurden. Sie können daher nicht als Beweis dafür gelten, daß diese Art von mentaler Heilung wirksam ist. Andererseits gründet der Ansatz des Maharishi-Ayurveda in einer jahrtausendealten Erfahrungsheilkunde, und seine Anwendung kann die Wirkung der schulmedizinischen Therapien erhöhen.

Wie man die Urklang-Technik erlernt

Die Urklang-Technik ist eine medizinische Behandlungsform, die von einem in Maharishi-Ayurveda ausgebildeten Arzt nach einer genauen Diagnose erlernt wird. Alternativ dazu kann man an einem halbtägigen Urklang-Seminar teilnehmen, das in unseren Kliniken angeboten wird und in dem die theoretischen Grundlagen dieses Ansatzes vermittelt werden. Dieses Urklang-Seminar kann sowohl von kranken als auch von gesunden Menschen besucht werden und erfordert keine ärztliche Diagnose.

Die Entdeckung, daß der menschliche Körper im wesentlichen ein Gewebe aus Klängen ist, erscheint vielen als Offenbarung, und wenn dieses Wissen dann angewandt wird, sind die Ergebnisse bemerkenswert. Innerhalb weniger Stunden verändert sich das Selbstbild von Grund auf; oft berichten Teilnehmer über eine erstaunliche Zunahme ihrer Wahrnehmungsfähigkeit. Der Urklang ist ein idealer Beleg für die ayurvedische Überzeugung: »Die Welt ist, wie du bist.« Wenn sich unsere Wahrnehmung in unserem Inneren öffnet, so erschließt sich uns auch das Außen.

DIE PULSDIAGNOSE – BOTSCHAFTEN DES QUANTENMECHANISCHEN KÖRPERS

Jenseits der Ebene Ihrer Zellen, Gewebe und Organe gibt es eine Überfülle von Aktivität, die Sie kaum jemals wahrnehmen. Sie bildet komplexe Muster, die so fein und so wichtig für Ihre Existenz sind wie die Urklänge, die aber durch den Tastsinn wahrgenommen werden können. Wenn Sie diese Aktivität in ihren Einzelheiten untersuchen müßten, wäre dies ein endloses Unterfangen (so komplex wie die Analyse einer jeden der drei Milliarden genetischen Informationen auf einem einzelnen DNS-Strang). Zum Glück laufen alle diese Signale an einer bequem zu erreichenden Stelle zusammen – unserem Puls.

Die ayurvedische Theorie besagt, daß jede Zelle ihr eigenes, einzigartiges Signal über den Blutstrom ans Herz sendet. Diese verschiedenen Signale werden dann zu einer einzigen Trägerfrequenz gebündelt: dem Puls, über den sich genau ermitteln läßt, was gerade in der Leber oder im Magen, in der rechten Herzkammer oder auf der linken Seite der Schilddrüse vorgeht. Es bedarf nur eines einzigen Radiosenders, um eine ganze Symphonie zu übertragen; genauso hat es die Natur fertiggebracht, die Aktivitäten des gesamten Körpers im Puls zu bündeln.

Ein Meisterdiagnostiker

Unser Puls ist damit sozusagen das Tor zu unserem Quantenkörper. Und da sich unser Quantenkörper im Quantenfeld nach allen Richtungen hin erstreckt, wird der Puls von Ereignissen aus dem ganzen Universum beeinflußt. Ein ayurvedischer Arzt kann Ihren Puls berühren und sofort Ungleichgewichte von Vata, Pitta oder Kapha feststellen. Ein bekannter Experte für diese Methode des *nadi vigyan* ist Dr. B.D. Triguna, der bereits in Kapitel 3 erwähnt wurde. Während einer seiner häufigen USA-Besuche wurde Dr. Triguna von Hal A., einem Bauunternehmer, konsultiert, der seit mehreren Jahren an chronischen Kreuzschmerzen litt. Sobald sein Rücken sich verkrampfte, war Hal tagelang außer Gefecht gesetzt. Wie so oft, konnten die Ärzte auch in diesem Fall keinen organischen Schaden finden, der zu behandeln gewesen wäre. Er mußte sich daher mit großen Dosen muskelentspannender und schmerzstillender Medikamente behelfen, um die Krämpfe zu mildern und die Schmerzen in Schach zu halten.

Dr. Triguna fühlte Hals Puls und erklärte, bevor Hal ihm irgend etwas hätte sagen können, daß er sich vor einigen Jahren am Rücken verletzt habe. Hal bestätigte, daß seine Schmerzen kurz nach dem

Sturz von einer Leiter begonnen hatten. Dieser Sturz, so Dr. Triguna, hatte zu keinen ernsthaften Verletzungen geführt, doch hatte er Apana Vata, das für den Unterleib zuständige Vata-Subdosha, aus dem Lot gebracht. Dies ist einer der häufigsten Gründe für nicht diagnostizierbare Rückenschmerzen.

Das gestörte Apana Vata hatte Ama in der Kreuzgegend angesammelt, was eine Verstärkung des Ungleichgewichts in diesem Körperbereich bewirkte. Das erklärte die ständige Verschlimmerung und die immer größere Häufigkeit der Schmerzen. Dr. Triguna stellte fest, daß Hal ursprünglich ein Pitta-Typ war, jetzt aber auf Grund der langanhaltenden Vata-Störung eine Vata-Pitta-Vikriti (unausgewogene Konstitution) hatte.

Die Antwort darauf war zunächst eine Panchakarma-Kur, um die in den Rückenmuskeln angesammelten Toxine loszuwerden, und dann eine Vata-beruhigende Ernährung, lange Ruhephasen, regelmäßige Schlafzeiten, tägliche Sesamölmassage und anderes mehr. Hal stimmte zu. Zu seiner großen Freude hörten die chronischen Schmerzen am letzten Tag seiner Panchakarma-Kur auf. Die Krämpfe nahmen in den folgenden Monaten ab. Er hielt sich weiterhin an seine Vata-beruhigende Therapie und wiederholte die Panchakarma-Kur zweimal. Seit dieser Zeit hat Hal keine Kreuzschmerzen mehr.

Die Pulsdiagnose ist erstaunlich exakt. Ich war selbst dabei, als Dr. Triguna nicht nur den Konstitutionstyp eines Menschen oder die Störung eines beliebigen Doshas herausfand (das sind Routinediagnosen für ihn, die wiederholt an Ort und Stelle von Ärzten bestätigt worden sind), sondern als er auch die verschiedenen Eigenschaften der Doshas – schnell, langsam, heiß, kalt, rauh, ölig und so fort – aus dem Puls ablas. Ich hörte, wie er Patienten ihre chronischen Schmerzen beschrieb und krankhafte Veränderungen des Blutzuckerspiegels und der Verdauung, Herzflimmern, Leberstörungen oder Nierenversagen feststellte – und all das ohne jegliche Vorkenntnisse. Er kann verborgene Tumore feststellen, deren Größe und Lage er beschreibt, und er kann sagen, ob diese gut- oder bösartig sind. Darüber hinaus kann er über den Puls eine Anamnese erstellen, einschließlich vergangener Krankheiten und künftiger

Krankheitsrisiken. Seine Prognose schließt ein, wie schwer die Krankheit sein und ob die Heilung leicht, schwierig oder unmöglich sein wird. (Da sehr ungünstige Diagnosen, besonders im Falle von lebensbedrohlichen Krankheiten, die Selbstheilungskräfte eines Patienten beeinträchtigen können, werden solche dem Betroffenen nicht mitgeteilt.)

Die ayurvedische Pulsdiagnose

Da wir den quantenmechanischen Körper weder berühren noch sehen können, ist der einzig sichere Weg, sich seiner Existenz zu vergewissern, die Anwendung einer quantenmechanischen Technik. Die Pulsdiagnose gehört dazu. Wenn ein erfahrener ayurvedischer Arzt Ihr Handgelenk berührt, horcht er tief in Ihr Allgemeinbefinden hinein. Ein typischer Kapha-Typ hat einen langsamen, gleitenden Puls, was durch das Bild des Schwans symbolisiert wird. Ein Pitta-Puls ist rascher und fühlt sich kräftig und pochend an, was mit dem Hüpfen eines Frosches verglichen wird. Der Vata-Puls ist von allen der schnellste; er fühlt sich unregelmäßig und manchmal schwankend an, weshalb er auch Schlangen-Puls genannt wird. Was also ein beginnender Pulsleser lernen muß, ist, wie man Schwan, Frosch und Schlange voneinander unterscheidet, um so wesentliche Hinweise auf den Konstitutionstyp des Patienten zu bekommen.

Bei jedem Menschen sind alle drei verschiedenen Pulsarten vorhanden, doch gibt die am deutlichsten hervortretende den jeweiligen Konstitutionstyp kund. Bei der Pulsdiagnose kann man einen Pitta-Vata-Typ von einem Vata-Pitta-Typ dadurch unterscheiden, daß bei dem ersten der Frosch, bei dem zweiten die Schlange stärker ist. Wenn Sie sich die Abbildung ansehen, werden Sie feststellen, daß zur ayurvedischen Pulslesung drei Finger benutzt werden, die alle einen leichten Druck auf verschiedene Abschnitte der Pulsschlagader ausüben. Bei Männern wird der rechte Puls gelesen, bei Frauen der linke. Die Abbildung zeigt die Position bei einem Mann, der seinen eigenen Puls liest, weshalb die linke Hand von unten heraufgreift.

Um die Pulsschlagader zu finden, muß man zunächst den hervortretenden Teil des Handgelenkknochens unterhalb des Daumens suchen. Wenn Sie nun den Zeigefinger etwas unter diesem Orientierungspunkt anlegen, werden Sie den Puls finden. Legen Sie dann Ihren Mittel- und Ringfinger daneben, und drücken Sie vorsichtig, bis Sie drei verschiedene Pulsarten spüren. Ihr Zeigefinger wird auf dem Vata-Puls liegen, Ihr Mittelfinger auf dem Pitta-Puls und Ihr Ringfinger auf dem Kapha-Puls. (Da die Pulsader vom Gelenk ausgehend zunehmend tiefer eingebettet ist, findet es mancher schwer, den Kapha-Puls ausfindig zu machen; das kann ein Zeichen dafür sein, daß in Ihrer Prakriti nicht viel Kapha enthalten ist oder daß Ihr Körper zu diesem Zeitpunkt gerade wenig Kapha zum Ausdruck bringt. Man kann den Kapha-Puls jedoch durch einen etwas stärkeren Druck des Ringfingers spüren.)

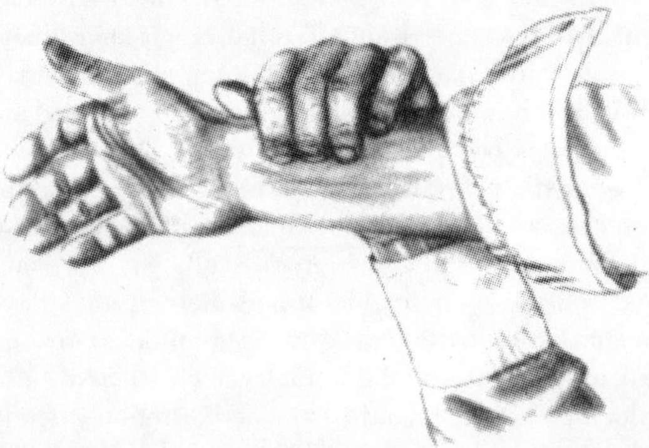

Wie man den Puls auf ayurvedische Weise fühlt.

Die ganze Kunst der Pulslesung hängt davon ab, wie genau Sie die durch Ihre Fingerspitzen kommenden Impulse wahrnehmen, und das wiederum hängt von einer Anzahl verschiedener Faktoren ab: Ausbildung, Wachheit und Praxis. Der Pulsleser (Pulsdiagnostiker) führt zunächst täglich mehrere Dutzend Lesungen bei sich selbst durch und wird dadurch mit den Veränderungen vertraut, die sein eigener Puls während des Tages durchmacht. Dann kommt das nächste Stadium, wo er täglich 100 Lesungen bei anderen machen muß. Sobald diese Fähigkeit einmal erworben ist, gibt es hinsichtlich der ablesbaren Information keine Grenzen. Jeder hat einen Tiefenpuls, der spürbar wird, wenn man die Finger tief eindrückt; er gibt Auskunft über das Verhältnis der Doshas bei der Geburt. Dann gibt es den Oberflächenpuls, der sozusagen auf dem Tiefenpuls schwimmt; er ist mit leichtem Druck abzulesen und gibt den gegenwärtigen Zustand der Doshas wieder.

Wie wir wissen, verändern sich die Doshas ständig; deshalb muß ein Pulsleser ständig für alle Arten von Variablen wach sein – Alter, Jahres- und Tageszeit verändern den Puls ebenso wie alle möglichen Schwankungen im Gesundheitszustand. Jemand mit einer Lungenentzündung hat nicht nur einen schwachen Puls; die ayurvedische Pulsdiagnose fördert von der Dosha-Ebene her die gesamte Krankengeschichte zutage.

Das Erlernen der Fähigkeit, eine Krankheit durch Pulsdiagnose festzustellen, ist dem Arzt vorbehalten, doch kann sich jeder mit seinem Puls vertraut machen und faszinierende Einsichten in das Wechselspiel seiner Doshas gewinnen. Der Puls ist am Morgen ruhig und gleichförmig; während des Tages tauchen dann Vata-, Pitta- und Kapha-Gipfel auf. Pitta befindet sich während und nach einer Mahlzeit auf einem Höchststand und geht dann während der Verdauungsphase in Kapha über. Vata ist stark, sobald der Magen wieder leer ist (alle leeren Räume des Körpers sind Orte, wo Vata dominiert). Andere Veränderungen treten auf, wenn Sie Ihre Tätigkeit ändern, sich aufs Zubettgehen vorbereiten, tiefschürfende Gedanken oder starke Gefühle haben.

Wenn diese normalen Muster gestört sind, so finden Sie darin einen Hinweis, daß Ihre Doshas möglicherweise aus dem Lot sind. Ein Puls, in dem zuviel Schlange, Frosch oder Schwan ist, oder einer, in dem einer der drei Pulsrhythmen fehlt, könnte eine Aufforderung sein, etwas zur Ausbalancierung Ihres Körpers zu unternehmen. Ein Mangel an Ruhe im Puls unmittelbar nach dem Aufwachen am Morgen verrät vielleicht tiefwurzelnde Belastungen, die der Schlaf nicht auflösen konnte. Unsere Patienten, die Ihren eigenen Puls lesen lernen, werden dazu angeregt, Tagebuch über das Ergebnis ihrer drei bis zwölf täglichen Pulslesungen zu führen; mit diesen Daten können sie durch ihre persönlichen Erfahrungen weitreichende Einsichten in ihre Doshas gewinnen.

Darüber hinaus hat das Ganze einen therapeutischen Wert. Wenn Sie Ihre Finger auf Ihren Puls legen, schließen Sie einen Kreis, indem Sie geistige Wachheit mit physischer Wachheit in Kontakt bringen. Denn genauso wie Ihr Geist die Welt durch die Fingerspitzen wahrnimmt (jede von ihnen ist mit 1300 Nervenenden bestückt, die sofortige Veränderungen in Ihrer Hirnchemie bewirken können), sendet Ihr Puls Hunderte von Signalen aus, die nur empfangen werden müssen. Einer der Gründe dafür, warum sich bei diesen Signalen eine Störung eingeschlichen hat, ist womöglich der, daß Sie von ihrer Existenz gar nicht wissen. Der Akt des Pulslesens macht Sie daher auf neue Informationen aufmerksam und ist ein Anfang für den subtilen Prozeß der Ausbalancierung des inneren Intelligenzstroms.

Wie man den Puls deutet

Bei jedem Patienten, der zu einem ayurvedischen Arzt kommt, wird routinemäßig eine Pulsdiagnose durchgeführt. Das ist ein guter Moment, Fragen darüber zu stellen, was der Puls aussagt. Eine Pulsdiagnose durch Dr. Triguna oder einen anderen erfahrenen indischen Spezialisten ist eine einmalige Gelegenheit, aber überall in der Welt gibt es heute Ärzte, die diese Kunst beherrschen. Dr. John Douillard von unserer Klinik in Lancaster, einer der erfahrensten amerikanischen Pulsdiagnostiker, hat einen siebenstündigen Kurs entwickelt, der ein theoretisches wie auch praktisches Verständnis des Nadi Vigyan vermittelt, das dann in der Praxis vertieft werden muß.

DIE MARMA-THERAPIE – STIMULIERUNG DER VERBINDUNGSPUNKTE ZWISCHEN GEIST UND KÖRPER

Da in jeder Zelle Intelligenz steckt, treffen Geist und Körper überall aufeinander, nicht nur im Gehirn. Man könnte eigentlich sagen, daß die Zelle, wenn man ihr einmal die physische Maske abnimmt, in

Wirklichkeit eine Schnittstelle zwischen Materie und Bewußtsein ist, ein Punkt, an dem der quantenmechanische Körper und die äußere Welt einander berühren. Manche dieser Schnittstellen sind jedoch wichtiger als andere. Der Maharishi-Ayurveda nutzt gewisse äußerst empfindliche Punkte auf der Haut, die sogenannten Marmas oder Marma-Punkte. Davon gibt es 107. Obwohl für das Auge nicht sichtbar, sind sie mit dem Tastsinn aufzuspüren und werden als wesentlich für die Aufrechterhaltung der Ausgewogenheit im ganzen Körper angesehen. Durch eine Massagetechnik namens Marma-Therapie können sie angeregt werden. Diese Massage wird in unseren Kliniken angeboten und kann dann auch zu Hause durchgeführt werden.

In alten ayurvedischen Abhandlungen über Chirurgie finden sich Warnungen, niemals einen Schnitt durch einen Marma-Punkt zu legen, deren Lage und Funktion sehr genau angegeben werden. Sie entsprechen in etwa den Meridianen der chinesischen Akupunktur. Der chinesische Therapieansatz ist medizingeschichtlich jünger und möglicherweise ein direkter Nachfolger der Marma-Therapie. Die Schonung der Marma-Punkte ist eine weise Vorsichtsmaßnahme. Obwohl sie sich kaum mit wichtigen Blutgefäßen oder Nerven überschneiden, sind die Marma-Punkte genauso lebenswichtig, da sie anzeigen, wo der innere Intelligenzstrom entlangfließt. Es sind Punkte höchster Empfindlichkeit und Wachheit.

Die Stimulierung der Marma-Punkte

Durch die Stimulierung der Marma-Punkte kann die Verbindung zwischen dem Bewußtsein und dem Körper angeregt werden. Dazu gibt es verschiedene Verfahren. Das eine sind die sanften Yoga-Bewegungen, wie sie in Teil III beschrieben werden. Wenn Sie Ihren Körper in eine Yoga-Position bringen, dehnen Sie in sanfter Weise die Marma-Punkte. Weiterhin wirkt ein dünner Ölstrom auf der Stirn – das zum Panchakarma gehörende *shirodhara* – beruhigend, da das warme Öl direkt auf einen wichtigen Marma-Punkt auf der Stirnmitte fließt. Auch die empfohlene tägliche Ölmassage *(abhyanga)* erreicht alle Marma-Punkte auf der Haut. Dieser Kontakt wird vom Nervensystem unmittelbar wahrgenommen. Die Marma-Punkte gestatten uns einen direkten Dialog mit dem Vata-Dosha, durch den dieses im Gleichgewicht gehalten wird.

Da die Marma-Punkte nicht nur an der Oberfläche liegen, sondern tief in das System eindringen, können sie auch mental stimuliert werden. TM belebt alle Marma-Punkte, insbesondere aber die drei »großen Marmas« *(mahamarma)* an Kopf, Herz und Unterbauch. Diese reichen nicht an die Oberfläche hinauf und müssen daher direkt über den quantenmechanischen Körper stimuliert werden. Dies sind auch die Marmapunkte, die wir am meisten anregen wollen, da sie einen starken Einfluß auf die untergeordneten Marma-Punkte haben.

Und schließlich ist die später zu beschreibende Bliss-Technik ein wirksames Mittel zur Anregung aller Marma-Punkte; in Erfahrungsberichten ist oft die Rede von einer angenehm-prickelnden Wärme oder einem Strömungsgefühl auf der Haut.

Klinische Marma-Therapie

In allen Maharishi-Ayurveda-Kliniken wird eine spezielle Marma-Therapie durchgeführt und mit Anweisungen für die Behandlung zu Hause verbunden. Die Wiederentdeckung des lange vergessenen Marma-Wissens ist meinem Kollegen John Douillard zu verdanken, der in ständigem Kontakt mit den führenden ayurvedischen Ärzten Indiens steht. Sein Ansatz ist insofern einzigartig, als er die 15 Subdoshas den Marma-Punkten zugeordnet hat und sie über diese mit den entsprechenden medizinischen Ölen ausbalanciert.

Bei einem Patienten wird zunächst diagnostiziert, welches Ungleichgewicht bei ihm vorliegt. Beispielsweise wird festgestellt, daß seine Kopfschmerzen auf eine Störung von Prana Vata (das im Kopf lokalisierte Vata-Subdosha) zurückzuführen sind. Die ayurvedischen Masseure massieren dann in genau vorgeschriebener Weise mit dem dazugehörigen Kräuteröl die dem Prana Vata zugeordneten Marma-Punkte. Wie bei den anderen, erst seit kurzem wieder angewandten ayurvedischen Techniken, gibt es bezüglich der Ergebnisse der Marma-Therapie nur Einzelberichte, doch wissen wir, daß die Patienten sie generell als äußerst entspannend empfinden und daß einige von ihnen eine Linderung von Schmerzen und anderen chronischen Symptomen verspüren; im allgemeinen wird das Ausbalancieren der Doshas erleichtert und beschleunigt.

Die Marma-Heimtherapie

Da die Marma-Punkte von einem erfahrenen Arzt lokalisiert werden müssen (denn sie liegen bei jedem Menschen etwas anders), kann die klinische Therapie nicht durch ein Buch vermittelt werden. Sie können jedoch dieses Wissen in etwas allgemeinerer Weise nutzen. Eine Ansammlung der wichtigsten Punkte befindet sich auf den Fußsohlen. Um sie anzuregen, empfehlen wir eine tägliche leichte Fußmassage mit Sesamöl; drei bis fünf Minuten sind ausreichend. Ein guter Zeitpunkt dafür ist vor dem Zubettgehen, da diese Massage durch die beruhigende Wirkung auf das Nervensystem und insbesondere auf das Vata-Dosha eine optimale Vorbereitung auf den Schlaf ist.

Auch wenn Sie Ihre tägliche Körpermassage durchführen, sollten Sie besonders auf drei wichtige Marma-Punkte achten.

Einer liegt zwischen den Augenbrauen und reicht bis in die Stirnmitte hinauf. Sanftes Massieren dieser Bereiche mit geschlossenen Augen ist hilfreich bei Sorgen, Kopfschmerzen, geistigen Verspannungen und anderen oberen Vata-Problemen. Das Massieren des Herz-Marma-Punktes (er liegt tatsächlich gerade unterhalb des Brustbeins) wirkt sich beruhigend bei Erregung aus. Das Massieren des Marma-Punktes am Unterbauch, etwas mehr als eine Handbreit unterhalb des Nabels, lindert Verstopfung, Blähungen und andere Vata-Probleme. Machen Sie an jeder Stelle einige Minuten lang leichte kreisförmige Bewegungen. Das Massieren des Kopf-Marma-Punktes kann auch als Einschlafhilfe dienen, wobei darauf zu achten ist, daß Sie nicht zu stark drücken oder hastige Bewegungen ausführen, denn das würde Vata eher stören als zur Ruhe bringen.

Wie man die Marma-Therapie erlernt

In unseren Kliniken wird die Marma-Therapie sowohl stationär als auch ambulant angeboten; in beiden Fällen unter ärztlicher Aufsicht. Für alle Patienten geht der Behandlung eine Diagnose ihrer Dosha-Störungen voraus, um genau zu ermitteln, welche Marma-

Punkte zu stimulieren sind. Die Patienten erhalten zugleich das geeignete medizinische Öl und können sich, sobald sie einmal die Grundzüge der Therapie kennen, damit selbst weiter behandeln.

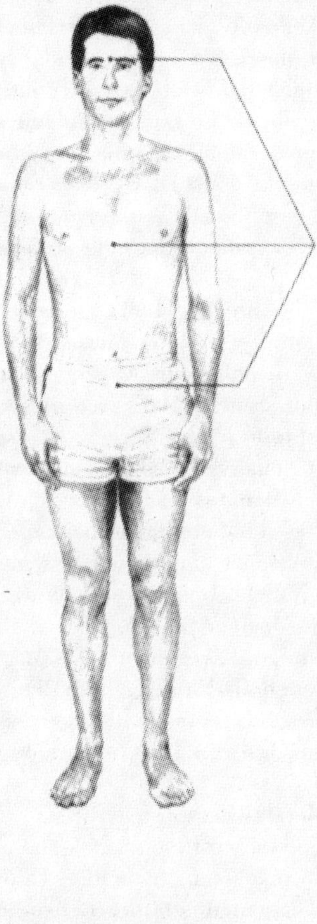

Drei wichtige Marma-Punkte, die Sie zu Hause massieren können.

DIE BLISS-TECHNIK – WIE »REINES GLÜCK« ERFAHRBAR WIRD

Wenn Sie an eine Glückserfahrung denken – die Geburt eines Kindes, einen überwältigenden Sonnenuntergang, einen Alpensee in der Morgendämmerung – und dann Ihre Gefühle über jenes auslösende Erlebnis hinausführen, gelangen Sie in einen neuen Zustand, »reines Glück« genannt. Laut Ayurveda ist reines Glück eine fundamentale Eigenschaft des Lebens. Auf Sanskrit heißt diese Eigenschaft *ananda*, was meist mit »Glückseligkeit« übersetzt wird.

Mit der zunehmenden Popularität östlicher Lehren im Westen hat sich das englische Wort »bliss« als Ausdruck für viele positive Gefühle durchgesetzt. Bliss ist zugegebenermaßen zu abstrakt, um in Reinform erfahren werden zu können. Wie Wärme und Licht sind auch die Erscheinungsformen des Glücks lediglich Endprodukte. In Reinform existiert Bliss nur im quantenmechanischen Körper und perlt bei entsprechenden Bedingungen an die Oberfläche. Niemand kann die zahlreichen Vorgänge in Gehirn und Körper, die zur Erzeugung eines Glücksgefühls koordiniert werden müssen, im einzelnen nachvollziehen, aber da ist jenes unverkennbare Gefühl – reines Glück –, das erfahrbar ist und beweist, daß Glückseligkeit eine Realität ist.

Nach Aussage der ayurvedischen Weisen haben alle unsere Freuden ihren Ursprung in reinem Glück. Es ist das helle Licht, in das wir nicht unmittelbar blicken, sondern von dem wir nur einen Abglanz auf kleinere Freuden wahrnehmen. Diese kleineren Freuden könnten ohne die großen nicht sein. Sogar in den Industrieländern, wo Geld, Schönheit und gesellschaftlicher Erfolg als höchst erstrebenswert gelten, kennt jeder unvermutete Momente, wo das Leben vollkommen und glückerfüllt erscheint. Könnten wir einen solchen Zustand reinen Glücks dauerhaft aufrechterhalten, so hätten wir damit die Quelle vollkommener Gesundheit erreicht.

Die Bliss-Technik

Um ihnen zu helfen, reines Glück zu erlangen, bringen wir unseren Patienten die Bliss-Technik (psychophysische Integrationstechnik) bei. Dieses Wortungetüm bedeutet nichts anderes, als daß Geist und Körper zusammengebracht werden. Die Bliss-Technik bedient sich eines feinen mentalen Impulses, eines ausgewählten Klangs, dessen Zweck es ist, den Geist wieder in Kontakt mit den Klängen der Glückseligkeit zu bringen, die alle Zellen des Körpers durchdringen. Diese Technik unterscheidet sich von der Meditation darin, daß hier das Ziel das Aufperlen von Glücksempfindungen im Körper ist. Dieses Gefühl ist schon an sich äußerst angenehm; es zeigt darüber hinaus an, daß ein quantenmechanischer Heilungsprozeß abläuft und unterbrochene Intelligenzbahnen repariert werden. Solange diese Bahnen unterbrochen sind, kann die Glückseligkeit nicht fließen. Sind sie wieder intakt, so ist der Kontakt mit dem quantenmechanischen Körper wieder hergestellt.

Laura S. ist eine junge Frau mit vorangeschrittenem Brustkrebs, die sich sehr gut erholt hat, seit sie die Bliss-Technik neben der konventionellen Therapie ausübt. Nach der Diagnose eines bösartigen Tumors in der linken Brust verweigerte sie über mehrere Jahre hinweg einen chirurgischen Eingriff. Glücklicherweise metastasierte der Tumor nicht und wuchs nur sehr langsam. Schließlich wurde dann aber eine Operation unumgänglich. Anstatt zu einer Mastektomie (Brustamputation) entschloß sich Laura zu einer lokalen Entfernung der Geschwulst und begann während der chemotherapeutischen Nachbehandlung mit der Bliss-Technik.

Die meisten Patienten reagieren auf Krebsoperationen und Chemotherapie mit Angst und Depressionen, begleitet von einer körperlichen Schwächung, die manchmal bis zum Zusammenbruch führt. Immer jedoch ist die Behandlung eine Tortur. Laura dagegen war in der Lage, trotz allem noch Freude zu empfinden. Sobald sie die Bliss-Technik erlernt hatte, berichtete sie, daß sie sich ruhiger und positiver eingestellt fühlte. Sie verspürte gelegentlich ein pochendes Gefühl, Wärme oder sogar Schmerzen; meistens verschwanden die Schmerzen in der betroffenen Brust jedoch, sobald sie die Technik anwandte. Das eigentlich überwältigende Ergebnis war für sie aber die neue Glückserfahrung inmitten ihrer Krankheit.

»Die Erfahrungen während der Bliss-Technik sind nicht mehr so stark wie zu Beginn, vor anderthalb Jahren«, schreibt Laura. »Aber damals hatte ich ja auch solche tiefverwurzelten Ängste und Sorgen, ein solches Gefühl von Hilflosigkeit und intensiver Furcht, daß der Kontrast sehr groß war, als ich zum erstenmal diese Freude und Glückseligkeit empfand.

Manchmal gab es da große, schwarze Löcher in meinem Bewußtsein. Diese Löcher sind nicht mehr da, und das Gefühl dauerhaften Glücks ist stabiler. Und dann gibt es immer noch Tage, wo die Freude und das Glück so stark sind, daß ich es kaum aushalten kann. Ich empfinde nur noch selten Angst, ein Angstgefühl allgemeinerer Art, das ich gewöhnlich mit etwas Aufmerksamkeit beseitigen kann.«

Abgesehen von anderen Auswirkungen ist der deutliche Kontrast zwischen diesem Bericht und den »schwarzen Löchern«, in die die meisten Krebspatienten fallen, ein überzeugender Hinweis auf die Nützlichkeit der Bliss-Technik. Wir haben dieselben Ergebnisse bei einem großen Spektrum von Patienten mit den verschiedensten Krankheiten verzeichnen können.

Die Natürlichkeit der Glückseligkeit

Jedes Dosha drückt eine andere Ausprägung der Glückseligkeit aus; in einem Zustand vollkommener Ausgewogenheit würde man alle erfahren können:

Vata: anregend, lustig, wach, fröhlich, optimistisch, flexibel
Pitta: zufrieden, froh, ritterlich, freundlich, klar
Kapha: stetig, stark, versöhnlich, mutig, freigebig, liebevoll, heiter

Wie meist der Fall, führt Vata die anderen Doshas an. Es vermittelt im ganzen Nervensystem Freude und verursacht alle zellularen Veränderungen im Körper. Aber ohne eine Ausgewogenheit der drei Doshas kann unsere Physiologie reines Glück nicht über längere Zeit hinweg aushalten. Ein Hauptanliegen des Maharishi-Ayurveda ist es daher, hier Abhilfe zu schaffen, indem die Fenster der inneren Wahrnehmung gereinigt werden. Unsere normale Selbstwahrnehmung im Wachzustand ist im allgemeinen nicht ausreichend, um zu erkennen, wieviel Glückspotential in uns liegt.

Da sich die konventionelle Psychologie so intensiv auf abnorme Geisteszustände, auf Neurosen und Psychosen, konzentriert, kann sie nur wenig über die Auswirkungen von Glück sagen; die innere Medizin schweigt sich gar völlig aus. Momente der Ekstase sind zwar immer wieder gepriesen worden – von Dichtern, Heiligen und auch gewöhnlichen Sterblichen –, aber die Verbindung zu höheren Gesundheitszuständen wurde erst entdeckt, als der Psychologe Abraham Maslow in den fünfziger und sechziger Jahren seine Studien über hoch kreative Menschen begann, die er »selbstverwirklicht« nannte. Solche Menschen, das entdeckte Maslow sehr bald, waren in ihrer Lebensführung sehr verschieden und individuell. Oberflächlich betrachtet, gab es keine Ähnlichkeit zwischen einem erfolgreichen Unternehmer, einem berühmten Schriftsteller und einem großen Dirigenten. Abgesehen von ihrer unterschiedlichen Lebensführung, so fand Maslow heraus, hatten jedoch viele von ihnen das, was er »Gipfelerfahrungen« nannte, Momente von intensivem Wohlbefinden und Glück.

Während dieser Gipfelerfahrungen erlebten diese Menschen eine völlige Transformation ihrer persönlichen Realität. Hindernisse, die in der Alltagsperspektive unüberwindlich schienen, wurden lächerlich klein. Ein überwältigendes Kraftgefühl durchströmte sie. Sie fühlten sich zutiefst ruhig und im Einklang mit dem Leben.

Die erfolgreichsten Sportler und andere Menschen, die öffentlich auftreten, können Momente bezeugen, wo sie sich mühelos selbst übertreffen. Die amerikanische Spitzensportlerin Patsy Neal beschrieb dies folgendermaßen: »Es gibt solche herrlichen Momente im Leben, die alle menschliche Erwartung, alle körperlichen und emotionalen Fähigkeiten übertreffen. Etwas Unerklärliches übernimmt die Führung und haucht Leben in das bekannte Leben hinein. Der Sportler geht über sich selbst hinaus; er transzendiert das Natürliche, ja, fast schwebt er durch den Wettkampf und fühlt sich an Kraftquellen angeschlossen, derer er sich bislang nicht bewußt war.«

Eine Gipfelerfahrung, so fand Maslow heraus, war in höchstem Maße heilsam. Seine Patienten schrieben wesentliche Veränderungen in ihrem Leben den Erkenntnissen zu, die sie während ihrer

Gipfelerfahrungen plötzlich hatten; sie erfuhren neues Selbstvertrauen und einen Zuwachs an Kreativität, unerwartete Lösungen für unlösbar erscheinende Probleme und die Gewißheit, daß keine Furcht ihnen etwas anhaben konnte. In einigen Fällen verschwanden langjährige Depressionen und Angstneurosen buchstäblich über Nacht und traten nie wieder auf.

Maslow war zutiefst beeindruckt, und seine richtungsweisenden Studien erweiterten das Wissen über die Möglichkeiten positiver Erfahrungen im menschlichen Leben erheblich. Wie man jedoch gezielt zu einer Gipfelerfahrung gelangen kann und was ihr Ursprung ist, fand er nicht heraus. Ohne eine Technik des Transzendierens konnte er lediglich auf diese Zufallsmomente warten, in denen sich der Vorhang teilt und die Psyche den gewöhnlichen Wachzustand überschreitet.

Die Superflüssigkeit

Vor kurzem entdeckten psychologische Forscher eine Art schwerelosen Zustand, in den kreative Menschen oft hineingleiten und der als Fließerfahrung (Flow-Erlebnis) bekannt ist. Während dieses Zustands scheinen Arbeitsprojekte wie von selbst voranzukommen, und selbst die tiefste Konzentration erfordert keine Anstrengung. Solange sie sich »im Fluß« befinden, haben diese kreativen Menschen das Gefühl, weit über ihre üblichen Fähigkeiten hinausgehoben zu sein. Leider läßt sich dieser Zustand anderen nicht vermitteln, und man kann ihn auch nicht für sich selbst weiterentwickeln. Weniger als 10 Prozent aller Menschen machen derartige Erfahrungen, und diejenigen, die sie machen, tun dies nur zeitweise. Immerhin ist das schon mehr als das, was Maslow vermutete, der meinte, daß der Anteil an selbstverwirklichten Menschen aus weniger als einem Tausendstel der Gesamtbevölkerung bestehe.

Erst mit der ernsthaften wissenschaftlichen Erforschung der Meditation wurde dieses nur schwer greifbare Phänomen umfassend erklärt. Es stellte sich heraus, daß Gipfelerfahrungen oder das Gefühl, »im Fluß« zu sein, auf einen tieferliegenden, dauerhaften Zustand hinweisen, den Meditationsforscher als »Superflüssigkeit« bezeichnen. Superflüssigkeit ist dem Fluß insofern ähnlich, als auch hier weniger Anstrengung bei allem Tun erforderlich ist, nur ist die Anstrengung jetzt auf das absolute Minimum verringert, Handeln wird völlig automatisch – der Handelnde geht in seiner Aufgabe auf, der Denker in seinen Gedanken, der Künstler in seiner Kunst.

Folgendes Originalzitat eines TM-Meditierenden stammt aus den siebziger Jahren: »Ein sanftes, aber starkes Gefühl glückhafter Ausgewogenheit herrscht fast die ganze Zeit im Geist wie im Körper vor. Körperlich ist es als eine äußerst angenehme Lebendigkeit im ganzen Körper erfahrbar. Diese Ausgewogenheit ist so umfassend und so stabil, daß sie auch inmitten größter Aktivität bestehen bleibt – sie schirmt einen gegen alle störenden Einflüsse ab und macht alles Handeln leicht und unbeschwert.«

Der Begriff »Superflüssigkeit« stammt ursprünglich aus der Physik und wurde dort vor mehr als 50 Jahren für bestimmte Substanzen eingeführt. Wenn beispielsweise flüssiges Helium bis auf fast minus 273 Grad Celsius abgekühlt wird, entwickelt es die Eigenschaft, an den Seitenwänden des jeweiligen Behälters hinaufzufließen, durch winzigste Öffnungen zu dringen und, einmal in Bewegung gesetzt, unbegrenzt lange weiterzufließen. Die Ursache für diese rätselhafte Veränderung des Verhaltens ist im Abkühlungseffekt zu suchen. Bei einer genügend niedrigen Temperatur hören die Heliumatome auf, sich willkürlich zu bewegen, und nehmen eine geordnete Struktur an, ähnlich einer Armee, die sich zu einer Parade formiert. Superflüssige Heliumatome sind so geordnet, daß sie den reibungslosen Zustand eines Superflusses einnehmen. Eine ähnliche Eigenschaft von supergekühlten Materialien ist ihre Supraleitfähigkeit, die Fähigkeit, elektrischen Strom ohne Reibungsverluste zu leiten. Die Supraleitfähigkeit scheint ebenfalls den normalen Naturgesetzen zu widersprechen, ist jedoch nichts anderes als eine spezielle Eigenschaft, die ganz natürlich auftritt, sobald spezielle Bedingungen erfüllt sind.

In derselben Weise tritt Superflüssigkeit im Bewußtsein auf, sobald der Denkvorgang durch Meditation »abgekühlt« wird. Der Geist entdeckt auf ruhigeren Ebenen des Denkens zunehmende Geordnetheit, bis er schließlich in die Nähe der völligen Geordnetheit reiner Stille gelangt, ohne jedoch ganz hineinzugleiten. Genau an dieser Stelle, an der Quantengrenze des Geistes, ist es noch möglich, zu denken und zu handeln, wenn auch nach anderen Regeln. Man erfährt eine mühelose Ausweitung und eine Art »reibungsloser« Kreativität, die im gewöhnlichen Wachzustand nicht wahrnehmbar ist.

Wie man die Bliss-Technik erlernen kann

Die Bliss-Technik wird sowohl Gesunden als auch Kranken beigebracht. Die Unterweisung erfolgt durch einen dafür ausgebildeten Lehrer, der gleichzeitig eine Ausbildung in Maharishi-Ayurveda hat. Sie dauert etwa eine Stunde. Ihr geht eine gründliche ärztliche Untersuchung voraus. Die Unterweisung umfaßt die Anwendung der Technik in verschiedenen Situationen, je nachdem, ob körperliche Schmerzen, Angstzustände, Depressionen oder eindeutige Symptome einer Krankheit vorliegen. In jedem Fall ist das Durchdrungensein von Glück ein entscheidender Schritt in Richtung Selbsterkenntnis, der uns in überzeugender Weise deutlich macht, daß reines Glück eine uns innewohnende Realität ist.

DIE AROMA-THERAPIE – AUSGEWOGENHEIT DURCH DEN GERUCHSSINN

Jeder unserer fünf Sinne ist das Ergebnis einer anderen Schwingung unseres quantenmechanischen Körpers. Lichtwellen, die auf unsere Netzhaut fallen, verursachen eine andere Reaktion als Dinge, die wir mit unseren Fingern berühren. Auf diese Weise wird die Welt in gesehene, gehörte, gerochene und andere Eindrücke geschieden. Auch die drei Doshas sind in bestimmter Weise auf die Welt ausgerichtet. Jedes von ihnen ist primär mit einem oder zwei der fünf Sinne verbunden:

Vata: Gehör- und Tastsinn
Pitta: Gesichtssinn
Kapha: Geschmacks- und Geruchssinn

Diese Gewichtung ist bei Menschen, die eine einfache Dosha-Dominanz haben, leicht zu beobachten. Der reine Vata-Typ reagiert sehr empfindlich auf Lärm, und seine Haut spürt die leiseste Berührung. Der Pitta-Typ, besonders der mit feinem Haar und heller Haut, verträgt keine starke Sonneneinstrahlung und ist sehr empfänglich für visuelle Schönheit. Kapha, der erdverbundenste aller Konstitutionstypen, liebt die Atmosphäre von Heim und Herd; er empfindet Küchengerüche als angenehm und ißt gern.

Da wir alle Vata, Pitta und Kapha in uns haben, sind diese Vorlieben relativ zu sehen. Jeder Konstitutionstyp kann beispielsweise auf die Marma-Therapie reagieren, die ja den Tastsinn anspricht; ihre Wirkung beschränkt sich nicht auf den Vata-Typ. Die alten ayurvedischen Texte liefern uns lange Listen von Sinneseindrücken zur Ausbalancierung der Doshas. Sie reichen vom Anblick des Vollmonds und einem Spaziergang am Wasser entlang (sehr gut für Pitta) bis zum Lauschen des Windes in den Bäumen (sehr gut für Vata). Aus diesem Wissen heraus entwickelte sich eine besondere Behandlungsart, die Aroma-Therapie; unsere Patienten empfinden sie als äußerst angenehm.

Das Vokabular der Aromen

Jedes Dosha kann mit Hilfe von entsprechenden Aromen ausbalanciert werden. Die Zuordnung geschieht über *rasas*, Geschmacksrichtungen in unserer Nahrung. Ich werde mich in Teil III bei den Ernährungshinweisen noch eingehend mit den Rasas beschäftigen. An dieser Stelle sei lediglich vermerkt, daß es im Ayurveda sechs Geschmacksrichtungen gibt: die bekannten vier, nämlich süß, sauer, salzig und bitter; außerdem herb (der trockene, den Mund zusammenziehende Geschmack von Bohnen, Granatäpfeln oder Gelbwurz) und scharf (gewürzt). Süße Speisen sind dafür bekannt, daß sie Vata und Pitta ausgleichen, so wie es der süße Duft einer Rose tut. Sauer verstärkt Pitta; das tun auch säuerliche Gerüche und üble Gerüche ganz allgemein. Feuchte, erdhafte Gerüche verstärken Kapha. Bittere und herbe Gerüche verstärken besonders Vata.

Unser Geschmacksvokabular beschränkt sich auf süß, sauer, salzig, bitter, herb und scharf. Die Nase dagegen versteht die Weltsprache der Gerüche mit ihren für einen ausgeprägten Geruchssinn annähernd 10000 wahrnehmbaren Duftvokabeln. Die Gerüche, die unsere Nase wahrnimmt, müssen sich zunächst in der Feuchtigkeit der Nasenschleimhaut auflösen und werden dann durch spezielle Geruchszellen direkt zum Hypothalamus weitergeleitet. (Diese Zellen sind die einzigen Nervenzellen im ganzen Körper, die, nur durch eine dünne Schleimschicht geschützt, der Luft direkt ausgesetzt sind. Die Geruchsnerven sind auch die einzigen Nerven, die sich etwa alle drei Wochen vollständig erneuern.)

Die Tatsache, daß Gerüche direkt zum Hypothalamus gelangen, ist von großer Bedeutung, denn dieses winzige Organ steuert Dutzende von Körperfunktionen wie Temperatur, Durst, Hunger, Blutzuckerspiegel, Wachstum, Wachen und Schlafen, sexuelle Erregung sowie Gefühle wie Ärger und Freude. Wenn wir etwas riechen, senden wir eine direkte Botschaft an das »Gehirn im Gehirn«, wie der Hypothalamus auch genannt wird, und von dort aus an den gesamten Körper. Gleichzeitig geht die Duftbotschaft an das limbische System, das unter anderem auch die Gefühle steuert, und an das sogenannte Ammonshorn, den für den Erinnerungsvorgang zuständigen Teil des Gehirns. Dieser Sachverhalt erklärt, warum Gerüche zugleich vergangene Ereignisse so lebhaft wachrufen können. Küchengerüche, Blumenduft und Parfüm zum Beispiel lösen alle leicht ein Déjà-vu-Erlebnis aus. Die Gärten etwa, durch die Sie vor Zeiten gingen, haben sich über die damit verbundenen Gerüche Ihrem Gehirn dauerhaft eingeprägt.

Wie die Aroma-Therapie angewandt wird

Im Maharishi-Ayurveda werden bestimmte Aromen angewandt, um spezifische Signale auszusenden, die die Doshas ausbalancieren. Im allgemeinen erfolgt das Ausbalancieren von:

- *Vata* durch eine Mischung aus intensiven süßen und sauren Aromen wie Basilikum, Orange, Geranie, Nelke und anderen Gewürzen;
- *Pitta* durch eine Mischung aus frischen, süßen Aromen wie Sandelholz, Rose, Minze, Zimt oder Jasmin;
- *Kapha* ähnlich wie Vata durch eine Mischung aus intensiven Düf-

ten, die jedoch würziger riechen, wie beispielsweise Wacholder, Eukalyptus, Kampfer, Nelke oder Majoran.

Etwa zehn Tropfen Aromaöl in einen Behälter mit heißem Wasser gegeben, erfüllen den Raum eine halbe Stunde lang mit einem leichten Duft; diese Zeit können Sie jedoch nach Belieben ausdehnen. (Es gibt dafür spezielle Duftlampen; doch tun es eine Tasse und ein Stövchen genausogut.) Die Einschlafzeit ist zum Einatmen der Aromen besonders gut geeignet, da die verschiedenen Bilder und Geräusche des Tages die Duftbotschaften eher verdrängen und ihre Wirkung unterbinden. Die Aromen helfen vielen Menschen beim Einschlafen und können die ganze Nacht lang wirken.

Die Aroma-Therapie hat auch einen medizinischen Aspekt: Patienten, bei denen eine spezielle Dosha-Störung diagnostiziert wurde, erhalten Öle für das aus dem Gleichgewicht geratene Subdosha. Es ist in der Tat möglich, Schmerzen mit einem Aroma zu lindern, sobald man das entsprechende Subdosha und das dazugehörende Öl ermittelt hat.

Im Februar zog sich Betsy A. eine schwere Erkältung zu, die sie für eine Woche ans Bett fesselte und die nicht weichen wollte. Auch nachdem sie das Bett verlassen konnte, wurde sie von einem trockenen Husten geplagt. Das blieb einen Monat so, dann einen zweiten, und als der dritte Monat ohne Besserung verstrich, wandte sie sich an einen ayurvedischen Arzt.

Es stellte sich heraus, daß sie ein Vata-Pitta-Typ war und eine Vata-Störung in den Lungenschleimhäuten hatte. Diese konnte auf verschiedene Weise behandelt werden. Ihr Arzt wählte die Aroma-Therapie und verschrieb ihr ein spezielles Vata-Öl, das sie am Abend einatmen sollte. Betsy ging mit gemischten Gefühlen nach Hause. »Ich wartete nicht bis zum Zubettgehen«, erinnerte sie sich. »Meine Neugier war stärker. Ich kochte mir eine Tasse Wasser auf, tropfte etwas von dem süß riechenden Öl hinein und beugte mich darüber. Die Reaktion in meinem Körper war sehr stark und kam völlig unerwartet. Es war so, als ob jede Zelle, vom Scheitel bis zur Sohle, plötzlich aufwachte. Ich stand nur einfach da und atmete ein ums andere Mal tief ein – ich konnte gar nicht genug davon bekommen. Am Abend wandte ich das Öl dann wie vorgeschrieben an. Als ich im Bett lag, kam dieselbe aufmunternde Energie von neuem. Mein Intellekt sagte mir, daß es ja eigentlich recht merkwürdig war, solch ein Ergebnis durch einen bloßen Duft zu erreichen, aber mein Körper war überzeugt.« Kurz darauf hörte der Husten auf, und Betsy schlief leichter ein als seit Monaten.

Ohne eine genaue Diagnose hat die Aroma-Therapie nur eine allgemeine Wirkung. Sie kann möglicherweise ein Symptom mildern oder lediglich als angenehm entspannend empfunden werden. Wir waren bisweilen sehr überrascht festzustellen, daß Migräne, Rükkenschmerzen, Hautausschläge und Schlafstörungen, die sich anderen Behandlungsmethoden oft über lange Zeit hinweg widersetzt hatten, durch die Aroma-Therapie beseitigt werden konnten. Dies bestätigt das ayurvedische Prinzip, daß alles als Medizin angewandt werden kann, wenn man den Patienten nur gut genug kennt.

Wie man die Aroma-Therapie erlernen kann

Zur Durchführung dieser Therapie ist es lediglich nötig zu wissen, welches Öl man braucht. Diejenigen, die sich keine Diagnose erstellen lassen können, müssen dann ihrem Hauptdosha entsprechend vorgehen, das sie im Regelfall beruhigen wollen. Zu diesem Zweck kann man spezielle Vata-, Pitta- und Kapha-Öle kaufen.

DIE GANDHARVA-MUSIK-THERAPIE – MELODIEN HARMONISIEREN DIE NATUR

Der Maharishi-Ayurveda hat auch eine systematische Musiktherapie entwickelt. Die Patienten in unseren Kliniken verbringen jeden Tag einige Zeit damit, daß sie den Melodien des Gandharva Veda zuhören. Der Gandharva Veda ist ein Zweig der umfangreichen vedischen Literatur und könnte etwa mit »Das Wissen von den Klängen« übersetzt werden. Die Gandharva-Musik stammt aus der uralten vedischen Hochkultur Indiens, und noch heute bilden ihre Regeln die Grundlage für die langen, klangvollen *ragas*, die die indischen Musiker scheinbar improvisieren.

Der Gandharva Veda stellt eine weitentwickelte Technik zur Veränderung der Physiologie dar. Musik ist mehr als lediglich besänftigend oder erregend. Warum hören wir ihr überhaupt zu? Zu unserem Vergnügen natürlich. Aber jedes Vergnügen verändert den Körper in einer bestimmten Weise. Wir messen gewöhnlich nicht unseren Blutdruck, um zu sehen, ob Bach oder Mozart etwas daran verändern, aber wenn Sie Ihren Blutdruck senken wollen, ist bekanntlich leise, langsame klassische Musik ein wirksames Mittel.

Musik als Medizin

Die Tatsache, daß Musik eine Therapie sein kann, wurde mir in New Delhi bei einer Ärztekonferenz über den klinischen Nutzen der Gandharva-Musik bewußt. Eine ayurvedische Ärztin kündigte an, daß sie, statt über die Gandharva-Musik zu sprechen, lieber ihre Wirkung demonstrieren wolle.

Sie bat uns, ihr einige Minuten lang zuzuhören, und sang uns einige Melodien vor, die besonders Vata beruhigen. Wir schlossen die Augen und hörten ihre Stimme mit einem pulsierenden, exotischen Refrain, der uns in seinen Bann schlug. Anschließend bat uns die singende Ärztin, bei unserem jeweiligen Nachbarn den Puls zu fühlen. Nachdem wir dies getan hatten, berichteten alle einstimmig, sie hätten eine deutliche Verlangsamung des Pulses registriert. Daraufhin sang sie eine schnellere Melodie auf der Grundlage einer anderen Raga (Tonfolge). Nach einigen Minuten des Zuhörens fühlten wir wieder den Puls unseres Nachbarn; der Puls war bei allen schneller geworden. Unsere Körper wurden tatsächlich in einer von der Ärztin gewünschten Weise verändert. Diese Grundtechnik sowie Dutzende von Variationen, die auf die verschiedenen Körperregionen abgestimmt sind, stellt das ärztliche Wissen des Gandharva Veda dar. Ihm liegt das Konzept eines ausgewogenen Klangs zugrunde, von Schwingungen, die die Doshas beruhigen.

Wie durch verschiedene Geschmacksarten, Farben und Gerüche werden die Doshas durch bestimmte Klänge entweder ausgeglichen oder gestört. Schnelles oder langsames Spielen, hohe oder tiefe Töne sowie komplexe rhythmische Muster sind Kunstgriffe zur Veränderung der Reaktion des Zuhörers.

In den Schriften des Gandharva Veda ist genau aufgezeichnet, welche Ragas für den Morgen, den Mittag, den Abend und für die übrigen Tageszeiten bestimmt sind. Wenn beispielsweise Vata durch die Geschäftsaktivitäten gegen vier Uhr nachmittags einen Höhepunkt erreicht hat, kann Musik den Übergang zu den entspannteren Phasen des frühen Abends einleiten.

Richtig gespielt, haben Gandharva-Melodien universale Wirkungen. Unsere Körper reagieren mit Veränderungen, die die verschiedenen Rhythmen der Natur widerspiegeln. Schließlich wird nicht nur unser Puls abends langsamer; alle Pflanzen und Tiere reagieren ebenfalls entsprechend ihrer jeweiligen Abendzyklen. Die Gandharva-Musik verkörpert die Grundschwingungen, die zu jedem Zeitpunkt durch die Natur pulsieren.

Die Anwendung der Gandharva-Musik

Die Gandharva-Therapie ist ein Standardbestandteil der stationären Programme in unseren Kliniken. Für den Hausgebrauch gibt es Audio-Kassetten oder CDs, die in jeweils dreistündigen Zeitabschnitten über den Tag hinweg abgespielt werden können. Diesen Abschnitten, *sandhyas* genannt, sind bestimmte Ragas zugeordnet. Die Sandhyas bilden ein ähnliches Bezugssystem wie die Punkte auf einem Kompaß.

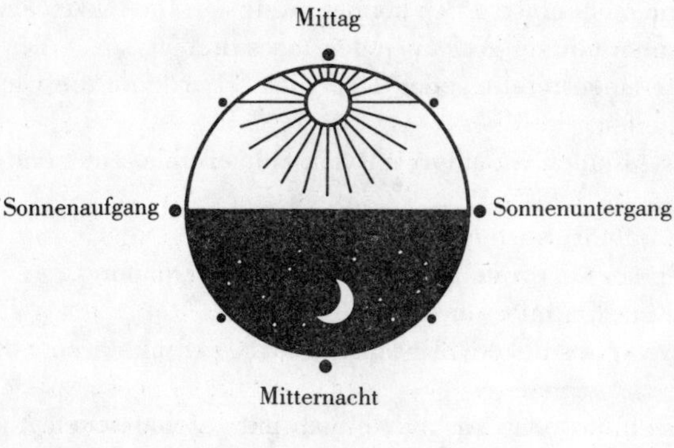

Sonnenaufgang, Mittag, Sonnenuntergang und Mitternacht sind die vier Hauptwendepunkte im Tagesablauf; sie stellen Wechsel im Naturrhythmus dar. Es gibt vier weitere Übergänge am späten Morgen, Nachmittag, Abend und vor der Morgendämmerung. Die dreistündigen Sandhyas teilen den Tag folgendermaßen ein:

Morgen:	7 – 10 Uhr	Später Morgen:	10 – 13 Uhr
Mittag:	13 – 16 Uhr	Später Nachmittag:	16 – 19 Uhr
Sonnenuntergang:	19 – 22 Uhr	Später Abend:	22 – 1 Uhr
Mitternacht:	1 – 4 Uhr	Frühe Dämmerung:	4 – 7 Uhr

Diese Zeiten sind nur Näherungswerte und müssen der jeweiligen Jahreszeit angepaßt werden. Die allgemeine Regel ist, daß jeweils die Stunde der Morgendämmerung den Beginn des ersten Sandhya anzeigt.

Genauso wie unsere Doshas um den Jahreszeitenwechsel herum besonders anfällig für Unausgewogenheit sind (was die notorischen Frühjahrsschnupfen und Spätsommerallergien hervorruft), reagiert der Körper auch auf die Übergänge während des Tages. Die Körperfunktionen erreichen zu bestimmten Zeiten Spitzenwerte und werden dann wieder schwächer. Die Gandharva-Musik harmonisiert sie zu einem kontinuierlichen Strom ansteigender und abfallender Aktivität und verhindert extreme Umschläge und harte Übergänge. Wenn Sie nicht einschlafen können, weil sich Ihre Gedanken rastlos um die unerledigten Aufgaben des Tages drehen, so ist dies ein Beispiel für einen mißlungenen Übergang. Hier kann die Gandharva-Musik helfen.

Zehn Minuten Gandharva-Musik können Ihnen nützlich sein:

- als sanfte Aufwachhilfe am Morgen,
- nach den Mahlzeiten für eine geregelte Verdauung,
- als Einschlafhilfe vor dem Zubettgehen,
- während der Rekonvaleszenz, wenn Sie krank waren.

Am besten hört man zu, indem man mit geschlossenen Augen still dasitzt. Lenken Sie Ihre Aufmerksamkeit leicht auf die Melodie.

Wenn Ihr Geist abwandert, bringen Sie ihn sanft zur Musik zurück. Am Ende des Zuhörens schalten Sie das Gerät ab und sitzen noch eine bis zwei Minuten ruhig da.

Wenn Sie versuchen abzunehmen, hören Sie vor den Mahlzeiten fünf Minuten Gandharva-Musik. Das bringt den Geist zur Ruhe und macht es Ihnen leichter zu spüren, wie hungrig Sie wirklich sind. Dasselbe gilt für Phasen, während derer Sie sich ängstlich oder besorgt fühlen (Vata-Überschuß). Hören Sie der Musik entspannt zu; das beruhigt Vata.

Die Wirkung der Gandharva-Musik ist auch dann vorhanden, wenn Sie sich nicht im selben Raum aufhalten. Sie ist dann zwar nicht so stark, aber die Ragas entfalten ihre ausgleichende Wirkung auch ohne Zuhörer. Im Westen gibt es hierfür keine Erklärung, obwohl jeder weiß, wie es ist, wenn man in ein fremdes Haus eintritt und irgendwie spürt, ob dieses Haus von glücklichen oder traurigen Menschen bewohnt war. Auf dieselbe unerklärliche Weise erfüllt die Gandharva-Musik die Atmosphäre mit Schwingungen der Freude. Sie könnten beispielsweise während Ihrer Abwesenheit von zu Hause Gandharva-Musikkassetten abspielen und dann sehen, ob Ihr Haus bei Ihrer Rückkehr eine ruhigere und harmonischere Atmosphäre ausstrahlt.

Da die Ragas nicht dem westlichen Tongefühl entsprechen, klingen die Stimmen und Instrumente für uns ungewöhnlich. Manche Menschen finden die Melodien sofort wunderschön, andere erwärmen sich erst mit der Zeit dafür. Beurteilt werden sollte jedoch vor allem die Wirkung auf den Körper. Fühlen Sie sich angenehm erfrischt, leicht und beschwingt, so hat die Musik gewirkt.

Wie man in den Genuß der Gandharva-Therapie kommt

Die einzige Voraussetzung für die Heim-Musiktherapie ist der Besitz eines Kassettenrecorders oder eines CD-Players und der entsprechenden Kassetten und CDs. Sie können jedoch auch selbst ein Gandharva-Musiker werden. In den USA, in Europa und Asien gibt es Maharishi-Ayurveda-Schulen, in denen anerkannte Meister in klassischer indischer Musik Unterricht erteilen. Willkommen sind hier alle Schüler, unabhängig von ihrem musikalischen Ausbildungsstand. Außer Sitar, einem gitarrenähnlichen Instrument, und Tabla, einer Trommel, die den meisten bereits vertraut sind, wird auch indische Flöte und ein dreisaitiges Instrument mit Namen *veena* gelehrt. Zusammen mit der menschlichen Stimme sind diese beiden sehr alten Instrumente die reinsten Interpretationsmittel für die Gandharva-Melodien.

3 FREIHEIT VON SUCHT

Wenn wir unsere Gesellschaft kritisch betrachten, so zeigt sie ein jährlich wachsendes Suchtverhalten. High-Tech-Medizin, Millionenbeträge für Öffentlichkeitsarbeit und eine gewaltige Rehabilitations-Industrie haben dieses bestürzende Problem nicht lösen können. Für jeden Erfolg scheint es drei entmutigende Rückschläge zu geben. In den USA ist beispielsweise der Zigarettenkonsum seit 1960 zwar insgesamt rückläufig, aber mehr als ein Fünftel aller Amerikaner rauchen auch heute noch, und einzelne Bevölkerungsgruppen wie Schülerinnen und ungelernte Arbeiter stellen neue Rekorde auf. Ähnliche Tendenzen gibt es auch in Deutschland, mit dem Ergebnis, daß die Häufigkeit von Lungenkrebs bei Frauen in den achtziger Jahren auf das Doppelte angestiegen ist. Es wird geschätzt, daß 70 Prozent derjenigen, die als Teenager mit dem Rauchen beginnen, für die nächsten 40 Jahre abhängig bleiben.

Der Alkoholverbrauch verschob sich in den achtziger Jahren von hochprozentigen Spirituosen hin zu Bier und Wein, aber der Alkoholismus selbst hat mittlerweile auch die Jüngsten erfaßt. In vielen Schulen gab es konkrete Anlässe für Aufklärungskampagnen. Entwöhnungsprogramme für Alkohol- und Drogensüchtige lassen nichts unversucht, ihre Teilnehmer »sauber« zu halten, doch ist der Erfolg auf Dauer eher gering. In alarmierender Weise haben sich harte Drogen durchgesetzt, und die Verknüpfung von Drogen und Verbrechen ist so eng wie nie zuvor. Gerade in diesen von Gewalt und Verzweiflung geprägten Bereich werden immer mehr Jugendliche hineingezogen, und der Verkauf von »Crack« (inhalierbares, synthetisches Kokain) durch Schulkinder ist der jüngste, in hohem Maße beunruhigende Trend.

IM GEDÄCHTNIS VERANKERT

Die Grundidee der Quantenheilung ist, daß die Erinnerung an die Vollkommenheit nicht verlorengehen, sondern nur überlagert werden kann. Wenn wir jemanden betrachten, der süchtig nach Alkohol, Zigaretten oder Drogen ist, so stellen wir einen gravierenden Verlust an Ausgeglichenheit fest; klare, gesunde Botschaften aus dem quantenmechanischen Körper kommen entweder extrem verzerrt oder überhaupt nicht mehr an.

Was kann nun der Maharishi-Ayurveda tun, um hier Abhilfe zu schaffen? Zunächst erklären wir Suchtverhalten als eine Verzerrung der Intelligenz auf einer sehr tiefen Ebene der Persönlichkeit. Statt darüber zu debattieren, ob Suchtverhalten körperlich oder geistig bedingt ist, angeboren oder anerzogen, weisen wir darauf hin, daß alle diese Einflüsse auf der Quantenebene zusammenlaufen. *Smriti* (Gedächtnis) nennt der Ayurveda das, was alle Entscheidungen steuert, die wir treffen. Damit eine Zelle sich verändern kann, muß sie ihren inneren Schaltplan ablesen, auf dem alle Erinnerungen, Funktionen und Tendenzen gespeichert sind. Wenn dieser Schaltplan defekt ist, führt dies zu einer Störung der gesamten Zelle.

Walter F., ein junger Ex-Soldat, kam Mitte der siebziger Jahre zu mir in Behandlung. Er war auf den Straßen der Slums im Süden von Boston aufgewachsen. Mit Sechzehn hatte er die Schule verlassen, an seinem 18. Geburtstag ging er zur Armee. Den Vietnamkrieg überstand er zwar unverletzt, doch als er in die USA zurückkehrte, war er heroinsüchtig geworden. Wie viele andere Soldaten, hatte er zu dieser Droge gegriffen, um das Trauma des Krieges besser ertragen zu können. Anders als die meisten anderen aber, auf die bei ihrer Heimkehr eine Familie oder eine Arbeit wartete, hatte Walter keinen Anlaß, sich von der Sucht zu befreien. Schließlich griff ihn die Polizei auf, und er wurde per Gerichtsurteil Patient des Bostoner Veterans-Administration-Krankenhauses.

Den Ärzten ging es bei ihrer Behandlung vor allem um den Entzug und die Entgiftung des Körpers. Normalerweise wäre Walter danach nur noch wenig Aufmerksamkeit gewidmet worden. Aber während seiner Rekonvaleszenz begann ich ihn in meiner Funktion als behandelnder Arzt aufzusuchen. Es war mir klar, daß Walter ein ungewöhnlicher Fall war. Trotz seiner verzweifelten Lage hatte er neue Hoffnung geschöpft und war beherzt und gewillt, seine Sucht zu bekämpfen. Er machte rasche Fortschritte, und weniger als ein Jahr nach Behandlungsbeginn hatte er eine feste Arbeit und sprach begeistert über seine Zukunftsträume und seine Pläne.

Diese Zukunft wurde jedoch nie Wirklichkeit. Eines Tages hatte Walters Wagen eine Panne, und er war gezwungen, mit dem Vorortzug zur Arbeit zu fahren, was er seit Monaten nicht mehr getan hatte. Er stieg in den heruntergekommenen, klapprigen Zug ein. Der Lärm irritierte ihn, und er versuchte vergeblich, gegen ihn anzukämpfen. Es war ein drückend heißer Julitag. Der Ventilator war defekt, und wenige Minuten, nachdem er in den stickigen Zug eingestiegen war, war die Grenze des Erträglichen für ihn erreicht. Walter wurde extrem erregt, und als er den Zug verließ, hatte er jegliche Kontrolle über sich verloren. Als er wenig später wieder ins Krankenhaus eingeliefert wurde, war er dem Heroin stärker verfallen als zuvor, und diesmal hatte er auch nicht mehr den Wunsch, davon loszukommen.

In meinen Notizen finde ich den Vermerk: »Was ist diesem Mann zugestoßen? Eine befriedigende chemische Erklärung für den Vorfall im Zug läßt sich nicht finden. Ich denke an ihn in seinem Nadelstreifenanzug, zuversichtlich ausgerüstet für ein neues Leben, und dann an seine Fahrt in dem Zug, mit dem er fuhr, als er noch verstört und süchtig gewesen war. Wo hat sich die Sucht ein Jahr lang verborgen, bevor sie wieder zum Vorschein kam? Die Zellen in jedermanns Körper kommen und gehen, aber ihr Verschwinden ist nicht genug, um sich aus dem Bann der Sucht zu lösen. In einer Weise, die die Medizin erst langsam zu erforschen beginnt, ist das Gedächtnis der Zelle fähig, die Zelle selbst zu überleben.«

Wenn das stimmt, dann muß man den Schaltplan des Gedächtnisses verändern, um sich von seiner Sucht zu befreien. Es ist nicht genug, einfach nur die physischen Toxine aus den Zellen zu entfernen, dem Süchtigen gute Ratschläge zu erteilen oder ihm neue Verhaltensmuster beizubringen. Diese Schritte haben gewiß ihren Wert, aber die Sucht wurzelt letztendlich im Gedächtnis, und hier muß sie auch entwurzelt werden.

EINE KUR OHNE ZWANG

Heutzutage werden in Entzugsprogrammen in hohem Maße konfrontative Techniken angewandt, die die Notwendigkeit ständiger Wachsamkeit gegenüber einer allgegenwärtigen Bedrohung betonen. »Das Tier sitzt dir im Nacken«, wird dem Süchtigen gesagt, »und wird dort für den Rest deines Lebens bleiben.« Die Logik dahinter ist, daß Süchtige erst dann geheilt sind, wenn sie zwanghaft enthaltsam geworden sind.

Die Sichtweise des Maharishi-Ayurveda ist eine völlig andere. Der Grundstein unserer Entzugsprogramme ist die Überzeugung, daß der Süchtige seine Gewohnheit automatisch aufgibt, wenn man ihm eine Quelle größerer Zufriedenheit zugänglich macht. Wir meinen, daß die Ursache für jedes Suchtverhalten die Sucht nach Befriedigung und Trost ist. Alkohol, Zigaretten und Drogen verursachen einen unvorstellbaren Schaden, aber ihre Konsumenten erhalten durch sie eine gewisse Befriedigung oder zumindest Erleichterung von einer andernfalls unerträglichen Belastung. Süchtige bleiben bei ihrem Verhalten, weil sie keinen anderen Ausweg wissen. Sporadische Schuld- und Schamgefühle, Reue und Selbstanklage sind da kaum hilfreich.

Aber wenn man ihren Geist zu einer Quelle größerer Zufriedenheit hinführt, entsteht der natürliche Wunsch, sich von der Sucht zu befreien. Seit mehr als 20 Jahren gibt es Beweise für diese neue Sicht der Dinge. Bereits in den frühen siebziger Jahren zeigten Studien in den USA und Europa wiederholt, daß, wenn Süchtige zu meditieren beginnen, ihre Angst abnimmt und damit ihr Bedarf an Alkohol, Tabak und Drogen. Sofern die Sucht im Frühstadium behandelt wird, kommt es bei einer großen Anzahl von Patienten zu einer völligen Suchtbefreiung. Das ist sehr wichtig, denn das Frühstadium ist der Moment, in dem die meisten Heilungen möglich sind.

Indem sie die störenden Einflüsse von Belastungen beseitigt, frischt die Meditation die Erinnerung der Zelle an ihr eigenes Gleichgewicht auf. Wiederholte Meditation, täglich ausgeübt, gibt dem Gedächtnis immer wieder einen Anstoß, bis die Zellen schließlich zu ihrem Normalzustand zurückkehren und ihre abnormen Rezeptoren gegen ein normales Muster eintauschen. Der durch die Sucht unterbrochene Kreis ist wieder geschlossen. Die verschiedenen Studien über das Verhältnis von TM und Suchtverhalten haben zu folgenden Ergebnissen geführt:

- 1972 befragten der Physiologe Robert Keith Wallace und seine Mitarbeiter 1860 TM-Ausübende, hauptsächlich Studenten, über ihren Drogenkonsum. Es stellte sich heraus, daß nach der Einführung in die TM die Abhängigkeit von allen Suchtmitteln (Marihuana, Narkotika, Barbiturate, Halluzinogene und Amphetamine) signifikant zurückgegangen war. Je länger die Studenten meditierten, desto geringer war ihre Abhängigkeit; nach 21 Monaten hatten die meisten völlig aufgehört. Nur noch gelegentlich wurde von 12 Prozent der Befragten Marihuana genommen, bei allen anderen Drogen lagen die Werte zwischen 1 und 3 Prozent.
- 1974 wurde in einer komparativen Studie über den Marihuanakonsum von Meditierenden und Nicht-Meditierenden festgestellt, daß nach ein bis drei Monaten der Ausübung der TM etwa die Hälfte der Meditierenden den Konsum der Droge eingestellt hatten; weniger als ein Sechstel der Nicht-Meditierenden hatte damit aufgehört oder den Gebrauch eingeschränkt. Die Ergebnisse verbesserten sich mit der Dauer der Meditationspraxis sichtlich. Nach zwei Jahren hatten 92 Prozent ihren Konsum eingeschränkt und 77 Prozent hatten ganz mit Marihuana aufgehört. Eine entsprechende Studie über Alkoholabhängigkeit kam zu einem ähnlichen Ergebnis.
- In einer an höheren Schulen und Universitäten durchgeführten Studie (Katz, 1974) wurden 150 Meditierende und 110 Kontrollpersonen über ihren Drogen- und Alkoholkonsum befragt. Das Ergebnis war, daß es bei den Meditierenden zu einer signifikanten Reduzierung von Marihuana, Wein, Bier und Spirituosen gekommen war; bei den Nicht-Meditierenden war kein Rückgang zu verzeichnen.

Alle diese Ergebnisse stammen von Personen, die an keinem Entziehungsprogramm beteiligt waren. Niemand hatte sie aufgefordert aufzuhören, hatte ihren Fortschritt überwacht und sie für ihre Enthaltsamkeit belohnt. Wichtig vor allem: Niemand war wegen der Motivation aufzuhören ausgewählt worden; in Schule und Universität wird durch Alterskameraden, die Alkohol, Zigaretten und Drogen konsumierten, eher Druck in die entgegengesetzte Richtung ausgeübt. Die Ergebnisse zeigen, daß Süchtige allein schon durch die Reduktion von Streß und Angst und die Anhebung der inneren Zufriedenheit von ihrer Abhängigkeit befreit werden können.

Ein rigoroserer Test dieses Prinzips wurde in öffentlichen Einrichtungen vorgenommen. Eine Anzahl von Studien bezieht sich auf die Ausübung von TM durch Gefangene, die wenig oder gar keine Motivation haben, ihr Suchtverhalten aufzugeben. Eine zusammenfassende Analyse von fünf solchen Studien kam 1978 zu dem Schluß, daß die Ergebnisse überzeugend genug waren, um TM für Drogenentzugsprogramme in Vollzugsanstalten zu empfehlen. Im Jahre 1972 wurde in der Bundesrepublik Deutschland eine Studie über 76 Drogensüchtige durchgeführt, die an einem Entziehungsprogramm teilnahmen. Nach zwölf Monaten der Ausübung von TM ergaben sich Rückgänge bei allen Drogen einschließlich Heroin, Barbituraten und Amphetaminen, die zu den Drogen zählen, in denen eine dauerhafte Entwöhnung am schwierigsten ist.

Statistische Erhebungen sind von Natur aus anonym. Ich möchte daher eine Geschichte erzählen, die mir von einem älteren Drogenberater in New York berichtet wurde. Er hatte ein junges Mädchen betreut, die mit zwölf Jahren zu trinken begonnen hatte und mit Fünfzehn bereits eine schwere Alkoholikerin war. Sie hatte sich allen konventionellen Rehabilitationsmaßnahmen beharrlich widersetzt, und nach monatelanger Frustration mußte sich der Berater schließlich seine Niederlage eingestehen. Als er sie verabschiedete, machte er auf der Schwelle die Bemerkung: »Warum versuchst du es nicht einmal mit Meditation?« Sie zeigte ein gewisses Interesse, aber er verlor den Fall dann aus den Augen. Einige Jahre später sah er eine attraktive junge Frau in einem benachbarten Einkaufszentrum und wurde sich mit einemmal bewußt, daß es jenes Mädchen war, jetzt aber glücklich und strahlend mit ihrem zweijährigen Kind. Er ging auf sie zu, um sie zu beglückwünschen.

»Was ist mit dir geschehen?« fragte er. Es stellte sich heraus, daß sie kurz nach Verlassen des Rehabilitationszentrums mit TM begonnen und nach einigen Monaten ganz von selbst zu trinken aufgehört hatte. Sie schrieb diese Rettung von der schweren Sucht, die wahrscheinlich zugleich eine Lebensrettung war, der Meditation zu, die sie auch weiterhin ausübte. Der Berater nahm daraufhin TM in sein Programm auf und hat seither viele Süchtige auf denselben Weg gebracht.

SUCHT UND DIE DOSHAS

All das weist darauf hin, daß es im Süchtigen einen selbstkorrigierenden Mechanismus gibt, der in Gang gesetzt wird, wenn man es dem Bewußtsein nur erlaubt, mit ihm in Kontakt zu treten. Wir können diesen Mechanismus auch aus der Sicht der Doshas erklären. Menschen, die übermäßig rauchen, trinken oder Drogen einnehmen, haben sich von dem natürlichen Bedürfnis des Körpers nach Ausgewogenheit systematisch entfernt.

Zu Beginn mag ihre Fähigkeit, ihre Impulse zu beherrschen, noch nicht beeinträchtigt gewesen sein; in diesem Stadium befinden sich Süchtige noch in dem Glauben, daß sie ihre Abhängigkeit im Griff haben. Es folgt dann eine Phase, die einige Monate oder auch Jahre dauern kann, während der alle drei Doshas chronisch gestört sind. Jede Sucht hat ihr eigenes Symptomprofil, doch haben wir bei schwer Suchtkranken festgestellt, daß generell ein starker Pitta-Überschuß vorhanden ist, der unter anderem irrationale Gewaltausbrüche, gerötete Haut, übermäßiges Schwitzen, starken Durst sowie verschiedene Verdauungsstörungen zur Folge hat.

Das Vata-Dosha scheint ebenfalls von besonderer Bedeutung zu sein, da seine Störung für Affekthandlungen verantwortlich ist. Wenn Vata ernsthaft aus dem Lot geraten ist, wird jedem Impuls, zu trinken, zu rauchen oder zu spritzen, zwanghaft Folge geleistet. Je mehr die Kontrolle über diese Impulse verlorengeht, desto höher türmen sich die Schuldgefühle, da der Süchtige sich mit diesem Kontrollverlust identifiziert. Da er nicht weiß, daß er unter dem Einfluß von Vata steht (das tun wir alle, aber in gesünderer Weise), erlebt der Süchtige nur, daß sein Entschluß aufzuhören immer wieder kläglich scheitert.

Im Grunde ist das Vata-Dosha selbst süchtig. Die Stadien der Sucht ähneln denen einer Störung des Zentralnervensystems. Das ist der Grund dafür, warum ein Zittern der Hände, das auf Schlafentzug, die Parkinsonsche Krankheit, eine Geisteskrankheit oder Alkoholismus hinweist, für das ungeübte Auge nicht zu unterscheiden ist.

Eine Vata-Störung durchläuft im allgemeinen die folgenden Stadien:

Leichte Störung: Ruhelosigkeit, abschweifendes Denken, zunehmende Besorgnis, plötzliches Aufschrecken, Gedächtnisschwund, Konzentrationsmangel, Verlust innerer Frische.

Mittlere Störung: Schlaflosigkeit, Verlust der motorischen Koordination, Zittern der Hände, Angst, Nervosität, Appetitlosigkeit, Konzentrationsverlust, vorübergehende Gefühle körperlicher Schwäche und Leere.

Schwere Störung: chronische Schlaflosigkeit, gestörte Wahrnehmung (Objekte erscheinen weit entfernt und unwirklich), unkontrollierbares Zittern von Kopf und Händen, Appetitlosigkeit, Apathie, allgemeiner Motivationsschwund, Wahnvorstellungen und Halluzinationen.

Alkohol- oder Drogenabhängigkeit führt schließlich dazu, daß Vata so außer Kontrolle gerät, daß die Symptome von denen einer Geisteskrankheit nicht mehr zu unterscheiden sind. Ein Alkoholiker im Endstadium in den Klauen des Delirium tremens und ein Schizophrener sind beide Beispiele von völlig aus dem Gleichgewicht geratenem Vata.

Die frühen und mittleren Stadien der Sucht sind am ehesten heilbar, da der Körper noch dazu angeleitet werden kann, sich selbst auszubalancieren. Die große Hürde bei allen Entwöhnungsversuchen ist, daß der Körper auf die Sucht wie auf den Entzug mit denselben Notsignalen reagiert. Das ist im Hinblick auf das Vata-Dosha plausibel, das an die Anwesenheit eines Suchtmittels gewöhnt worden ist. Sobald Alkohol oder Nikotin entzogen werden, versucht Vata, seine schlechte Erziehung abzuschütteln und zum Normalzustand zurückzukehren. Wenn es dies tut und also Ballast abwirft, ist der Körper »vatischer« als je zuvor, was Zittern, Schlafstörungen und Angstzustände als typische Entzugserscheinungen hervorruft.

Wenn das Nervensystem aus dem Lot geraten ist, hat Vata keinen Anker, keinen normalen Tagesrhythmus von Ruhe und Aktivität, der die Hunderte von anderen Körperrhythmen stabilisiert, die in einem gesunden Menschen koordiniert werden. Regelmäßige Meditation liefert die Stabilität tiefer Ruhe im Wechsel mit Aktivität. Das ist der Grund, warum Süchtige im Frühstadium ihre Gewohnheit noch ohne Mühe durch Meditation ablegen können.

EIN WEG, SICH DAS RAUCHEN ABZUGEWÖHNEN

Für einen Raucher ist es sinnvoller, dem Körper »gut zuzureden«, um ihn von seiner Sucht abzubringen, statt ihn zu zwingen. Manche Menschen bringen es fertig, von heute auf morgen aufzuhören, aber der plötzliche Nikotinentzug verursacht viel Streß. Es wird erzählt, daß Siegmund Freud 20 Jahre lang Zigarrenraucher war, bis er schließlich davon Herzbeschwerden bekam. Er versuchte auf Anraten seines Arztes aufzuhören, aber das Herzklopfen wurde daraufhin doppelt so heftig und zwang ihn in seine Gewohnheit zurück. Freud vertraute seinem Biographen an, daß der Versuch, nicht zu rauchen, »eine Qual war, die das menschlich Erträgliche überstieg«.

Der Maharishi-Ayurveda empfiehlt dem Raucher, Signale an den quantenmechanischen Körper zu senden, daß er mit dem Rauchen aufhören will. Diese Signale können verschiedener Art sein. Das Rauchen für einen Tag einzustellen ist ein Weg. Viele, wenn nicht die meisten derjenigen, die das Rauchen endgültig aufgeben, tun dies, indem sie ein Dutzendmal oder öfter kurzfristig aufhören. Eine klarere Botschaft wird durch TM an den quantenmechanischen Körper abgesandt. Selbst wenn Sie Kettenraucher sind, könnte dies allein ausreichend sein. Eine retrospektive Studie über 5000 Meditierende zeigte, daß nur 1 Prozent der Männer und 4 Prozent der Frauen weiterhin rauchten, während vor Beginn der TM eine große Anzahl von ihnen (34 Prozent) zumindest Gelegenheitsraucher gewesen waren.

Es gibt noch weitere Mittel, um aufzuhören. Wenn Patienten in die Maharishi-Ayurveda-Kliniken kommen und fragen, wie sie am einfachsten von der Zigarette loskommen können, nennen wir ihnen folgende drei Grundregeln:

1. Machen Sie nicht den Versuch, resolut aufzuhören – unnachgiebige Entschlossenheit ist der Schlüssel zum Mißerfolg. Nikotinsucht beginnt unbemerkt, genauso wie die Gewohnheit, nach einer Zigarette zu greifen. Um diese Gewohnheit zu beenden, müssen Sie sich genauso absichtslos umerziehen.
2. Tragen Sie Ihre Zigaretten bei sich – die Strategie, die Zigaretten wegzuwerfen, macht scheinbar Sinn, führt aber nur zu panikartigem Ersatz der alten Schachtel und in die Verlegenheit, bei Freunden und Fremden zu schnorren.
3. Achten Sie auf die automatischen Reflexe, die Sie nach Zigaretten greifen lassen, und lösen Sie sich davon.

Die dritte Regel ist die wichtigste und bedarf einer Erklärung. Alle Raucher stecken sich ihre Zigaretten auf ein bestimmtes Signal hin an. Für manche ist es der Griff zum Telefon, für andere das Einschalten des Fernsehers, der Beginn eines Gesprächs oder das Ende einer Mahlzeit. Sie kennen wahrscheinlich Ihre Signale; wenn nicht, machen Sie sich einmal die Mühe, sich zu beobachten. Diese Signale melden Vata, Sie dazu zu bringen, einem Impuls nachzugeben. Sie merken das Anzünden gar nicht, da Sie in diesem Moment geistesabwesend sind. Vata hat das Steuer ergriffen.

Sie müssen diesen automatischen Piloten abschalten. Das zu tun ist denkbar einfach: Rauchen Sie bewußt, und seien Sie mit den Gedanken ganz bei der Sache. Die beste Methode, die vielen unserer Patienten geholfen hat, in Kürze aufzuhören, ist die folgende:

- Wenn Sie sich beim Anzünden ertappen, halten Sie einen Augenblick inne, und fragen Sie sich, ob Sie wirklich rauchen wollen.
- Wenn ja, gehen Sie vor die Tür, und setzen Sie sich ruhig allein irgendwo hin. Rauchen Sie die Zigarette ganz bewußt.
- Während Sie rauchen, achten Sie auf Ihren Körper. Fühlen Sie den Rauch in Ihrer Lunge, die Empfindungen in Mund, Nase, Kehle, Magen oder anderswo.
- Nehmen Sie ein Papier oder ein kleines Tagebuch zur Hand, und notieren Sie, was Sie spürten, und die Zeit. Führen Sie auf diese Weise Buch, ob Sie bewußt rauchten oder automatisch und was Sie dabei fühlten.

Machen Sie sich keine Sorgen darüber, wieviel Sie rauchen; führen Sie einfach Buch, auch dann, wenn Sie feststellen, daß Sie nach einem Telefongespräch nicht wissen, woher diese drei Kippen im Aschenbecher kamen. Wenn Sie diesen Rat getreulich befolgen, werden Sie ein bewußter Raucher statt eine Rauchmaschine. Wir haben festgestellt, daß viele Patienten ihre Tagesration von zwei Päckchen auf vier bis fünf Zigaretten am Tag reduzierten. Das ist ein Hinweis darauf, wieviel wir wirklich rauchen wollen. Reduzieren ist fast so wichtig wie aufhören; es ebnet den Weg zur völligen Aufgabe und verringert das unmittelbare Gesundheitsrisiko Ihrer Gewohnheit.

SUCHTBEFREIUNG ZU HAUSE

In der Vergangenheit haben Süchtige es meistens vorgezogen, sich mit ihrem Problem abzufinden, ganz gleich, wie qualvoll es auch war, statt sich einem Außenstehenden anzuvertrauen. Diese Einstellung ist sehr verständlich, und ich meine, daß man das respektieren sollte, solange tatsächliche Schritte zur Beendigung der Sucht unternommen werden. Ein vollständiger Entwöhnungskurs zu Hause sollte beinhalten:

- das Erlernen der Meditation (TM),

- die Entgiftung des Systems (falls erforderlich unter ärztlicher Betreuung),
- eine auf den Konstitutionstyp abgestimmte Ernährung (zunächst Vata-beruhigende Speisen, bis die Zeichen der Vata-Störung verschwunden sind),
- regelmäßige ayurvedische Körperübungen,
- tägliche Routine mit Ölmassage (Abhyanga) zur Beruhigung von Vata.

Als ersten Schritt empfehle ich, daß Sie im örtlichen TM-Center mit Transzendentaler Meditation beginnen. Danach sollten Sie den nächstgelegenen ayurvedischen Arzt zu einer vollständigen Untersuchung aufsuchen. Sagen Sie ihm offen und ehrlich, daß Sie aufhören wollen. Er wird Ihnen erklären, wie Sie Ihren Körper entgiften und die Doshas durch Ernährung und Tagesroutine wieder ins Lot bringen können. Zu Beginn der Kur sollten Sie ihn einmal wöchentlich aufsuchen, da die Anfangszeit immer die schwerste ist. Aber es handelt sich im wesentlichen um eine Selbstheilung. Niemand zwingt Sie in ein Programm; es gibt keine Konfrontation oder irgendwelchen Druck.

Nehmen Sie sich jeden Morgen genügend Zeit für eine ausgiebige Ganzkörpermassage; eine zweite, kürzere Massage am Abend, bei der Sie langsam und leicht Kopf, Schultern und Füße massieren, ist ebenfalls sehr zu empfehlen. Und denken Sie daran – die Regel für jede Entwöhnung ist Regelmäßigkeit. Je regelmäßiger Sie in allen Dingen sein können, um so rascher werden Sie Ihr Vata-Dosha wieder ausbalancieren. Sie sollten das nicht erzwingen, denn das funktioniert erfahrungsgemäß nicht; Sie sollten Vata schmeicheln und umsorgen. Es sind die entspanntesten Momente unseres Lebens, in denen unser Körper sein verlorenes Gleichgewicht wiederfindet. Außerdem kommen noch einige ergänzende Behandlungsmethoden in Betracht:

- Gandharva-Musik
- Aroma-Therapie
- Nahrungsergänzungsmittel aus Kräutern (Maharishi Amrit Kalash)

Während man seinen Körper reinigt, ist es für das Nervensystem äußerst beruhigend, wenn man Gandharva-Musik zuhört. Empfohlen wird eine fünfzehnminütige Sitzung am Morgen, die man am Abend vor dem Zubettgehen wiederholen kann. Auch die Zerstäubung der entsprechenden Aromen zur Einschlafzeit ist hilfreich. Die Verwendung von Amrit Kalash als Nahrungsergänzungsmittel fördert die Geist-Körper-Verbindung auf zellularer Ebene und stärkt die durch Suchtgifte beschädigten Gewebe.

Wir sind der Meinung, daß auf lange Sicht kein Entwöhnungsprogramm ohne Mitgefühl und Zuwendung erfolgreich sein kann. Wenn Sie Rat suchen, achten Sie bei einem Psychologen, Seelsorger, Arzt oder Ihren Bekannten auf diese Eigenschaft. Ein schwerwiegender Nachteil konventioneller Rehabilitation ist der, daß ständige Selbstüberwachung ständigen Streß bedeutet. Sie können das Tier nicht abschütteln. Wir meinen daher, daß Süchtige lernen müssen, sich selbst zu vertrauen und sich in ihrem Leben wohlzufühlen. Jede Zunahme von Furcht und Angst ist völlig kontraproduktiv, auch dann, wenn der Streß angeblich der Sucht ein Ende setzen soll. Die Überzeugung, die hinter unserem nicht-interventionistischen Ansatz steht, ist die, daß man der Natur vertrauen kann. Der Körper eines Süchtigen kommt wieder ins Lot, wenn er richtig behandelt wird.

Wenn Sie ernsthaft alkohol- oder drogensüchtig sind, haben Sie möglicherweise das Gefühl, daß Sie Ihr ganzes Leben ruiniert haben; die meisten Süchtigen haben sich selbst und ihren Familien viel Leid zugefügt. Das Wesentliche für Sie ist daher, daß Sie sich klarmachen: Diese Negativität entspricht nicht Ihrer Natur. Sie ist das Ergebnis von physischen und psychischen Schlacken (Ama), die sich mit der Zeit in Ihnen angesammelt haben. Sie sollten diesem Ama gegenüber dieselbe Einstellung haben wie gegenüber jedem anderen Schmutz – Sie waschen ihn ab, und damit ist die Sache erledigt. Wenn andere versuchen, Sie daran zu erinnern, wie zerstörerisch Sie in der Vergangenheit waren, so nehmen Sie ihre Kritik gelassen hin. Was vergangen ist, ist vergangen. Sie können es nicht noch einmal leben und sollten sich deshalb auch nicht ständig daran erinnern.

Es ist von großer Wichtigkeit, daß Sie sich nach Möglichkeit an gesunde, normale Menschen halten. Außerdem sollten Sie sich überlegen, ob Sie sich einer Therapiegruppe anschließen wollen – viele Süchtige empfinden dies als einen wichtigen Schritt zur Rückkehr in ein normales Leben. Versuchen Sie auf jeden Fall, einen einfühlsamen, positiv eingestellten Berater zu finden. Gehen Sie jeder Art von fanatischem Bekehrertum aus dem Weg.

Und schließlich: Es ist normal, während der Umstellungsphase bisweilen rückfällig zu werden. Natürlich werden Sie dann enttäuscht sein. Versuchen Sie jedoch, dies nicht als persönlichen Mißerfolg zu sehen. Der Körper braucht seine Zeit, um sich zu normalisieren. Wenn Sie unbedingt einen Drink, eine Zigarette oder eine Pille brauchen, so werden Sie dazu von den fehlgeleiteten Doshas gezwungen. Die Doshas sind sehr mächtig. Sie selbst aber haben noch mehr Macht. Ihr eigentliches, verborgenes Selbst ist von der Sucht unberührt. Es ist glücklich, frei, existiert jenseits aller Probleme und ist voller Frieden. Sobald Sie mit diesem wahren eigenen Selbst in Kontakt treten, wird alles gut. Seien Sie geduldig und lassen Sie Ihren Befreiungsprozeß zu.

Das Kriterium für Ihren Erfolg ist nicht, wie lange Sie es ohne Rückfall aushalten. Halten Sie eher Ausschau nach Anzeichen der Selbstfindung: Glücksgefühle gehören dazu, Momente der Freude und des Genießens, ein besserer Schlaf, ruhigere Träume, das Verschwinden von schlechtem Mund- und Körpergeruch, reduziertes Schwitzen, zunehmende körperliche Stärke und Ausdauer sowie eine geregeltere Verdauung, Atmung, Motorik und so fort.

Das alles wird sich mit der Zeit einstellen. Die große Freude darüber, reiner zu werden, kommt daher, daß der Körper nach dieser Reinheit strebt. Ich möchte gar nicht von Rehabilitation sprechen; was Sie tun, ist einfach, daß Sie sich innen und außen säubern. Es ist ein natürlicher Vorgang, der mit der Zeit immer deutlichere Wirkungen zeigen wird. Vorübergehende Rückfälle sind nur kleinere Hindernisse, solange Sie gewillt sind, aufzustehen und es erneut zu versuchen. Eine gesunde, wundervolle Welt erwartet Sie und kommt mit jedem Schritt, den Sie tun, näher.

4 ALTERN IST EIN IRRTUM

Obwohl alle dem Alterungsprozeß unterworfen sind, hat noch niemand beweisen können, daß dieser notwendig ist. Ein großer Vorteil des quantenmechanischen Körpers ist, daß er nicht altert; diese Eigenschaft sehen wir überall auf der Quantenebene der Natur. Protonen und Neutronen altern nicht, ebensowenig wie die Elektrizität oder die Schwerkraft. Auch das Leben, das aus diesen Elementarteilchen und -kräften besteht, überdauert erstaunliche Zeitspannen; unsere DNS ist mindestens 600 Millionen Jahre lang in ihren Grundstrukturen dieselbe geblieben. Eine Tiefseekrabbe ähnelt einem Dinosaurier in keiner Weise, ebensowenig wie ein Dinosaurier einem Gorilla ähnelt. Aber wenn man allein die DNS betrachtet, so handelt es sich lediglich um winzige Variationen einer einzigen, niemals endenden Grundform.

Chemisch gesehen ist die DNS nicht stabiler aufgebaut als ein Blatt oder ein Pollenkörnchen. Man möchte meinen, daß sich solch ein loses Atombündel mit der Zeit auflöst wie ein alter, modernder Wandteppich. Und gewiß sind die Kräfte, die sich dem Überleben der DNS in den Weg stellen, gewaltig: allgemeiner Verschleiß, zufällige, destruktive Mutationen, Invasionen von Mikroben und vor allem die Tendenz des stofflichen Universums, wie eine nicht aufgezogene Uhr abzulaufen.

Doch die DNS hat sie alle überdauert. Riesige Gebirgszüge sind während der 600 Millionen Jahre durch Erosion zu Hügeln geworden – die DNS hat auch nicht ein Tausendstel eines Millimeters verloren. Die Kraft, die den quantenmechanischen Körper zusammenhält, ist zu stark. Wenn die innere Intelligenz der DNS so mächtig ist, daß sie der Zeit und den Elementen über Millionen von Jahren hinweg trotzen kann, erscheint das Altern durchaus nicht natürlich.

Der Maharishi-Ayurveda geht von dieser Grundvoraussetzung aus. Lassen wir einmal die Tatsache beiseite, daß jeder altert, und stellen wir uns die entscheidende Frage: »Müssen wir denn wirklich altern?« Die früheren Weisen, die wegen ihrer erstaunlichen Langlebigkeit berühmt waren, schrieben das Altern einem »Irrtum des Intellekts« (auf Sanskrit: *pragya aparadh*) zu.

Dieser Irrtum besteht darin, daß wir uns nur mit dem physischen Körper identifizieren. Um unser Leben auszudehnen, müssen wir diesen Irrtum des Intellekts korrigieren und uns statt dessen mit dem quantenmechanischen Körper identifizieren. Sobald wir unsere Aufmerksamkeit auf eine Funktionsebene richten, die jenseits des Alterns liegt, wird unser Körper von dieser Alterslosigkeit berührt. Er altert dann langsamer, weil unser Geist ihn auf seiner feinsten Ebene dazu einlädt. Wenn wir uns alterslos sehen, so werden wir es auch. Das ist ein verblüffend einfaches Prinzip. Die westliche Medizin hat es zwar noch nicht erkannt, aber wir werden sehen, daß es dennoch gültig ist.

ALTERN UND HEILUNG

Der Alterungsprozeß ist offenbar so komplex, daß selbst seine Definition Schwierigkeiten bereitet. Eine typische Leberzelle erfüllt 500 verschiedene Funktionen, was ihr 500 Gelegenheiten gibt, einen Fehler zu machen. All diese Gelegenheiten sind Möglichkeiten zu altern. Andererseits könnte die Ansicht, daß der Alterungsprozeß komplex ist, falsch sein. Trotz der Tausenden von Wellen, die mit der Flut kommen, ist diese selbst ein Einzelphänomen, Auswirkung einer einzigen Kraft. Dasselbe könnte auf das Altern zutreffen, wenngleich wir es in Hunderten von Wellen wahrnehmen: Zusammenhanglos erscheinende Beschwerden und Schmerzen, Falten um die Augen und um die Mundwinkel, ein leichtes, aber unerbittliches Ansteigen des Blutdrucks, ein geringfügiges Nachlassen von Hörvermögen und Sehschärfe und viele andere kleinere Probleme.

Der Ayurveda rät uns, uns nicht von diesem komplexen, betrüblichen Schauspiel verwirren zu lassen. Das Altern ist nur eins: der

Verlust von Intelligenz. Heilen ist, wie wir sahen, die Fähigkeit der Intelligenz, sich selbst zu reparieren. Altern ist das Gegenteil; das allmähliche Vergessen, wie wir die Dinge nach einer Abweichung wieder ins Lot bringen können.

Denken Sie an die Zellen eines Neugeborenen. Dessen Zellen sind frisch, voller Lebenskraft, unberührt von Verschleiß. Vergleicht man sie unter einem Mikroskop, so zeigt sich ein bestürzender Unterschied. Altes Gewebe ist beunruhigend häßlich; es sieht verknittert und verbraucht aus. Es ist eben die mikroskopische Version eines alten Körpers. Hier und dort sieht man dunkle Flecken, wo sich Schlackenstoffe angesammelt haben, und das elastische Gewebe ist faserig geworden.

Diese drastische Veränderung scheint das folgerichtige Ergebnis von Verschleiß zu sein, aber die DNS, die ja die Funktion der Zellen steuert, bleibt, wie bereits erwähnt, von diesem Verschleiß im wesentlichen unberührt. Dies legt den Schluß nahe, daß irgendein unsichtbarer Schadensfaktor am Werk ist. Eine Arterie beginnt ihr Leben beispielsweise völlig glatt, glänzend und weiß, wie ein chirurgischer Schlauch, der frisch aus der Fabrik kommt. Aber dieser Schlauch ist in Wirklichkeit eine Gemeinschaft von Zellen, die sich zu dieser Aufgabe, eine Arterie zu bilden, unter Einhaltung genau festgelegter Prinzipien zusammengeschlossen haben. Bevor sie ihren jeweiligen Posten einnahm, hatte jede Zelle die Möglichkeit gehabt, Teil des Gehirns, des Herzens oder des Magens zu werden – alles stand ihr offen, denn jede Zelle enthält ja dieselbe DNS.

Und doch ist entwicklungsgeschichtlich festgelegt, daß die einzelnen Zellen nur jeweils eine Funktion übernehmen – in diesem Falle also die, eine Arterie zu bilden. Wie begrenzt sie auch sein mag, ist die Aufgabe dennoch nicht einfach. Ein Gummischlauch liegt lediglich da und läßt eine Flüssigkeit hindurchlaufen. Unsere Arterien dagegen reagieren auf alles, was wir tun, und ihre Reaktionen müssen sowohl aktiv als auch intelligent sein. In biologischen Lehrbüchern wird die Vorstellung vermittelt, daß sich eine Zelle immer von neuem teilt, bis ihre Zeit nach etwa 50 Teilungsprozessen abgelaufen ist und sie stirbt. Aber das ist eine grob vereinfachte und sogar falsche Darstellung. Eine Zelle hat Erfahrung. Sie erinnert sich an das, was ihr widerfahren ist. Und sie kann ihre Überlebensfähigkeit verlieren, wenn die Verbindungen zu dem ihr innewohnenden Wissen verlorengehen oder beschädigt werden. Das bedeutet aber gleichzeitig, daß eine Zelle wie neu bleiben könnte, ohne Verschleißerscheinungen aufzuweisen, solange sie ihre gesamte Intelligenz bewahrt. Die Entscheidung über Leben und Tod einer Zelle fällt mit ihrer *smriti*, mit ihrem Erinnerungsvermögen. Theoretisch könnte ein perfektes Gedächtnis zur Unsterblichkeit führen, denn solange die Erneuerung fehlerlos vor sich geht, kann es keinen Tod geben.

Die Naturwissenschaft hat niemals den Beweis erbracht, daß die Fähigkeit der DNS, eine Zelle gesund zu erhalten, begrenzt wäre. Jede unserer Arterien enthält nahezu dieselbe DNS, die auch schon in der Steinzeit vor 50000 Jahren den Entstehungsprozeß menschlicher Arterien steuerte. Wenn die DNS es fertigbringt, über 50 Jahrtausende hinweg vollkommene Arterien entstehen zu lassen, von denen eine jede Millionen funktionierender Zellen enthält, so gibt es keinen triftigen Grund dafür, warum unsere persönliche DNS nach 60 Jahren Ausschußware herstellt.

Aber der Ausschuß wird ja hergestellt, und dies schon bevor die 60 Jahre überhaupt vorbei sind. Bereits im 12. Lebensjahr macht eine typische Arterie eine deutliche Veränderung durch. Sie beginnt, Unregelmäßigkeiten in Form von gelblichen Fettstreifen zu entwickeln. Mit dem Mikroskop kann man feststellen, daß diese Unregelmäßigkeiten das Ergebnis winziger, kaum sichtbarer Risse an der Innenwand der Arterien sind. Ein Biologe, der eine Zelle aus einer solchen Arterie sieht, kann die unbestreitbaren Anzeichen des Alterns daran erkennen. Über die dann folgenden Jahrzehnte hinweg werden diese Anzeichen auch für den Laien sichtbar. Wenn Sie die Gelegenheit hätten, bei einer Herzoperation dabeizusein, und ein Stück alte Aorta (die das Herz verlassende Hauptschlagader) berührten, so würde es sich anfühlen wie ein steif gewordener Schlauch oder bei fortgeschrittener Arteriosklerose sogar hart wie ein Knochen. Die Innenwand wäre mit fettiger Schlacke übersät. Ihnen würde sofort klarwerden, daß hier irgendwo ein fataler Fehler begangen wurde.

Wie schließt man die Lücke zwischen der einen Wirklichkeit – der Unsterblichkeit der DNS – und der anderen – der Zerbrechlichkeit eines Menschenlebens? Es gibt keine meßbare Distanz zwischen uns und unserer DNS. Es gibt nur eine Lücke im nicht meßbaren Bereich des Wissens.

Wie ich bereits ausführlich erläutert habe, begreift der Maharishi-Ayurveda die Zelle nicht als Materiepaket aus Molekülen, sondern als Wissenspaket. Die folgende Abbildung zeigt, daß Wissen dynamisch ist. Es ist nicht starr zusammengepackt, sondern ein ständig lebendiges Wechselspiel von drei Komponenten:

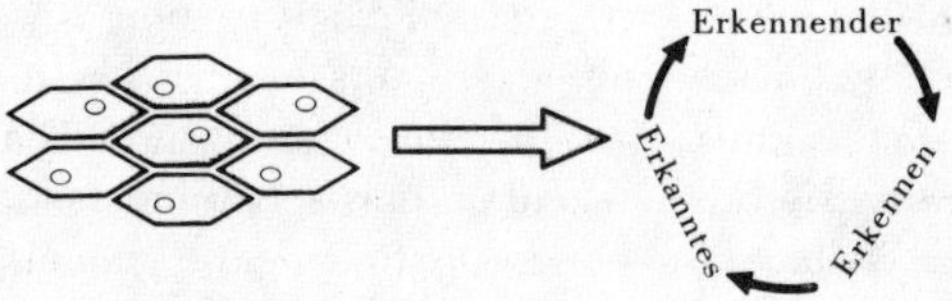

Lebendiges Wissen bedarf eines Erkennenden (Subjekt), eines Erkannten (Objekt) und des Erkennens, das beide verbindet. Die vedischen Sanskrit-Begriffe für diese grundlegende Dreiheit sind *rishi* (der Erkennende), *devata* (das Erkennen) und *chhandas* (das Erkannte). Zusammen bilden sie die Gesamtheit des Wissend-Seins *(samhita)*, des ungetrennten Zustands reinen Bewußtseins. Der menschliche Geist ist also eine 3-in-1-Schöpfung. Ein menschlicher Körper enthält dieselben Bestandteile, die sich unzähligemal auf den verschiedenen Körperebenen wiederholen. Dabei sind Sie der Erkennende, Ihr Körper ist das Objekt, das Sie mit Ihrem Erkennen bilden, und die Millionen zellularer Funktionen, die in Ihnen ablaufen, sind der Vorgang des Erkennens. Die DNS ist ebenfalls ein Erkennender, allerdings auf einer anderen Ebene; sie gibt ihr Wissen in Form von biochemischen Botschaften ab. Auf wiederum anderer Ebene ist auch ein rotes Blutkörperchen ein Erkennender, der weiß, wie er sich an die Sauerstoffatome anhängen muß, um zu den anderen Körperzellen befördert zu werden.

Dieses Dreier-Modell des Wissens läßt uns erkennen, wie sich unsere innere Intelligenz in endlose Kombinationen verzweigt. Unsere 50 Billionen Zellen, die durch Hunderte von Enzymen, Proteinen, Peptiden, Aminosäuren und anderem mehr zu einem Gesamtwissen zusammengefügt werden, sind eine geradezu phantastische Darstellung dessen, wie aus einem vieles wird. Aber es ist gefährlich, wenn wir uns in dieser Vorstellung verlieren. Der »Irrtum des Intellekts« tritt dann auf, wenn der Geist seinen eigentlichen Ursprung vergißt – die eine Intelligenz, die durch jede Zelle fließt – und sich hoffnungslos im Vielen verliert. Um deutlich zu machen, daß es sich hierbei nicht um ein philosophisches Spekulieren handelt, wenden wir uns einigen richtungsweisenden Untersuchungen zu, die ein völlig neues Licht auf den Alterungsprozeß werfen.

Im Jahre 1978 machte ein amerikanisches Forscherteam die faszinierende Entdeckung, daß TM den Alterungsprozeß aufhält und sogar umkehrt. Die Studie stand unter der Leitung des Physiologen Dr. R. Keith Wallace, Leiter des Doktorandenprogramms für Neurophysiologie an der Maharishi International University in Fairfield, Iowa. Wallace untersuchte 84 Meditierende mit einem Durchschnittsalter von 53 Jahren. Er unterteilte seine Versuchspersonen in zwei Gruppen, von denen die eine mindestens fünf Jahre, die andere weniger als fünf Jahre meditiert hatte.

Die Lebensjahre sind nur eine Meßgröße des Alterns und in keiner Weise eine genaue, da sie wenig über das biologische Alter eines Menschen aussagen. Dieses biologische Alter ist daher auch die zweite Meßgröße, mit der der tatsächliche Zustand der Zellen eines Körpers bestimmt wird. Das Alter nach Lebensjahren stimmt mit dem biologischen Alter nur in der Jugend überein. Zwei gesunde Menschen im Alter von 20 Jahren sind, was ihre Herzen, Lebern, Haut, Sehschärfe und so fort betrifft, fast identisch. Nach Überschreiten der Lebensmitte ist das anders. Zwei 70jährige haben dann völlig verschiedene Gesundheitsprofile; der eine hat Arthritis, der andere Herzbeschwerden, einer ist kurzsichtig, ein anderer nicht.

Das bedeutet, daß das absolute Alter eines Menschen, obwohl theoretisch eine feste Größe, praktisch kaum festzulegen ist, es sei denn, man wollte jedes Organ des Körpers einzeln erfassen. Glücklicherweise gibt es von Physiologen akzeptierte Vereinfachungen. Wallace benutzte drei Meßgrößen, die sich mit fortschreitendem Alter bei fast allen Menschen ähnlich verändern: Nahsehschärfe, Hörvermögen und systolischer Blutdruck (der Druck in den Blutgefäßen beim Zusammenziehen des Herzens). Diese drei Funktionen verschlechtern sich bekanntlich mit der Zeit; sie sind daher ein verläßlicher Indikator für das biologische Alter des Gesamtorganismus in einem bestimmten Lebensalter.

Wallace stellte fest, daß Meditation seine Versuchspersonen biologisch jünger sein ließ, und zwar war der Unterschied beträchtlich. Die nur wenige Jahre Meditierenden waren biologisch um fünf Jahre jünger, als es ihrem Lebensalter entsprach; die Langzeitmeditierenden rund zwölf Jahre. Mit anderen Worten: Eine 60jährige Frau, die seit mindestens fünf Jahren TM ausübt, hätte demnach einen 48 Jahre alten Körper. (Das betrifft nicht unbedingt die äußeren Veränderungen von Haut und Haarfarbe, obwohl viele Versuchspersonen auffallend jugendlich aussahen.)

Diese Ergebnisse waren auf keinen anderen Faktor als die Meditation zurückzuführen; die Versuchspersonen waren so ausgewählt worden, daß sie sich in ihrer Ernährungsweise, ihrer körperlichen Aktivität und in anderen Gewohnheiten weitgehend ähnelten. Interessanterweise kam die Studie auch zu dem Ergebnis, das der Verzicht auf den Genuß von rotem Fleisch mit einem etwas verringerten biologischen Alter korrelierte, was mit anderen Ergebnissen hinsichtlich einer höheren Lebenserwartung von Vegetariern übereinstimmt.

Die Forschungsergebnisse von Dr. Wallace waren damals bahnbrechend. Untersuchungen, die kurz danach in England durchgeführt wurden, bestätigten seine Aussagen. In einer Gruppe waren TM-Ausübende sieben Jahre jünger als ihr Lebensalter. Als sie nach anderthalb Jahren erneut untersucht wurden, zeigte sich eine weitere Verjüngung von anderthalb Jahren, was darauf hindeutet, daß Meditation den Alterungsprozeß zum Stillstand bringt. Wenn diese Ergebnisse eines Tages allgemein anerkannt werden, so wird auch TM als einziger Geist-Körper-Ansatz erkannt werden, der Auswirkungen dieses Umfangs hat.

Im Jahre 1986 beschloß Dr. Jay Glaser, ein medizinischer Forscher mit einschlägiger Meditationserfahrung, einem der in unserem Körper vorkommenden chemischen Stoffe nachzuspüren, der möglicherweise einen Einfluß auf den Alterungsprozeß hat. Er begann, das Niveau eines Steroidhormons namens DHEA (Dehydroepiandosteron) bei Meditierenden zu messen. Obwohl die DHEA-Moleküle in unserem Blut sehr häufig vorkommen – hundertfach häufiger als männliche oder weibliche Hormone –, ist ihre Funktion noch ungeklärt. Erste Untersuchungen ergaben jedoch, daß DHEA seine höchsten Werte bei Menschen im Alter von etwa 25 Jahren erreicht und dann Jahr um Jahr gleichförmig abnimmt, bis im 70. Lebensjahr nur noch ca. 5 Prozent übrigbleiben.

Für Aufregung sorgte DHEA in den achtziger Jahren, als es in hohen Dosen Versuchstieren injiziert wurde. Anders als alle anderen zuvor getesteten Hormone wies DHEA erstaunliche alterungshemmende Eigenschaften auf. Alte Mäuse erschienen völlig verjüngt, ihre Vitalität schien wiederhergestellt, und sogar ihr stumpfes, dünngewordenes Fell wurde wieder glänzend und glatt. Beginnende Tumore, sowohl von selbst entstandene als auch künstlich erzeugte, verschwanden; fettleibige Tiere kehrten zu ihrem Normalgewicht zurück; auch bei zuckerkranken Tieren war eine deutliche Besserung zu verzeichnen. Wenn DHEA auch nur einen Bruchteil davon beim Menschen bewirkt, so könnte es das langgesuchte Verjüngungshormon sein. Anders als andere Forscher war Glaser jedoch nicht daran interessiert, DHEA als Verjüngungsmittel zu vermarkten. Es gibt einiges, was dagegen spricht – etwa die Langzeitnebenwirkungen des Hormons und die Notwendigkeit der dauernden Einnahme von hohen Dosen.

Statt dessen interessierte sich Glaser dafür, wie DHEA im Körper erzeugt wird. Er untersuchte 328 Meditierende und verglich ihre DHEA-Werte mit denen von 1462 Nicht-Meditierenden. (Genauer gesagt, maß er das engverwandte DHEAS bzw. Dehydroepiandosteronsulfat.) Die Testpersonen waren nach Alter und Geschlecht gruppiert. Die Meditierenden wiesen durchschnittlich höhere DHEA-Werte auf als die Nicht-Meditierenden. Das galt besonders für die Frauen. Da jüngere Menschen höhere DHEA-Werte aufweisen, nahm

Glaser seine Untersuchungsergebnisse als Hinweis darauf, daß bei seinen Testpersonen das biologische Alter durch Ausübung von TM abnahm.

Interessanterweise gab es bei den älteren Testpersonen die größten Unterschiede. Die meditierenden Männer über Fünfundvierzig wiesen 23 Prozent mehr DHEA, die Frauen dagegen 47 Prozent mehr DHEA auf. Das ist deshalb besonders interessant, weil ein hohes DHEA-Niveau als Schutzfaktor vor Brustkrebs ermittelt wurde. Außerdem fand Glaser heraus, daß die älteren Meditierenden dasselbe DHEA-Niveau hatten wie fünf bis zehn Jahre jüngere Nicht-Meditierende. Dieses recht beeindruckende Ergebnis konnte unabhängig von der jeweiligen Ernährungsweise, der körperlichen Aktivität, dem Alkoholverbrauch und dem Körpergewicht festgestellt werden.

RASAYANAS – LEBENSVERLÄNGERNDE KRÄUTER

Kräuter sind ein wichtiger Bestandteil der ayurvedischen Medizin, den wir bisher noch nicht angesprochen haben. Viele Tausende von Heilkräutern finden im Ayurveda Anwendung, und erfahrene Ärzte wie Dr. Triguna verschreiben ihren Patienten stets Kräuter als festen Bestandteil ihrer Behandlung, weil sie umfassender und milder in ihrer Wirkung sind als andere Medikamente.

Heilkräuter sind so etwas wie konzentrierte Nahrung. Im Ayurveda werden sie daher traditionellerweise auch entsprechend der sechs Geschmacksrichtungen (rasas) klassifiziert: süß, sauer, salzig, bitter, scharf und herb/zusammenziehend. Allerdings wirken Heilpflanzen stärker und spezifischer als Nahrung. Ein bitterer Geschmack wie der von Chinin kann Pitta sofort senken, was Chinin so nützlich für die Behandlung von Fieber und Entzündungen macht. Eine scharfe Chilischote kann unverzüglich überschüssigen Schleim abziehen, da sie Kapha reduziert. Ein zusammenziehendes Gewürz wie Gelbwurz kann innerhalb weniger Minuten den Schleim in einem wunden Rachen austrocknen. In Teil III werde ich im Abschnitt über Ernährung einige der gebräuchlichsten Kräuter für den Hausgebrauch angeben, mit denen Sie Ihre Doshas ausbalancieren können. Das Würzen der Nahrung mit Kräutern birgt bei normaler Dosierung keine Risiken.

Zur Behandlung von Krankheiten werden unter ärztlicher Aufsicht stärker wirkende Heilkräuter verwendet. In unseren Kliniken haben wir für jede Krankheit Heilkräuter. Erwähnt werden sollte noch, daß ayurvedische Kräuterpräparate die ganze Pflanze enthalten, was die Möglichkeit unerwünschter Nebenwirkungen reduziert, da der jeweilige Wirkstoff von den anderen Substanzen der Pflanze abgepuffert wird. Mit anderen Worten wird im Ayurveda die ganze Pflanze als natürliche Medizin gewertet, während in der westlichen Medizin nur der spezielle Wirkstoff als nützlich betrachtet wird.

Wie ayurvedische Heilkräuter wirken

Die ayurvedischen Lehrbücher nennen einige besondere Kräuter und Mineralien, die, einzeln oder gemischt, als *rasayanas* bezeichnet werden. Das heißt in etwa: »die Lebensessenz hineintun«. Rasayanas sind keine Jugendelixiere, sondern Korrekturmittel für den Gedächtnisschwund der Zellen. Jedes Mittel ist ein Paket von Schwingungen, das einer speziellen Schwingung im quantenmechanischen Körper entspricht.

Die Leber beispielsweise entsteht auf Grund einer präzisen Abfolge von Schwingungen auf der Quantenebene. Im Falle einer Leberstörung ist es zu einem Einbruch in dieser Sequenz gekommen. Nach Ansicht des Ayurveda gibt es ein Heilkraut, das genau diese Sequenz besitzt und bei seiner Anwendung daher die Leberfunktion normalisiert.

Das hier wirkende Prinzip nennt man »Komplementarität«. Komplementarität besagt, daß »die Natur überall gleich denkt«, ein vedischer Grundsatz, der darauf hinweist, daß die Natur zur Erzeugung von Pflanzen, Mineralien, Mantren oder menschlichen Körpern dieselben Impulse verwendet. Es handelt sich dabei nicht nur um ähnliche Moleküle (wobei derselbe Kohlenstoff Kohle, Diamanten, Zucker und Blut hervorbringt). Grundlegender noch sind die feinen Schwingungen, die die Moleküle zusammenhalten; diese sind nach Ansicht der Weisen die eigentlichen Bausteine der Natur. Sie sind so universal, daß selbst so unzusammenhängend erscheinende

Dinge wie ein Sanskrit-Wort und ein Lorbeerblatt als verwandt angesehen werden können, wenn man nur fähig ist, tief genug zu schauen. Da überall in der Natur Ähnlichkeit herrscht, sieht ein ayurvedischer Arzt Heilkräuter, Urklänge, Edelsteine, Farben, Aromen und Nahrungsmittel als gleichermaßen nützliche Heilmittel an. Wie bereits gesagt, haben die im Ayurveda verwendeten Heilkräuter nicht die groben Wirkungen auf den Körper, die von den sonst üblichen Medikamenten ausgehen. Westliche Medikamente unterdrükken den Schmerz, entspannen Muskeln, ersetzen mangelndes Insulin usw.; Rasayanas geben dem Körper ein feines Signal, sie kommunizieren mit den Doshas und wirken sich unmittelbar auf das Fließen der inneren Intelligenz aus.

Rasayanas werden eng mit der indischen Küche assoziiert und daher im Westen als Würzmittel und nicht als Medikamente vertrieben. Einige süße Früchte wie die Amalak-Frucht gelten als hervorragende Rasayanas. Gerade Amalak ist die Grundlage der meisten Stärkungsmittel, die seit Menschengedenken in Indien verwendet werden, ähnlich wie Ginseng in China. Für jeden, der an Heilkräutern Interesse hat, ist das Wissen über die Rasayanas faszinierend, wenn auch äußerst komplex. Dutzenden von Pflanzen wird nachgesagt, daß sie verjüngende Eigenschaften haben. Zu den auch im Westen geläufigen gehören:

- für *Vata*: Gotu Kola und Ginseng,
- für *Pitta*: Aloe Vera, Beinwell und Safran,
- für *Kapha*: Elekampane und Honig (obwohl kein Heilkraut, wird Honig doch als *shukra*, das heißt als reinster in der Pflanzenwelt vorkommender Stoff angesehen).

Aber diese Liste schließt die hochwirksamen Rasayanas aus, die nur indische Namen haben, wie eben die Amalak-Frucht oder *guggul* und *ashwaghanda*.

Was die Rasayanas so komplex macht, ist nicht allein, daß sie aus Früchten und Heilkräutern bestehen, die man im Westen nicht kennt. Auch die Art ihrer Zubereitung verlangt einschlägige Kenntnisse. Um die gewünschte Wirkung durch eine bestimmte Pflanze zu erzielen, muß man genau wissen, wann sie gepflückt, wie lange und in welcher Weise sie gekocht und in welcher Zusammensetzung sie mit anderen Kräutern gemischt werden muß. Das Rezept für ein einziges Rasayana kann bis zu 50 verschiedene Ingredienzen umfassen, die alle mit größter Sorgfalt zuzubereiten sind.

»Maharishi Amrit Kalash«:
Nach mehreren Jahren der Forschung und Experimente sind wir zu der Ansicht gelangt, daß Rasayanas einen wichtigen Bereich abdekken. Es gelang uns, mit der Hilfe angesehener indischer Ärzte einige alte Rezepte zu rekonstruieren. Wir hatten dabei das Glück, auf das Wissen von Dr. Balraj Maharishi zurückgreifen zu können, der als begnadeter Arzt und anerkannter Experte im Bereich der ayurvedischen Kräutermedizin gilt. Auf Grund seiner 40jährigen Ausbildung im Himalaya und seiner Vertrautheit mit mehr als 6000 Heilpflanzen war Dr. Balraj während der letzten Jahre einer der Pioniere für die Erneuerung des Ayurveda. Er gab seine große Praxis im Bundesstaat Andhra Pradesh auf, wo er jedes Jahr viele Tausende von Patienten behandelt hatte, und bereiste zahlreiche Länder in der ganzen Welt, um dort die jeweils geeignetsten heimischen Heilkräuter zu ermitteln. Auf der Grundlage dieser Forschung kann heute in jedem Land mit dem Aufbau der Produktion wirksamer und dabei nebenwirkungsfreier Arzneien nach ayurvedischen Prinzipien begonnen werden.

Darüber hinaus ist es Dr. Balraj gelungen, das seit langer Zeit verlorengegangene Rezept für die Herstellung des berühmtesten unter den Hunderten von Rasayanas, die in den alten Texten erwähnt werden, zu rekonstruieren. Es handelt sich um Maharishi Amrit Kalash, eine komplexe Mischung aus etwa zwei Dutzend verschiedener Heilkräuter und Früchte, die alle selbst als Rasayanas angesehen werden. Auf Sanskrit bedeutet *amrit kalash* soviel wie »Gefäß der Unsterblichkeit«. Dieses Rasayana ist unabhängig von Alter, Konstitutionstyp oder Gesundheitszustand für den täglichen Gebrauch zu empfehlen. Zu den bekanntesten Rasayanas, aus denen es sich zusammensetzt, gehören die Amalak-Frucht, Lakritze, Sandelholz, Honig und Ghee (geklärte Butter) sowie verschiedene Kräuter und

Früchte, deren Eigenschaften im Ayurveda geschätzt werden, die aber im Westen unbekannt sind: unter anderem Emblicafrüchte, Myrobalanenfrüchte, Canscora decussate, Zyperngrasknollen, Adlerholzpulver, Nagassamen, Sida cordifolia.

Maharishi Amrit Kalash besteht aus zwei Präparaten: einer Kräutertablette, die wie eine Vitamintablette eingenommen wird, und einem süßen Mus, das mit dem Löffel gegessen oder in warmer Milch aufgelöst wird (letzteres ist besonders Vata-beruhigend, wenn es vor dem Zubettgehen getrunken wird).

Maharishi Amrit Kalash ist nicht als spezifisches Medikament anzusehen; es hat eine allgemein stärkende Wirkung. Wenn Sie eine bestimmte Krankheit haben, sollten Sie dieses oder andere ayurvedische Präparate allerdings nicht ohne vorherige Konsultation eines ayurvedischen Arztes einnehmen.

Durch die umfangreiche Literatur über Rasayanas sowie durch Dr. Balrajs eindrucksvolle Kenntnisse der globalen Flora aufmerksam geworden, haben Forscher in den USA und in Europa Untersuchungen durchgeführt, um festzustellen, welche Wirkungen diese Präparate haben. Die Ergebnisse waren in vielerlei Hinsicht bemerkenswert. So löste Dr. Hari Sharma, Professor für Pathologie an der Ohio State University, in einer Pilotuntersuchung über die Wirkung von Maharishi Amrit Kalash bei Ratten durch Gaben starker Karzinogene Brustkrebs aus. Gleichzeitig erhielt die Versuchsgruppe Amrit Kalash, die Kontrollgruppe nicht. Der Unterschied zwischen den beiden Gruppen war signifikant: In der Kontrollgruppe betrug die Krebshäufigkeit gegenüber der mit Amrit Kalash gefütterten mehr als das Vierfache (60 Prozent gegenüber 14 Prozent).

In einer zweiten Phase wurde den an Krebs erkrankten Ratten mit der Nahrung Amrit Kalash verabreicht, um festzustellen, ob sich ihre Tumore verändern würden. Bei 60 Prozent dieser Tiere bildete sich der Tumor zurück oder verschwand völlig. Dieses aufsehenerregende Ergebnis wurde durch weitere Studien bestätigt: Am renommierten Massachusetts Institute of Technology wurde die Tumorrückbildung durch ein anderes Rasayana untersucht, und an der University of Colorado wurden In-vitro-Tests über die Bildung von Neuroblastomen durchgeführt, eines Vorstadiums bösartiger Zellen.

Obwohl sich die Ergebnisse dieser noch vereinzelten Studien nicht unbesehen auf den Menschen übertragen lassen, sind sie Anlaß genug, um Amrit Kalash neben einer konstitutionstypischen Ernährung zum Zweck der Ausbalancierung der Doshas einzunehmen.

Professor Sharma fand außerdem heraus, daß Amrit Kalash möglicherweise Blutgerinnseln entgegenwirkt, die Schlaganfälle und Herzattacken auslösen können. Die Wirkung wird dadurch erreicht, daß die Anhäufung von Blutplättchen verhindert wird, die direkt für die Blutgerinnung verantwortlich sind. In den frühen Stadien von Herzerkrankungen treten krankhafte Veränderungen auf. Winzige Wunden auf der Innenseite der Arterienwände ziehen diese Blutzellen an, die sich dann im Arteriengewebe einnisten und zu Schlacke ansammeln. Wenn dieser Prozeß in einer der Herzkranzarterien auftritt, so kommt es schließlich zur Herzattacke.

Die Medizin greift hier routinemäßig zu Blutverdünnungsmitteln. So wird beispielsweise Patienten, die eine Herzattacke hatten, normales Aspirin verschrieben, um weitere Anfälle zu verhindern. Aber Aspirin hat bekanntlich Nebenwirkungen: Magenbluten ist eine direkte Auswirkung der Blutverdünnung, und verschiedene Studien zeigen, daß bei Männern unter Vierzig die tägliche Einnahme von Aspirin das Risiko eines Schlaganfalls erhöht, der ebenso tödlich sein kann wie eine Herzattacke.

Durch Laboruntersuchungen stellte Dr. Sharma fest, daß Amrit Kalash speziell die durch ein breites Spektrum von Antagonisten hervorgerufene Blutgerinnung unterbindet, einschließlich der durch das Streßhormon Adrenalin verursachten. Diese selektive Wirkung ist höchst bedeutsam, da dadurch die normale Blutgerinnung, die zur Heilung von Wunden nötig ist, nicht beeinträchtigt wird, sondern lediglich die krankhafte, die zur Schlackenbildung führt.

Auch hier kann kein Arzt den therapeutischen Nutzen von ayurvedischen Rasayanas mit Brief und Siegel bestätigen, doch sind wir der Ansicht, daß die moderne Naturheilkunde sehr nah an das ursprüngliche Amrit Kalash herangekommen ist, jenes Spitzenprodukt der Pflanzenkunde aus den Händen der großen Meister des Altertums.

TEST: WIE GUT ALTERE ICH?

Es gibt kein spezielles »Lebensverlängerungsprogramm« im Maharishi-Ayurveda, und zwar aus dem einfachen Grund, weil alle seine Maßnahmen – Ernährung, Körperübungen, Tages- und Jahreszeitenroutine, Meditation und die verschiedenen Heilverfahren – der Lebensverlängerung dienen. In Anbetracht des besseren Gesundheitszustands unserer heutigen Patienten haben wir Anlaß zu hoffen, daß hier ein Durchbruch erzielt wurde. Die klassischen ayurvedischen Texte gehen von 100 Jahren als normaler Lebenserwartung aus, und zwar ohne Gebrechlichkeit oder Krankheit. Das ist unsere unterste Meßlatte.

Können Sie sich selbst beweisen, daß Sie durch das Befolgen dieses Programms jünger werden? So einfach es klingt – das Gefühl, glücklich und gesund zu sein, ist ein guter Maßstab; im Herzen jung zu sein ist anerkannterweise ein Hinweis auf Langlebigkeit. Auf einer etwas weniger subjektiven Grundlage haben Forscher an der amerikanischen Duke University eine kurze Liste von Gesundheitsfaktoren zusammengestellt, die Hinweise auf die Lebenserwartung geben. Menschen, die bei den folgenden Fragen hohe Punktzahlen erzielen, haben statistisch gesehen die beste Chance, länger als der Durchschnitt zu leben. Der folgende Fragenkatalog stützt sich auf das Material der Duke University. Das beste Verfahren wäre, ihn in Verbindung mit einer gründlichen ärztlichen Untersuchung auszufüllen, aber auch eine persönliche Interpretation gibt Ihnen einigen Aufschluß. Versuchen Sie, möglichst ehrlich und objektiv zu sein, beantworten Sie alle Fragen und geben Sie sich:

- für 10 Punkte: ausgezeichnet
- für 5 Punkte: durchschnittlich
- für 0 Punkte: unter dem Durchschnitt

Nachdem Sie Ihr Gesamtergebnis haben, folgen Sie sechs Monate lang den Empfehlungen des Maharishi-Ayurveda, und befragen Sie sich dann erneut. Sie werden eine erstaunliche Verbesserung feststellen, und das sicher bereits vor Ablauf dieser Frist.

a) Herz- und Kreislauferkrankungen

Wie viele Ihrer Eltern und Großeltern hatten vor Ablauf des 60. Lebensjahres eine Herzattacke oder einen Schlaganfall?

Keiner	10 Punkte	
Einer oder zwei	5 Punkte	
Drei oder mehr	0 Punkte	___________

Mein letzter Cholesterinwert war

Ausgezeichnet (unter 200 mg)	10 Punkte	
Durchschnittlich (220 mg)	5 Punkte	
Schlecht (über 240 mg)	0 Punkte	___________

Mein letzter gemessener Blutdruck war

Ausgezeichnet (120/70)	10 Punkte	
Kontrollbedürftig (130/90)	5 Punkte	
Zu hoch (140/95 und höher)	0 Punkte	___________

(Zur genauen Messung sollte der Blutdruck zu drei verschiedenen Tageszeiten gemessen werden.)

b) Zufriedenheit am Arbeitsplatz

Wenn ich morgens zur Arbeit gehe, bin ich

Voller Vorfreude auf neue Herausforderungen	10 Punkte	
Bereit zu arbeiten, aber ohne Vorfreude	5 Punkte	
Lustlos – es ist eben mein Job	0 Punkte	___________

c) Tabakkonsum

Während der letzten fünf Jahre habe ich

Nie geraucht	10 Punkte	
Gelegentlich geraucht	5 Punkte	
Regelmäßig geraucht	0 Punkte	___________

d) Körperfunktionen

Diese Kategorie schließt eine große Anzahl von Indikatoren ein: Atmung, Reaktionsgeschwindigkeit, Blutkreislauf und anderes mehr. Zur Selbstbewertung vergleichen Sie Ihre heutige körperliche Leistungskraft mit der vor zehn Jahren.

Ich fühle mich fast gleich	10 Punkte	
Ich merke, daß manches nicht mehr so wie früher ist	5 Punkte	
Ich habe Beschwerden und befinde mich in Behandlung	0 Punkte	___________

e) Glücklichsein

Alles in allem ist mein Leben

Sehr glücklich	10 Punkte	
Meistens recht glücklich	5 Punkte	
Ohne Höhen und Tiefen	0 Punkte	___________

f) Gesundheits-Selbstbewertung

In diesem Jahr ist mein allgemeiner Gesundheitszustand

Ausgezeichnet	10 Punkte	
Gut	5 Punkte	
Mäßig/schlecht	0 Punkte	___________

g) Allgemeine Intelligenz

In IQ-Tests sind meine Ergebnisse

Überdurchschnittlich (120 und darüber)	10 Punkte
Mittel (100–110)	5 Punkte
Unter dem Durchschnitt (90 und darunter)	0 Punkte ____________

Gesamtergebnis: ____________________

Auswertung: Der Höchstwert (90) Punkte bedeutet, daß Sie aller Wahrscheinlichkeit nach länger, und zwar sehr viel länger als der Durchschnitt (Frauen etwa 78 Jahre, Männer 72 Jahre) leben werden. Ein Wert über dem Durchschnitt (65 bis 90 Punkte) verlängert die Lebenserwartung um mindestens drei Jahre über die Norm hinaus, besonders dann, wenn Sie bereits über Vierzig sind. Eine mittlere Punktzahl (45 bis 65) bedeutet eine durchschnittliche Lebenserwartung. Wenn Sie unter 40 Punkte haben, sollten Sie etwas mehr auf Ihre geistig-körperliche Gesundheit achten. Es gibt keinen Anlaß zur Panik, denn die Programme des Maharishi-Ayurveda sollten in kurzer Zeit deutliche Verbesserungen mit sich bringen.

Um sich ein genaueres Bild davon zu verschaffen, wo man steht, kann man die Selbstbewertung verfeinern, indem man einige andere Faktoren in Betracht zieht.

Alter: Hohe Werte zählen mit zunehmendem Alter mehr. Wenn Sie über Fünfzig sind, bedeuten Werte zwischen 75 und 90 eine höhere Lebenserwartung; dieselben Werte wären für einen 30jährigen normal.

Lebensweise: Bei gleichen Voraussetzungen ist Regelmäßigkeit in der Lebensführung mit langem Leben verbunden; dazu gehören drei Mahlzeiten am Tag, acht Stunden Schlaf in der Nacht, kein zu spätes Zubettgehen und so fort. Auch ist die Lebenserwartung von Verheirateten höher als von Alleinstehenden. Der Alkoholverbrauch sollte möglichst niedrig sein; ideal wäre ein völliger Alkoholverzicht. Alkoholismus senkt bekanntlich die Lebenserwartung erheblich.

Gewicht: Die Aufrechterhaltung Ihres Idealgewichts ist natürlich wünschenswert, aber 5 bis 7 Kilo darüber sind auch kein Drama. Bei Fettleibigkeit (15 Prozent oder mehr über dem Idealgewicht) oder wenn Ihr Gewicht über Jahre hinweg starken Schwankungen unterliegt, geht die Lebenserwartung zurück.

Wie Sie Ihre Werte verbessern können

Auf Grund der umfangreichen Forschung über TM können wir nachweisen, daß unser Maharishi-Ayurveda-Programm sämtliche der von der Duke University aufgestellten Langlebigkeitsfaktoren verbessert. Untersuchungen über TM-Ausübende haben insbesondere erbracht, daß

- hoher Blutdruck und hoher Cholesterinspiegel durch regelmäßige Meditation zurückgehen,
- Berufstätige über zunehmende Zufriedenheit am Arbeitsplatz sowie über verbesserte Arbeitsbeziehungen berichten,
- der Zigarettenkonsum (ebenso wie der Alkoholkonsum) spontan abnimmt und bei einer beträchtlichen Anzahl von Personen vollkommen aufhört,
- die körperliche Leistungsfähigkeit in Standardtests zunimmt,
- das eigene Glücksgefühl, die Zufriedenheit und das Selbstwertgefühl zunehmen (gleichzeitig berichten weniger Personen über Angstgefühle oder Depressionen, und der Verbrauch an Beruhigungsmitteln nimmt ab),
- die Werte bei Intelligenztests steigen – bei Langzeitmeditierenden um bis zu 10 Punkte.

Verbinden wir die Meditation mit dem Gesamtprogramm des Maharishi-Ayurveda, so werden die positiven Auswirkungen noch stärker:

- Dr. Sharmas Forschung über Maharishi Amrit Kalash weist eindeutig darauf hin, daß dieses verschiedenen Verschleißerscheinungen des Alterungsprozesses entgegenwirken kann – außer seiner positiven Auswirkung auf die Blutgerinnung verstärkt Amrit Kalash auch die Immunität und erhöht die Anbindung von Neurotransmittern, die die Stimmungslage verbessern. Letzteres erklärt seine Wirkung bei Depressionen und anderen Gemütsstörungen. Eine Selbstbewertungsstudie bei Personen, die dieses Rasayana einnahmen, kam zu dem Ergebnis, daß die Symptome von Erkältungen, Kopfschmerzen, Rückenschmerzen, Verdauungsstörungen und verschiedenen anderen häufigen Beschwerden nachließen und sich ein allgemeines Wohlbefinden einstellte.
- Ein führender japanischer Immunologe, Dr. Yukei Niwa, untersuchte Amrit Kalash auf seine Eigenschaft hin, eine bestimmte Gruppe von chemischen Stoffen, sogenannte freie Radikale, im Blut zu neutralisieren. Freie Radikale sind unerwünschte Peroxide, die seit langem mit der Beschleunigung des Alterungsprozesses in Verbindung gebracht werden. Einer der Gründe für die Popularität von Vitamin E als Anti-Alterungsmittel ist seine Eigenschaft, sich an freie Radikale anzubinden und sie zu vernichten, bevor sie das Gewebe beschädigen können. Dr. Niwa stellte fest, daß Amrit Kalash in dieser Hinsicht außergewöhnlich wirksam ist und – zumindest im Reagenzglas – alle anderen 500 Substanzen übertrifft, die er im Laufe von 30 Jahren getestet hatte. Auch fand er heraus, daß Amrit Kalash die Entzündungs- und Allergieneigung verringert, deren allgemeiner Zusammenhang mit Krebs und dem Alterungsprozeß als erwiesen gilt.
- Eine Pilotstudie des Endokrinologen Timothy Stryker über die Auswirkungen von Panchakarma macht deutlich, daß diese Reinigungstechnik den verjüngenden Effekt von TM verstärkt; bei zehn Meditierenden nahm das biologische Alter im Verlauf eines Jahres durch regelmäßiges Panchakarma um sechs Jahre ab (TM allein hielt den Alterungsprozeß nur auf).

Dies alles weist darauf hin, daß ein komplettes Maharishi-Ayurveda-Programm noch wirksamer ist als die Meditation allein und daß es tatsächlich sämtliche der stark verjüngenden Auswirkungen haben könnte, die in den alten Texten erwähnt werden. Ein Grundprogramm würde TM einschließen, außerdem eine dem jeweiligen Konstitutionstyp entsprechende Ernährung und Maharishi Amrit Kalash, dazu regelmäßige ayurvedische Körperübungen, mindestens eine Panchakarma-Kur pro Jahr sowie die Hauptpunkte der Tagesroutine *(dinacharya)*.

III LEBEN IM EINKLANG MIT DER NATUR

1 DER WUNSCH, SICH ZU ENTFALTEN

Der Begriff »Leben im Einklang mit der Natur« hat im Maharishi-Ayurveda eine klare Bedeutung: die Befriedigung gesunder Bedürfnisse, die dem entsprechen, was wir tatsächlich brauchen. Ihre Natur und das, was Sie brauchen, sowie das, was Sie sich wünschen, sollten leicht in Einklang zu bringen sein, weil alle Wünsche auf der Quantenebene entstehen, als schwache Schwingungen, deren dynamische Wechselwirkung stets ausgewogen ist. Sobald unser Körper oder unser Geist dieses Gleichgewicht verlassen, wird von der Quantenebene ein korrigierender Impuls abgesandt, und dieser läßt in uns einen Wunsch entstehen.

In diesem Moment strömen Millionen von Impulsen durch Ihr Nervensystem und verwandeln sich in die Handlungen, die Sie jeden Tag ausführen. Der Wunsch nach einem Schluck Wasser entstammt beispielsweise dem speziellen Bedarf von unzähligen Zellen Ihres Körpers, von denen eine jede eine Botschaft an ein winziges Organ Ihres Gehirns, den Hypothalamus, sendet. Der Hypothalamus wiederum stellt die Geist-Körper-Verbindung her, indem er bestimmte Neurotransmitter oder Botenmoleküle erzeugt, die bei Ihnen das Gefühl wecken: »Ich bin durstig«.

Jeder natürliche Wunsch entwickelt sich ähnlich. Irgendwo im quantenmechanischen Körper entsteht ein Bedürfnis, im Gehirn wird die Geist-Körper-Verbindung hergestellt, und wir erhalten einen Impuls zu handeln. Solange unsere Bedürfnisse und Wünsche aufeinander abgestimmt sind, leben wir im Einklang mit der Natur. Im Idealfall sollte Ihnen jeder Bissen Nahrung, den Sie essen, köstlich schmecken und gleichzeitig genau den jeweiligen Nährstoffbedarf decken. Ihre Haut könnte möglicherweise nach etwas mehr Vitamin C verlangen, um einen durch einen Sonnenbrand verursachten

Schaden zu beheben, ein belasteter Hüftknochen könnte nach zusätzlichem Calcium verlangen, ein angespannter Armmuskel nach mehr Kalium.

Leider ist es sehr leicht, diesen Ablauf zu stören, und wenn wir dies tun, lösen wir uns aus dem Einvernehmen mit der Natur. Statt einem ausgewogenen Körper zu vertrauen, der uns sagt, welche Nährstoffe er braucht, greifen wir nur allzu oft wahllos zu Vitaminen, essen gedankenlos und viel zu viel oder lassen uns von Süßigkeiten und anderen nutzlosen Genußmitteln verführen. Der augenblickliche Trend zur »Lebensverlängerung« gründet in einem Mißtrauen gegenüber dem Körper. Wir versuchen, seinen möglichen Schwächen zuvorzukommen, indem wir ihm Überdosen von Vitamin E, Beta-Carotin, Selen oder anderen neuen Wundermitteln zuführen.

Es ist niemals bewiesen worden, daß die Einnahme zusätzlicher Vitamine oder Mineralstoffe das Leben verlängert. Im Gegenteil – verschiedene Studien, die Ende der siebziger Jahre in Kalifornien durchgeführt wurden, kommen zu dem Ergebnis, daß Menschen, die regelmäßig Vitamine einnehmen und nur »Naturkost« essen, nicht länger als der Bevölkerungsdurchschnitt leben, während Menschen, die einen ausgeglichenen Lebensstil haben (frühes Zubettgehen, drei Mahlzeiten am Tag, geringer oder kein Alkoholkonsum etc.) bis zu elf Jahre älter werden.

Man braucht nicht in ein Extrem zu verfallen, um möglichst viel aus seinem Körper herausholen zu können. Der Körper ist intelligent. Auf der Quantenebene weiß er stets genau, was er braucht, bis hin zum letzten Atom und Molekül der Nahrung, dem feinsten Atemzug, der geringsten Aktivität. In den folgenden Kapiteln werde ich die Nahrungsmittel, Körperübungen sowie die Tages- und Jahreszeitenroutine aufzählen, die der Lehre des Maharishi-Ayurveda zufolge einen Einklang mit der Natur herstellen. Allerdings sind diese Richtlinien nicht als starre Regeln mißzuverstehen. Sie sind eher Hinweise, wie Sie sich mit Ihrem quantenmechanischen Körper in Verbindung setzen können. Sobald dieser Kontakt wiederhergestellt ist, verläuft alles Handeln reibungsloser, es werden fast automatisch die richtigen Entscheidungen getroffen, und Fehler werden damit seltener.

Bevor wir jedoch ins Detail gehen, möchte ich noch etwas über den Entwicklungsweg sagen.

DIE RICHTIGEN ENTSCHEIDUNGEN TREFFEN

Damit wir uns weiterentwickeln und im Leben vorankommen können, müssen wir selbst die für uns richtigen Entscheidungen fällen, Tag um Tag, Minute um Minute. Die Kette der zu fällenden Entscheidungen ist endlos, denn die Herausforderungen des Lebens sind es ebenfalls. Fehlentscheidungen völlig auszuschließen scheint dabei unmöglich zu sein. Aber der Ayurveda behauptet, daß dies im Grunde einfach ist – sobald Sie beginnen, auf Ihre eigene, tiefste Natur zu horchen.

Bei jeder Entscheidung, die Sie treffen, ob sie nun wichtig oder weniger wichtig ist, kennt Ihr quantenmechanischer Körper nur *eine* richtige Wahl, im Gegensatz zu Ihrem Verstand, der meist viele Möglichkeiten erblickt. Seine Verwirrtheit läßt einen inneren Konflikt entstehen. Warum greift ein Raucher zwanghaft zur nächsten Zigarette, obwohl er doch weiß, wie schädlich dies ist? Warum nimmt sich ein Eßsüchtiger, ohne hungrig zu sein, einen Nachschlag? Das Ringen mit diesen Konflikten ist fruchtlos – unsere Handlungen sind das Ergebnis von vielen Einzelprozessen, die sich ständig verändern. Der Sieg über tödliche Viren oder Bakterien ist ein Kinderspiel verglichen mit dem Versuch, den selbstzerstörerischen Gewohnheiten eines Menschen beizukommen. Wir alle kennen chronisch Fettleibige, die von Pontius zu Pilatus gelaufen sind und es mit Medikamenten, Psychotherapien, Verhaltensmodifikationen oder sogar Operationen versucht haben – alles ohne nennenswerten Erfolg.

Der Ayurveda bietet eine einfachere Lösung an. Statt uns mit allen Fehlentscheidungen herumzuschlagen, die ein Mensch unter dem Einfluß einer ungesunden Wunschstruktur haben könnte, bringen wir unsere Patienten mit dem Ursprung ihrer Wünsche in Kontakt. An diesem Ursprung sind die Wünsche jedes Menschen gesund. In Sanskrit wird dies *sattva* genannt, was oft mit »Reinheit«

übersetzt wird. Eine bessere Übersetzung von Sattva wäre, »der Wunsch, sich zu entfalten«, und ich werde beweisen, warum das so ist.

Dem Ayurveda zufolge gibt es drei natürliche Impulse, die in jeder beliebigen Situation auf uns einwirken. Einer ist *sattva*, der Impuls, sich fortzuentwickeln, voranzuschreiten; der andere ist *tamas*, das genaue Gegenteil, nämlich der Impuls, gleichzubleiben oder zurückzugehen. Zwischen diesen beiden befindet sich *rajas*, ein neutraler Impuls, der Handlung um ihrer selbst willen verlangt. In einer Grafik könnte man sie wie folgt darstellen:

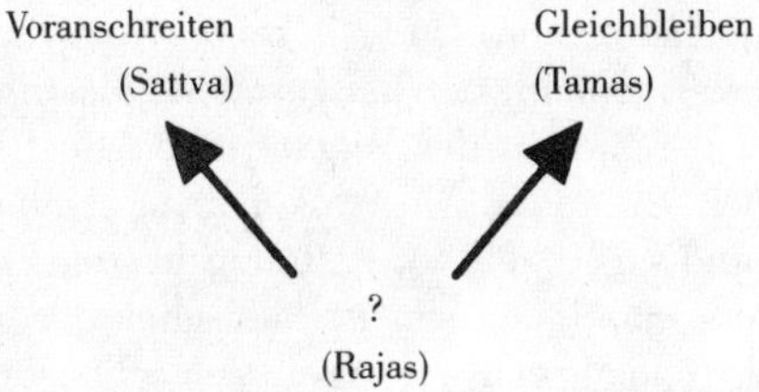

Wie Sie sehen, stellt Rajas die Frage: »Wie sollte ich in dieser Situation handeln?« Sattva fördert die progressive Entscheidung, Tamas die verharrende. Alle drei sind für das Leben notwendig. Wenn Sie bis spät nachts aufbleiben und in Versuchung geraten, sich auch noch den zweiten Fernsehfilm anzusehen, so sagt Ihnen ein Impuls, es sei besser, zu Bett zu gehen, der andere läßt Sie weiter sitzen bleiben. Das ist der Konflikt zwischen Sattva und Tamas, während Rajas als Ansporn wirkt, eine Entscheidung zu treffen.

Die Natur hat uns so geschaffen, daß unser Geist spontan entsprechend der drei *gunas* oder Tendenzen (manchmal auch als »mentale Doshas« bezeichnet) handelt. Man kann drei Menschentypen unterscheiden, bei denen jeweils eine der Gunas dominiert:

Rajasische Menschen handeln gern. Ihr Geist ist ständig beschäftigt. Sie neigen zu Ungeduld, Unüberlegtheit und allen Arten von motorischem Abreagieren.

Sattvische Menschen machen gern Fortschritte. Ihr Geist ist frei von zwanghaftem Aktivismus, er zielt auf Handlungen, die kreativ, lebensfördernd und gesund sind.

Tamasische Menschen bleiben gern, wie sie sind. Ihr Geist ist nicht gern aktiv; sie genießen die Routine und den Status quo.

Diese drei Typen sind nicht scharf gegeneinander abgegrenzt, denn jeder Mensch weist Elemente von allen drei Grundtypen auf. Wir kennen aber alle den puren Rajas-Typ, den extrovertierten, von unaufhörlicher Energie überquellenden Zeitgenossen, für den kein Reiz stark genug sein kann. Und wir kennen den Tamas-Typ – langsam, allem Neuen abhold; der hartgesottene Gestrige, für den das Beste im Leben immer in der Vergangenheit liegt. (Ayurvedische Ärzte aus Indien, die in den Westen kommen, schütteln immer wieder den Kopf und sagen, daß wir hoffnungslos rajasisch sind; gehen wir nach Indien, empfinden wir die Menschen dort als tamasisch.) Wie immer wir jedoch von der Natur gemacht wurden – die Zunahme von Sattva ist ein erstrebenswertes Ziel, denn es ist Sattva, das einen Menschen kreativer, gesünder und glücklicher macht.

Das Geheimnis sattvischer Menschen ist, daß sie natürliche, gesunde Wünsche haben. Durch geistiges Ama können in jedem Menschen ungesunde Wünsche entstehen. Sie erinnern sich vielleicht daran, daß »geistiges Ama« der Begriff für Unreinheiten oder negative Tendenzen des Geistes ist. Sattva ist die Kraft der Reinheit, die sie bekämpft. Die ayurvedischen Weisen behaupten, daß »geistiges Ama« erzeugt wird durch:

- negative Gefühle: Ärger, Furcht, Selbstkritik, Gier, Groll usw.
- psychischen Streß: Familienprobleme, berufliche Spannungen, Verlust von Geld oder Arbeitsplatz, Scheidung, Tod eines Angehörigen usw.
- Lethargie, geistige Trägheit
- negative Einflüsse durch andere Menschen
- Bücher oder andere Unterhaltung mit gewalttätigem, obszönem oder schockierendem Inhalt

Die Debatte darüber, ob es moralisch gerechtfertigt ist, im Fernsehen oder Kino Gewalt darzustellen, verfehlt aus der Sicht des Ayurveda den eigentlichen Kern der Sache. Denn die Kernfrage ist eine Frage der Gesundheit. Der Anblick von Gewalt wird in ungesunde biochemische Prozesse umgesetzt, was sowohl in unseren Gedanken als auch in unseren Zellen zur Ansammlung von Ama führt. Jedermann hat das Recht, sich den ihm genehmen Einflüssen auszusetzen, aber es ist die Pflicht des Arztes, ihn vor solchen zu warnen, die sein Wohlbefinden beeinträchtigen können. Das Vermeiden von mentalem Ama ist daher als Vorbeugungsmaßnahme gegen Ungleichgewichte zu betrachten, die letztlich zu Krankheiten führen.

Sie können Ihren Körper nicht zwingen, Entscheidungen zu treffen, die Ihrer Weiterentwicklung dienen. Wenn Sie das Falsche essen, Kettenraucher sind, übermäßig viel Alkohol trinken oder in Ihrem täglichen Leben irgendwelche anderen ungesunden Entscheidungen treffen, so liegt irgendwo ein Hindernis auf dem Weg zu Ihren wahren Wünschen. Irgendeine Unreinheit hält Sie von Ihrem Quantenselbst fern. Es gibt viele Techniken, um solche Hindernisse aus dem Weg zu räumen. Sie alle, von Panchakarma über die Meditation bis hin zur Bliss-Technik, beseitigen jedesmal, wenn Sie sie anwenden, gewaltige Mengen von Unreinheiten.

Wenn Sie die ayurvedischen Verfahren über einen längeren Zeitraum hinweg anwenden, werden Sie nach einer Weile bemerken, wie Ihre sattvische Seite auftaucht, gleichgültig, wie blockiert Ihr ganzes System anfangs auch gewesen sein mag. Wenn dies geschieht, so nähern Sie sich dem Bereich namens vollkommene Gesundheit.

Sattva ist dem Wesen der Natur am nächsten, denn alles in der Natur breitet sich aus, entfaltet sich, wächst. Es lebt in uns als unser Instinkt für Ausgewogenheit, als unsere lebensfördernden Verhaltensweisen, unsere angeborene Würde und unser Respekt vor anderen, unsere Liebe. In dem Maße, in dem Sattva bei uns zunimmt, leben wir mühelos in Reinheit und bewegen uns auf höhere Entwicklungsstufen zu. Dann – und nur dann – enthüllt der Begriff »Leben im Einklang mit der Natur« seine wirkliche Bedeutung.

SATTVA VERSTÄRKEN

Der Theorie des Maharishi-Ayurveda zufolge können viele verschiedene Einflüsse Sattva verstärken und gleichzeitig Ama gering halten. Einige Empfehlungen sind uns bereits vertraut: die Verwendung möglichst unbelasteter Nahrung und unbelasteten Wassers, das Vermeiden von Giften wie beispielsweise Schädlingsbekämpfungsmitteln und ausreichend viel Schlaf als Voraussetzung dafür, daß die positive, glückliche Seite des Geistes sich entfalten kann.

Verbringen Sie Zeit in der Natur, wandern Sie durch Wälder und Berge oder am Meeresstrand, an Seen entlang oder an Flüssen; lauschen Sie dem Wind, seinem Rauschen in den Bäumen, dem Vogelgezwitscher – all das reinigt die Sinne und führt sie zu ihrem Ursprung in der Natur zurück. Im Ayurveda sehen wir alles Lebensfördernde als sattvisch an; die Förderung positiver Gefühle und der Aufbau stabiler zwischenmenschlicher Beziehungen etwa sind lebensnotwendig. Das Fehlen von Liebe und Fürsorge in Ihrem Leben wird Sattva bei weitem mehr schaden, als wenn Sie das Falsche essen.

Darüber hinaus mögen die folgenden Hinweise, die vor Tausenden von Jahren in den vedischen Texten niedergelegt wurden und sich als bewährte Richtlinien in den Ursprüngen aller Kulturen wiederfinden, der Erhöhung von Sattva im täglichen Leben dienen:

- Seien Sie jedem gegenüber freundlich und tolerant.
- Handeln Sie überlegt, nicht im Affekt.
- Enthalten Sie sich des Ärgers und der Kritik, auch wenn Sie der Meinung sind, dies sei gerechtfertigt. (Sattvische Menschen weisen andere nicht »zu deren eigenem Nutzen« auf ihre Schwächen hin.)
- Nehmen Sie sich jeden Tag Zeit zu Spiel, Spaß und zur Entspannung in angenehmer Gesellschaft.
- Stehen Sie morgens bei Tagesanbruch auf, sehen Sie sich abends den Sonnenuntergang an und machen Sie einen Nachtspaziergang, besonders bei Vollmond.
- Nehmen Sie leichte, natürliche Kost zu sich – Milch, Safran,

Reis und Ghee (geklärte Butter). Eine vollständige Liste sattvischer Nahrungsmittel finden Sie weiter unten, zusammen mit der Begründung, warum eine solche Ernährung ratsam ist.

– Seien Sie anderen gegenüber in jeder Weise großzügig – Geschenke und Komplimente beglücken unsere Mitmenschen. Heben Sie das Beste in jedem hervor, und lassen Sie sich von anderen loben, statt dies selbst zu tun. Für einen sattvischen Menschen sind alle zwischenmenschlichen Beziehungen Gelegenheiten zu geben. Das hat seine Entsprechung in der Natur, die immer genug gibt, um jedem die Erfüllung seiner Wünsche zu gewähren. Sobald diese Art der Großzügigkeit und des Vertrauens aufblüht, hat ein sattvischer Mensch im Leben nichts mehr zu fürchten und alles zu erwarten; er kann das Leben einfach geschehen lassen, ohne es zu zwingen.

2 DIE TAGESROUTINE – LEBEN IM RHYTHMUS DER NATUR

Jeden Tag geht die Sonne auf und unter, und hundert verschiedene Dinge geschehen dazwischen. Die Natur ist so wunderbar geordnet, daß sich trotz der größten Verschiedenheit alles in einen Rhythmus einfügt. Diese Rhythmen sind wie Rädchen in einem Uhrwerk aufeinander abgestimmt. Die moderne Medizin hat viele der offenbaren Zyklen unseres Körpers erforscht – das Herz schlägt alle Dreiviertelsekunde, die Lungen dehnen sich zehn- bis vierzehnmal pro Minute, um Luft einzuziehen. Aber zahlreiche Veränderungen im Körper bleiben im Verborgenen. Warum wiegt, wie die Wissenschaft festgestellt hat, ein Mensch normalerweise um sieben Uhr abends am meisten? Warum sind seine Hände am Morgen am wärmsten?

EIN TAG IN VOLLKOMMENEM RHYTHMUS

Die ayurvedische Antwort ist, daß es Hauptzyklen in uns gibt, die vom quantenmechanischen Körper aus gesteuert werden. Jeden Tag laufen zwei Wellen der Veränderung durch uns hindurch. Jede beginnt mit einer Kapha-Phase, gefolgt von einer Pitta-Phase und schließlich einer Vata-Phase. Diese drei Phasen erstrecken sich von Sonnenaufgang bis Sonnenuntergang und dann von Sonnenuntergang bis Sonnenaufgang. Die ungefähren Zeiten sind folgende:

Erster Zyklus:	Zweiter Zyklus:
6 – 10 Uhr = Kapha	18 – 22 Uhr = Kapha
10 – 14 Uhr = Pitta	22 – 2 Uhr = Pitta
14 – 18 Uhr = Vata	2 – 6 Uhr = Vata

Eine der grundlegendsten Regeln eines naturgemäßen Lebens ist, daß man diese Hauptzyklen beachtet, die unser körperliches Leben unterstützen. Wir sollten wie Wellenreiter auf den Wogen der Natur sein, nicht gegen sie ankämpfen. Im Grund reiten unsere Körper bereits darauf, beziehungsweise tun ihr Bestes angesichts unserer gegensätzlichen Gewohnheiten.

Mit der Dämmerung beginnt der Tag mit einer Kapha-Phase. Es ist leicht einzusehen, warum der frühe Morgen mit Kapha assoziiert wird – beim Aufwachen fühlt sich unser Körper langsam, schwer, entspannt und ruhig, alles also Kapha-Eigenschaften. Die körperlich aktivste Zeit ist mittags; hier herrscht auch der größte Appetit. Das ist die Mitte der ersten Pitta-Phase. Pitta ist für die Umsetzung der Nahrung zuständig, für die Verteilung von Energie und ganz allgemein für ein effizientes Funktionieren des Körpers. Das erklärt, warum die Leistung gegen Mittag einen Höchststand erreicht. Diese erste Pitta-Phase des Tages geht gegen 14 Uhr in eine Vata-Phase über. Vata steuert das Nervensystem, und tatsächlich haben Forscher festgestellt, daß die besten Ergebnisse bei psychologischen Tests und Geschicklichkeitstests am Nachmittag erzielt wurden. Gegen 15 Uhr kann man am schnellsten Zahlen addieren. Gegen 16 Uhr ist dann die Fingerfertigkeit am größten.

Der zweite Zyklus des Tages wiederholt dieselbe Abfolge von Kapha, Pitta und Vata, doch haben sie nunmehr einen anderen Einfluß. Am Abend ist man entspannt und langsam, wie schon am frühen Morgen, aber der Sonnenuntergang bringt den Körper an einen festen Ruheplatz zurück. Jetzt neigt Kapha zur Trägheit. Dementsprechend ist auch Pitta am Abend nicht so stark wie am Mittag. Pitta verdaut das Essen, nachdem wir zu Bett gegangen sind, aber da wir schlafen, wird die Wärme benutzt, um uns warm zu halten und den Regenerationsprozeß des Körpers zu fördern. Die Vata-Phase in den frühen Morgenstunden drückt sich im Nervensystem aus, aber statt schnell zu denken, wie man das am Nachmittag tut, befinden wir uns dann in einer aktiven Traumphase (sogenannter REM-Schlaf), in der die nächtlichen Hirnimpulse am lebhaftesten sind. Damit schließt sich der Kreis des Tages.

Wenn Sie es gelernt haben, auf diesen großen Wellenzyklen von

Vata, Pitta und Kapha zu reiten, wird Ihr Körper spontan seine Subzyklen nach diesen ausrichten. Wie wäre es, wenn wir einen Tag in vollkommenem Rhythmus lebten? Der Maharishi-Ayurveda liefert uns einen idealen Tagesplan – *dinacharya* oder Tagesroutine –, der uns zeigt, wie wir dies bewerkstelligen können.

DINACHARYA – DIE TAGESROUTINE

Der Rhythmus des gesamten Tagesgeschehens dreht sich um vier Hauptereignisse:

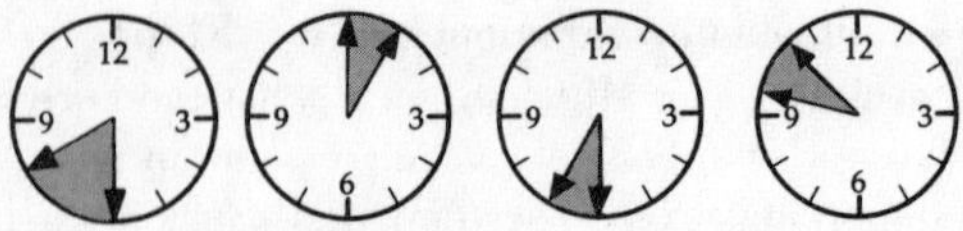

Die angegebenen Zeiten stehen für den Beginn einer Aktivität – der Morgen beginnt zwischen 6 und 8 Uhr, das Mittagessen zwischen Mittag und 13 Uhr und so fort. Diese Zeiten sind Näherungswerte und schwanken je nach der Jahreszeit. Der Ayurveda empfiehlt, der Sonne zu folgen und morgens jeweils eine Stunde vor Sonnenaufgang aufzustehen. Steht man während der Vata-Phase auf, so zieht man Nutzen aus den Vata-Eigenschaften von Leichtigkeit, Heiterkeit und Frische. Diese durchdringen dann unseren Körper kurz vor Sonnenaufgang und halten den ganzen Tag über an.

Bleibt man zu lange in die Kapha-Phase (6–10 Uhr) hinein im Bett, so wacht man stumpfer, träger und weniger erfrischt auf. Diese Eigenschaften bleiben dann auch den Tag über haften; im übrigen erziehen Sie als permanenter Spätaufsteher Ihren Doshas diese Kapha-Eigenschaften an, mit dem Erfolg, daß Sie sich chronisch müde fühlen.

Ein idealer Tagesplan hingegen ordnet sich ganz natürlich nach den vier Hauptereignissen:

Aufstehen: 6 – 8 Uhr
- Ohne Wecker aufwachen
- Ein Glas warmes Wasser trinken (zur Förderung regelmäßigen Stuhlgangs am Morgen)
- Wasserlassen, Stuhlgang (ohne Zwang)
- Zähneputzen
- Belag von der Zunge entfernen; Gurgeln mit Sesamöl
- Körpermassage mit Sesamöl (Abhyanga)
- Lauwarm baden oder duschen
- Körperübungen: Sonnengruß (S. 317ff.), Yoga-Körperhaltungen (S. 326ff.), Atemübungen (Pranayama, S. 346ff.)
- Meditation (TM)
- Frühstück
- Morgenspaziergang; etwa eine halbe Stunde

Mittagessen: 12 – 13 Uhr
- Frühes Mittagessen (nach Möglichkeit Hauptmahlzeit des Tages)
- Nach der Mahlzeit fünf Minuten ruhig sitzen
- Verdauungsspaziergang (fünf Minuten bis Viertelstunde)
- Meditation am späten Nachmittag

Abendessen: 18 – 19 Uhr
- Leichte Mahlzeit
- Nach der Mahlzeit fünf Minuten ruhig sitzen
- Verdauungsspaziergang wie oben

Zubettgehen: 21.30 – 22.30 Uhr
- Leichte Aktivität am Abend
- Früh zu Bett gehen, aber frühestens drei Stunden nach dem Abendessen
- Kein Lesen, Essen oder Fernsehen im Bett

Das ist natürlich ein sehr voller Stundenplan, weshalb ich gleich hinzufügen möchte, daß Hunderte unserer Patienten (und unsere Familien) sich nach Dinacharya richten und dennoch reichlich Zeit für ein aktives Leben zur Verfügung haben. Wenn Sie zögern, Ihren Tagesablauf zu verändern, so seien Sie versichert, daß Sie geschäftig wie ein Arzt sein können, wenn Sie es verstehen, auf den Wellen der Natur zu reiten. Der ganze Sinn, der darin liegt, einen Tag zu ordnen, ist der, daß damit Ihr ganzes Tun und Handeln gesünder wird, erfreulicher und effizienter. Sie gewinnen mehr Zeit, als Sie investieren, und noch dazu Zeit voller Qualität.

Sie werden bemerkt haben, daß die Körperübungen hauptsächlich aus Spazierengehen und leichten Yoga-Übungen in Verbindung mit Meditation bestehen. Die meisten anderen Punkte bedürfen keiner Erklärung. Ich möchte allerdings noch etwas zu den einzelnen Tageszeiten hinzufügen:

Aufstehen: 6 – 8 Uhr

Der Morgen ist eine besondere Zeit für den Ayurveda; hier sendet die Natur ihre subtilsten Botschaften aus, und hier sind wir am empfänglichsten dafür. Unser Nervensystem ist so beschaffen, daß der Anblick der Dämmerung, die stille Luft auf unserer Haut, die ersten Vogelstimmen und Geräusche von anderen Tieren in uns eine Erneuerung bewirken. Wach für den kleinsten Einfluß, verharrt der ganze Körper still und erwartungsvoll in einem äußerst feinen Gleichgewicht.

Beim Aufwachen sollten wir frisch sein und einen klaren Kopf haben, nicht an die Sorgen des Vortages denken, sondern unser Nervensystem auf Erneuerung einstellen. Es ist schädlich, diese eine Gelegenheit, sich auf natürliche Weise zu regenerieren, zu übergehen oder zu stören. Die amerikanische Schriftstellerin Joan Mills hat diese Besonderheit des frühen Aufstehens treffend beschrieben: »Aus den einfachen Dingen der Dämmerung entstehen Augenblicke, die unsäglich tief sind und machtvoll über alles bekannte Empfinden hinaus. Es gibt Morgenstunden, in denen eine winzige Freude einen ganzen Monat voller Kummer aufwiegt.«

Medizinisch betrachtet, mißt der Körper zu diesem Zeitpunkt die genauen Mengen des biochemischen Gleichgewichts für den kommenden Tag ab. Gleichzeitig scheidet er die Rückstände des vorangegangenen Tages aus; das ist der Grund, warum die morgendliche Entleerung so wichtig ist, bevor wir einen neuen Tageszyklus beginnen. Dies kann gefördert werden, indem man ein Glas warmes Wasser trinkt und dann etwa fünf Minuten auf der Toilette abwartet, ob sich der Körper entleeren will oder nicht. Falls nicht, machen Sie sich darüber keine Gedanken. Mit der Zeit wird bei regelmäßiger Befolgung dieser Regel bei den meisten Menschen der Instinkt zur morgendlichen Entleerung wach.

Der Ayurveda empfiehlt, beim Zähneputzen auch den weißen Belag zu entfernen, der sich möglicherweise über Nacht auf der Zunge angesammelt hat. Dies ist ein Rest von Ama, der entweder von der Mahlzeit des Vorabends oder von einer tieferliegenden Störung stammt. Nicht jeder wacht mit einer belegten Zunge auf; diese Maßnahme ist also nicht in allen Fällen erforderlich. Wenn sich Ihre Ernährungsweise verbessert und sich bei Ihnen eine größere Ausgewogenheit einstellt, wird der Belag ohnehin allmählich verschwinden.

Eine weitere ungewöhnliche Maßnahme, das Gurgeln mit Sesamöl, reinigt nachweislich die Geschmackspapillen und den Organismus im allgemeinen. Sie gehen dazu folgendermaßen vor: Spülen Sie den Mund mit warmem Wasser aus, dann mit einer kleinen Menge des für die Morgenmassage (siehe S. 253ff.) aufbereiteten Sesamöls. Nehmen Sie einige Eßlöffel Öl und lassen Sie es eine halbe Minute im Mund ruhen. Verreiben Sie es anschließend mit der Zunge und spucken Sie es in einen Pappbecher; letzteres ist ratsam, damit der Ausguß nicht verstopft. Wenn Sie das Öl fünf Minuten im Mund lassen können, ist das sehr heilsam; dies wird jedoch von vielen Menschen als unangenehm empfunden. Spucken Sie das Öl daher beim ersten Mißbehagen aus.

Die Tagesroutine verlangt Ihnen am frühen Morgen elf verschiedene Dinge ab. Es verlangt viel Disziplin, dies alles zu tun. Ihre bisherige Tagesroutine wird sich dadurch um etwa eine Stunde verlängern; das ist eine große Veränderung. Aber der Nutzen ist auch dementsprechend. Wenn sich unsere Patienten an die volle Morgenroutine halten, berichten sie über eine erfreuliche Gesundheit, im

Gegensatz zu denen, die ihr nur sporadisch oder keine Beachtung schenken.

Versuchen Sie einmal, in Ihre Tagesroutine einige neue Elemente einzufügen, und urteilen Sie dann, ob Sie damit zufrieden sind. Ich liste sie in der Reihenfolge ihrer Wichtigkeit auf:

1. Meditation
2. Maharishi-Ayurveda-Körperübungen: Sonnengruß, Yoga
3. Atemübungen: Pranayama
4. Früh aufstehen
5. Sesamölmassage

Über die Meditation habe ich bereits einiges gesagt, und die ayurvedischen Körperübungen werden an späterer Stelle in einem gesonderten Abschnitt behandelt. Damit bleibt an dieser Stelle nur die Sesamölmassage (Abhyanga), die einer der angenehmsten Teile der Dinacharya ist und zugleich ein ideales Mittel zur Ausbalancierung von Vata.

Wenn Sie vor dem Bad den ganzen Körper behutsam mit einem dünnen Film von Sesamöl einreiben, so fühlt sich Ihre Haut warm und weich an, ein perfekter Ausgleich für die kalte Trockenheit von Vata. Unsere Vata-Patienten berichten, daß sie sich während des Tages weniger ängstlich und zerstreut fühlen, wenn sie sich am Morgen regelmäßig einölen. Im Grunde würde es für jeden von großem Nutzen sein, wenn er sein Vata gleich zu Beginn des Tages ausbalancierte. Die Haut enthält Tausende von Hautnerven, die mit allen Bereichen des Körpers verbunden sind. Nach wissenschaftlicher Erkenntnis ist die Haut darüber hinaus ein Haupterzeuger endokriner Hormone.

Die Wirkung Ihrer Morgenmassage beruht auf der Beruhigung der zwei Hauptsysteme des Körpers: des Nervensystems und des endokrinen Systems (innersekretorische Drüsen). So ist es nicht verwunderlich, daß der altindische Arzt Charaka die Praxis des Abhyanga pries, da sie die Haut verjüngt, die Muskeln anregt, Unreinheiten beseitigt und Jugendlichkeit fördert. Die Eigenmassage ist auch ein gutes Mittel, am Morgen etwas ruhiger zu werden, was aus der Sicht des Ayurveda von großer Wichtigkeit ist. Menschen, die schon vom frühen Morgen an im Wettlauf mit der Zeit stehen, haben nicht die besten Chancen, im Gleichgewicht zu bleiben.

Wie Abhyanga durchgeführt wird, erfahren Sie am Ende dieses Kapitels.

Mittagessen: 12 – 13 Uhr

Um den vollen Nutzen der Pitta-Phase ausschöpfen zu können, ist es ratsam, früh zu Mittag zu essen, um 12 Uhr oder kurz vorher. Pitta entfacht zu dieser Zeit *agni*, das Verdauungsfeuer, deshalb empfiehlt der Maharishi-Ayurveda, die Mittagsmahlzeit zur Hauptmahlzeit des Tages zu machen. Da die meisten Menschen in den westlichen Industrieländern heutzutage keine schwere körperliche Arbeit mehr ausführen, muß auch das Mittagessen nicht allzu umfangreich und herzhaft sein. Essen Sie einfach so viel, wie Sie normalerweise am Abend essen.

Um Schläfrigkeit am Nachmittag vorzubeugen, trinken Sie mittags keinen Alkohol; warmes Wasser ist das Getränk, das am besten für eine gute Verdauung sorgt. Trinken Sie auf keinen Fall Eistee, Wasser mit Eiswürfeln oder sonstige eisgekühlte Getränke, denn diese bringen Agni zum Erlöschen und erschweren die Verdauung.

Zwei weitere Maßnahmen erinnern den Körper an den Tagesrhythmus. Erstens empfiehlt es sich, nach der Mahlzeit fünf Minuten lang still und nach Möglichkeit schweigend zu sitzen. Zweitens sollte man anschließend einen kurzen Spaziergang machen oder sich fünf Minuten lang hinlegen. Beides stabilisiert das System und hilft, den Verdauungsvorgang beginnen zu lassen.

Abendessen: 18 – 19 Uhr

Kurz nach Ihrer Rückkehr von der Arbeit ist die beste Zeit zur Meditation. Sie können mit einigen Yoga-Körperübungen und fünf Minuten Atemübungen beginnen. Um 18 Uhr beginnt die Kapha-Zeit, wo der Körper zur Ruhe kommen möchte. Es ist nicht gut, dem Körper zu dieser Tageszeit zu viel Brennstoff zuzuführen, da Pitta erst um 22 Uhr wieder Dienst hat, wenn Sie im Bett sind. Ihre Verdauungskraft ist am Nachmittag auf dem Höhepunkt, und da ist dann auch genügend Zeit für eine vollständige Verdauung. Der Ayurveda legt großen Wert auf eine vollständige Verdauung, denn es ist die nur halbverdaute Nahrung, die Ama verursacht.

Das Abendessen sollte sparsamer ausfallen als das Mittagessen. Für viele Menschen ist eine Schale mit Getreideflocken und warmer Milch, Kräutertee und frisches Obst ausreichend. Vielleicht haben Sie so etwas noch nie zum Abendbrot gegessen; versuchen Sie es doch einmal. Sie werden angenehm erstaunt sein, wie befriedigt und wohl sich Ihr Körper fühlt, wenn er am Abend keine Schwerarbeiterkost verdauen muß. Von durch Fermentierung gewonnenen Nahrungsmitteln wie Käse, Sauerrahm oder Joghurt wird abgeraten; ebenfalls von rotem Fleisch, da es schwer verdaulich ist.

Warmes Wasser oder Kräutertee sind auch am Abend die besten Getränke. Der Ayurveda macht keinen Hehl daraus, daß er Alkohol als Gift betrachtet, das in einem gesunden Leben keinen Platz haben sollte, aber ich bin mir dessen bewußt, daß Spirituosen für viele Menschen zum Feierabend gehören. Die Grundregel ist, niemals Alkohol allein oder eisgekühlt zu trinken. Am besten läßt man den Nachmittagsdrink ganz ausfallen und ißt früh. Der Alkoholgenuß während der Mahlzeiten sollte gering sein – ein Glas Weinschorle etwa oder ein Glas Bier.

Der Spaziergang nach dem Essen setzt die Verdauung in Gang und stimmt auf einen mußevollen Feierabend ein, an dem wir Zeit zum Lesen, Musikhören oder zu Gesprächen mit der Familie oder mit Freunden haben. Meiden Sie aufregende (Fernseh-)Filme, die Sie vor dem Zubettgehen unnötig stimulieren.

Zubettgehen 21.30 – 22.30 Uhr

Um früh aufstehen zu können, sollte man früh zu Bett gehen. In Übereinstimmung mit der Kapha-Phase, die um 22 Uhr endet, geht der Kapha-Typ ohnehin gern um diese Zeit zu Bett; das ist nach ayurvedischer Ansicht allerdings für jeden die ideale Zeit. Auf diese Weise werden unsere Körperrhythmen auf ganz natürliche Weise langsamer. Dies führt einen tieferen und entspannenderen Schlaf herbei und gibt dem Körper Zeit, sich zu regenerieren, was ja hauptsächlich nachts geschieht. (Den Zusammenhang zwischen ausreichender Nachtruhe und Langlebigkeit habe ich ja bereits erwähnt.)

Wenn Sie zu viel Zeit nach 22 Uhr verstreichen lassen, wird die anschließende Pitta-Phase Sie erneut zur Aktivität aufmuntern. Das ist der Grund, warum sich viele Menschen am frühen Abend schon schläfrig fühlen, um dann um Mitternacht, auf dem Höhepunkt der Pitta-Phase, einen neuen Energieschub zu bekommen. Frühes Zubettgehen ist eigentlich, was die Körperrhythmen betrifft, ein uneingeschränktes Muß. Ich empfehle Ihnen daher, den Versuch zu machen, zur ayurvedischen Zeit zu Bett zu gehen. Eine Woche der Selbstdisziplin kann hinsichtlich des Wohlbefindens am Tage eine wirkliche Offenbarung sein. Um einen Tag in vollkommenem Rhythmus zu leben, brauchen Sie eine Nacht vollkommenen Schlafs.

DIE SESAMÖLMASSAGE (ABHYANGA)

Da es sich um eine sehr leichte Massage handelt, bedarf es hier nur einer knappen Vierteltasse warmen Öls. Verwendet werden sollte das in Reformhäusern und Bioläden erhältliche kalt gepreßte Sesamöl. Sesamöl beruhigt alle drei Doshas. Falls Sie jedoch eine Reizung Ihrer Haut bemerken, versuchen Sie es mit kalt gepreßtem Olivenöl.

Zur Erwärmung des Öls gießen Sie drei bis vier Eßlöffel in eine saubere Schale, und stellen Sie diese in ein Gefäß mit sehr heißem Wasser. Warten Sie zwei bis drei Minuten, bis das Öl Körpertemperatur erreicht hat. Sie können es auch zehn bis fünfzehn Sekunden in den Mikrowellenherd stellen, doch seien Sie sehr darauf bedacht, das Öl nicht zu überhitzen! Am besten verwendet man aufbereitetes Öl, das für kurze Zeit sehr stark erhitzt wurde. Dies können Sie auch selbst vornehmen: Erhitzen Sie das Öl bis auf knapp 100 Grad. Bleiben Sie während des ganzen Vorgangs dabei, um einen Brand zu vermeiden!

Am besten führen Sie die Massage im Badezimmer durch, um Teppiche und Möbel zu schonen. Wie vorsichtig Sie auch vorgehen mögen – etwas Öl wird immer verspritzt.

Ganzkörpermassage (5 – 10 Minuten)
Beginnen Sie am Kopf: Gießen Sie einen Eßlöffel Öl auf Ihre Kopfhaut. Massieren Sie das Öl mit der flachen Hand und nicht mit den Fingerspitzen ein.

Reiben Sie mit kleinen, kreisenden Bewegungen über den ganzen Schädel, dann behutsam über Gesicht und Ohren. Das behutsame Massieren der Schläfen und Ohrenrückseite ist besonders gut zur Beruhigung von Vata.

Geben Sie dann etwas Öl auf die Hände, und massieren Sie (immer mit der flachen Hand oder den Fingerflächen) Kehle und Nakken, anschließend die Schultern.

Massieren Sie kräftig Ihre Arme – mit kreisenden Bewegungen die Schultern, Ellenbogen und Handgelenke, den Ober- und Unterarm mit ausholenden Hin-und-her-Bewegungen.

Ihren Oberkörper und Ihren Unterleib sollten Sie nicht zu kräftig bearbeiten. Massieren Sie Brust, Magengegend und Unterbauch mit großflächigen, behutsamen Bewegungen. (Der Ayurveda empfiehlt ein Vorgehen im Uhrzeigersinn.) Über das Brustbein streichen Sie sehr behutsam auf und ab.

Geben Sie erneut etwas Öl auf die Hände und massieren Sie, ohne sich zu verrenken, Rücken und Gesäß.

Die Beine massieren Sie so kräftig wie die Arme – kreisförmig an Knien und Knöcheln, auf und ab und auf an den Ober- und Unterschenkeln.

Mit dem Rest des Öls massieren Sie kräftig die Füße. Nehmen Sie auch hier die flache Hand, außer bei den Zehen, wo Sie die Finger benutzen.

Abwaschen des Öls: Es ist nachweislich sehr gut für Ihre Haut, wenn ein dünner, kaum bemerkbarer Ölfilm zurückbleibt; er gleicht Vata aus und hält die Muskeln den Tag über warm. Deshalb sollten Sie sich mit warmem, nicht mit heißem Wasser waschen und eine milde Seife benutzen.

Wenn Sie mit fettglänzendem Haar gut aussehen, so lassen Sie auch etwas Öl auf der Kopfhaut, aber die meisten Menschen werden ein Haarwaschmittel benutzen müssen.

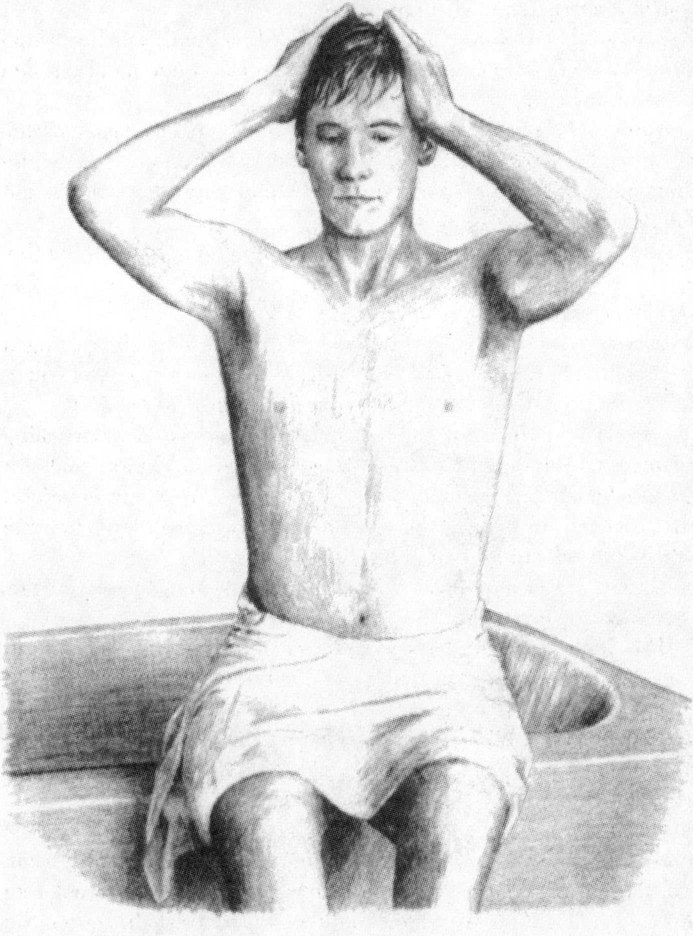

Beginnen Sie Ihr Abhyanga mit einer kräftigen Massage der Kopfhaut; benutzen Sie dazu die Handflächen.

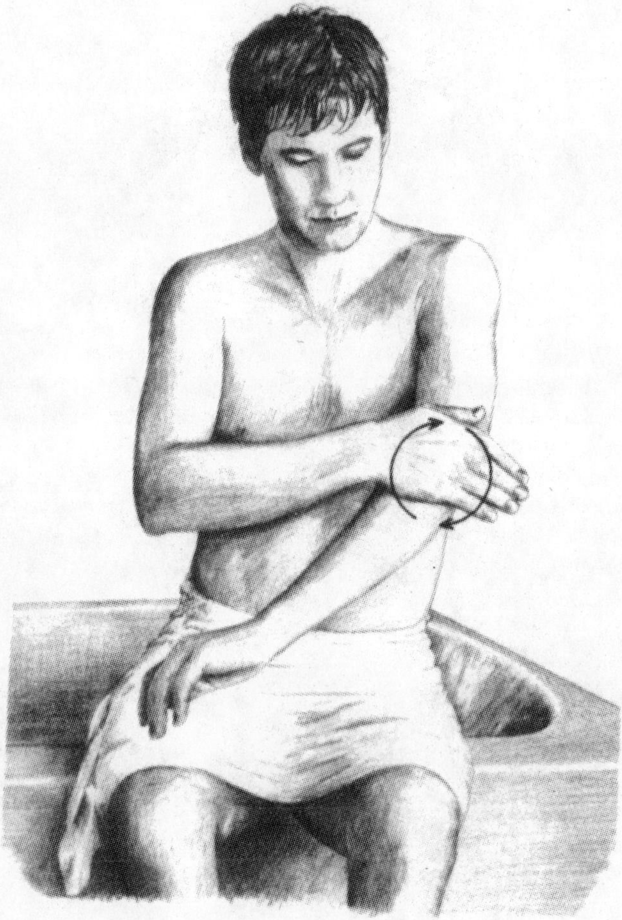

Massieren Sie sich mit kreisförmigen Bewegungen an Ellenbogen, Schultern, Brust, im Magenbereich und am Unterbauch.

Kurzmassage (1 – 2 Minuten)

Manchmal reicht die Zeit nicht für eine Ganzkörpermassage, doch ist das morgendliche Abhyanga so wertvoll, daß es besser ist, in diesem Fall nur eine kurze Massage vorzunehmen, statt es ganz ausfallen zu lassen.

Die wichtigsten Körperteile sind Kopf und Hände. Sie können diese, auf dem Wannenrand sitzend, in etwa zwei Minuten einölen. Für diese Kurzmassage brauchen Sie nur zwei Eßlöffel Sesamöl.

Nehmen Sie einen Eßlöffel warmen Öls und reiben Sie es auf die oben beschriebene Weise in die Kopfhaut ein. Benutzen Sie auch hier die Handfläche, nicht die Fingerspitzen.

Massieren Sie mit dem Handteller quer über die Stirn.

Massieren Sie mit behutsamen kreisenden Bewegungen die Schläfen; massieren Sie ebenso behutsam die Rückseite der Ohren.

Massieren Sie Kehle und Nacken.

Mit dem zweiten Eßlöffel massieren Sie beide Füße mit der flachen Hand und reiben das Öl mit den Fingerspitzen zwischen die Zehen. Massieren Sie die Fußsohlen, indem Sie mit den Handflächen kräftig auf und ab streichen. Sitzen Sie danach einige Sekunden still da und entspannen Sie sich, während das Öl eindringt; danach baden Sie wie gewöhnlich.

3 EINE DIÄT FÜR VOLLKOMMENE AUSGEWOGENHEIT

Im Maharishi-Ayurveda hat eine ausgewogene Ernährung nichts mit Fetten, Kohlehydraten und Proteinen zu tun. Auch Kalorien, Vitaminen und Mineralstoffen schenkt man hier keine große Bedeutung. Wir wissen zwar um die Zusammensetzung dieser Nährstoffe, aber sie haben nichts mit unserer direkten Erfahrung zu tun. Sie können das Vitamin C in Ihrem Orangensaft nicht ausmachen, auch nicht den Unterschied zwischen diesem Vitamin und Vitamin A. Im großen und ganzen kommt westliches Ernährungswissen aus dem Labor. Die ayurvedische Ernährungskunde dagegen bezieht ihre Erkenntnisse direkt aus der Natur. Wenn unsere Geschmackspapillen ein Stück Nahrung schmecken, so erhalten die Doshas eine große Menge an nützlicher Information. Allein mit Hilfe dieser Information erlaubt uns der Ayurveda, uns unter der Anleitung unserer Intuition in natürlicher Weise ausgewogen zu ernähren, ohne daß dabei unsere Nährstoffaufnahme zu einem intellektuellen Kopfzerbrechen ausartet.

Wenn die Nahrung mit unseren Doshas kommuniziert, so sagt sie sehr viel, denn die verschiedenen Gunas (Eigenschaften) – schwer und leicht, trocken und ölig, heiß und kalt – sind in ihr enthalten. Aber die Hauptinformation liegt in den Rasas (Geschmacksrichtungen). Der Ayurveda unterscheidet sechs davon: süß, sauer, salzig, bitter sowie scharf und herb. Alle gewürzten Speisen sind scharf. »Herb« ist der Geschmack, der uns den Mund zusammenzieht. Die im Tee enthaltene Gerbsäure ist herb, ebenso der trockene, mehlige Geschmack von Bohnen.

Nach ayurvedischer Ansicht muß eine ausgewogene Ernährung bei jeder Mahlzeit alle sechs Rasas einschließen. Das folgende Menü-Beispiel erfüllt diese Anforderung:

Grüner Salat	(bitter, herb)
Gesottenes Hühnchen in Barbecue-Soße mit gekochtem Reis	(salzig, sauer, scharf, süß)
Vanilleeis	(süß)

Selbst wenn Sie das Eis auslassen, bleibt diese Mahlzeit ausgewogen, denn sie hat ja noch alle sechs Rasas. Wenn man das gesottene Hühnchen durch ein Brathähnchen ersetzte, würden die Rasas Scharf und Sauer fehlen; das könnte man hingegen durch einige Scheiben Tomate (süß und sauer) und Radieschen (scharf) im Salat ausgleichen. Es ist nicht nötig, die Mahlzeiten mit verschiedenen Rasas zu überladen; ein kleines bißchen Kräuter und Gewürze geben dem Essen die nötigen Komponenten »bitter« und »scharf«. Auch ist es nicht gut, jeden Tag den selben Rasas den Vorzug zu geben. Die Grundregel ist einfach, dem Körper jeden Tag aufs neue die Gelegenheit zu geben, alle sechs Rasas aufnehmen zu können.

DEN DOSHAS GEMÄSS

Geschmack kann auch zum Ausbalancieren eines gestörten Doshas angewandt werden, denn jedes Dosha hält nach den Rasas Ausschau, die es wieder ins Lot bringen.

Vata wird durch *salzig*, sauer und süß
Pitta durch *bitter*, süß und herb
Kapha durch *scharf*, bitter und herb ausgeglichen.

(Der jeweils kursiv geschriebene Geschmack hat die stärkste beruhigende Wirkung.)

Diese Grundinformation öffnet das Tor zu einer Fülle von Wissen darüber, was für Ihren Konstitutionstyp am geeignetsten ist. In den kommenden Abschnitten werden wir uns mit diesem umfangreichen Thema befassen.

ERNÄHRUNG UND KONSTITUTIONSTYP

Die beste Grundlage zur Beurteilung dessen, was man essen sollte, ist der eigene Konstitutionstyp. Sind Sie ein Vata-Typ, so muß dieses Dosha mit anderen Geschmacksrichtungen ausbalanciert werden als Pitta oder Kapha. Nehmen wir an, zwei Menschen kehren im Sommer zu Mittag in ein Garten-Café ein, und beide bestellen eine Salatplatte, Eistee und ein Zitronensorbet. Wenn der eine ein Pitta-Typ ist, so ist das für ihn ein ausgezeichnetes Essen, denn der süße Geschmack und die Kühle beruhigen sein Pitta. Ist der andere ein Vata-Typ, so ist für ihn die Mahlzeit nicht so gut, denn rohes Gemüse (besonders, wenn es etwas bitter ist), kalte Getränke und der Mangel an fester Nahrung bringen Vata alle aus dem Gleichgewicht. Nach Beendigung der Mahlzeit werden beide mit sehr unterschiedlichen Gefühlen aufstehen, obwohl sie das gleiche Essen hatten. Der Pitta-Mensch wird sich angeregt und erfrischt fühlen, der Vata-Mensch unzufrieden und energielos.

Deshalb ist es wichtig, sich der eigenen Dosha-Dominanz entsprechend zu ernähren. Hier ist eine Übersicht über die Einflüsse verschiedener Nahrungseigenschaften auf die Doshas:

GLEICHT VATA AUS		VERSTÄRKT VATA	
süß	schwer	scharf	leicht
sauer	ölig	bitter	trocken
salzig	heiß	herb	kalt

GLEICHT PITTA AUS		VERSTÄRKT PITTA	
süß	kalt	scharf	heiß
bitter	schwer	sauer	leicht
herb	trocken	salzig	ölig

GLEICHT KAPHA AUS		VERSTÄRKT KAPHA	
scharf	leicht	süß	schwer

bitter	trocken	sauer	ölig
herb	heiß	salzig	kalt

Wie Sie sehen können, enthält jede Rubrik drei Geschmacksrichtungen und drei Eigenschaften (Gunas). Die insgesamt sechs Geschmacksrichtungen (Rasas) kennen Sie bereits: süß, sauer, salzig, bitter, scharf, herb. Die sechs Gunas sind zu Paaren angeordnet:

Schwer oder leicht	–	Weizen ist schwer, Gerste ist leicht, Rindfleisch ist schwer, Huhn ist leicht, Käse ist schwer, Magermilch ist leicht.
Ölig oder trocken	–	Milch ist ölig, Honig ist trocken, Sojabohnen sind ölig, Linsen sind trocken, Kokosnuß ist ölig, Kohl ist trocken.
Heiß oder kalt (erhitzt oder kühlt den Körper)	–	Pfeffer ist heiß, Minze ist kalt, Honig ist heiß, Zucker ist kalt, Eier sind heiß, Milch ist kalt.

Diese Gunas kommunizieren direkt mit der Zunge und dem Magen. Das Wirkungsprinzip ist: »Gleiches spricht mit Gleichem.« Wenn Sie Pitta ausbalancieren wollen, so vermeiden Sie Speisen, die dessen Eigenschaften teilen. Eine Chilipfefferschote, die scharf, heiß und ölig ist, wird selbstverständlich Pitta verstärken.

Es ist nicht nötig, diese Eigenschaften auswendig zu lernen. Obwohl in den ayurvedischen Texten lange Listen stehen, auf denen den verschiedenen Nahrungsmitteln ihre jeweiligen Rasas und Gunas zugeordnet sind, ist dieses Wissen im Grunde in Ihren Körper einprogrammiert. Solange Sie im Gleichgewicht sind, werden Sie heißes Essen verlangen, wenn Sie sich kalt fühlen, und leichte Nahrung, wenn Sie sich schwer fühlen. Dasselbe gilt für den Geschmack. Wenn Sie ein Kapha-Typ sind, würde eine Vorliebe für grüne Salate darauf hinweisen, daß Sie im Gleichgewicht sind, denn diese sind im allgemeinen bitter und herb, was für Sie ja nur gut ist.

Das ist das, was wir mit »Leben im Einklang mit der Natur« meinen – was wir gerne essen, ist das, was unser Körper für seine Ausgewogenheit braucht. Sind Sie jedoch ein Kapha-Typ und haben ständig einen Heißhunger auf Chips, Eis und Käse, so sind Ihre Instinkte nicht ausgewogen (und selbstverständlich auch Ihr Kapha-Dosha nicht). Das einfachste Mittel dagegen ist, allen Rasas gleiche Aufmerksamkeit zu schenken, um von der Einseitigkeit der Eßgelüste wegzukommen. Das wird Sie allmählich wieder ins Lot bringen, und wenn das geschieht, werden auch die verlorengegangenen Instinkte wiederbelebt. Sie werden Ihr Eis und die Chips nicht aufgeben, aber ein grüner Salat wird Sie genauso zufriedenstellen, da er Ihr Hauptdosha ausbalanciert.

DIE DOSHA-SPEZIFISCHE ERNÄHRUNG

Nun kennen Sie die allgemeinen Prinzipien einer ausgewogenen ayurvedischen Ernährung, und wir können uns mit den Besonderheiten der einzelnen Konstitutionstypen beschäftigen. Die richtige Wahl ist recht einfach:

1. Wählen Sie die Ernährung, die Ihr Hauptdosha ausbalanciert. Wenn Sie beispielsweise ein reiner Vata-Typ sind, so werden Sie im allgemeinen einer Vata-beruhigenden Ernährung den Vorzug geben. Dasselbe gilt, wenn Sie ein Vata-Pitta sind, obwohl Sie da im Bedarfsfall – bei heißem Wetter, oder wenn es zu einer Pitta-Störung gekommen ist – auch den Empfehlungen für Pitta folgen können.

Wenn Sie schwanken, welche der beiden Doshas Sie beruhigen sollen, überlegen Sie, bei welchen Speisen, die Sie spontan bevorzugen würden, Sie sich gesund und ausgeglichen fühlen. Das weist Ihnen die Richtung einer für Sie gesunden Ernährung. Sollten Sie einer der sehr selten vorkommenden Drei-Dosha-Typen sein, so können Sie jegliche Art ayurvedischer Ernährung vertragen und dabei im Gleichgewicht bleiben. Lassen Sie sich jedoch auch von Ihrer Intuition, der Jahreszeit und Ihrem Gesundheitszustand leiten.

2. Wenn Ihnen ein in Maharishi-Ayurveda ausgebildeter Arzt empfohlen hat, ein bestimmtes Dosha auszubalancieren, so befolgen Sie dessen Rat.

3. Orientieren Sie Ihre Ernährung an der Jahreszeit. Der Jahreszeitenwechsel erfordert jeweils bestimmte grundlegende Veränderungen (Sie würden im Winter beispielsweise auch dann keinen Eistee trinken, wenn Sie ein eindeutiger Pitta-Typ wären.) In Kapitel 14 werde ich noch ausführlich auf den Jahreszeitenwechsel eingehen.

VATA-BERUHIGENDE ERNÄHRUNG

Bevorzugen Sie
- Warme, mittelschwere Speisen, denen Sie bei Bedarf noch zusätzlich etwas Butter oder Fett beigeben können;
- salzig, sauer und süß schmeckende Nahrung;
- beruhigende und sättigende Speisen.

Vata ist ein trocken-kaltes Dosha, und die warmen, nahrhaften Speisen, die wir im Winter gern essen – herzhafte Eintöpfe und Suppen, gedünstete Aufläufe, frisch gebackenes Brot und Obstkuchen – sind die geeignete Nahrung, um dieses Dosha zu beruhigen. Am anderen Ende des Spektrums befinden sich jene Speisen, zu denen wir im Sommer neigen – kalte Salate, eisgekühlte Getränke und rohes Gemüse. Sie sind diesem Dosha nicht sehr förderlich. Der Vata-Typ neigt zu einer unregelmäßigen Verdauung; weiche, gut durchgekochte und leichtverdauliche Speisen schaffen hier Abhilfe. Das Vata-Dosha reagiert auch intensiv auf die Stimmung, die während des Essens herrscht. Das beste Essen wird nicht gut anschlagen, wenn Spannungen bei Tisch den Magen belasten. Alles, was die Atmosphäre während einer Mahlzeit ruhiger und entspannter macht, beruhigt auch das Vata-Dosha.

Die hier aufgeführte Vata-beruhigende Ernährung ist allen Vata-Menschen zu empfehlen, es sei denn, ein ayurvedischer Arzt hat etwas anderes verordnet. Innerhalb weniger Tage nach Beginn dieser Ernährung sollten Sie deutlich merken, daß sich Ihr Energieniveau stabilisiert und daß Sie sich ausgeglichener, ruhiger und glücklicher fühlen. Falls Sie unter den leichten Symptomen einer Vata-Störung wie Schlaflosigkeit, Nervosität oder Sorgen leiden, so ist diese Ernährung ebenfalls ein natürliches Gegenmittel. Versuchen Sie es einmal zwei Wochen lang und beobachten Sie, ob die Symptome abklingen. Folgende Hinweise erleichtern den Einstieg in eine Vataberuhigende Ernährung:

– Alle milden Speisen und Getränke helfen bei gestörtem Vata: Milch (vorzugsweise warm), Sahne, Butter, warme Suppen und gut durchgekochte Eintöpfe, warmer Getreidebrei und frisch gebackenes Brot. Alle sind süß, enthalten also den am meisten beruhigenden Geschmack; die meisten sind dazu warm und schwer.
– Ein nahrhaftes Frühstück, je herzhafter, desto besser, hilft Vata, den Tag besser zu bestehen. Reis- oder Griesbrei sind die besten warmen Getreidespeisen für Vata, aber alle anderen Gerichte, die warm, milchig und süß sind, tun Vata ebenfalls gut.
– Bei vielen Vatas kommt es am späten Nachmittag zu einem jähen Energieabfall. Dann ist heißer Tee mit ein paar Plätzchen oder einer anderen Süßigkeit ein gutes Mittel. Denken Sie an die englische Tradition des Fünfuhrtees. Kräutertee ist dabei beruhigender als schwarzer Tee, dessen hoher Koffeingehalt Vata durcheinanderbringen kann. Sie könnten es auch einmal mit Gotu-Kola-Tee versuchen. Dieser indische Tee, dem eine ausgezeichnete nervenberuhigende Wirkung nachgesagt wird, ist in Bioläden erhältlich; man kann natürlich auch den ayurvedischen Vata-beruhigenden Tee trinken. Wenn Sie sich nach Arbeitsende vor der Heimfahrt an einem ruhigen Ort eine fünfminütige Teepause gönnen, werden Sie den Rest des Tages weniger ermüdend finden.
– »Scharf« ist keine der von Vata bevorzugten Geschmacksrichtungen, doch wird ein scharf gewürztes Essen von Vata allgemein gut vertragen, da die meisten exotischen Gerichte warm und sehr ölig sind. Ingwer ist das beste Gewürz für Vata und wird oft gebraucht, um die vatische Verdauung anzuregen. Auch süße Gewürze wie Zimt, Fenchel oder Kardamon regen einen schwachen Vata-Appetit an.

- Warme Speisen mit reichlich Flüssigkeit wirken beruhigend auf Vata. Gekochtes Getreide oder Getreideflocken sind sehr zu empfehlen. Wenn Sie nervös oder besorgt sind oder unter irgendeinem Druck stehen, erhöht eine Schale Haferbrei oder eine Tasse Gemüsecremesuppe Ihr Wohlbefinden mehr als eine Süßigkeit oder ein Drink.
- Obwohl »süß« für Vata gut ist, gibt reiner Zucker nur einen kurzfristigen Energieschub, der Vata ruhelos machen kann. Warme Milch ist von Natur aus süß; sie ist sehr gut für Vata, besonders mit etwas Zucker oder Honig. Süßigkeiten sollten immer zusammen mit etwas Nahrhaftem wie Milch genossen werden.
- Trockene, salzige Snacks sind für Vata nicht so gut wie gesalzene Nüsse, die schwerer und öliger sind, beides Vata-beruhigende Eigenschaften. Mandeln sind vorzuziehen. Dem Ayurveda zufolge sollten Mandeln immer geschält gegessen werden; ratsam ist, ein Dutzend Mandeln über Nacht in Wasser einzuweichen und sie dann morgens zu schälen und zu essen, um Vata auszubalancieren. Da Nüsse und Samen schwer verdaulich sind, sollte der Vata-Typ sie nur in geringen Mengen verzehren, vorzugsweise zu Pasten verarbeitet. Tahin (Sesampaste) ist ein ausgezeichnetes Nahrungsmittel, das wärmt und Vata ausbalanciert.
- Alle süßen Früchte sind gut für Vata, am besten Mangos und grüne Trauben. Herbes Obst wie Äpfel und Birnen sollten vor dem Verzehr gekocht werden. Unreife und sehr herbe Früchte wie grüne Bananen sind zu meiden.
- Jegliche kalte, leichte, kalorienarme Nahrung erhöht Vata und gibt Ihnen ein Gefühl der Unzufriedenheit. Wenn Sie eine Vorliebe für Salate haben, essen Sie diese nicht direkt aus dem Kühlschrank und fügen Sie Öl hinzu. Dasselbe gilt für rohes Gemüse. Seien Sie damit zurückhaltend und essen Sie es nicht eiskalt. Im allgemeinen sollten Sie alles Gemüse auch mit etwas Öl und nicht nur in Wasser kochen. Dadurch werden viele Vata-unverträgliche Gemüse für Vata verträglicher.
- Wenn Sie außer Haus essen, bitten Sie um ein Glas warmes Wasser, nehmen Sie eine warme Suppe anstelle des Salats, essen Sie reichlich Brot und Butter und sprechen Sie dem Dessert gut zu,

besonders, wenn es warm ist; ein Apfelstrudel wäre einem Eis vorzuziehen, dessen Kälte die Verdauung eher beeinträchtigt.

- Ein warmer Getreidebrei schmeckt auch mittags ausgesprochen gut, wenn man einen Vata-Überschuß hat. Reis mit Butterlinsen tut ebenfalls sehr gut, oder eine herzhafte Minestrone; ebenso Nudeln aller Art. Warme Milch vor dem Zubettgehen zu trinken ist ebenfalls sinnvoll, noch spät am Abend zu essen dagegen nicht – es läßt Sie vielleicht leichter einschlafen, doch werden Sie sich am nächsten Morgen nicht sehr wohl fühlen.
- Lassi, ein traditionelles indisches Getränk, ist gut, um den Körper von überschüssigem Vata zu befreien. Man stellt es her, indem man eine halbe Tasse Joghurt mit einer halben Tasser Wasser verquirlt; zum Würzen nimmt man etwas gemahlenen Ingwer, Salz oder Kümmel. Süßes Mango-Lassi aus gleichen Teilen Joghurt und Mangomark schmeckt besonders köstlich und wirkt Vata-beruhigend. Es läßt sich leichter trinken, wenn man es mit einer halben oder einer ganzen Tasse Wasser verdünnt.
- Vata-Churna, ein spezielles Gewürzpulver, das man einfach über das fertige Essen streut, ist ein sofort wirkendes Mittel, um Vata zu beruhigen.

VATA-BERUHIGENDE NAHRUNGSMITTEL

	Bevorzugt werden sollten:	Reduziert oder gemieden werden sollten:
Gemüse:	Spargel, rote Bete, Karotten, Gurken, grüne Bohnen, Zwiebeln und Knoblauch (nicht roh), Radieschen, Süßkartoffeln, gelbe Rüben	Broccoli, Rosenkohl, Weiß- und Rotkohl, Blumenkohl, Sellerie, Auberginen, grünes Blattgemüse, Pilze, Okra, Erbsen, Paprika, Kartoffeln, Sprossen, Tomaten, Zucchini, rohes Gemüse allgemein
	(Mit Ausnahme von Kohl und Sprossen sind alle	

	Bevorzugt werden sollten:	Reduziert oder gemieden werden sollten:
	genannten Gemüsesorten auch für Vata verträglich, wenn sie mit einer Beigabe von Öl gekocht werden.)	
Obst:	Aprikosen, Avocados, Bananen, Beeren, Kirschen, Kokosnuß, Datteln, Feigen, Trauben, Mangos, Melonen, Nektarinen, Orangen, Papayas, Pfirsiche, Ananas, Pflaumen, Gekochtes Obst, Ganz allgemein süßes und reifes Obst	Äpfel, Preiselbeeren, Birnen, Granatäpfel, Trokkenfrüchte, unreifes Obst (besonders Bananen). Obengenanntes Obst wird durch Kochen verträglicher.
Getreide:	Hafer (in Form von Haferbrei oder gekochtem Müsli), Reis, Weizen	Gerste, Buchweizen, Mais, ungekochter Hafer, Hirse, Roggen
Milchprodukte:	Alle Milchprodukte können vertragen werden.	
Fleisch:	Geflügel, Meeresfrüchte (in geringen Mengen), Fisch	rotes Fleisch
Hülsenfrüchte:	Kichererbsen, Mungbohnen, rote Linsen, Tofu (in geringen Mengen)	Alle anderen Hülsenfrüchte
Öle und Süßmittel:	Alle Speiseöle werden vertragen, insbesondere Sesamöl; ebenso alle natürlichen Süßmittel.	

	Bevorzugt werden sollten:	Reduziert oder gemieden werden sollten:
Nüsse und Samen:	Alle werden in geringen Mengen vertragen, insbesondere Mandeln.	
Kräuter und Gewürze:	In Maßen fast alle, besonders süße oder wärmende Kräuter oder Gewürze wie: Anis, Asafoetida, Basilikum, Wacholder, Süßholz, Muskatblüte, Majoran, Kümmel, Kardamon, grüner Koriander, Zimt, Nelken, Kreuzkümmel, Fenchel, Ingwer, Lorbeer, schwarzer Pfeffer, Senf, Muskatnuß, Oregano, Salbei, Estragon, Thymian	Kein Gewürz sollte in großer Menge verwendet werden; zu meiden sind bittere und herbe Kräuter und Gewürze wie: Koriander, Fenugreck, Petersilie, Safran, Gelbwurz

PITTA-BERUHIGENDE ERNÄHRUNG

Bevorzugen Sie:
- kalte oder warme, aber keine heißen Speisen von mittelschwerer Konsistenz
- bitter, süß oder herb schmeckende Nahrung, der wenig Butter und Fett beigegeben wurde.

Der Pitta-Typ wird im allgemeinen mit einer starken, gut funktionierenden Verdauung geboren, was normalerweise auch so bleibt. Er kommt dem Ideal, von allem ein bißchen essen zu können, am nächsten und gerät daher leicht in Versuchung, allzu sorglos zu essen und seine Verdauung übermäßig zu strapazieren. Die dauernde Verwendung von zuviel Salz, überreich saure und gewürzte Speisen sowie Völlerei sind die häufigsten störenden Einflüsse.

Pitta ist das einzige heiße Dosha; deswegen bevorzugen insbesondere Pitta-Menschen im Sommer kühlende Speisen. Pitta-Typen sollten besonders sorgfältig darauf achten, daß »bitter« und »herb« als Geschmacksrichtungen in ihren Mahlzeiten vorhanden ist (dafür sorgen Salate und Gemüse). Diese beiden Rasas zügeln den Appetit, absorbieren überschüssige Feuchtigkeit und halten die Geschmacksnerven wach. Auch wirken sie dem abstumpfenden Einfluß von zuviel Salz und Zucker auf die Geschmackspapillen entgegen, wodurch es dem Pitta-Typ leichter fällt, seinen Appetit zu bändigen. Alles, was die Atmosphäre während einer Mahlzeit beruhigend und geordnet macht, hilft dieses Dosha auszubalancieren.

Die nachfolgend beschriebene Pitta-beruhigende Ernährung ist für jeden Pitta-Typ zu empfehlen, sofern ein in Maharishi-Ayurveda ausgebildeter Arzt ihm nichts anderes verordnet hat. Unsere Pitta-Patienten berichten immer wieder, daß sie sich mit dieser Ernährung ausgeglichener fühlen; immer noch energiegeladen, aber sanfter. Ihr Löwenhunger beruhigt sich ebenfalls. Wenn Sie unter den leichten Symptomen einer Pitta-Störung wie Sodbrennen, Reizbarkeit oder übermäßigem Durst leiden, werden die nachfolgenden Empfehlungen zu einer Linderung beitragen. Versuchen Sie es einen Monat lang damit und beobachten Sie, ob Ihre Symptome abklingen.

Folgende allgemeine Hinweise werden Ihnen bei Beginn dieser Ernährung helfen:

- Im Sommer sind kühle, erfrischende Speisen sowie eine verringerte Aufnahme von Salz, Öl und Gewürzen, die alle den Körper erhitzen, für Pitta am besten. Salate enthalten zwei Rasas, »bitter« und »herb«, die Pitta ausbalancieren und gleichzeitig kalt und leicht sind. Milch und Eis sind ebenfalls gut.
- Übermäßiges Pitta übersäuert den Körper. Um dem vorzubeugen, sollten Essiggurken und ähnliches, Joghurt, Sauerrahm und Käse vermieden werden. Frischer Zitronensaft ist die Ausnahme und kann in Maßen anstelle von Essig in den Salatsoßen verwendet werden. Durch Fermentierung erzeugte Nahrungsmittel sowie Spirituosen reizen Pitta durch ihre Säure; das gilt auch für Kaffee. Wenn Sie sich daran gewöhnen können, Kräutertees (Pfeffer-

minz-, Süßholz- oder speziellen Pitta-Tee) zu trinken, werden Sie wahrscheinlich einen deutlich besänftigenden Einfluß auf Ihre allgemeine Stimmung bemerken.

- Ein Frühstück mit Müsli, Zimttoast und Apfelsaft ist ein guter Ersatz für Kaffee, Marmelade und Orangensaft, die Pitta alle verstärken.
- Fettes Fleisch sollte gemieden werden, weil es den Körper erhitzt. Obwohl er gern Fleisch ißt, besonders dann, wenn er ein kraftsprühender Weltbeweger ist, bekommt einem Pitta-Menschen eine fleischlose Ernährung besonders gut. Wenn Sie sich nicht fleischlos ernähren, sollten Sie auf jeden Fall genügend Milch, Getreide und Gemüse zu sich nehmen, die zum Wohlbefinden des Pitta-Doshas beitragen. Haben sie sich einmal an die Küche in vegetarischen Restaurants gewöhnt, so ziehen Pitta-Menschen diese ihrem traditionellen Steakhaus und ihrer Grillstube vor, weil sie sich nach einem vegetarischen Essen ruhiger und zufriedener fühlen.
- Gesottene Speisen sind ölig, heiß, salzig und schwer – alles Eigenschaften, die der Pitta-Typ tunlichst vermeiden sollte. Andererseits sind stärkehaltige Nahrungsmittel wie Gemüse, Getreide und Hülsenfrüchte sättigend und stillen den sprichwörtlichen Löwenhunger von Pitta-Menschen. Die langanhaltende Energie von kohlehydratreicher Kost wird auch der Tendenz entgegenwirken, in Belastungssituationen zu viel zu essen.
- Konserven und Fast Food enthalten viel Salz und Säure; es ist für Pitta-Menschen gut, sie nach Möglichkeit zu meiden. Da der Pitta-Typ den Luxus liebt, sind dezent-elegante Restaurants für sie die ideale Umgebung. Japanisches oder chinesisches Essen, das relativ wenig Fett und Fleisch enthält, bekommt dem Pitta-Menschen gut. Wenn Sie außer Haus essen, bestellen Sie kaltes (aber kein eisgekühltes) Wasser, nehmen einen Salat statt einer heißen Suppe, tun etwas Butter auf Ihr Brot und sprechen dem Dessert gut zu. Scharf gewürztes Essen wirft Pitta aus dem Gleichgewicht.
- Der Pitta-Typ reagiert positiv auf salzarme Kost, doch lehnt er fades Essen ab. Lassen Sie das Salz vom Tisch und verwenden Sie

es in der Küche nur sparsam; weichen Sie auf andere Gewürze aus. Den nachmittäglichen Cocktail mit Salzgebäck verträgt der Pitta-Typ am wenigsten. Das trockene, salzige Gebäck und der Alkohol entfachen vereint seinen Appetit und greifen seine Magenschleimhaut an.

– Um gestörtes Pitta wieder ins Lot zu bringen, sollten Sie zwei Eßlöffel Ghee (geklärte Butter) in einem Glas warmer Milch trinken. Dies wirkt auch als Abführmittel, das überschüssiges Pitta beseitigt. Trinken Sie ab und zu Ghee mit Milch statt Mittag zu essen, oder trinken Sie es zwei Stunden nach einem sehr leichten Abendessen. Bei erhöhtem Cholesterinspiegel sollte Ghee nicht verwendet werden.
– Ein sofort wirksames Mittel, um Pitta zu beruhigen, ist Pitta-Churna, eine Gewürzmischung, die Sie einfach über Ihr Essen streuen können.

PITTA-BERUHIGENDE NAHRUNGSMITTEL

	Bevorzugt werden sollten:	Reduziert oder gemieden werden sollten:
Gemüse:	Spargel, Broccoli, Rosenkohl, Rot-/Weißkohl, Stangensellerie, Gurken, grüne Bohnen, grünes Blattgemüse, grüner Salat, Pilze, Okra, Kartoffeln, Keimlinge, Paprika, Zucchini	rote Bete, Karotten, Auberginen, Knoblauch, Pfefferschoten, Zwiebeln, Radieschen, Spinat, Tomaten
Obst	Äpfel, Avocados, Süßkirschen, Kokosnuß, Feigen, Trauben, Mangos, Melonen, Orangen, Birnen, Ananas, Pflaumen, Trokkenpflaumen, Rosinen.	Aprikosen, Bananen, Beeren, Sauerkirschen, Preiselbeeren, Grapefruits, Papayas, Pfirsiche, Khakis. Meiden Sie unreifes

	Bevorzugt werden sollten:	Reduziert oder gemieden werden sollten:
	Alles Obst sollte reif und süß sein.	Obst; Trauben, Orangen, Ananas und Pflaumen sollten beim Verzehr süß sein.
Getreide	Gerste, Hafer, Weizen, weißer Reis	brauner Reis, Mais, Hirse, Roggen
Milchprodukte	Butter, das Weiße vom Ei, Ghee (geklärte Butter), Eis, Milch	Buttermilch, Käse, Eigelb, Sauerrahm, Joghurt
Fleisch	Huhn, Garnelen, Truthahn (alles in geringen Mengen)	rotes Fleisch, Meeresfrüchte, Fisch
Hülsenfrüchte	Kichererbsen, Mungbohnen, Tofu und andere Sojaprodukte	Linsen
Öle	Kokosnußöl, Olivenöl, Sojaöl, Sonnenblumenöl	Mandelöl, Maisöl, Distelöl, Sesamöl
Süßmittel	Alle Süßmittel außer Honig und Melasse werden vertragen.	
Nüsse und Samen	Kokosnuß, Kürbiskerne, Sonnenblumenkerne	Mandeln, Sesam
Kräuter und Gewürze	Gewürze sind im allgemeinen zu meiden, da sie den Körper zu sehr erhit-	alle scharfen Kräuter und Gewürze, ausgenommen die nebenstehenden

	Bevorzugt werden sollten:	Reduziert oder gemieden werden sollten:
	zen; aber einige süße, bittere und herbe Kräuter und Gewürze sind in geringen Mengen zuträglich: Kardamon, grüner Koriander, Zimt, Koriandersamen, Dill, Fenchel, Minze, Safran, Gelbwurz, außerdem kleine Mengen Kreuzkümmel und schwarzer Pfeffer.	sowie äußerst geringe Mengen von: Ketchup, Senf, Pickles, Salz, sauren Salatsaucen, Essig

KAPHA-BERUHIGENDE ERNÄHRUNG

Bevorzugen Sie:
- warmes, leichtes Essen;
- trockene Speisen ohne viel Flüssigkeit, nur mit äußerst geringen Mengen von Butter, Öl und Zucker;
- scharf, bitter und herb schmeckende Nahrung;
- anregende Speisen.

Das Kapha-Dosha läßt sich nur schwer durch Ernährung beeinflussen, aber mit der Zeit können auch Kapha-Menschen aus dem Gleichgewicht geraten, wenn sie zu reichlich, zu süß und zu fett essen. Auch andere Faktoren können beteiligt sein, aber in den Industrieländern, in denen Zucker und Fett mehr als die Hälfte des durchschnittlichen Kalorienverbrauchs ausmachen, sollten sich Kaphas vor diesem Einfluß hüten. Auch auf den Salzverbrauch sollte man ein Auge haben, das bei vielen Kaphas aufgeschwemmte Gewebe verursacht.

Allem, was Leichtigkeit fördert, sollte der Vorzug gegeben werden. Dazu gehören etwa: ein kleines, leichtes Frühstück und Mittagessen, fettarme, nicht allzu durchgekochte Speisen, frisches Obst und rohes Gemüse. Würzige Speisen regen die Verdauung an und wärmen den Körper; bittere und herbe Speisen helfen den Appetit zügeln. Allgemein balanciert alles, was das Essen anregend macht, Kapha aus und wendet die für die meisten Kaphas ständig vorhandene Versuchung ab, sich zu überessen.

Die im weiteren aufgelistete Kapha-beruhigende Ernährung ist für alle Kapha-Typen zu empfehlen, es sei denn, ein in Maharishi-Ayurveda ausgebildeter Arzt hat etwas anderes verordnet. Die Umstellung auf diese Ernährung verhilft vielen Kapha-Patienten dazu, sich ausgeglichener, energievoller, leichter und glücklicher zu fühlen. Wenn Sie unter Symptomen einer leichten Kapha-Störung leiden – eine ständig laufende Nase, Schlafsucht und »Morgenmuffeltum« –, dann ist diese Ernährungsweise ebenfalls nützlich. Versuchen Sie es einmal sechs Wochen lang und beobachten Sie, ob Ihre Symptome abklingen.

Die folgenden Ratschläge werden Ihnen bei der Umsetzung einer Kapha-beruhigenden Ernährung hilfreich sein:

- Bevor Sie essen, regen Sie Ihren Appetit mit einem bitteren oder scharfen statt mit einem salzigen oder sauren Geschmack an. Das Bittere von Romaine-Salat, Endivien oder Tonic Water wird Ihre Geschmacksnerven aufwecken, ohne daß es Sie zum Prassen aufmuntert. Ingwertee oder etwas frische Ingwerwurzel ist ebenfalls sehr zu empfehlen. Allgemein sollten Sie dafür sorgen, daß die Rasas »bitter« und »herb« ausreichend vorhanden sind. Das erreichen Sie durch etwas Salat oder herbe Kräuter. Küchengewürze wie Kreuzkümmel, Fenugreck, Sesamsaat und Gelbwurz sind sowohl bitter als auch herb.
- Eines der besten Mittel zur Ausbalancierung von Kapha ist, wenn Sie Ihren Speisen scharfe Gewürze hinzufügen. Alles Scharfe ist gut, einschließlich mexikanischer und indischer Speisen, bei denen Ihre Augen tränen. Dadurch werden Ihre Schleimhäute gereinigt. Heißes, scharfes Essen ist ganz besonders im Winter zu empfehlen; es wirkt dem feuchtkalten Element entgegen, vor dem es den Kapha-Typen graut.

- Kaphas brauchen ein Frühstück hauptsächlich, um in Gang zu kommen, weniger als eigentliche Mahlzeit. Statt ihn mit Koffein wachzurütteln, wecken Sie Ihren Körper mit leichten, Kapha-verringernden Speisen wie heißem, gewürztem Apfelwein, Buchweizen-Pfannkuchen mit Fruchtzucker, Maisbrot und Zartbitter-Kakao mit Magermilch und etwas Honig. Im allgemeinen ist alles Warme und Leichte gut; weniger empfehlenswert sind kalte, schwere und süße Speisen.
- Kaltes Müsli, kalter Saft oder Milch sowie stark gesüßte Backwaren verursachen leicht Erkältungen, besonders bei feuchtkaltem Winterwetter. Schinken und Wurst verstärken Kapha auf Grund ihres Salz- und Fettgehalts. Wenn Sie sich am Morgen nicht hungrig fühlen, können Sie das Frühstück ohne weiteres ausfallen lassen, da es nach dem Ayurveda ohnehin für den Kapha-Typ nicht zwingend ist.
- Falls Sie morgens mit dem Gefühl, verstopft zu sein, aufwachen, was ein Zeichen für zuviel Kapha ist, nehmen Sie am besten Honig, heißes Wasser, Zitronensaft und Ingwer. Heißer Ingwertee ist für den Kapha-Typ unübertroffen, da er anregend wirkt und das überschüssige Kapha hinausbefördert. Wenn Sie gelegentlich eine Mahlzeit auslassen – was für viele Kaphas sinnvoll ist –, so wird Ihnen ein in warmem Wasser (Körpertemperatur) aufgelöster Eßlöffel voll Honig über die Runden helfen.
- Das Einschränken von Süßigkeiten wird manchen Kaphas schwerfallen, aber ein Probewochenende mit weniger Zucker führt im allgemeinen dazu, daß man sich leichter und energiegeladener fühlt. Honig ist für Kapha-Menschen sehr zu empfehlen, doch sollte man nicht mehr als ungefähr einen Eßlöffel pro Tag zu sich nehmen. Zum Kochen ist Honig nicht geeignet, da er durch das Erhitzen nicht nur stark an Nährwert verliert, sondern auch ungesund wird.
- Aus dem Lot geratene Kaphas haben einen Heißhunger auf Milch, Butter, Eis und süße Genußmittel, doch sind diese so ziemlich das Schlimmste für sie, denn sie machen das Körpersystem kälter und verstopfen es weiter. Entrahmte Milch ist das beste – vorzugsweise abgekocht, um die Verdauung zu fördern.

Andere Milchprodukte sind nach Möglichkeit zu meiden. Sesam auf Brötchen und Brot gleichen das Süße und Schwere des Weizens aus, der für Kapha ebenfalls nicht zuträglich ist. Hamburger sollten nicht in Verbindung mit Milchshakes und ein Sandwich nicht mit Milch verzehrt werden, da diese Kombination zu viel Süßes und Schweres enthält.

- Rohes Obst, Gemüse und roher Salat sind ausgezeichnet, da ihre Ballaststoffe zusätzlich zu dem herben Geschmack den Verdauungstrakt anregen. Der Ayurveda gibt ganz allgemein gekochten Speisen den Vorzug, aber Kapha-Typen bilden hier eine Ausnahme.
- In Öl gesottene Speisen jeder Art verstärken Kapha; sie gehören zu den wenigen Dingen, die Sie ganz meiden sollten. Es gibt keinen Anlaß, sämtliche Fette zu verbannen, aber bemühen Sie sich, in der Küche weniger Öl und Butter zu verwenden. Maiskeimöl wärmt den Körper; es ist für Sie in kleinen Mengen geeignet, desgleichen Mandel- und Sonnenblumenöl. Kurz gedünstetes Gemüse mit etwas Ghee darüber ergibt ein gutes, leichtes Abendessen; alles, was fest, frisch und anregend ist, wirkt Kapha-ausgleichend.
- Beim Essen im Restaurant sollten Kaphas sorgfältig wählen. Fast Food ist viel zu fettig, salzig oder süß – gehen Sie lieber an die Salatbar, und seien Sie bei der Verwendung des Dressings zurückhaltend. Die orientalische Küche ist die leichteste, besonders, wenn Sie es eher auf Gemüse als auf Fleisch abgesehen haben. In jedem Fall sollten Sie stets ein Glas heißes Wasser anstelle eines kalten Getränks bestellen und Salat einer heißen Suppe vorziehen (außer bei kaltem Wetter). Vermeiden Sie Brötchen und Butter, und halten Sie sich beim Dessert lieber etwas zurück – heiße Obstaufläufe oder Strudel sind noch am besten.
- Ein sofort wirksames Mittel, um Kapha auszubalancieren, ist das Gewürzpulver Kapha-Churna, das Sie bei Tisch einfach über Ihre Speisen streuen können.

KAPHA-BERUHIGENDE NAHRUNGSMITTEL

	Bevorzugt werden sollten:	Reduziert oder gemieden werden sollten:
Gemüse:	fast alle, besonders: Spargel, rote Bete, Brokkoli, Rosenkohl, Rot-/Weißkohl, Karotten, Blumenkohl, Stangensellerie, Auberginen, Knoblauch, Grünes Blattgemüse, Salat, Pilze, Okra, Zwiebeln, Erbsen, Paprika, Kartoffeln, Radieschen, Spinat, Keimlinge	süße und saftige Gemüse wie: Gurken, Süßkartoffeln, Tomaten, Zucchini
Obst	Äpfel, Aprikosen, Preiselbeeren, Birnen, Granatäpfel, Trockenfrüchte allgemein (Aprikosen, Feigen, Pflaumen, Rosinen)	Avocados, Bananen, Kokosnuß, Datteln, frische Feigen, Grapefruits, Trauben, Mangos, Melonen, Orangen, Papayas, Pfirsiche, Ananas, Pflaumen, süße, saure oder sehr reife Früchte.
Getreide	Gerste, Buchweizen, Mais, Hirse, Roggen	Hafer, Reis, Weizen, heißer Getreidebrei und gedünstetes Getreide sind im allgemeinen zu feucht und zu schwer
Milchprodukte	Magermilch, geringe Mengen Vollmilch und Eier (nicht gebraten oder mit Butter)	alle außer den nebenstehenden

	Bevorzugt werden sollten:	Reduziert oder gemieden werden sollten:
Fleisch	Huhn, Garnelen, Truthahn (alles in geringen Mengen)	rotes Fleisch, Fisch und Meeresfrüchte
Hülsenfrüchte	Alle können vertragen werden, außer Schmink-Bohnen (Gartenbohnen) und Tofu.	
Öle	Mandelöl, Maiskeimöl, Distelöl, Sonnenblumenöl (alle in geringen Mengen)	alle außer den nebenstehenden
Süßmittel	Alle außer Schleuderhonig sollten gemieden oder reduziert werden.	
Nüsse und Samen	Außer Sonnenblumen- und Kürbissamen sollten alle gemieden oder reduziert werden.	
Kräuter und Gewürze	alle – Ingwer ist das beste zur Anregung oder Verdauung.	Salz

DIE SECHS GESCHMACKSRICHTUNGEN (*RASAS*)

Jeder der sechs Rasas kommuniziert direkt mit dem quantenmechanischen Körper, und jeder übermittelt eine andere Botschaft. Unsere Zunge weiß dies instinktiv. Die köstliche Süße von Vanillepudding ist dem bitteren Geschmack von Zitronenschale diametral entgegengesetzt; der eine besänftigt, der andere ist ein Schock. Ihr gesamter Körper reagiert auf den Unterschied, der auf Ihrer Zunge beginnt, sich dann aber durch den ganzen Körper fortpflanzt. Ein Geschmack hinterläßt eine Spur von Reaktionen, und zwar vom Mund bis hin zum Endverbraucher der Nahrung – unseren Zellen.

Auch ohne Kenntnisse vom Nährwert ihrer Nahrung und Begriffen wie Fette, Kohlehydrate oder Proteine wußten die Naturvölker überall auf der Welt, daß Nahrung dynamisch sein muß. Es muß Geschmacksrichtungen wie »bitter« und »herb« geben, die den Körper aufwecken, und andere wie »süß«, die ihn besänftigen. Die Verdauung muß bisweilen durch anreizende Geschmacksrichtungen wie »scharf«, »sauer« und »salzig« verstärkt und zu anderen Zeiten mit kühlenden wie »bitter«, »herb« und »süß« verringert werden.

Dies alles wurde instinktiv erfaßt. In Mexiko wären die bescheidenen Grundnahrungsmittel Mais und Bohnen allein nicht ausreichend gewesen, um eine gesunde, ausgewogene Existenz zu gewährleisten, aber durch den Zusatz von rotem Chili haben sie die Menschen dort seit Jahrhunderten ernährt. Roter Chili bereichert die Nahrung mit Vitamin C, aber am wichtigsten ist, daß sein süßer und zugleich scharfer Geschmack die sechs Rasas abrundet. In Indien dient Curry demselben Zweck, denn hier sind die Grundnahrungsmittel Reis, Linsen und Weizenbrot ohne ihn äußerst beschränkt.

BOTSCHAFTEN AUS DER NATUR

Jedes Nahrungsmittel hat sein eigenes Geschmacksprofil. Einfache Nahrungsmittel wie weißer Zucker und Essig haben nur einen Geschmack, aber die meisten anderen haben zumindest zwei: Zitrone ist sauer, aber zugleich auch süß und bitter. Milch gilt als vollständiges Nahrungsmittel, da in ihr außer ihrer offensichtlichen Süße alle anderen Rasas in Spuren vertreten sind. Aus diesem Grund empfiehlt der Ayurveda auch, daß Milch allein getrunken wird, nicht zu einer Mahlzeit. (Zusammen mit anderen süßen Nahrungsmitteln wie Obst, Getreide oder Zucker ist Milch jedoch gut; tatsächlich ist Milch der beste Puffer für weißen Zucker, der sonst, allein verdaut, vom Körper zu rasch aufgenommen wird.)

Die wichtigsten Nahrungsmittelgruppen sind süß, besitzen jedoch in feinabgestimmter Dosierung auch die Eigenschaften der anderen Rasas:

Obst: hauptsächlich süß und herb, durch die Zitrusfrüche zusätzlich sauer

Gemüse: hauptsächlich süß und herb, durch die grünen Blattgemüse zusätzlich bitter

Milchprodukte: hauptsächlich süß, durch Joghurt und Käse zusätzlich sauer und herb

Fleisch: hauptsächlich süß und herb

Öle: hauptsächlich süß

Getreide und Nüsse: hauptsächlich süß

Hülsenfrüchte: hauptsächlich süß und herb

Kräuter und Gewürze: hauptsächlich scharf, außerdem alle anderen Geschmacksrichtungen zusätzlich

Wie die meisten Nahrungsmittel ist auch das Kapha-Dosha als das die Gewebe aufbauende Dosha süß. Der ganze menschliche Körper ist somit ebenfalls süß. Kräuter und Gewürze füllen die Lücken im Strauß der Rasas, aber wichtiger noch ist, daß sie den Körper in allen seinen Reaktionsmöglichkeiten wachrufen. Schwarzer Pfeffer läßt Ihnen das Wasser im Munde zusammenlaufen, Fenugreck trocknet ihn aus; Senf erhitzt den Körper, Minze kühlt ihn. Salz ist eine Klasse für sich.

Anhand seines Geschmacksprofils kann man ein Nahrungsmittel, wie wir sahen, einem Dosha als verstärkend oder beruhigend zuordnen. Da die drei Doshas miteinander verbunden sind, wirkt sich die Verstärkung eines von ihnen auch insgesamt aus, so daß der Ayurveda jedes Nahrungsmittel hinsichtlich seines verstärkenden oder beruhigenden Einflusses auf jedes einzelne Dosha beschreibt. Kohl beispielsweise verstärkt Vata, Karotten verstärken Pitta und sämtliche Öle Kapha.

Wenn man in Betracht zieht, daß dem Körper durch jedes Nahrungsmittel ein halbes Dutzend Botschaften übermittelt werden, wird deutlich, daß das Berechnen der sechs Rasas genauso viel Kopfzerbrechen bereiten kann wie das Berechnen von jedem Gramm Fett, von Kohlehydraten oder Proteinen. Diese komplexe Aufgabe ist einem Vaidya, einem ayurvedischen Arzt, vorbehalten. Für ihn ist Nahrung Medizin, und ihre Eigenschaften müssen genauso sorgfältig bedacht werden wie die jeder Arznei. Er muß wissen, daß Kohl süß und herb ist, trocken und kühlend und daher sehr Vata-verstärkend wirkt (aus diesem Grunde erzeugt Kohl leicht Gas im Dickdarm, wo Vata seinen Sitz hat). Er ist dann auch in der Lage, ein ausgleichendes Nahrungsmittel wie Fenchel zu verschreiben, das der Vata-Verstärkung entgegenwirkt. Er muß außerdem wissen, daß jedes Nahrungsmittel einen Nachgeschmack (*vipak*) hinterläßt, der den Körper beeinflußt, sobald die Speise verdaut ist. Der Nachgeschmack von Kohl ist beispielsweise scharf. Vipak ist ein wichtiger Faktor bei der Verschreibung einer therapeutischen Diät. Der Arzt muß also jeden Aspekt der Nahrung kennen, der die Doshas seines Patienten beeinflußt.

Im Alltag brauchen wir nicht ganz so stark aufzupassen. Der Nachgeschmack von Essen ist eine Feinheit, die wir dem Arzt überlassen, doch der Vollständigkeit halber wollen wir Vipak folgendermaßen klassifizieren:

- süßes und salziges Rasa führt zu süßem Vipak,
- saures Rasa führt zu saurem Vipak,
- scharfes, bitteres und herbes Rasa führt zu scharfem Vipak.

Hinsichtlich des Nachgeschmacks werden die sechs Rasas nach der Verdauung demnach auf drei reduziert.

Auf den folgenden Seiten werden wir uns nun eingehender mit den sechs Rasas und mit dem befassen, was sie unseren Doshas zu sagen haben. Ich hoffe, Sie werden diese Abschnitte zumindest einmal durchlesen, ohne sie allerdings auswendig zu lernen. Schließlich sollten Ihre Geschmackspapillen, nicht Ihr Intellekt, das letzte Wort in Geschmacksfragen haben.

SÜSS

Süße Nahrungsmittel:	
Zucker, Honig, Reis, Milch, Sahne, Butter, Weizenbrot	Verstärken Kapha (in kleinen Mengen gleicht Honig Kapha aus) Verringern Pitta und Vata

»Süß« ist ein Geschmack, der Kapha erheblich verstärkt. Der Genuß von süßen Speisen wird die Kapha-Eigenschaften des Körpers hervorrufen: Kälte, Schwere (indem man Fett hinzufügt), Beständigkeit und physische Kraft. So wie Kapha-Menschen von Natur aus am leichtesten zufriedenzustellen sind, ist Kapha auch der befriedigendste Geschmack. Es ist typisch für Kapha, sanftmütig und mütterlich zu sein – von Kindheit an sind zwei Kapha-Nahrungsmittel, Milch und Zucker, der Inbegriff des Mütterlichen. Jede Nahrung, die sättigt und allgemein befriedigt, hat eine süße Komponente. So gelten alle Fleischsorten, Öle und die meisten Getreide als süß. Der Ayurveda schreibt Reis und Weizen, den Grundnahrungsmitteln des Ostens und des Westens, einen süßen Geschmack zu. Ghee ist ein weiteres süßes Nahrungsmittel, es gilt als bestes Mittel zum Ausbalancieren von Pitta.

Süße Speisen beruhigen auch und stillen den Durst. Wenn Sie sich nervös und unruhig fühlen – ein Zeichen für gestörtes Vata –, wird etwas Süßes Sie zur Ruhe bringen. Es löscht zugleich das Pitta-Feuer (ein schreiendes Baby wird durch Milch oder Zucker besänftigt). Zuviel Zucker jedoch wirkt nicht stabilisierend; er macht den Geist stumpf und schläfrig. Selbstzufriedenheit, Gier und emotionale Abhängigkeit sind die Folge von zu viel Süßem.

Zuviel Süße erregt Widerwillen. Es ruft die negativen Eigenschaften einer einseitigen Kapha-Präsenz hervor: Übergewicht, geistige Stumpfheit, Verschleimung, Verstopfung und Schläfrigkeit. Kapha-Menschen besitzen von Natur aus Selbstgenügsamkeit und Wohlbefinden, Eigenschaften, die Vata und Pitta durch süßen Geschmack suchen müssen. Im Falle einer Kapha-Störung gilt jedoch »süß« als unerwünscht und sollte nach Möglichkeit vermieden werden. Die Ausnahme ist Honig; er eignet sich besser als alle anderen Nahrungsmittel zum Ausbalancieren von Kapha.

SALZIG

Salzige Nahrungsmittel: Salz (verstärkt Kapha und Pitta; verringert Vata)

Salz verstärkt sowohl Pitta als auch Kapha. Es setzt die Verdauung (eine Pitta-Funktion) in Gang. Sein Geschmack verstärkt den der Speisen, schürt den Appetit und löst den Speichelfluß sowie die Sekretion der Magensäfte aus. Salz ist heiß wie Pitta (alle Verdauungsprozesse erhitzen den Körper). Zuviel davon überdeckt jedoch die anderen Rasas, so daß letztlich nichts mehr schmeckt. Die Kapha-Verbindung ergibt sich durch zwei andere Eigenschaften, die der Ayurveda dem Salz zuschreibt – Öligkeit und Schwere. Indem es sich an die Wassermoleküle anbindet, macht Salz die Körpergewebe schwerer. Übermäßig viel Salz führt zu Kapha-Problemen, da es den Wasserhaushalt des Körpers durcheinanderbringt; Bluthochdruck ist eine direkte Folge davon. Indem es uns zuviel essen läßt, setzen wir Speck an und werden übergewichtig.

Im Westen ist der Zusammenhang zwischen Salz und Bluthochdruck überzeugend nachgewiesen worden, und vielen Patienten mit Bluthochdruck wurde noch bis vor kurzem auch das kleinste Körnchen Salz verboten. Dadurch wurde Salz zum Feind hochstilisiert. Heute weiß man, daß solche Maßnahmen zu drastisch waren. – Ein normaler Mensch kann beliebig viel Salz essen, ohne daß sich sein Blutdruck erhöht. Der Grundgedanke für einen maßvollen Verbrauch ist der, daß eine ausgewogene Ernährung der Gesundheit in jeder Hinsicht dienlich ist und sich nicht nur bei Bluthochdruck empfiehlt. Nach Ansicht des Ayurveda erhöht nicht das Salz, sondern erhöhen die Doshas den Blutdruck. Erst durch eine Dosha-Störung wird das Salz gefährlich.

Zuviel Salz verursacht auch Pitta-Probleme wie Entzündungen, Akne und Hitzegefühle. Bei jeder Pitta- oder Kapha-Störung des Körpers sind salzige Speisen zu vermeiden.

Natürlich ist Salz lebensnotwendig, und man spricht nicht umsonst vom »Salz des Lebens«. Aber zuviel Salz macht diesen Effekt zunichte, genauso wie zu viele Kartoffelchips den Appetit vertreiben, statt ihn anzuregen. Wenn man Salz mißbraucht, braucht man nach und nach immer mehr – salzige Nahrungsmittel machen süchtig. Salzmißbrauch wird daher überhaupt mit Suchtneigung in Verbindung gebracht.

SAUER

Saure Nahrungsmittel: Zitronen, Käse, Joghurt, Tomaten, Trauben, Pflaumen und anderes säuerliches Obst, Essig (verstärken Pitta und Kapha; verringern Vata)

Wie »salzig«, so ist auch »sauer« ein Pitta-Kapha-Geschmack, der die Verdauung anregt und dem Essen Geschmack verleiht. Es ist erfrischend, saure Speisen zu essen, doch verstärkt »sauer« den Durst (ein Pitta-Phänomen); und die durch übermäßiges Pitta erzeugte Hitze muß durch viel Wasser gekühlt werden. Saure Nahrung kann daher zu Wasseransammlungen im Gewebe führen und den Körper schwerer machen (Kapha). Die scharfen Eigenschaften von Pitta, ein scharfer Intellekt und Schlagfertigkeit, werden durch saure Speisen verstärkt. Andererseits ist aber auch eine Übersäuerung möglich.

Zuviel Pitta wird mit Groll und Neid in Verbindung gebracht; man ist auf Gott und die Welt »sauer«.

Käse und Joghurt erhalten ihre Säure durch Fermentierung. In geringen Mengen bringen saure Nahrungsmittel die Verdauungssäfte zum Fließen. Der Ayurveda ist jedoch eindeutig kein Freund von fermentierter Säure – Essig und vergorene Getränke werden als giftig angesehen. Darin widerspiegelt sich die Pitta-Kapha-Eigenschaft dieses Geschmacks; gestörtes Pitta vergiftet das Blut, gestörtes Kapha führt zur Ansammlung von Ama in den Geweben.

Übermäßiger Genuß von sauren Speisen führt zu einer Übersäuerung des Körpers, die sich in Form von Geschwüren, abnormen Blutwerten, Hautreizungen und Sodbrennen manifestiert. Wenn bereits eine Pitta- oder Kapha-Störung vorliegt, gelten saure Speisen als unerwünscht. Fermentierte Nahrungsmittel sollte man nur in geringen Mengen zu sich nehmen.

BITTER

Bittere Nahrungsmittel: Bitteres Blattgemüse (Endivien, Chicorée, Romaine, grüner Salat), Salatgurken, Tonic Water, Zitronenschale, Spinat, Blattgemüse allgemein, Gelbwurz, Fenugreck (verstärken Vata; verringern Pitta und Kapha)

Von allen Rasas hat »bitter« die stärkste Vata-Komponente, denn es verstärkt die Eigenschaften »leicht«, »kalt« und »trocken« in unserem Körper. Es ist ein korrigierender Geschmack, der das übermäßige Begehren nach süßen, sauren und scharfen Speisen wieder ins Lot bringt. »Bitter« belebt den Gaumen, indem es ihn weckt und nicht, indem es ihn befriedigt. Das ist eine typische Vata-Eigenschaft, denn Vata fördert Wachheit. Ein bitterer Aperitif oder ein Glas Tonic Water bringt eine träge Verdauung in Schwung; das Bittere weckt im Gaumen unverzüglich das Verlangen nach befriedigenderen Geschmackserlebnissen.

»Bitter« stärkt das Körpergewebe; daher auch der Name »Tonic Water« (Stärkungswasser). »Bitter« ist zusammen mit »süß« der beste Geschmack, um sich bei heißem Wetter abzukühlen. Wenn der Körper infolge von zuviel Pitta vergiftet, entzündet oder heiß ist oder juckt, gilt Bitteres als das beste Gegenmittel. (Bittere Chininrinde senkt beispielsweise das Fieber.)

Im Übermaß genossen, verstärkt Bitteres Vata, was dann zu typischen Vata-Beschwerden führt – Appetitverlust, Gewichtsverlust, Kopfschmerzen, Sprunghaftigkeit, trockene Haut und ein dumpfes Schwächegefühl. Die mit »bitter« assoziierte anregende Wachheit schlägt bei übermäßigem Genuß in Bitterkeit und Unzufriedenheit um. Wo zuviel Vata ist, fehlt die Zufriedenheit, denn es liegt im Wesen von Vata, ständig nach Veränderung zu suchen. Kummer, der das Gleichgewicht von Vata stört und dem Leben alle Zufriedenheit nimmt, ist beispielsweise bitter.

SCHARF

Scharfe Nahrungsmittel: Cayennepfeffer, Chili, Zwiebeln und Knoblauch, Radieschen, Ingwer, scharfe Speisen allgemein (verstärken Vata und Pitta; verringern Kapha)

Stark gewürzte Speisen haben einen eigenen Geschmack: scharf. Scharfes erzeugt ein brennendes Gefühl (zunehmendes Pitta) und macht durstig (der austrocknende Effekt von zunehmendem Vata). Scharfes erhitzt den Körper und bewirkt die Ausscheidung von Flüssigkeit. Dies verstärkt die Verdauung, und verstopftes Gewebe wird gereinigt. Schweiß, Tränen, Speichel, Nasenflüssigkeit und Blut beginnen zu fließen, sobald man etwas Scharfes zu sich nimmt.

Da es unsere Nebenhöhlen befreit, ist scharfes Essen das beste Mittel, um Kapha auszugleichen, das, übermäßig vorhanden, die Schleimhäute anschwellen läßt. In der westlichen Medizin glaubte man lange, scharfes Essen sei für Menschen mit gereizten Schleimhäuten schädlich, aber der Effekt des Öffnens und der Reinigung des Gewebes wird inzwischen als sehr heilsam angesehen. Patienten mit chronischer Bronchitis oder Asthma werden manchmal sogar auf eine mexikanische Diät mit viel Chili gesetzt. Der entgiftende Effekt von scharfen Speisen reinigt offenbar auch die Haut, und zwar ungeachtet der Pitta-Verstärkung, denn die Trockenheit von Vata reinigt die ölverklebten Poren, die Akne hervorrufen.

Im Übermaß genossen, verwandelt sich jedoch die Schärfe in Schmerz – eine rohe Chilischote läßt Lippen und Augen anschwellen, verursacht eine brennende Haut und heißes Schwitzen. Zuviel scharfes Essen macht Sie extrem durstig, schwindelig und unruhig, worin sich der Vata-Einfluß widerspiegelt (zuviel Vata erzeugt Verwirrtheit und Trockenheit). Übermäßig scharf gewürztes Essen regt den Körper nicht an, sondern reizt ihn.

Dasselbe gilt für den Gefühlsbereich. Ein schlagfertiger Humor ist anregend, kann aber auch scharf und verletzend sein. Leicht erregbare, extrovertierte Menschen neigen ohnehin dazu, »scharf« zu reagieren; verstärkt man diese Tendenz, werden sie regelrecht hitzköpfig. Bei einer Vata- oder Pitta-Störung ist scharfes Essen nicht empfehlenswert.

HERB

Herbe Nahrungsmittel: Bohnen, Linsen, Äpfel, Birnen, Kohl, Brokkoli, Blumenkohl, Kartoffeln (verstärken Vata; verringern Pitta und Kapha)

»Herb«, der Geschmack, der unseren Mund austrocknet und zusammenzieht, ist von allen Rasas der am wenigsten vertraute. Es ist ein alkalischer Geschmack, ähnlich dem zusammenziehenden Effekt von sauren Zitronen, und dennoch völlig anders. Wie »bitter« ist auch «herb« Vata – die Ausdünstungen von gekochtem Kohl und der trockene, mehlige Geschmack von Bohnen sind beide Auswirkungen von Vata. »Herb« ist leicht wie »bitter«, ist aber anregender. Traditionsreiche Kulturen in aller Welt haben sich von Bohnen ernährt, und im Mittelalter war Kohl in Europa ein Grundnahrungsmittel. »Herb« beruhigt; Kartoffeln, Karotten und andere Wurzelgemüse haben diesen befriedigenden Effekt.

»Herb« kühlt und zieht zusammen; es unterbindet die Sekretion von Schweiß und Tränen, was beispielsweise Bohnen zu einem idealen Partner von Chilipfeffer macht, dessen Wirkung sie abmildern. Im Übermaß genossen, bewirkt die zusammenziehende Eigenschaft Vata-Beschwerden wie Verstopfung und Mundtrockenheit sowie Blähungen und einen aufgetriebenen Unterbauch.

Menschen mit trockenem Humor sind herb. Es ist eine Eigenschaft, die die Erregung dämpft und einen zu sich selbst zurückbringt. Übermäßige Herbheit bewirkt jedoch ein Zusammenschrumpfen. Das plötzliche Sich-Zusammenziehen in einem Moment der Furcht oder der vor Angst trockene Mund sind beides herbe Reaktionen. Herben Gefühlen fehlt im allgemeinen Wärme; saftlos zu sein, erkaltet und verdorrt, ist ein Zeichen des Alterns ohne Reife. Bei jeglichem Vata-Überschuß sind herbe Speisen unangebracht.

AGNI – DAS VERDAUUNGSFEUER

Die meisten Menschen haben noch nie einen Arzt wegen ihrer Verdauung aufgesucht. In einer Gesellschaft, die sich allgemein für gesund hält, halten wir unsere Fähigkeit, Nahrung zu verarbeiten, für selbstverständlich, und solange wir keine schwerere Störung wie ein Magengeschwür oder Kolitis haben, schenken wir einer gelegentlichen Magenverstimmung oder einer ruhelosen Nacht nach einem üppigen Abendessen keine sonderliche Beachtung.

Aus der Sicht des Maharishi-Ayurveda gilt jedoch eine gestörte Verdauung als wesentlicher Faktor für die Entstehung von Krankheiten, während eine gute Verdauung als Garant für Gesundheit gepriesen wird. Jede Zelle wird aus Nahrung aufgebaut. Wenn die Nahrung richtig umgesetzt wurde, so sind auch die Zellen richtig aufgebaut worden; ist sie schlecht verdaut worden, so hat ein Krankheitsprozeß bereits seinen Lauf genommen. Die ayurvedischen Weisen pflegten zu sagen, daß für einen Menschen, der richtig verdaut, selbst Gift gut wäre, daß aber ein Mensch mit einer schlechten Verdauung selbst an Nektar sterben könne.

VERDAUUNG UND DIE DOSHAS

Der Ayurveda kennt keine absolut guten oder schlechten Nahrungsmittel, sondern lediglich solche, die speziell für den einen oder anderen Menschen gut oder schlecht sind. Die Fähigkeit, die lebensfördernden Stoffe aus der Nahrung zu ziehen, ist von größter Bedeutung. In dieser Hinsicht sind die Menschen nicht gleich geboren – die drei Grundkonstitutionstypen haben eine sehr unterschiedliche Verdauung:

Vata neigt zu einer unregelmäßigen und anfälligen Verdauung.
Pitta neigt zu einer starken und intensiven Verdauung.
Kapha neigt zu einer langsamen und oft schwerfälligen Verdauung.

Wie alles, was mit den Doshas zusammenhängt, hat auch jede Art der Verdauung ihre Vor- und Nachteile. Vatas mögen nicht gerade entzückt darüber sein, daß ihre Verdauung anfällig und unregelmäßig ist, doch sind sie deshalb wählerischer beim Essen und haben selten Sorgen mit dem zügellosen Appetit von Pitta oder mit dem entmutigenden Abgleiten ins Übergewicht, wie dies vielen Kaphas widerfährt. Wichtig ist, daß wir die uns angeborene Art der Verdauung optimal nutzen und sie so weit wie möglich unterstützen.

Im Verdauungstrakt werden nicht nur die Nährstoffe aus dem Speisebrei gezogen, sondern hier werden auch unsere Gefühle verarbeitet. Hier schlägt einem eine Enttäuschung auf den Magen, läuft einem die Galle über, sitzt einem die Wut im Bauch, hier kommunizieren Geist und Körper miteinander. Eine Vata-Störung kommt oft in Form gestörter Gefühle zum Ausdruck, die Leibschmerzen verursachen. Das Pitta-Dosha ist zuständig für einen korrekten Stoffwechsel und »reines Blut« (Abwesenheit von Toxinen); es ist zugleich das Dosha, das unser Verdauungsfeuer regelt. Der Ayurveda nennt es *agni.*

Agni ist eine der wichtigsten Funktionen im Ayurveda; es ist den Doshas gleichgestellt. Ein wesentliches Merkmal von guter Gesundheit ist, daß Agni hell brennt, d.h., daß wir unsere Nahrung effizient verdauen und jeder Zelle alle für sie notwendigen Nährstoffe zuführen und zugleich alle Abfallstoffe rückstandsfrei verbrennen, also ausscheiden. Durch das Ausbalancieren von Agni wird all dies im Gleichgewicht gehalten.

Die Natur hat den Körper eines jeden Menschen so geschaffen, daß Agni jeweils einem bestimmten Tageszyklus folgt. Solange aber dieser Agni-Tagesrhythmus nicht genau eingestellt ist, leidet die Verdauung darunter. Es ist daher sehr wertvoll zu wissen, wie man ein schwächliches Agni wieder anfacht und somit seine natürliche Kraft erhält.

WIE AGNI NORMALISIERT WIRD

Der Agni-Tagesrhythmus steigt und fällt, macht uns etwas hungrig am Morgen, sehr hungrig am Mittag und wiederum mäßig hungrig am frühen Abend. Dazwischen stellt Agni den Appetit auf »Aus«, so daß es sich darauf konzentrieren kann, das Gegessene zu verdauen.

Sobald der Magen wieder leer ist, regt Agni unseren Appetit von neuem an.

Wenn dieser Grundrhythmus aus den Fugen gerät, reagiert der Körper verwirrt – Appetit und Verdauung überlappen einander. Agni signalisiert uns diesen Zustand mittels einer großen Anzahl von Symptomen:

- Sodbrennen
- Reizmagen oder gestörte Verdauung
- Eßunlust bei den Mahlzeiten
- Verstopfung oder Durchfall
- Interesselosigkeit am Essen
- Über- oder Untergewicht
- Ernsthafte Verdauungsstörungen: Reizdarm, Geschwüre, Divertikulitis und anderes mehr

Das erste und wichtigste, was man tun kann, wenn eines der genannten Symptome auftritt, ist, daß man Agni wieder in seinen naturgegebenen Rhythmus zurückversetzt. Aber auch dann, wenn man keine akuten Verdauungsprobleme hat, ist eine Unterstützung der Verdauung sinnvoll, und zwar:

- für den Vata-Typ einmal im Monat,
- für den Pitta-Typ zweimal im Monat oder immer dann, wenn sein Appetit außer Kontrolle geraten ist und er sich überißt,
- für den Kapha-Typ bis zu einmal pro Woche, es sei denn, er hat ernsthafte Verdauungsbeschwerden. Das Kapha-Dosha zieht am meisten Nutzen aus dieser Routine, da seine Verdauung schwerfällig und langsam ist.

Unabhängig von Ihrem Konstitutionstyp sollten Sie nie versuchen, Ihr Agni zu normalisieren, solange Sie sich krank fühlen. Krank sein bedeutet, daß Agni schwach ist oder zumindest nicht richtig funktioniert; das ist nicht der richtige Moment, daran herumzudoktern. Wenn Sie gar ein Geschwür, eine Kolitis oder andere ernsthaftere Verdauungsbeschwerden haben, suchen Sie auf jeden Fall einen

Arzt auf, und besprechen Sie mit ihm die Möglichkeiten einer Agni-Unterstützung.

Wenn Sie gesund sind, können Sie Agni durch folgende Maßnahmen normalisieren:

WOCHENENDPROGRAMM

Man braucht etwa zwei Tage, um Agni wieder ins Lot zu bringen. Da Ruhe eine der Voraussetzungen an dem Tag ist, an dem Sie nichts essen, sollte das Programm möglichst am Wochenende durchgeführt werden.

Freitagsroutine

Nehmen Sie Ihr normales Frühstück und Mittagessen zu sich. Verzichten Sie auf Ihren Nachmittagsimbiß. Nehmen Sie ein leichtes und nahrhaftes Abendessen ein, das sättigt, ohne zu belasten; essen Sie nichts scharf Gewürztes, auch keinen Käse. Kurz vor dem Zubettgehen nehmen Sie ein Abführmittel – einen Eßlöffel Rizinusöl, gefolgt von einem Glas warmen Wassers. (Sie können dem Wasser einige Tropfen Zitronenöl hinzufügen, um den Ölgeschmack zu neutralisieren.) Gehen Sie früh zu Bett. Manche Menschen müssen nachts aufstehen, um ihren Darm zu entleeren, andere tun dies erst am Morgen – beides ist normal.

Samstagsroutine

Bevor man sein Agni normalisieren kann, muß man es zunächst löschen. Dies geschieht durch Fasten und Trinken. Der Vata- oder Pitta-Typ sollte mit warmem Wasser verdünnten Obstsaft trinken. Apfel- und Traubensaft sind hierfür geeignet; Orangensaft hat zuviel Säure. Trinken Sie je ein Glas Saft statt des Frühstücks, des Mittagessens und des Abendessens; zwischen den Mahlzeiten können drei bis vier getrunken werden, aber nicht mehr (außer Wasser). Der Sinn besteht darin, keinen Appetit aufkommen zu lassen und dem Körper nur ein Minimum an Kalorien zuzuführen. Der Kapha-Typ kann entweder dieser Routine folgen oder nur warmes Wasser trinken, sofern er sich dabei wohl fühlt.

Verbringen Sie den Tag mit Lesen, Fernsehen oder einer leichten Tätigkeit. Ein kurzer Spaziergang am Morgen und am Nachmittag empfiehlt sich. Machen Sie keine längeren Ausflüge, und führen Sie keine schwere körperliche Arbeit aus. Wenn Sie Leistungssportler sind oder sich sonstwie ausgiebig sportlich betätigen, gönnen Sie sich einen Tag Ruhe.

Wenn Sie sich schwach vor Hunger fühlen, nehmen Sie einen Teelöffel Honig in einem Glas warmen Wassers und legen sich fünf Minuten hin. Es ist normal, sich geschwächt zu fühlen, aber sobald Sie anfangen zu zittern oder sich schwindelig fühlen, sollten Sie sich hinlegen und ausruhen. Falls die Empfindung andauert, essen Sie eine kleine Mahlzeit. Diese Erschütterung kann von übermäßig hohem Streß herrühren, der Sie aus dem Lot gebracht hat.

Sonntagsroutine

Nun sollten Sie Ihr Agni wieder anfachen und es in seinen normalen Rhythmus zurückbringen. Dazu essen Sie ein leichtes Frühstück mit warmem Getreidebrei und geben etwas Butter, Milch und Zucker dazu. Auch Kräutertee ist gut am Morgen, um den Magen zu besänftigen – Süßholztee für Vata, Pfefferminze für Pitta und Kapha. Wenn Sie Ihr Programm am Samstag richtig eingehalten haben, wird dies alles sein, was Sie zum Frühstück brauchen. Sollten Sie sich dennoch hungrig fühlen, essen Sie noch etwas Brei oder trinken Sie ein Glas Saft. Kaffee, Tee oder Zigaretten würden Sie wieder von dem idealen Rhythmus entfernen und Ihre Bemühungen zunichte machen (der Kapha-Typ, der am Morgen nur langsam wach wird, kann zur Aufmunterung Gotu-Kola-Tee trinken, der in Naturkostläden erhältlich ist).

Essen Sie erst genau zur Mittagszeit wieder etwas. Nehmen Sie eine Mahlzeit zu sich, die Sie sättigt, ohne schwer oder überreichlich zu sein. Es ist ratsam, die Verdauung nicht mit salzigen oder scharfgewürzten Speisen oder mit Alkohol anzuregen; andererseits sind nur Salat und Wasser auch nicht das Geeignete. Ingwertee dagegen ist zu empfehlen. Wenn Sie ein Vata-Typ sind und keinen Appetit haben, trinken Sie ihn vor dem Essen, sonst während oder nach der Mahlzeit. Ist kein Ingwertee da, trinken Sie ein Glas warmes Wasser zum Essen.

Essen Sie nichts vor dem Abendessen.

Essen Sie früh zu Abend (mindestens drei Stunden vor dem Zubettgehen), und essen Sie etwas, das zu Ihrem Konstitutionstyp paßt. Diese Mahlzeit sollte kleiner als das Mittagessen ausfallen. Reis, Linsen und gedünstetes Gemüse sind gut. Für die meisten Kaphas und Pittas wie für alle diejenigen, die zu übermäßigem Essen neigen, ist auch eine Wiederholung des Frühstücks zu empfehlen.

Nun ist unser Agni normalisiert, und unser Hungerrhythmus wird uns ganz natürlich wünschen lassen:

- ein leichtes Frühstück einzunehmen,
- ein nahrhaftes Mittagessen, *täglich zur selben Zeit*,
- ein leichtes Abendessen, *täglich frühzeitig zur selben Zeit.*

Folgende Unsitten werden Agni immer wieder aus dem Lot bringen und sollten daher vermieden werden:

Zwischen den Mahlzeiten essen. Die Regel ist hier, daß man den Appetit nicht anregen sollte, wenn man nicht essen will. Agni erledigt gern, was es angefangen hat. Es wird daher durch ständige Stimulierungen mit Kaugummi, Bonbons oder Pfefferminzpastillen gegen schlechten Atem aus dem Gleichgewicht gebracht. Tee und Kekse am Nachmittag sind jedoch gut für Vatas und jeden, der am Ende eines Arbeitstages müde wird.

Starke Genußmittel. Koffein, Salz und Alkohol sind starke Stimulanzien und sollten nur in Maßen genossen werden. Die Verdauungsstörungen, die die meisten Menschen nach einer Party haben, rühren von der Mischung aus salzigem Essen, Alkohol und Lärm her. Wenn Sie gern Kaffee trinken, so sollten Sie dazu immer etwas essen, nie ihn allein trinken. Dasselbe gilt für Salz und Alkohol. Eine Sucht nach irgendeinem dieser Stimulanzien verhindert ein Ausbalancieren der Verdauung.

Auslassen von Mahlzeiten. Agni muß dreimal am Tag etwas zu tun bekommen und nimmt es uns übel, wenn wir nicht essen. Der Kapha-Typ kann gelegentlich eine Mahlzeit auslassen, da sein Agni schwerfällig ist und schwach brennt, aber drei Mahlzeiten am Tag sollten die Regel sein.

AGNI UND AMA

Das ayurvedische Ideal ist, Agni stets optimal am Brennen zu halten. Es darf nicht so weit abkühlen, daß das Essen nicht vollständig verdaut wird. Nur teilweise verdaute Nahrung wird zu Ama, einer kalten, übelriechenden Schlacke, deren Klebrigkeit die Doshas daran hindert, sich frei zu bewegen. Die entgegengesetzte Gefahr ist die, daß Agni zu sehr lodert, so daß die Nährstoffe nicht aus der Nahrung herausgelöst, sondern verbrannt werden. Die Verdauung wird dann fieberhaft und schwächt, statt zu stärken.

Agni und Ama bilden das wichtigste Gegensatzpaar im Körper. Das erstere bewirkt einen Zustand dynamischer Gesundheit, das letztere einen stetigen Verfall. Der augenfälligste Unterschied zwischen den beiden ist, daß Agni zu unserem Wohlbefinden beiträgt, während Ama uns krank macht. Es gibt außerdem einige spezifische Anzeichen. Agni verleiht uns

- eine glänzende Haut und klare Augen,
- eine starke Verdauung ohne Verstopfung oder Durchfall,
- die Fähigkeit, alles essen zu können,
- einen klaren, strohfarbenen Urin,
- einen normalen Stuhl ohne starken Geruch.

Steckt Ama im Körper, so kann dies zu geringfügigen wie auch ernsthafteren Beschwerden führen. Zu den frühen Anzeichen gehören:

- stumpfe Haut und Augen,
- unangenehmer Geschmack im Mund, belegte Zunge am Morgen,
- starker Mundgeruch,
- trüber, dunkler oder eingefärbter Urin,
- schwache Verdauung, chronische Verstopfung, chronischer Durchfall,
- Appetitverlust (das Essen schmeckt nicht),
- schmerzende Gelenke.

Sobald das Verdauungsfeuer zu seinem normalen Zustand zurückgefunden hat und das in der Vergangenheit angesammelte Ama beseitigt ist, wird Agni von selbst die Reinigung des Körpers weiterführen. Unsere Verdauung hat einen Selbstheilungsmechanismus, denn die Natur hat es so eingerichtet, daß Agni Ama verbrennt. Dies ist ein weiteres Beispiel dafür, daß wir unserem Körper vertrauen können.

WIE MAN SEIN AGNI VERBESSERN KANN

Gewisse Nahrungsmittel, Gewürze und Kräuter verbessern nach Ansicht des Ayurveda bei jedem Menschen die Qualität von Agni. Sie werden verwendet, um den Appetit anzuregen, die Verdauung zu fördern und Ama zu beseitigen.

Ingwer

Ob in Pulverform oder frisch – Ingwer wird für alle Konstitutionstypen als das beste Gewürz für die Normalisierung von Agni angesehen. Ingwerpulver, das im Gewürzregal jedes Lebensmittelgeschäfts steht, ist stärker, trockener und schärfer als frische Ingwerwurzel, die in China-Läden, aber auch in vielen Natur- und Feinkostgeschäften zu finden ist. Frischer Ingwer gilt als die bessere Verdauungshilfe. Ingwer kann auf verschiedene Weise verwendet werden:

Als Tee. Kochen Sie eine große Prise Ingwerpulver bei mittlerer Hitze in einer Tasse Wasser auf, bis ein Viertel des Wassers verdampft ist. Seihen Sie ihn dann durch ein Sieb. Will man den Appetit anregen, so sollte man diesen Tee vor den Mahlzeiten trinken. Um die Verdauung zu fördern, sollte man ein kleines Glas davon schluckweise während der Mahlzeit oder danach trinken.

Frischer Ingwertee wird zubereitet, indem man das Wasser zuerst kocht, dann den Topf von der Flamme nimmt und einige dünne Scheiben ungeschälter Ingwerwurzel hinzufügt (etwa einen Teelöffel pro Tasse Wasser). Sie können einen stärkeren Aufguß machen, wenn Sie den Ingwer mit dem Wasser aufkochen, doch wäre dies dann ein medizinischer Tee, der nicht jeden Tag getrunken werden sollte.

Als Gewürz. Der Ayurveda kennt eine Fülle von Möglichkeiten der Verwendung von Ingwer in der Küche. Pulver wie Wurzel können Rezepte für gedünstete Gemüse, Reisgerichte, Gewürzbrot, Kuchen und Kekse ergänzen. Sie können bei Tisch etwas Ingwerpulver auf die Speisen streuen oder eine Scheibe frischen Ingwer kauen. Es mag dem einen oder anderen zu kräftig schmecken, aber das Garnieren der Speisen mit feingehackter Ingwerwurzel (wie Petersilie) ist auch empfehlenswert. Versuchen Sie es jedoch jeweils nur auf eine Art; man braucht nicht viel Ingwer, um Agni anzuzünden.

Je nach Konstitutionstyp ist Ingwer etwas unterschiedlich zu verwenden: Vata kann frischgehackten Ingwer mit Salz nehmen. Pitta braucht weniger Schärfe; ein schwacher Ingwertee mit etwas Zucker, um die Ingwerwürze abzupuffern, reicht aus. Der Kapha-Typ sowie jeder Übergewichtige braucht Ingwer zur Ausscheidung von überschüssigem Kapha aus dem System; er sollte Ingwertee mit Honig trinken. Wenn Ihr Appetit oder die Verdauung durch Nervosität, Streß oder Krankheit geschwächt sind, ist die folgende Ingwer-Kur ein ausgezeichnetes Mittel, um sie wiederherzustellen.

Die Ingwer-Kur. In einem kleinen Gefäß verrühren Sie je vier Teelöffel Ingwerpulver, braunen Zucker und Ghee (geklärte Butter), bis das Ganze zu einer einheitlichen Paste geworden ist. Decken Sie diese ab, und bewahren Sie sie an einem kühlen Ort auf.

Nehmen Sie täglich etwas von dieser Paste, gefolgt von einem guten Frühstück (heißer Getreidebrei, Traubensaft, Brötchen und Kräutertee mit etwas Zimt sind eine nahrhafte Mahlzeit). Dosieren Sie die Ingwerpaste folgendermaßen:

Erster Tag:	½	Teelöffel	Sechster Tag:	2½	Teelöffel
Zweiter Tag:	1	Teelöffel	Siebter Tag:	2	Teelöffel
Dritter Tag:	1½	Teelöffel	Achter Tag:	1½	Teelöffel
Vierter Tag:	2	Teelöffel	Neunter Tag:	1	Teelöffel
Fünfter Tag:	2½	Teelöffel	Zehnter Tag:	½	Teelöffel

Nach Beendigung der Ingwer-Kur sollte Ihre Verdauung wieder im Lot sein. Dauern die Beschwerden an, so sollten Sie einen Arzt aufsuchen; dasselbe gilt, falls während der Kur Magenkrämpfe und Schmerzen auftreten.

Ingwer-Nachfolgeprogramm. Wenn Sie versuchen, eine langandauernde Vata-Störung zu beheben oder Ihre Verdauung in Hochform halten wollen, so ist der tägliche Genuß von etwas Ingwer zu empfehlen. Er gilt zugleich als das beste Vorbeugemittel gegen die Ansammlung von Ama durch eine mangelhafte Verdauung.

Schneiden Sie eine pfenniggroße Scheibe von einer Ingwerwurzel ab, entfernen Sie die Schale und hacken Sie sie sehr fein. Fügen Sie etwas Zitronensaft und Salz hinzu. Essen Sie diese Mischung etwa eine halbe Stunde vor dem Mittag- und Abendessen, um die Verdauung anzuregen. Falls das nicht machbar ist, kann die Mischung auch kurz vor der Mahlzeit eingenommen werden.

Ghee

Ghee – oder geklärte Butter – wird sehr geschätzt, da sie Agni verstärkt, ohne zugleich Pitta anzufachen. Ghee gilt deshalb auch als ausgezeichnetes Mittel zur Ausbalancierung von Pitta. Auch für den Kapha-Typ, der zuviel Fett jeglicher Art meiden sollte, ist Ghee ebenfalls am geeignetsten. Ghee wird verwendet:

Zum Kochen. Geringe Mengen Ghee sind gut zum Sautieren von Gemüse, nicht jedoch zum Fritieren. Ghee eignet sich nicht so gut zum Backen wie Butter – Brot und Kuchen brauchen die Feuchtigkeit und die festen Bestandteile, die in normaler Butter enthalten sind.

Zur geschmacklichen Abrundung anstelle von Butter: Ghee ist ein speziell zubereitetes Nahrungsmittel und der Butter in geschmacklicher Hinsicht überlegen. Es verfeinert ein Gemüse, eine gebakkene Kartoffel oder auch einen Haferbrei.

Als Verdauungshilfe: Tröpfeln Sie bei Tisch einen Teelöffel Ghee auf Ihr Essen (nicht mehr, denn zuviel Fett jeglicher Art ist nicht gesund).

Wie man Ghee herstellen kann. Stellen Sie ein Pfund ungesalzene Butter in einem Topf auf eine niedrig eingestellte Kochplatte. Lassen Sie die Butter vollständig schmelzen, und schalten Sie dann die Kochplatte auf mittlere Hitze. Schöpfen Sie den aufsteigenden Schaum nach und nach ab. Sobald die Butter zu kochen beginnt und ihr Wasser abgibt, senken Sie die Hitze und kochen die Butter für etwa zehn Minuten. Das Ghee ist fertig, wenn alle Feuchtigkeit verdampft ist und die festen Stoffe der Milch am Boden des Topfes leicht goldbraun geworden sind (es riecht dann etwas nach Nuß, aber es brennt nichts an). Nehmen Sie den Topf von der Kochplatte, lassen Sie das Ghee abkühlen und gießen Sie es in ein sauberes Glasgefäß. Ghee ist im Kühlschrank sehr lange haltbar, kann aber auch bei Raumtemperatur über mehrere Wochen hinweg aufbewahrt werden.

Andere Gewürze für Agni

Kräuter und Gewürze können je nach Konstitutionstyp ausgewählt werden, was wir bei den spezifischen Ernährungsempfehlungen für Vata, Pitta und Kapha bereits getan haben. Einige Gewürze sind jedoch für die allgemeine Verbesserung von Agni besonders geeignet:

schwarzer Pfeffer, Nelken, Kardamon, Meerrettich, Cayennepfeffer, Senf, Zimt

(Der Pitta-Typ sollte darauf achten, daß er diese Gewürze nur in geringen Mengen verwendet, da sie Pitta leicht verstärken.)

Wenn Kapha im Übermaß vorhanden ist, wird die Verdauung problematisch, da Agni gedämpft wird; auch sammelt sich dadurch Ama an, da beide kalt, schwer und zäh sind. Durch die Verwendung bitterer und scharfer Kräuter wird Kapha reduziert und Ama aus dem Gewebe geschabt. Der Ayurveda empfiehlt zur Reinigung insbesondere den bitteren Geschmack. Zu den gewöhnlichen Gewürzen, die Ama angreifen, gehören:

schwarzer Pfeffer, Nelken, Cayennepfeffer, Ingwer, Zimt

Wie Sie bemerkt haben werden, sind dies teilweise dieselben, die Agni anregen. Die regelmäßige, aber maßvolle Verwendung dieser Gewürze in Ihrer Küche wird die Ansammlung von Ama verhindern. Das Kauen von Fenchelsamen nach einer Mahlzeit und das Süßen der Getränke mit etwas Schleuderhonig sind ebenfalls Standardmaßnahmen zum Ausbalancieren von Agni.

ERNÄHRUNG ZUM GLÜCKLICHSEIN

Wenn Glückseligkeit die Grundlage des Lebens ist, so sollte es dafür ein stoffliches Äquivalent im Körper geben. Dies gibt es in der Tat: Laut Maharishi-Ayurveda ist dieses körperliche Äquivalent reinen Glücks eine sehr feine Substanz, *ojas* genannt, die aus dem vollkommen verdauten Essen gewonnen wird. Wie die Doshas befindet sich Ojas an der Grenze des Körperlichen; man könnte es als eine feine Substanz bezeichnen, die sowohl auf den Geist wie auf den Körper reagiert. Das wichtigste Ziel guter Ernährung ist, aus der Nahrung jedes Tröpfchen dieser feinen Substanz zu ziehen. Das versetzt die Zellen in die Lage, sich »glücklich zu fühlen« – das zellulare Äquivalent zur Glückseligkeit.

Vor 20 Jahren noch hätte die Vorstellung von einer glücklichen Zelle für die Wissenschaft nicht viel Sinn ergeben. Heutzutage wissen wir aber, daß der Körper fähig ist, ein komplexes chemisches Netzwerk von Neurotransmittern, Neuropeptiden und verwandten Molekülen zu erzeugen, die das Gehirn benutzt, um Emotionen mit dem gesamten Körper auszutauschen. Es ist ebenfalls bekannt, daß eine einzige Mahlzeit die Biochemie des Gehirns radikal verändern kann. Serotonin, eine Substanz des Gehirns, die Wohlbehagen erzeugt, nimmt entsprechend der im Verdauungstrakt verarbeiteten Nahrung zu oder ab. Dies eröffnet die aufsehenerregende Perspektive einer »Speiseapotheke«, mit deren Hilfe man Depressionen, Angstgefühlen und anderen Gemütsstörungen beikommen könnte, genauso wie Haferkleie zur Senkung des Cholesterinspiegels verwendet wird.

Der Maharishi-Ayurveda erlaubt uns, der verwirrenden Komplexität der Hirnchemie aus dem Weg zu gehen. Die Natur hat uns Ojas gegeben, eine einzige Substanz zum Glücklichsein, die unser Körper ständig erzeugt.

SATTVISCHE ERNÄHRUNG

Im Idealfall wird sämtliche Nahrung in Ojas umgewandelt. Ein Säugling wandelt an der Brust die Muttermilch ganz natürlich in

Ojas um, aber es würde eines außergewöhnlichen Verdauungstrakts bedürfen, um aus einer drei Tage alten Pizza Ojas zu gewinnen. Eine ausgezeichnete, ausgewogene Ernährung läßt sich mit Hilfe von Nahrungsmitteln zusammenstellen, die mit geringstem körperlichem Aufwand zu Ojas werden. Der Ayurveda nennt sie sattvische oder reine Speisen.

Sattvische Nahrungsmittel

Milch, Reis, Ghee (geklärte Butter), Sesam, Obst und Obstsäfte, süße Speisen ganz allgemein

Zu dieser Liste gesellen sich auch Weizen, Mungbohnen, Kokosnuß, Datteln und Honig. Sie brauchen keinen Kult aus diesen wenigen Nahrungsmitteln zu machen oder sie sogar ausschließlich zu essen. Schließen Sie sie lediglich regelmäßig in Ihre Ernährung ein. Allgemein formuliert, umfaßt eine sattvische Ernährung:

– beruhigende, leichtverdauliche Speisen,
– frische Lebensmittel,
– Quellwasser,
– Ausgewogenheit aller sechs Rasas,
– maßvolle Portionen.

Laut Maharishi-Ayurveda ist dies die beste Ernährungweise für körperliche Stärke, einen wachen Geist, gute Gesundheit und Langlebigkeit. Sie bewirkt Wohlbefinden und liebevolle Gefühle, denn sie befindet sich im Einklang mit der Natur. Die Liste sattvischer Nahrungsmittel ist kurz und entspricht nicht den üblichen Eßgewohnheiten. Aber bei umsichtiger Planung könnte eine auf Milch, Gemüse, Reis und Obst beschränkte Ernährung ausgezeichnet für unsere Gesundheit sein. Die bekannte Reis-Diät der amerikanischen Duke University, die lediglich gekochten Reis und Obst enthält, wird als wirksames therapeutisches Mittel bei Herzkrankheiten, Diabetes und Fettleibigkeit eingesetzt.

Milch ist momentan bei gesundheitsbewußten Zeitgenossen nicht in Mode; sie wird von diesen mit Verdauungsproblemen, Allergien und hohem Cholesterinspiegel in Verbindung gebracht. Der Ayurveda ist dagegen der Ansicht, daß die meisten Einwände gegen Milch auf die Auswirkungen ihrer falschen Verwendung zurückzuführen sind. Milch sollte vor dem Genuß gekocht werden, was sie verdaulicher macht. Sie kann heiß, warm oder auch kalt (aber niemals eiskalt) getrunken werden. Der Milch sollte nichts hinzugefügt werden, was scharf, sauer oder salzig ist, sondern nur ebenfalls süße Zutaten wie Getreide (als Mehl, Schrot oder Flocken) und süßes Obst.

Abgesehen von süßen Zutaten sollte man Milch allein statt zu den Mahlzeiten trinken, da sie so leichter verdaulich ist. Für den Kapha-Typ ist entrahmte Milch bekömmlicher, für alle anderen Konstitutionstypen ist Vollmilch vorzuziehen. Wenn man erhöhte Cholesterinwerte hat, sollte man Magermilch trinken. Sollten Sie die Milch auch nach dem Abkochen noch schlecht vertragen oder eine erhöhte Verschleimung feststellen, geben Sie vor dem Kochen zwei Prisen Gelbwurz oder gemahlenen Ingwer in die Milch; etwas Zucker oder Honig (nach dem Abkühlen) hinzugefügt nehmen der Gelbwurz das Bittere. Durch diese Maßnahmen lassen sich die meisten der bestehenden Einwände gegen Milch entkräften, die der Ayurveda als ausgezeichnetes Nahrungsmittel für körperliche Stärke, Langlebigkeit und geistige Ausgeglichenheit ansieht. Kuhmilch hat als sattvischste vor allen anderen Milchsorten den Vorrang.

Um Ihre Ernährung sattvischer zu machen, versuchen Sie Ihr nächstes Nudelgericht einmal mit Butter, Sahne und Parmesankäse statt mit Tomatensoße, Hackfleisch, Zwiebeln und Knoblauch zuzubereiten. Jede solche Abwechslung, und sei es auch nur bei einer oder zwei Mahlzeiten, wird hinlänglich beweisen, daß sattvisches Essen die Verdauung erleichtert, Ihnen nach der Mahlzeit mehr Energie gibt und Ihnen ein körperliches Gefühl von Leichtigkeit und Spannkraft vermittelt. (Wenn Sie diesen Unterschied deutlich spüren wollen, sollten Sie während des Versuchs keinen Alkohol zu den Mahlzeiten trinken.) Falls Ihre Cholesterinwerte erhöht sind, gehen Sie mit Butter und Sahne vorsichtig um; wenn Sie die Nudeln mit Olivenöl, frischem Basilikum und etwas Parmesan anrichten, ist das ein köstlicher Ersatz.

Ein weiteres Beispiel für sattvisches Essen ist süßer Lassi, eine ausgezeichnete Verdauungshilfe. Er kann bei milder oder warmer Witterung getrunken werden; in der Kälte des Winters erzeugt er womöglich zuviel Kapha.

Süßer Lassi (für vier Personen)
Verquirlen Sie einen viertel Teelöffel Kardamon, einige Fäden Safran und drei Eßlöffel heißes Wasser zehn Sekunden lang. Fügen Sie dann zwei Tassen Joghurt, zwei Tassen kaltes Wasser und zwei Eßlöffel Zucker hinzu und schlagen Sie das Ganze mit einem Schneebesen schaumig. Falls die Mischung zu scharf ist, fügen Sie eine viertel Tasse Sahne oder Crème fraîche hinzu. Einige Tropfen Rosenwasser zum Abschluß sind sattvisch und kühlen Pitta (Rosenwasser ist in indischen, türkischen und in zahlreichen Naturkostläden zu finden).

WIE MAN MIT SEINEM KÖRPER SPRECHEN KANN

Nach Ansicht des Ayurveda ist die Art, *wie* wir essen, genauso wichtig wie das, *was* wir essen. Der Grund dafür ist Ojas, das ja das Endprodukt aller Signale ist, die unseren Körper während einer Mahlzeit erreichen. Obwohl es wichtig ist, Nahrung zu essen, die gut schmeckt, müssen auch die anderen Sinne – Seh-, Hör-, Tast- und Geruchssinn – Signale absenden, die unseren Körper glücklich machen. Nur so können wir die Geist-Körper-Verbindung vollständig nutzen. Ein ansprechendes Essen, das dampfend aus der Küche kommt, sendet alle Signale aus, die unsere Doshas ernähren. Lassen Sie aber die Speise fünf Stunden lang auf dem Tisch stehen, ist sie kaum noch genießbar, ungeachtet der Tatsache, daß sich die ursprünglichen Nährstoffe nicht wesentlich verändert haben.

Unser ganzer Körper ist unglaublich wach, während wir essen. Die Zellen unseres Magens nehmen das Tischgespräch wahr, und wenn sie scharfe Worte hören, wird sich der Magen vor Kummer verkrampfen. Alles, was wir dann von dieser Mahlzeit verdauen, wird davon in Mitleidenschaft gezogen, daß wir unverdauliche Geräusche zu uns genommen haben. Die Zellen unseres Magens können natürlich nicht im eigentlichen Sinne hören, aber unser Gehirn, das aufnimmt, was die Ohren hören, sendet chemische Botschaften aus, um unseren Magen und alle anderen Organe zu informieren. Es ist also nicht möglich, irgendeinem Bereich des Verdauungstrakts vorzutäuschen, daß ein gespanntes Essen ein glückliches ist; unterschwellig wissen wir es besser.

Laut Ayurveda besteht unsere Pflicht gegenüber unserem Körper darin, jede seiner Zellen zu ernähren – das ist das Ziel sattvischer Ernährung. Wenn Sie darauf achten, daß Sie Ihre Zellen vollständig ernähren, werden diese Sie mit Ojas belohnen, dem vollkommenen Ausdruck ihrer Zufriedenheit. Damit das geschehen kann, habe ich 16 Empfehlungen zusammengestellt, die Ihnen alle helfen, die Befriedigung, die Ihrem Körper durch das Essen zuteil wird, zu erhöhen.

Wenn Sie diesen Empfehlungen folgen, werden Sie erstaunt sein, wieviel mehr Freude Ihnen eine Mahlzeit bereiten kann. Ihr Körper kann nach jedem Frühstück, Mittag- oder Abendessen vor Freude überquellen, wenn Sie das Geheimnis der Verwandlung von Nahrung zu Ojas kennen.

MERKREGELN:

1. Essen Sie in ruhiger Umgebung.
2. Essen Sie nie in erregtem Zustand.
3. Setzen Sie sich zum Essen stets hin.
4. Essen Sie nur, wenn Sie hungrig sind.
5. Vermeiden Sie eisgekühlte Getränke und Speisen.
6. Sprechen Sie nicht, während Sie kauen.
7. Essen Sie gemächlich, nicht zu schnell und nicht zu langsam.
8. Warten Sie mit dem Essen, bis die vorherige Mahlzeit verdaut ist (die Abstände betragen bei leichten Mahlzeiten 2–4 Stunden, nach ausgiebigen Mahlzeiten 4–6 Stunden).
9. Trinken Sie zu den Mahlzeiten warmes Wasser.
10. Essen Sie nach Möglichkeit frisch zubereitetes Essen.

11. Meiden Sie weitgehend Rohkost; gekochtes Essen (vorzugsweise gut durchgegartes) ist viel leichter zu verdauen.
12. Kochen und backen Sie nicht mit Honig; erhitzter Honig erzeugt Ama.
13. Trinken Sie Milch nicht zu den Mahlzeiten, sondern genießen Sie sie entweder allein oder zusammen mit anderen süßen Nahrungsmitteln.
14. Verwenden Sie alle sechs Rasas (Geschmacksrichtungen) bei jeder Mahlzeit.
15. Lassen Sie ein Drittel bis ein Viertel Ihres Magens leer, damit die Verdauung leichter erfolgt.
16. Bleiben Sie nach dem Essen einige Minuten still sitzen.

Die Befolgung der Ratschläge auf dieser kurzen Liste ist eine gute Voraussetzung dafür, das beste aus jeder Nahrung herauszuholen. Dabei ist das am leichtesten zu verdauende Essen das beste für Sie. Das erklärt auch, warum gegarte Speisen Rohkost vorzuziehen sind, Heißes Kaltem, Frisches Konserviertem. Die Erleichterung der Verdauung ist auch der Grund, warum man warmes Wasser zu den Mahlzeiten trinken, auf Milch verzichten und nach der Mahlzeit eine Ruhepause einlegen sollte, die dem Körper den Übergang zu seinem Verdauungsrhythmus erleichtert.

Ein weiteres wichtiges Prinzip ist Mäßigung. Maßvolle Nahrungsmengen werden zu regelmäßigen Zeiten gegessen – die ayurvedischen Texte sehen eine doppelte Handvoll Nahrung als die ideale Portion an. Nehmen Sie zunächst diese Menge und holen Sie sich etwas nach, wenn Sie noch hungrig sind. Es ist ratsam, ein Drittel bis ein Viertel des Magens leer zu lassen. Ihr Verdauungsapparat wird kleinere Mengen besser verarbeiten können, und Ihr Körper wird es leichter finden, sein Gewicht spontan zu regeln.

Seien Sie unbesorgt, daß Sie den Tisch hungrig verlassen könnten. Gesättigt zu sein ist etwas anderes, als vollgestopft zu sein. Wenn Sie etwas leeren Raum in Ihrem Magen lassen, werden Sie sich in der Stunde nach der Mahlzeit leicht, beschwingt, energiegeladen und viel frischer fühlen. So fühlt sich ein richtig genossenes Essen an, das dann auch richtig verdaut wird.

Empfehlungen bei Übergewicht

Wenn Sie ein Problem mit Übergewicht haben, versuchen Sie es einmal mit folgenden Empfehlungen, bevor Sie auf eine kalorienarme Diät umwechseln. Sie werden erstaunt sein festzustellen, daß Ihr Übergewicht nicht einfach durch das, was Sie essen, verursacht wurde, sondern dadurch, wie Sie es gegessen haben – nachlässig oder zwanghaft, im Stehen statt im Sitzen, zwischen den Mahlzeiten statt zu regelmäßigen Essenszeiten. Das sind zugegebenermaßen einfache Dinge, aber sie machen einen großen Unterschied aus.

Abgesehen von der sehr kleinen Minderheit derer, bei denen tatsächlich eine Hormon- oder Stoffwechselstörung vorliegt, sind die meisten Übergewichtigen die Opfer ihrer eigenen Konditionierung – schlechte Gewohnheiten, die sich mit der Zeit in ihrem Körper festgesetzt haben. Jeder Körper besitzt die Intelligenz zu wissen, wieviel er an Nährstoffen braucht. Die Natur hat uns den Hungerreflex gegeben, um uns zu sagen, wann unser Körper Nahrung braucht, und sein Gegenteil, den Sättigungsreflex, der uns signalisiert, daß der Magen befriedigt ist. Menschen, die diese Instinkte verloren haben, haben einen wichtigen Aspekt ihrer Körperintelligenz verloren. Sie essen wie Maschinen, die nach automatischen Signalen funktionieren – dem Anblick und Geruch von Nahrung oder einfach dem Gedanken daran. Durch die Befolgung der vorstehenden Empfehlungen können Sie unter der Anleitung der inneren Intelligenz Ihres Körpers erneut »bewußt essen« lernen.

Wann Ojas weniger wird

Außer Völlerei kann auch anderer Mißbrauch unsere natürlichen Eßinstinkte unterdrücken. Wenn Sie essen, während Sie zornig sind, so holen Sie, wie es ein ayurvedischer Arzt ausdrücken würde, mentales Ama aus dem Essen heraus. Ein westlicher Arzt würde sagen, daß eine Streßreaktion Ihr endokrines System aus dem Gleichgewicht bringt. Das Endergebnis ist dasselbe: eine Störung der chemischen Botschaft, die direkt an Ihre Zellen weitergeleitet wird.

Bevor Sie noch den ersten Bissen zu sich nehmen, können Störungen der Doshas den Versuch Ihres Körpers, Ojas zu erzeugen, zunichte machen. Wie gewöhnlich kommt hier das Vata-Dosha ins

Spiel. Was immer das Vata-Dosha aus dem Lot bringt, schadet auch Ojas – Sorgen, Lärm, spätes Zubettgehen sowie drakonische Diäten oder Fasten. Dagegen wird alles, was Vata während der Mahlzeit beruhigt, Ojas fördern.

Die meisten Menschen hierzulande ernähren sich nicht gerade sattvisch. Ich möchte einige Gründe anführen, warum eine Umstellung für Ihre Gesundheit nützlich wäre. Sie werden feststellen können, daß eine sattvische Ernährungsweise ausschließlich vegetarisch ist (auch Eierspeisen und -produkte sind ausgeschlossen). Ernährungswissenschaftler haben bereits nachgewiesen, daß Vegetarier einen ausgezeichneten Blutdruck haben (18 Prozent unter dem Durchschnittswert) und sehr wenig anfällig für Herzerkrankungen sind. Darüber hinaus warnen Gesundheitsämter in aller Welt seit Jahren vor übermäßigem Genuß von Salz, Proteinen und tierischem Fett, das zumeist aus Fleisch stammt (ein großer Teil des Salzüberschusses kommt auch aus Konserven). Wenn Sie bereits heute beginnen, Ihren Fleischkonsum zu reduzieren, und sich allmählich auf eine fleischlose Kost zubewegen, verringern Sie dadurch mit größter Sicherheit das Risiko einer künftig drohenden Herzattacke. Was Zucker anbelangt, ist hinzuzufügen, daß der Maharishi-Ayurveda durch das Empfehlen gewisser süßer Genußmittel keinesfalls die enormen Mengen weißen Zuckers gutheißt, die die meisten von uns heutzutage konsumieren. Die Süße von Butter, Reis und Brot ist ausreichend.

Wie überall, gibt es auch in der Ernährung zwei Extreme. Gewisse Nahrungsmittel lassen sich nicht leicht zu Ojas umwandeln; dazu gehören die folgenden:

- Fleisch, Geflügel und Fisch
- schwere, fettige Kost
- Eier
- Käse
- Reste und Konserven
- übermäßig saure oder salzige Speisen
- im Übermaß genossene Speisen ganz allgemein

Zu dieser Liste gesellen sich noch einige besondere Nahrungsmittel, die der Transzendenzerfahrung im Wege stehen und von denen wir Meditierenden deshalb abraten: Pilze, Zwiebeln, Knoblauch und Erdnüsse.

Aus Gründen der Wirtschaftlichkeit und der Bequemlichkeit heben viele Köche Speisereste auf; das ist im Ayurveda verpönt. Speisen sollten frisch genossen werden, direkt vom Herd (wenn schon nicht direkt aus dem Garten) – je frischer die Erzeugnisse, desto mehr Ojas. Altes, kaltes oder auch aufgewärmtes Essen erzeugt nicht dieselbe Menge Ojas. Tiefkühlkost sollte ebenfalls möglichst gemieden werden. Alkoholgenuß und Rauchen zerstören Ojas und hindern die Speisen daran, Ojas zu erzeugen; ebenso schädlich sind belastetes Wasser und verschmutzte Luft. All diese Einflüsse gelten als tamasisch, was bedeutet, daß sie Dumpfheit und Trägheit hervorrufen, indem sie Ama anhäufen. Der Kapha-Typ sollte besonders wachsam sein, da seine von Natur aus langsame Verdauung die Ansammlung von Ama begünstigt.

Zum Abschluß noch einige erprobte Regeln für eine glücklichmachende Ernährung nach ayurvedischer Tradition, die alle auf eine optimale Erzeugung von Ojas abzielen:

Essen Sie frische Erzeugnisse entsprechend der jeweiligen Jahreszeit. Die beste Kost für den Körper sind Früchte, Gemüse oder Milchprodukte aus Ihrer Gegend – diese Nahrungsmittel entstammen derselben Luft und demselben Wasser und sind mit denselben Nährstoffen und unter derselben Sonne aufgewachsen wie Sie selbst.

Nehmen Sie Ihre Hauptmahlzeit mittags ein, wenn Ihre Verdauung am stärksten ist. Das Abendessen sollte eine bescheidene Mahlzeit sein, die noch vor dem Zubettgehen verdaut werden kann; das Frühstück ist anheimgestellt, sollte aber in jedem Fall die kleinste Mahlzeit des Tages sein.

– Essen Sie jeden Tag um dieselbe Zeit. Snacks sind überflüssig. Essen Sie nicht spät am Abend, weil dies den Verdauungsrhythmus stört und während des Schlafes aus dem unverdauten Essen leicht Ama wird.

- Essen Sie entweder allein oder mit Menschen, die Sie wirklich mögen – am besten im Familienkreis. Negative Gefühle, ob die eigenen, die des Kochs oder die der Tischgenossen, wirken sich negativ auf die Verdauung aus.
- Seien Sie dankbar für das unerschöpfliche Naturgeschenk der Nahrung und achten Sie es wie sich selbst.

4 KÖRPERÜBUNGEN – HABEN DIE GÖTTER VOR DEN ERFOLG WIRKLICH DEN SCHWEISS GESETZT?

Vom ayurvedischen Standpunkt aus sind viele der heute gängigen Körperübungen weit vom Ideal entfernt. Warum brauchen wir körperliche Aktivität überhaupt? Charaka, der größte ayurvedische Gelehrte, gab die Antwort: »Von körperlichen Übungen bekommt man Leichtigkeit, Leistungskraft, Festigkeit und Durchhaltekraft. Unreinheiten werden ausgeschieden und die Verdauung angeregt.« Aerobics für das Herz oder Gewichtheben für die Muskeln mögen den einen oder anderen spezifischen Zweck erfüllen, sind aber nicht umfassend genug, um Charakas Beschreibung zu entsprechen. Das Ideal ist, das ganze System – Geist und Körper – auszubalancieren. Ausschlaggebend ist auch, daß die Übungen mehr Energie geben, als sie verbrauchen; das ist eine Sichtweise, die man leicht außer acht läßt.

Eine einfache Tätigkeit, nämlich Spazierengehen, kommt dem Ideal sehr nahe, da es eine natürliche Aktivität ist, die alle drei Doshas zufriedenstellt. Der Vata-Typ findet, daß ein langer Spaziergang ihn beruhigt. Der Pitta-Typ empfindet das ganz anders. Er hat es gern, wenn er nach der Hektik der Arbeit verschnaufen kann. Der Kapha-Typ fühlt sich angeregt und leichter; ein rascher Spaziergang beseitigt kleinere Stauungen, die möglicherweise bei ihm entstanden sind, und erhöht die Wirksamkeit seiner typischen, langsamen Verdauung. Aus diesen Gründen ist ein täglicher Spaziergang von einer halben Stunde eine der wichtigsten Empfehlungen, die wir unseren Patienten in den Maharishi-Ayurveda-Gesundheitszentren geben.

Alle Patienten werden außerdem mit einer neuen Art der Körperübungen vertraut gemacht, bei denen es nicht gilt, schwitzend und verbissen die Muskeln in Form zu hämmern. Wir zeigen ihnen, daß

Körperübungen dazu gedacht sind, eine engere Beziehung zwischen sich und dem eigenen quantenmechanischen Körper herzustellen, wodurch sie ein hochwirksames Mittel zur Herstellung von Ausgewogenheit werden. Wir nennen diesen Ansatz die »Drei-Dosha-Übung«. Sie enthält eine Abfolge kurzer Übungen:

- den Sonnengruß (*surya namaskara*) – eine Morgenübung, die Streck-, Gleichgewichts- und gymnastische Übungen umfaßt (1 bis 6 Minuten);
- neuromuskuläre Integration – eine Kombination leichter Yoga-Übungen (10 bis 15 Minuten);
- ausgeglichenes Atmen – eine einfache Form von *pranayama*, einer traditionellen yogischen Atemübung (5 Minuten).

Die Beschreibung dieser Übungen beginnt auf Seite 317. Wenn sie in Verbindung mit Meditation ausgeführt werden, wofür sie sich vorzüglich eignen, so heben sie die Geist-Körper-Integration auf eine neue Ebene. Ich möchte betonen, daß diese Übungen eine sehr natürliche und angenehme Aktivität darstellen, die von den Doshas begrüßt wird. Auch können sie von allen Altersgruppen durchgeführt werden und stellen keine Fitneßansprüche.

Von der ersten Stunde an entdecken die Ausführenden die enge Beziehung, die die Natur zwischen Bewußtsein und Körper hergestellt hat. Der Körper ist nicht einfach eine Schale oder ein wandelnder Versorgungsapparat. Er ist unser Selbst, das hier naturgetreu in Materie eingekleidet wurde. Der Rückbezug auf diese Innigkeit ist sehr beruhigend und beglückend, insbesondere für Menschen, die bislang keine Körperübungen gemacht und sich ihrem Körper weitgehend entfremdet haben.

ERFOLG OHNE SCHMERZEN

Bevor ich näher auf dieses Thema eingehe, möchte ich noch etwas über die herkömmlichen Körperübungen sagen. Da das Leben im allgemeinen angenehm und glücklich sein sollte, betrachtet der

Maharishi-Ayurveda Körperübungen als reines Mittel zu diesem Zweck. Seiner Ansicht nach sollten wir uns nach Körperübungen stets leistungsbereit fühlen. Körperübungen sollten selbst keine Arbeit sein. Viele Zeitgenossen sehen dies gänzlich anders. Sie meinen, daß sie sich ohne rigide Selbstdisziplin und erhebliche Anstrengung nicht viel Gutes tun können. (Schaut man so manchem morgendlichen Jogger ins Gesicht, ist darin nicht viel Freude zu entdecken.) Wenn Sie also nur einen einzigen Nutzen aus dem Körperübungsansatz des Maharishi-Ayurveda ziehen, so sollte es die Erkenntnis sein, daß die Götter vor den Erfolg nicht den Schweiß, sondern die Freude gesetzt haben.

Dies läßt sich am besten am Beispiel des Vata-Dosha verdeutlichen: Jede körperliche Betätigung verstärkt Vata. Bei einer maßvollen Verstärkung fühlen Sie sich energiegeladen, wach und klar. Sie profitieren geistig und körperlich. Die Überstimulierung von Vata macht diesen Nutzen zunichte. Sie werden unruhig, müde und zittrig.

Wo aber liegen die Grenzen? Der Ayurveda empfiehlt, nur die Hälfte unserer Höchstkapazität auszuschöpfen. Wenn wir 10 Kilometer radfahren können, sind 5 ausreichend; wenn wir 20 Beckenlängen im Schwimmbad schaffen, sind 10 genug. Diese herabgesetzten Grenzwerte mindern die Leistungsfähigkeit keinesfalls. Im Gegenteil: Sie verbessern die Auswirkung der körperlichen Aktivität, da wir dem Körper im nachhinein nicht so viele Reparaturaufgaben zumuten. Und unser Herz-Kreislauf-System hat es nach einer Leistungsphase leichter, zu seinen Normalwerten zurückzukehren. Es gibt eine einfache Regel für das Maß an Anstrengung, das man sich abfordern sollte: Statt sich anzutreiben, bis man heftig zu schwitzen beginnt und nach Luft ringt, sollte man nur so lange trainieren, bis man etwas schwitzt und durch den Mund zu atmen beginnt. Das sind die natürlichen Anzeichen dafür, daß man seine Grenze erreicht hat.

Übertrieben hat man dann, wenn man zu keuchen und stark zu schwitzen beginnt, das Herz heftig schlägt oder die Knie weich werden. Bei dem ersten Anzeichen einer Überanstrengung sollte man mit dem Training aufhören und einige Minuten auf und ab gehen, bis sich der Organismus nach und nach abkühlt, und dann noch etwas abwarten, bis sich Puls und Herzschlag wieder normalisiert haben. In der Hitze eines Leistungssports wie Tennis oder Hockey mögen Sie vielleicht nicht bemerken, wie sehr Sie sich verausgaben. Wenn Ihnen das Spiel Freude macht, spielen Sie weiter. Wenn Sie sich aber antreiben müssen, weil Sie unbedingt gewinnen oder beweisen wollen, daß Sie mit anderen mithalten können, ist die Folge Ihrer Einstellung eine unnötige Bestrafung Ihres Körpers.

Der Vata-Typ sollte besonders darauf achten, nichts zu übertreiben; er ist seiner Konstitution nach nicht so belastbar wie der Pitta-Typ, und letzterer wiederum ist weniger belastbar als der Kapha-Typ. Auch sollte das Training dem jeweiligen Alter angepaßt sein. Bei allen Menschen über Fünfundvierzig oder Fünfzig nimmt Vata zu. Das sollte dadurch ausgeglichen werden, daß man sich nicht mehr so viel abverlangt wie zuvor. Wie bei allen anderen Dingen sind auch hierbei die Doshas zu beachten. Jeder Kilometer zuviel birgt in jedem Lebensalter die Gefahr ernsthafter Vata-Probleme. (Jüngste sportmedizinische Untersuchungen haben ergeben, daß 50 Prozent aller Leistungssportlerinnen erhebliche Menstruationsbeschwerden haben, was ein Anzeichen für stark überhöhtes Vata ist.)

VATA-, PITTA- UND KAPHA-KÖRPERÜBUNGEN

Jedesmal, wenn Sie sich bewegen, kommunizieren Sie mit Ihren Doshas. Ausgewogene Körperübungen bringen über die Doshas einen dreifachen Nutzen:

Vata: gute Haltung, Beweglichkeit, Lockerheit, Koordination und inneres Glücksgefühl
Pitta: Warmwerden des Körpers, gute Durchblutung, erhöhte Herzleistung
Kapha: erhöhte Kraft und Stabilität, gleichbleibende Energie

Wenn Sie sich nie aus dem Sessel bequemen, um sich körperlich zu betätigen, werden Sie selbstverständlich auch nicht in den Genuß dieser Annehmlichkeiten kommen. Aber viele aktive Menschen mit starken Muskeln und gesundem Herzen erfahren dies ebenfalls nicht. Die meisten heute angebotenen Trainingsprogramme zielen auf eine Leistungssteigerung des Herz-Kreislauf-Systems, wodurch das Pitta-Dosha sehr stark angeregt wird. Ich möchte dagegen einige ausgewogene Aktivitäten auflisten, deren Auswirkungen breiter gefächert sind und den wichtigsten Konstitutionstypen mehr entsprechen.

SPORTARTEN FÜR DEN VATA-TYP

- Yoga Intensität: leicht
- Tanz-Aerobics
- Spaziergänge
- kürzere Wanderungen
- Radfahren

Beim Vata-Typ kommt es in der Regel zu Energieschüben mit anschließendem raschen Leistungsschwund. Vatas zeichnen sich besonders bei Gleichgewichts- und Streckübungen aus. Leicht und gelenkig, machen sie gern Yoga-Übungen und gehen spazieren, sofern dies nicht zu ermüdend ist. Dank ihrer natürlichen Begeisterungsfähigkeit fühlen sich Vatas meistens auch bei tänzerischen Aerobic-Übungen mit Musikbegleitung wohl. Im Winter ist jegliche Art von Hallensport für sie gut, da Vata-Menschen Kälte nicht ausstehen können und auch nicht genug Fett und Muskeln haben, die sie vor der Witterung schützen.

Jeder, bei dem Vata dominiert, sollte stets darauf achten, daß er nicht das rechte Maß verliert und sich nicht überanstrengt. Das ist bei ihm die Hauptgefahr, denn es ist typisch für Vata, mit viel Hurra zu beginnen und dann nicht zu wissen, wo die Grenze ist, besonders dann, wenn Vata gestört ist. Täglich eine halbe Stunde leichter Betätigung ist ausreichend. Wenn Sie sich erschöpft und zittrig fühlen, wenn Ihnen schwindelig ist oder Sie einen Krampf bekommen, sind Sie über das Ziel hinausgeschossen; dies alles sind Anzeichen einer Vata-Störung.

SPORTARTEN FÜR DEN PITTA-TYP

- Skilaufen Intensität: mittel
- Zügiges Gehen oder Laufen
- Wandern und Bergsteigen
- Schwimmen

Der Pitta-Typ hat generell mehr Ausdauer. Er ist in allen maßvoll betriebenen Sportarten gut. Da sie gern Herausforderungen annehmen, laufen Pittas mit Begeisterung Ski, wandern, erstürmen Gipfel und treiben andere Sportarten, die ihnen am Ende eines Tages das Gefühl verschaffen, daß sie etwas erreicht haben.

Leistungssportler müssen einen guten Schuß Pitta haben, das den kämpferischen Geist entfacht, doch ist dieses Dosha nicht für den intensiven Wettkampf geeignet. Pittas sind schlechte Verlierer; das motiviert sie mehr als die Befriedigung des Gewinnens. (Sportpsychologische Untersuchungen haben ergeben, daß unter den Tennis-Profis viele für ihren Pitta-Jähzorn bekannt sind.) Pittas treiben sich erbarmungslos zum Laufen, Joggen oder Gewichtheben an, aber sie ziehen nur wenig innere Befriedigung aus ihren Bemühungen.

Wahrscheinlich wissen Sie bereits, ob Sie zu einem ähnlichen Fehlverhalten neigen. Wenn Sie beim Golfspiel bei jedem schrägen Schlag aus dem Häuschen geraten oder beim Tischtennis Ihren Gegner mit dem Ball durchbohren könnten, dann sollten Sie mit diesen Sportarten aufhören. Wenn Sie sich selbst oder irgendeinen anderen bei einer Sportart verwünschen, sollten Sie dieser Sportart den Rükken kehren. Wer immer auf dem Spielfeld einen anderen in der Luft zerreißen könnte, leidet an einer ernsthaften Pitta-Störung.

Auch ist der abgehackte Rhythmus des Leistungssports für den Körper nicht so gut wie eine halbe Stunde gleichmäßiger Bewegung. Ein zügiger halbstündiger Spaziergang am Tag wird die Behäbigkeit eher aus Ihrem System beseitigen als Leistungssport.

Schwimmen ist noch besser. Viele Pittas, die sich bei der Arbeit antreiben, stellen fest, daß ein Sprung ins Wasser gegen fünf Uhr sie angenehm abkühlt und die Spannungen des Tages löst. Jegliche Art von Wintersport zieht den Pitta-Typ ebenfalls an, da er die Kälte besser verträgt als der Vata- oder Kapha-Typ. Pittas werden außerdem durch visuelle Eindrücke stimuliert. Deshalb schlägt bei ihnen ein Waldspaziergang besonders gut an; er bietet ihnen eine Abwechslung zu ihrem üblicherweise zielgerichteten Laufschritt. Die Schönheit der Natur wird tief in sie eindringen, sofern sie sich genügend Muße gönnen, um sie wahrzunehmen.

SPORTARTEN FÜR DEN KAPHA-TYP

- Gewichtheben — Intensität: mittelschwer
- Laufen
- Aerobics
- Rudern
- Tanzen

Der Kapha-Typ verfügt über eine starke, gleichmäßige Energie; ihm mangelt es allerdings oft an Beweglichkeit. Er ist allgemein gut bei allen Körperübungen und wird in dem Maße besser, wie er an Geschmeidigkeit und Ausgewogenheit zunimmt. Auf Grund ihrer körperlichen Stärke zeichnen sich Kaphas bei Sportarten aus, die Ausdauer erfordern. Sie haben eine natürliche Veranlagung für Langlauf oder Ruderregatten. Die Kombination von Pitta und Kapha verleiht Zielstrebigkeit und Ausdauer und ist bei vielen Berufssportlern anzutreffen.

Kaphas fühlen sich gut, wenn sie ihr Blut so richtig durch die Adern treiben können. Deshalb haben Sie eine Vorliebe für Gewichtheben in Sportvereinen oder Fitneßcentern. Es ist gut, wenn man dies mit Übungen kombiniert, die den Kreislauf in Schwung bringen; etwas Schwitzen (ohne sich zu erschöpfen) beseitigt Kapha-Störungen. Viele Kaphas haben überschüssiges Fett und Wasser, das sie loswerden sollten. Da Kapha ein kaltes Dosha ist, gehen sie nicht gern hinaus in die Kälte und Feuchtigkeit, um zu laufen oder zu rudern. Kaphas sollten im Winter in der Halle Aerobics oder Gymnastik machen.

Viele Frauen mögen keinen Hallensport; für sie sind Tanzschulen eine Alternative. Die meisten Kaphas haben nicht die Statur einer Ballettänzerin, aber die durchs Tanzen erworbene Haltung und Ausgewogenheit hilft ihnen, ihren zur Stämmigkeit neigenden Körper zu akzeptieren.

Einige wenige mutige Kapha-Männer, selbst solche mit Holzfällerschultern und -gang, wagen den Weg in die Tanzschule und stellen fest, daß sie sie gar nicht mehr missen mögen – aus dem einfachen Grund, weil sie sich nicht mehr so schwerfällig fühlen.

Einige allgemeine Vorsichtsmaßregeln gelten für alle Konstitutionstypen. Treiben Sie keinen Sport:

kurz vor dem Essen. Körperübungen zu diesem Zeitpunkt mindern Ihr Agni, das Sie doch dann in Hochform haben möchten. Hören Sie mindestens eine halbe Stunde vor der Mahlzeit auf, und beginnen Sie frühestens zwei Stunden danach. Ein kurzer Spaziergang im Anschluß an eine Mahlzeit hingegen ist empfehlenswert. Ein fünfzehnminütiger gemächlicher Spaziergang nach dem Mittag- oder Abendessen fördert die Verdauung (länger oder in einer rascheren Gangart wäre eher schädlich). Der Ayurveda rät davon ab, Sport noch nach Sonnenuntergang zu treiben; es ist besser, dem Körper zu gestatten, zur Ruhe zu kommen und sich auf den Schlaf einzustellen.

im Wind oder in der Kälte. Sowohl Vata wie Kapha verabscheuen, wie bereits erwähnt, die Kälte. Wenn Sie im Winter einen Spaziergang machen, ziehen Sie sich warm an, und atmen Sie nicht zu heftig. Das Einatmen von feuchtkalter Luft schadet den Atemwegen. Auch starker Wind bringt das Vata-Dosha durcheinander und beeinträchtigt die beruhigende Wirkung eines Spaziergangs.

in der prallen Sonne. In Indien sagt man, daß sich nur tollwütige Hunde und Engländer in die grelle Mittagssonne hinauswagen. Sportliche Aktivität verstärkt Pitta zu einem Zeitpunkt, wo die pralle Hitze es ohnehin anschürt und damit die Körpertemperatur erhöht.

Zusammen mit Mäßigung ist Regelmäßigkeit der Schlüssel zu ausgewogener körperlicher Aktivität. Die Doshas haben die Tendenz, sich zu verstärken. Wenn Sie eine Weile körperlich nichts getan haben, wird Ihr Körper träge. Sobald Sie sich jedoch auch nur ein bißchen bewegen, erreichen Ihre Doshas eine Ebene besserer Ausgewogenheit und wollen dort bleiben. Tun Sie daher alles, um mit einem Programm zu beginnen, das ihnen einige Jahre oder sogar ein ganzes Leben lang Freude bereitet.

DREI-DOSHA-ÜBUNGEN

Ich möchte nun die in unseren Kliniken angewandten Drei-Dosha-Übungen beschreiben: den Sonnengruß, eine Serie leichter Yoga-Übungen und ausgeglichenes Atmen.

Den meisten Menschen sind diese Übungen allerdings unbekannt, und sie identifizieren sie möglicherweise mit typisch östlichen Lebenszielen. Vielleicht denken sie aber auch, daß Yoga für sie nicht möglich ist, weil sie Bilder von Menschen gesehen haben, die ihren Körper zu grotesken und unnatürlichen Brezelstellungen verdrehten.

Die folgenden Übungen sind hingegen sehr leicht auszuführen. Lediglich der Sonnengruß bedarf einiger Geduld; die übrigen verlangen keine besondere Geschicklichkeit. Perfekte Leistung erbringen zu wollen ist hier fehl am Platz. Jeder kann diese Übungen beherrschen. Lassen Sie Ihren Geist in jeder Haltung Entspannung finden. Sie sollten keinen Gedanken daran verschwenden, wie Sie dabei aussehen oder wie nahe Sie der Idealstellung kommen. Nur so fühlen Sie sich bei jeder Übung wohl und danach noch besser. Jeder fühlt sich nach einer kurzen ayurvedischen Übung für die folgenden Stunden angenehm entspannt.

SONNENGRUSS (SURYA NAMASKARA)

Dauer: 1–2 Minuten für jeden Zyklus,
langsame Bewegungen

Anzahl: 1–6 Durchgänge am Morgen, mit zunehmender Übung mehr

Der Sonnengruß ist eine vollständige ayurvedische Körperübung, durch die gleichzeitig das gesamte Geist-Körper-System einschließlich des Atems integriert wird. Er stärkt und streckt die wichtigsten Muskelgruppen, macht die Gelenke beweglicher, bringt die Wirbelsäule ins Lot und massiert die inneren Organe. Die Durchblutung nimmt im gesamten Körper zu. Bei regelmäßiger Ausübung werden Sie an Stabilität, Gelenkigkeit und Anmut gewinnen.

Hier folgt ein Zyklus mit zwölf Stellungen. Nehmen Sie diese in fließender Abfolge ein. Atmen Sie entsprechend der jeweiligen Bewegungsphase. Nehmen Sie jede Stellung ohne Anstrengung ein, atmen Sie richtig und mühelos durch, so daß jeder Zyklus etwa eine Minute dauert.

Beginnen Sie langsam, verspannen Sie sich nicht, und horchen Sie auf Ihren Körper, wenn Sie allmählich die Zahl der Sonnengruß-Zyklen erhöhen. Diese schrittweise Steigerung schließt die Gefahr von Überanstrengung oder Muskelzerrungen aus, insbesondere, wenn Sie nie regelmäßig Körperübungen gemacht haben. Stellen Sie die Übungen ein, sobald Sie bemerken, daß Sie schwer atmen, heftig schwitzen oder sich ermüdet fühlen. In diesem Fall legen Sie sich hin und ruhen sich eine oder zwei Minuten lang aus, bis Sie wieder normal atmen. Bei regelmäßiger Praxis wird Ihre Leistungsfähigkeit ganz von selbst zunehmen.

Beim Sonnengruß wird ein bestimmter Atemrhythmus empfohlen. Atmen Sie ein, wenn Sie Ihre Wirbelsäule senkrecht strecken oder den Körper aufrichten oder vollständig ausstrecken. Atmen Sie aus, wenn Sie sich bücken oder den Körper beugen und die Wirbelsäule krümmen. Jede Ihrer Übungen sollte eine Weiterführung des Atems sein, damit der Bewegungsablauf leichter wird. Es gibt einen Übergangspunkt im Sonnengruß, wo der Atem einen Moment stillsteht, bevor er in die nächste Stellung fließt. Ansonsten atmen Sie durchgehend und stetig während der gesamten Übung.

Wie man den Sonnengruß ausführt

Die folgenden Stellungen sollten in flüssiger, bündiger Abfolge ausgeführt werden. Denken Sie daran, daß der Atem dazu dient, jede Stellung mit der folgenden zu verbinden. Verstärken Sie die Ausdehnung der Brust beim Einatmen und das Einziehen des Bauches oder Unterleibs beim Ausatmen im Moment des Beugens.

1. Grußstellung *(samasthiti)*. Beginnen Sie in aufrechter Haltung; die Füße stehen nebeneinander. Das Gewicht ist gleichmäßig auf beide Füße verteilt; stehen Sie vollkommen aufrecht. Legen Sie die Handflächen vor der Brust gegeneinander. Dehnen Sie den Oberkörper, während Sie geradeaus schauen.

2. Armheben *(tadasana)*. Während Sie einatmen, heben Sie langsam die Arme über den Kopf. Dehnen Sie den Oberkörper, während Sie die Wirbelsäule nach hinten biegen und das Gesicht aufwärts wenden. Atmen Sie gleichmäßig weiter, während Sie zur nächsten Stellung übergehen.

3. Fußfassen *(uttanasana)*: Während Sie ausatmen, beugen Sie sich vornüber. Strecken Sie die Wirbelsäule, die Arme und den Hals. Lassen Sie die Beine gestreckt, während Sie mit Ihren Händen den Boden berühren; die Knie bleiben entspannt. Halten Sie Ihren Rücken bei dieser Übung gerade; machen Sie keinen Buckel. Lassen Sie Ellenbogen und Schultern entspannt, und drücken Sie nicht Ihre Knie durch.

Bei regelmäßiger Übung nimmt die Beweglichkeit und Gelenkigkeit in den Beinen und in der Wirbelsäule zu.

4. Reiterstellung *(ashwa sanchalanasana)*. Beim nächsten Einatmen strecken Sie das linke Bein nach hinten aus und senken das Knie auf den Boden. Das rechte Bein winkeln Sie nach vorne ab; der rechte stützende Fuß steht dabei flach auf dem Boden. Strecken Sie gleichzeitig die Wirbelsäule, und dehnen Sie den Brustkorb. Strekken Sie Kopf und Hals nach oben.

5. Bergstellung *(adhomukha svanasana)*. Beim Ausatmen heben Sie das rechte Bein an, strecken es nach hinten und stellen es neben das linke. Die Füße stehen in Hüftbreite nebeneinander, die Hände in Schulterbreite.

Während Sie Gesäß und Hüften anheben, pressen Sie die Hände auf den Boden, und entspannen Sie die Wirbelsäule schräg nach oben hin. Stemmen Sie die Fersen auf den Boden, und strecken Sie die Rückseite der Beine. Lockern und entspannen Sie Kopf und Hals. Der Körper bildet zwischen Becken und Händen einerseits

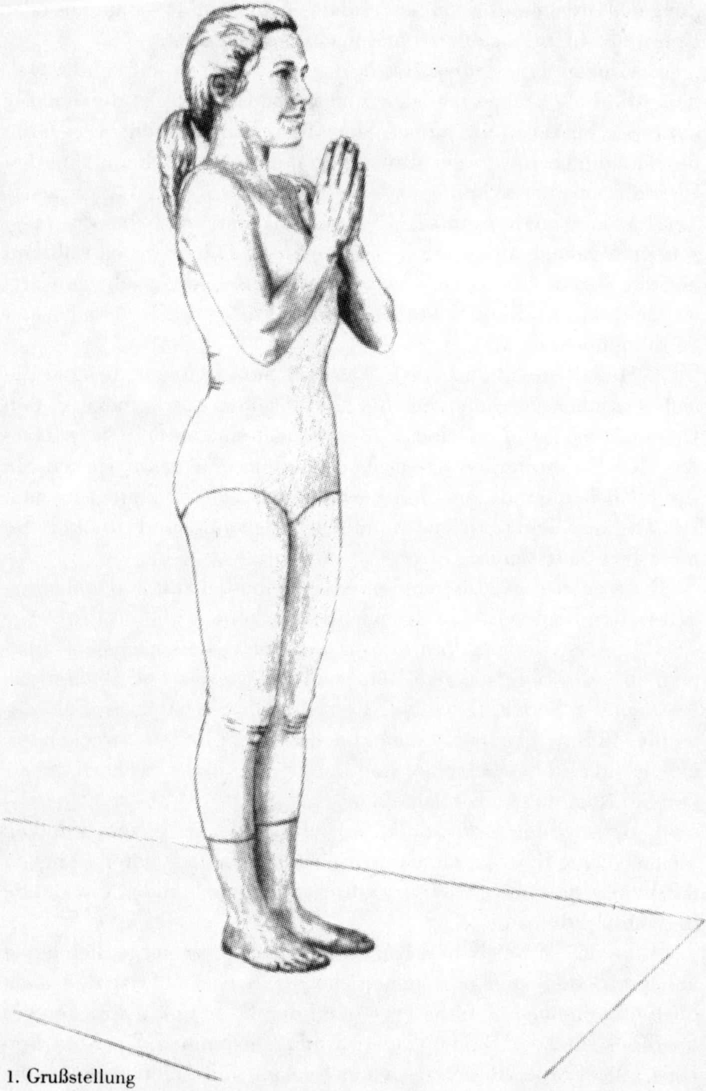

1. Grußstellung

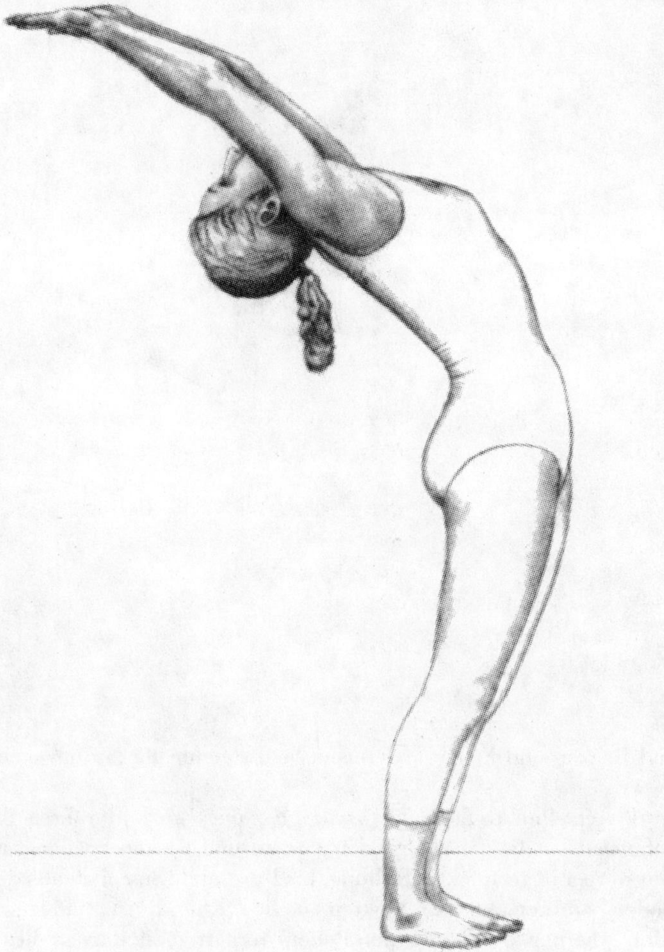

2. Armheben

3. Fußfassen

und Becken und Füßen andererseits ein gleichmäßiges, umgekehrtes V.

6. Acht-Punkte-Stellung *(ashtanga namaskara)*. Berühren Sie behutsam mit beiden Knien den Boden, und senken Sie langsam den Körper in gestreckter Haltung, bis Brust und Kinn ebenfalls den Boden berühren. An acht Punkten – Zehen, Knie, Brust, Hände und Kinn – berührt der Körper den Boden. Verharren Sie kurz in dieser Haltung, und gehen Sie dann zur nächsten über.

7. Kobrastellung *(bhujangasana)*. Beim Einatmen dehnen Sie den Brustkorb und strecken Kopf und Brust nach oben, während Sie

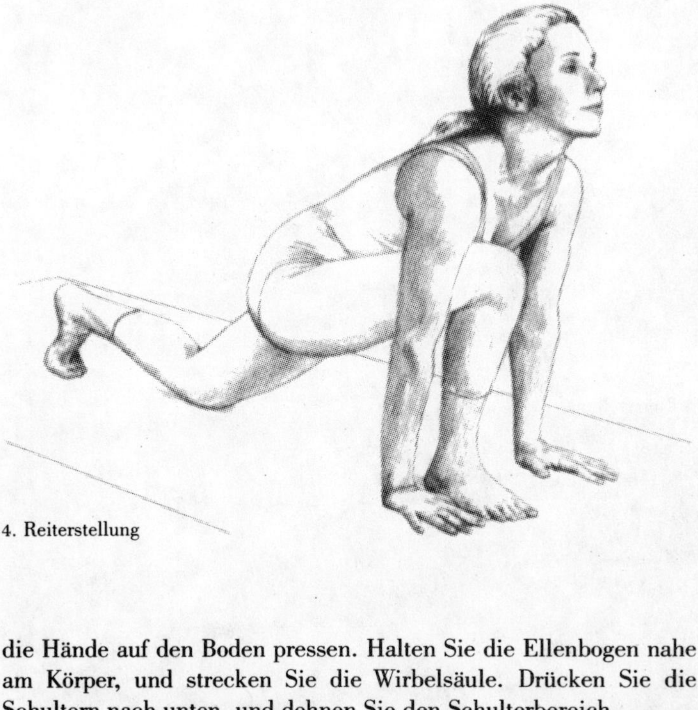

4. Reiterstellung

die Hände auf den Boden pressen. Halten Sie die Ellenbogen nahe am Körper, und strecken Sie die Wirbelsäule. Drücken Sie die Schultern nach unten, und dehnen Sie den Schulterbereich.

Dehnen Sie den Brustkorb, und drücken Sie die Schultern nach unten, um Hals und Kopf freizubekommen. Auch der obere Rücken sollte sich weiten und dehnen. Beginnen Sie diese Bewegung nicht mit dem Kopf oder mit dem Hals.

8. Bergstellung *(adhomukha svanasana)*. Wiederholen Sie Stellung 5. Beim Ausatmen heben Sie das Gesäß und die Hüften an, pressen die Hände auf den Boden und entspannen die Wirbelsäule

5. Bergstellung

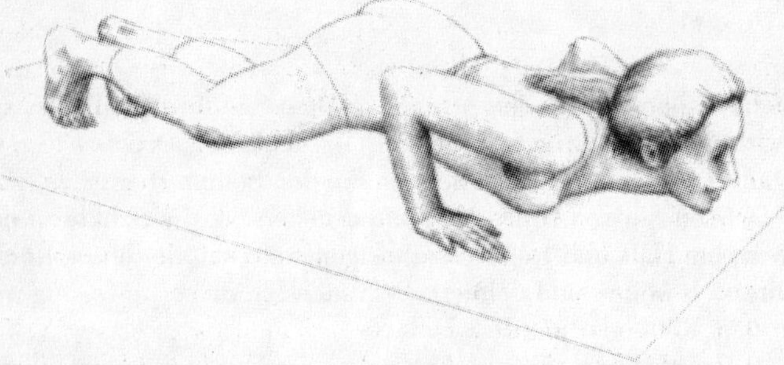

6. Acht-Punkte-Stellung

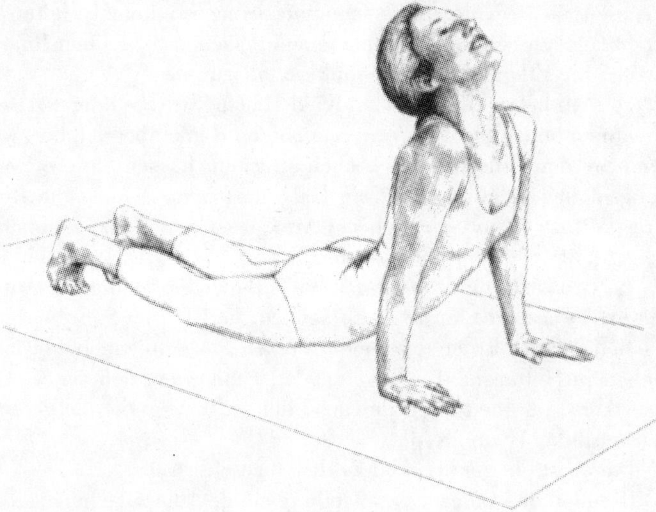

7. Kobrastellung

schräg nach oben hin. Stemmen Sie die Fersen auf den Boden, und strecken Sie die Rückseite der Beine. Entspannen Sie Kopf und Hals.

9. Reiterstellung *(ashwa sanchalanasana)*. Wiederholen Sie Stellung 4. Atmen Sie ein, und stellen Sie das rechte Bein angewinkelt nach vorne zwischen die Arme. Das linke Bein bleibt nach hinten gestreckt; das linke Knie ruht auf dem Boden. Das rechte Bein sollte so gebeugt sein, daß der Fuß flach auf dem Boden steht. Längen Sie die Wirbelsäule, dehnen und strecken Sie den Brustkorb schräg nach oben. Blicken Sie geradeaus, und strecken Sie dabei Kopf und Nacken nach oben.

10. Fußfassen *(uttanasana)*. Wiederholen Sie Stellung 3. Beim Ausatmen bringen Sie das linke Bein nach vorn und heben dabei langsam das Gesäß nach oben, bis beide Beine und die gesamte Wirbelsäule gestreckt sind. Arme und Kopf bilden mit der Wirbel-

säule eine Linie. Beide Hände bleiben flach auf dem Boden. Entspannen Sie die Knie, und beugen Sie sie nach Belieben. Halten Sie Ihren Rücken bei dieser Übung gerade; machen Sie keinen Buckel. Lassen Sie Ellenbogen und Schultern entspannt.

11. Armheben *(tadasana)*. Wiederholen Sie Stellung 2. Beim Einatmen heben Sie die Arme vom oberen Rückenbereich her, während Sie den Brustkorb nach oben strecken. Lassen Sie die Bewegung nicht vom Kopf oder vom Hals ausgehen. Dehnen Sie Ihren Brustkorb, während Sie sich die Arme über den Kopf hinaufstrekken. Atmen Sie ruhig, tief und regelmäßig.

12. Grußstellung *(samasthiti)*. Wiederholen Sie Stellung 1. Atmen Sie aus, während Sie die Arme senken, und führen Sie die Handflächen vor der Brust zusammen. Stehen Sie aufrecht; beide Füße stehen in Hüftabstand nebeneinander. Heben und dehnen Sie den Brustkorb, während Sie geradeaus blicken. Längen Sie die gesamte Wirbelsäule bis zum Kopf.

Damit ist ein Sonnengruß-Zyklus abgeschlossen.

Bleiben Sie in dieser Grußstellung einige Atemzüge lang stehen, und beginnen Sie dann den zweiten Zyklus. Diese stehende Grußstellung ist auch die erste Stellung des zweiten Zyklus. Beim nächsten Atemzug wechseln Sie in Stellung 2 über – das Armheben – und wiederholen dann alle Bewegungen in flüssiger Abfolge.

Bei den folgenden Sonnengruß-Zyklen wechseln Sie in Stellung 4 und 9 (der Reiterstellung) jeweils die Beinstellung: Im ersten Zyklus bringen Sie den linken Fuß nach hinten, während der rechte vorn bleibt; im zweiten machen Sie es umgekehrt und so fort.

Nachdem Sie den Sonnengruß genügend oft wiederholt haben, legen Sie sich hin, strecken die Wirbelsäule und lassen den Körper sich vollständig entspannen. Schließen Sie die Augen, und ruhen Sie ein bis zwei Minuten. Lassen Sie den Atem frei und leicht fließen.

YOGA-ÜBUNGEN

Dauer: 10 bis 15 Minuten,
mäßiges Tempo

Häufigkeit: Jeweils ein Durchgang morgens und einer am späten Nachmittag

Die folgenden leichten Übungen, die etwa eine Viertelstunde dauern, gelten als ayurvedische Grundübung. Vor der Morgen- und Nachmittagsmeditation ist ein Durchgang zu empfehlen, mit oder ohne Sonnengruß. Diese Übungen sind Bestandteil des neuromuskulären Integrationsprogramms der Maharishi-Ayurveda-Kliniken und können von jedem gesunden Menschen, ungeachtet seines Alters oder seiner Kondition, durchgeführt werden.

Es folgt nun eine genau festgelegte Abfolge von Übungen, die mit dem Beleben und Aufwärmen des Körpers beginnt. Daran schließen sich Rumpfbeugen im Sitzen und im Stehen an, Streck-, Beuge- und Drehübungen, die Ruhelage und zum Abschluß eine kurze Atemübung. Jede der Stellungen in dieser Abfolge hat einen spezifischen therapeutischen Effekt. Wir werden auf einige Auswirkungen jeder Stellung eingehen.

Im allgemeinen verbessern die Belebungs- und Aufwärmübungen den Kreislauf und verstärken die Durchblutung im gesamten Körper. Sitzstellungen erzeugen Stabilität, eine genaue Ausrichtung der Wirbelsäule und eine gute Haltung, während Rumpfbeugen die Verdauung stimulieren, die Biegsamkeit der Wirbelsäule erhöhen und den Organismus beruhigen. Rückwärtsbeugen steigern die Beweglichkeit und Gelenkigkeit der Wirbelsäule – insbesondere im oberen Rückenbereich – und kräftigen sie gleichzeitig. Stellungen mit den Beinen nach oben regen das endokrine Drüsensystem an und intensivieren den Kreislauf, während Drehübungen die Verdauung und Ausscheidung anregen sowie die Wirbelsäule kräftigen. Nach Abschluß aller dieser Übungen folgen eine Ruhelage und Atemübungen, die erhöhte Wachheit, Geordnetheit und Ausgewogenheit bewirken.

Eine geordnete Bewegungsabfolge ist deshalb wichtig, weil dadurch zunächst der Körper darauf vorbereitet wird, warmzulaufen und sich zu lockern. Danach wird der Körper belebt, gekräftigt und gestreckt. Es ist wichtig, in genau dieser Abfolge vorzugehen, da jede Stellung die nachfolgende vorbereitet und die vorhergehende ergänzt. Hier sind noch einige Empfehlungen, die Sie vor Beginn der Übungen zur Kenntnis nehmen sollten:

1. Führen Sie die Übungen langsam durch; achten Sie darauf, daß Sie normal atmen, ohne den Atem anzuhalten oder ihn in irgendeiner Weise zu behindern. Die Atmung sollte leicht und gleichmäßig sein.

2. Ohne Schweiß höchster Preis! Wenn Sie Ihre Zehen nur mit größter Anstrengung berühren können, strengen Sie sich nicht an! Entspannen Sie die Knie, oder beugen Sie sie. Strengen Sie den Körper bei diesen Übungen niemals an! Verharren Sie in den einzelnen Stellungen jeweils einige Sekunden, und lösen Sie sie dann mühelos auf. Die Bewegungen sind langsam und zwanglos auszuführen. Nehmen Sie eine Stellung niemals abrupt ein, und lösen Sie sie auch nie in dieser Weise auf. Und atmen Sie so, daß Ihr Atmen Ihnen Ihre Bewegungen erleichtert.

3. Wann sollten Sie aufhören? Führen Sie jede Stellung nur so weit aus, bis Sie ein Ziehen oder eine Anspannung fühlen. Gehen Sie so weit, wie Sie ohne Mühe kommen. Konzentrieren Sie sich auf den Körperbereich, der gerade gestreckt wird. Überanstrengen Sie sich nicht! Manchmal ist es hilfreich, die Streckbewegung zu lokkern oder völlig zurückzunehmen, um dann einen neuen, mühelosen Versuch zu unternehmen. Vergessen Sie das Atmen nicht!

4. Wenn Sie regelmäßig üben, werden Sie über die Monate ganz von selbst eine Zunahme an Stärke, Gelenkigkeit und Geschmeidigkeit bemerken. Es ist also nicht nötig, daß Sie Ihren Körper antreiben, um das erwünschte Ziel zu erreichen. Diese Stellungen sind nicht dazu gedacht, Ihren Körper zu bestimmten Stellungen zu zwingen, zumal es eine »ideale« Stellung ohnehin nicht gibt. Ihre Fortschritte kommen eher von einer integrierten Funktionsweise von Wahrnehmung, Bewegung und Atem.

5. Sämtliche ayurvedischen Übungen schließen den Geist ebenso wie den Körper ein. Bei jeder Übung wird ein besonderer Körperbereich gestreckt. Lassen Sie Ihre Aufmerksamkeit zu diesem Bereich wandern. Das Lösen der angesammelten Anspannung geschieht bekanntlich dadurch, daß man die Aufmerksamkeit auf den gestreckten Bereich lenkt.

Aus diesem Grund sollten Sie Ihren Übungen wirklich Ihre volle Aufmerksamkeit widmen. Also: kein Radio, Fernsehen und auch keine Musik im Hintergrund. Nehmen Sie Ihren Körper ganz einfach wahr.

6. Tragen Sie bequeme, locker sitzende Kleidung. Machen Sie die Übungen auf einer ebenen, nicht rutschenden Oberfläche und nicht auf dem nackten Boden. Besser ist eine gefaltete Wolldecke, Yoga-Matte, ein Teppich oder eine andere halbfeste Unterlage.

7. Wichtig: Alle Stellungen sollten den jeweiligen Bedürfnissen des Betreffenden angepaßt sein. In bestimmten Situationen, wie bei akuter Krankheit, Schwangerschaft, Menstruation oder bei bestimmten durch den Körperbau bedingten Problemen, kann die Stellung so verändert werden, daß sie den speziellen Erfordernissen des einzelnen besser dient. In jedem dieser Fälle sollten Sie mit einem qualifizierten Yoga-Lehrer sprechen.

Belebungsübung
(1–2 Minuten)

Die Bewegungsabfolge beginnt mit einigen Übungen, die den Körper kräftigen und anregen. Zunächst wird der Körper massiert, wobei sich Hände und Finger in Richtung Herz bewegen.

1. Nehmen Sie zunächst eine bequeme Sitzstellung ein. Pressen Sie beide Handflächen und die Finger auf den Scheitel, und bewegen Sie dann die Hände mit abwechselnd zunehmendem und abnehmendem Druck über Gesicht und Kehle hinab zur Brust. Beginnen Sie von neuem am Scheitel, und bewegen Sie die Hände in derselben Weise über den Nacken nach vorn zur Brust.

2. Zur Einstimmung von Händen und Armen beginnen Sie zunächst mit einer Massage der rechten Seite. Umgreifen Sie mit der linken Hand zunächst die Finger der rechten Hand, und massieren Sie mit der linken Hand mit abwechselnd zunehmendem und abnehmendem Druck die Oberseite des Arms hinauf zur Schulter und von dort quer über die Brust. Tun Sie dasselbe entlang der Armunterseite, über die Achselhöhle und quer über die Brust. Der Druck sollte fest sein und die Massage zügig und gleichmäßig. Wiederho-

Belebungsübung, Kopf

len Sie das Ganze auf der linken Seite, sowohl auf der oberen wie auch auf der unteren Seite des Arms.

3. Legen Sie die Finger beider Hände auf die Nabelgegend, und massieren Sie mit abwechselnd zunehmendem und abnehmendem Druck und in halbkreisförmiger Bewegung den Unterleib in Richtung Herz. Führen Sie diese Massage äußerst behutsam durch, und brechen Sie sie sofort ab, wenn Sie ein Unbehagen in der Herzgegend verspüren.

4. Massieren Sie in derselben Weise vom Steißbein ausgehend über die Nierengegend und Rippen zum Herzen.

5. Fassen Sie den rechten Fuß, und massieren Sie Zehen, Fuß-

Belebungsübung, Hände

sohlen und Fußrücken, dann Waden, Schenkel und Hüften. Führen Sie die Bewegung über den Bauch zum Herzen. Tun Sie dasselbe auf der linken Seite.

6. Legen Sie sich auf den Rücken, und strecken Sie die Wirbelsäule (Kopf und Hals nicht einziehen). Ziehen Sie die Knie an die Brust, falten Sie die Hände über den Schienbeinen zusammen, und beginnen Sie sich leicht von einer Seite auf die andere zu rollen. Lassen Sie Kopf und Hals dabei locker. Atmen Sie normal.

7. Rollen Sie fünfmal auf jede Seite, lösen Sie die gefalteten Hände und strecken Sie langsam die Beine aus. Erlauben Sie dem Körper, sich vollständig zu entspannen.

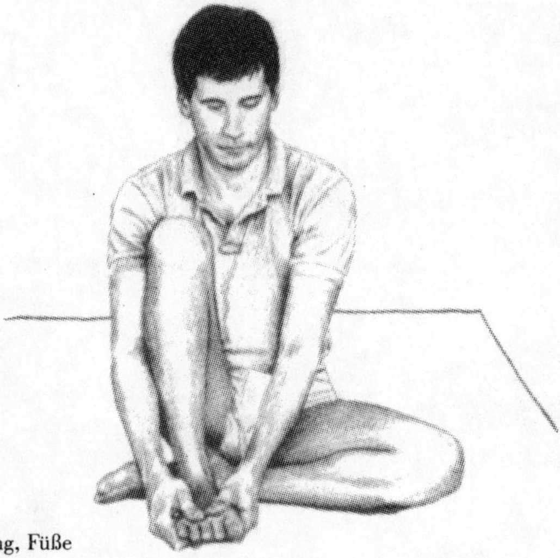

Belebungsübung, Füße

Vajrasana

(Gesäßkräftigung, ½–1 Minute)

1. Knien Sie nieder. Setzen Sie sich auf Ihre Fersen. Die Füße zeigen nach innen, die großen Zehen sind überkreuzt. Strecken Sie die Wirbelsäule, dehnen Sie den Brustkorb, und heben Sie die Brust etwas an. Schauen Sie geradeaus, und atmen Sie ruhig. Legen Sie die Hände mit den Flächen nach oben in den Schoß; die rechte Hand ruht auf der linken.

2. Beim Einatmen heben Sie das Gesäß von den Fersen und bringen sich in eine kniende Stellung. Lassen Sie die Wirbelsäule gestreckt und die Brust gedehnt und angehoben. Entspannen Sie die Schultern. Beim Ausatmen senken Sie wieder langsam den Körper auf die Fersen. Wiederholen Sie die Übung gleichmäßig und mit ruhigem Atem.

3. Bewegen Sie sich langsam, atmen Sie tief und leicht; lassen Sie den Körper in wacher, gestreckter, aufrechter Haltung.

Diese Asana (Stellung) stärkt den Beckenbereich, beseitigt Span-

Belebungsübung, Seitenrolle

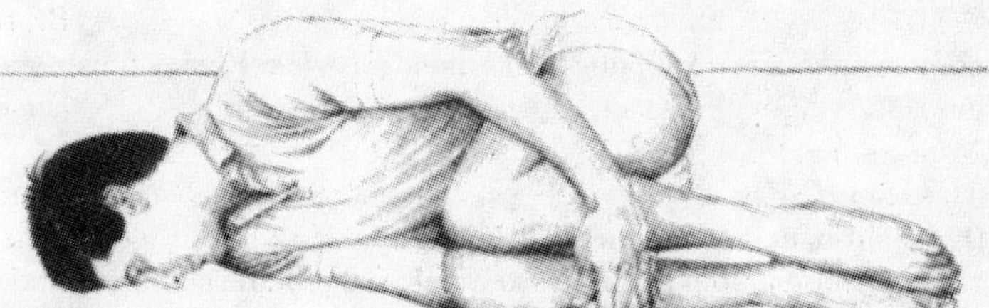

Einstimmungsübung, Seitenrolle

Gesäßkräftigung, Ausgangsstellung

nungen aus Knien und Fußgelenken und gibt dem Rücken einen guten Halt.

Janusirsasana
(Kopf-auf-Knie-Stellung, etwa 1 Minute)

1. Setzen Sie sich hin, und strecken Sie die Beine aus. Die Zehen zeigen in Richtung Kopf, wodurch die Rückseite der Beine und die Fersen gestreckt werden.

2. Beugen Sie das linke Knie, und setzen Sie die Fußsohle an die Innenseite des rechten Oberschenkels.

3. Atmen Sie ein, und recken Sie die Arme vom oberen Rückenbereich aus geradeaus nach oben über den Kopf. Beim Ausatmen

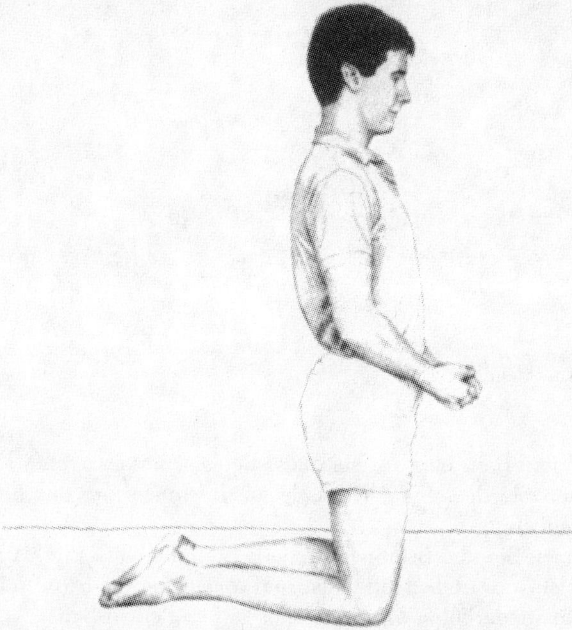

Gesäßkräftigung, aufrechte Haltung

beugen Sie den Körper über das rechte, ausgestreckte Bein, wobei Sie die Wirbelsäule, Arme und Hals strecken. Halten Sie den Rükken gerade, machen Sie keinen Buckel. Sie können das gestreckte Knie etwas anwinkeln, um die Kreuzgegend zu entspannen.

4. Verharren Sie einige Atemzüge in dieser Stellung. Atmen Sie dann ein, und lockern Sie die Arme vom oberen Rückenbereich aus. Dehnen Sie den Brustkorb, und strecken Sie sich, während Sie die Arme über den Kopf heben. Wiederholen Sie die Übung auf derselben Seite. Bewegen Sie sich langsam und ohne Anstrengung. Atmen Sie bei Aufwärtsbewegungen ein, und atmen Sie aus, während Sie die Arme senken.

5. Wiederholen Sie die Übung auf der anderen Seite. Strecken

Kopf-auf-Knie-Stellung

Sie das linke Bein lang vor sich aus. Beugen Sie das rechte Knie, und setzen Sie die rechte Fußsohle an die Innenseite des linken Oberschenkels.

6. Atmen Sie und beginnen Sie jede Stellung ohne Eile. Atmen Sie bei der Vorwärtsbeugung aus, und atmen Sie beim Aufrichten ein. Dann wiederholen Sie die Übung auf derselben Seite. Atmen Sie normal, und verharren Sie einige Atemzüge lang in gebeugter Haltung, ohne sich anzustrengen. Atmen Sie aus, nachdem Sie sich aufgerichtet haben, und senken Sie beide Arme.

Diese Bewegungsübung stärkt und entspannt die Wirbelsäule, kräftigt Unterleib, Leber und Milz und fördert die Verdauung.

Sarvangasana
(Kerze, zunächst ½ Minute; sofern Ihnen das keine Mühe bereitet, allmählich auf 2 Minuten ausdehnen)

Wenn Sie Anfänger oder sehr steif sind oder Probleme im Schulter- und Nackenbereich haben, sollten Sie bei dieser Übung eine oder zwei Decken unter Ihre Schultern legen, um den Nacken zu schützen. Oder machen Sie einen abgewinkelten Schulterstand statt einer vollständigen Kerze. Führen Sie die Übung langsam aus! Falls

Sie chronische Rückenbeschwerden oder hohen Blutdruck haben, sollten Sie vor Beginn der Übungen mit Ihrem Arzt Rücksprache halten. (Der Maharishi-Ayurveda rät vom Kopfstand ab, da er bei fehlerhafter Durchführung Gehirn, Hals und Wirbelsäule schädigen kann.)

1. Legen Sie sich auf den Rücken, und pressen Sie die Arme und Hände flach auf den Boden. Entspannen Sie die Schultern, und strecken Sie die Wirbelsäule.

2. Beim Ausatmen beugen Sie die Knie und heben langsam die Beine über die Taille. Drücken Sie die Hände auf den Boden, und

Kerze

bringen Sie die Knie über den Kopf. Winkeln Sie die Ellenbogen an, und stützen Sie den Rücken mit den Händen in Taillenhöhe ab. Ellenbogen und Schultern bilden eine feste Basis, auf der der Körper ruht.

3. Strecken Sie die Beine von der Hüfte aus nach oben, so daß der Körper vom Fußgelenk bis zu den Schultern eine gerade Linie bildet.

4. Wenn Sie sich für den angewinkelten Schulterstand entscheiden, so strecken Sie den Körper nicht ganz. Stützen Sie das Gewicht Ihres Körpers mit den Händen. Der Körper bildet mit den Beinen einen Winkel.

Dies ist ein Schulterstand, kein Nackenstand! Es sollte am Hals oder an der Kehle keine Spannung entstehen. Dies ist sehr wichtig! Atmen Sie ruhig ein und aus, und entspannen Sie Ihr Gesicht. Verharren Sie in dieser Stellung einige Atemzüge lang; verlängern Sie nach und nach die Dauer der Stellung, sofern Ihnen dies ohne größere Anstrengung möglich ist.

Diese Asana regt das gesamte endokrine Drüsensystem an, erhöht die Durchblutung zur Schilddrüse hin, lindert geistige Müdigkeit, macht die Wirbelsäule gelenkig und hat einen beruhigenden Einfluß auf den Körper.

Halasana
(Pflugstellung, 15 Sekunden bis 1 Minute)

1. Während Sie ausatmen, führen Sie die vorhergehende Stellung in diese über. Winkeln Sie den Körper vom Becken aus an, bringen Sie beide Füße gestreckt nach vorn, und stützen Sie Ihre abgewinkelten Füße mit den Zehen hinter dem Kopf auf den Boden auf. Lassen Sie die Beine gestreckt, so daß sie einen rechten Winkel mit dem Rumpf bilden. Strecken Sie Ihre Wirbelsäule, und machen Sie keinen Buckel. Atmen Sie leicht und regelmäßig durch.

2. Bringen Sie die Beine so weit zurück, wie es bequem ist, ohne daß Sie den Rücken krümmen müssen. Achten Sie darauf, daß nicht zuviel Spannung in der Halsgegend entsteht. (Wenn Schmerzen auftreten, kommen Sie langsam aus Ihrer Stellung heraus.)

Pflugstellung mit ausgestreckten Armen

Pflugstellung mit hinter dem Kopf verschränkten Armen

3. Strecken Sie nun die Arme hinter sich in die entgegengesetzte Richtung aus, fort von Beinen und Kopf. Der Rumpf sollte auf dem oberen Teil der Schulter ruhen; die Hüften befinden sich genau oberhalb der Schultergelenke.

4. Verschränken Sie die Arme hinter dem Kopf, und verharren Sie so einige Atemzüge lang.

5. Um diese Stellung zu verlassen, atmen Sie aus, winkeln Ihre Knie an und stützen den unteren Rückenbereich mit den Händen. Halten Sie beim Abrollen die Knie angewinkelt, bis der Rücken flach auf dem Boden liegt. Bleiben Sie einige Augenblicke bequem liegen.

6. Achten Sie darauf, daß Ihr Atem gleichmäßig bleibt, besonders während der Kerze und der Pflugstellung. Die Art und Weise, wie Sie atmen, ist ein Gradmesser dafür, ob Sie sich anstrengen oder übertreiben.

Die Pflugstellung stärkt und entspannt Rücken, Nacken und Schultern. Sie unterstützt die Funktion von Leber und Niere und beseitigt Müdigkeit. Sowohl die Kerze wie die Pflugstellung stimulieren und normalisieren die Funktion der Schilddrüse.

Bhujangasana
(Kobra-Stellung, ½–1 Minute)

1. Legen Sie sich mit nebeneinander ausgestreckten Beinen auf den Bauch, und legen Sie Ihre nach vorn weisenden Hände direkt unter Ihre Schultern. Strecken Sie die Wirbelsäule ein wenig, um die Kreuzgegend zu schützen.

2. Beim Einatmen heben Sie Ihren Oberkörper mit nach oben gerichtetem Kopf an, wobei Sie sich mit durchgedrückten Armen vom Boden abstemmen. Halten Sie Ihre Ellenbogen nahe am Körper, und strecken Sie Ihre Wirbelsäule weiter nach oben. Heben und dehnen Sie Ihren Brustkorb; drücken Sie die Schultern nach unten, weg von Hals und Kopf. Dehnen Sie den oberen Rückenbereich.

3. Verharren Sie einige Atemzüge lang so, und kommen Sie langsam herab.

4. Wiederholen Sie diese Übung ein- bis dreimal, indem Sie mit

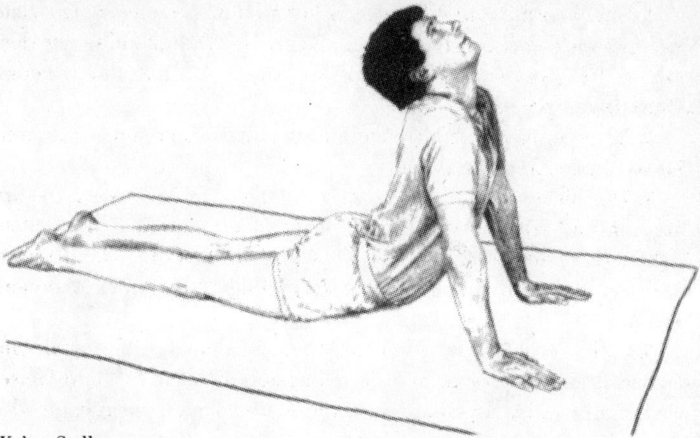

Kobra-Stellung

dem Einatmen beginnen und die Brust dabei anheben. Achten Sie darauf, daß Sie die Bewegung nicht vom Kopf oder Hals aus einleiten. Lassen Sie den Rücken gestreckt, und atmen Sie normal. Atmen Sie leicht und regelmäßig. Atmen Sie aus, und kommen Sie langsam herab. Lassen Sie Ihren Körper sich vollständig entspannen.

Diese Übung stärkt die Rückenmuskulatur, streckt die Muskeln im Unterleib und hilft bei Gebärmutter- und Eierstockproblemen.

Salabhasana
(Heuschrecken-Stellung, ½–1 Minute)

1. Bleiben Sie auf dem Bauch liegen, und strecken Sie die Arme längs des Rumpfes aus; die Hände liegen mit den Handflächen nach oben neben der Hüfte oder unter den Schenkeln. Legen Sie die Füße aneinander, und spüren Sie, wie sich der ganze Rücken streckt. Das Kinn ruht sanft auf dem Boden.
2. Beim Einatmen heben Sie beide Beine von der Hüfte aus an. Strecken Sie die ganze Wirbelsäule, während Sie die Beine weiter anheben. Straffen Sie die Schenkel und halten Sie die Beine gerade

Heuschrecken-Stellung

ausgestreckt. Atmen Sie leicht, verharren Sie einige Atemzüge lang so, und senken Sie dann Ihre Beine langsam wieder.

3. Wiederholen Sie die Übung ein- bis dreimal. Achten Sie darauf, daß Sie nicht den Atem anhalten. Atmen Sie beim Heben der Beine ein. Strecken Sie die Wirbelsäule, um Anspannungen oder Überdehnungen im Kreuzbereich zu vermeiden.

4. Erzwingen Sie keine perfekte Stellung. Sie können eventuell zunächst jeweils ein Bein anheben, indem Sie es von der Hüfte aus strecken. Versuchen Sie es dann mit beiden.

Diese Übung stärkt den Kreuzbereich, fördert die Verdauung und unterstützt die Blase, Prostata, Gebärmutter und Eierstöcke.

Marichyasana

(Drehstellung im Sitzen, etwa 1 Minute)

1. Sitzen Sie mit nach vorn ausgestreckten Beinen. Halten Sie die Wirbelsäule gestreckt. Blicken Sie geradeaus.

2. Beugen Sie das linke Knie, und stellen Sie die Fußsohle auf den Boden. Ziehen Sie das Bein bis oberhalb des rechten Knies zu-

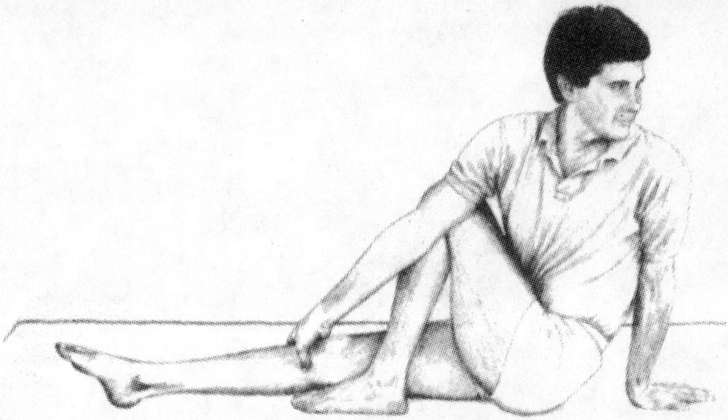

Drehstellung im Sitzen

rück. Die Innenseite des linken Fußes berührt dabei die Innenseite des rechten Schenkels. Strecken Sie Ihr rechtes Bein durch Längen der rückseitigen Beinmuskulatur geradeaus.

3. Stützen Sie die linke Hand hinter sich auf den Boden. Führen Sie den rechten Arm an der Außenseite des linken Knies vorbei, und ergreifen Sie das rechte Knie. Atmen Sie ein, heben Sie den Brustkorb, strecken Sie die Wirbelsäule nach oben hin, und drehen Sie sich, vom Steißbein ausgehend, nach links, während Sie gleichzeitig ausatmen.

4. Beim Drehen öffnen Sie den Oberkörper nach links und folgen mit dem Kopf der Bewegung der Wirbelsäule. Strecken Sie weiterhin die Wirbelsäule, und weiten Sie den Oberkörper, während Sie atmen. Lassen Sie Ihren Rumpf nicht einsacken. Wenn Sie die Wirbelsäule bequem in dieser Stellung halten können, führen Sie die linke Hand um den Rücken bis auf die rechte Hüfte. Bewegen Sie sich nur so weit, wie Sie es ohne Verspannung können.

5. Atmen Sie normal, und verharren Sie einige Atemzüge lang in dieser Haltung. Lockern Sie die Stellung langsam, und wiederholen Sie sie zur anderen Seite hin. Es ist bei dieser Stellung besonders

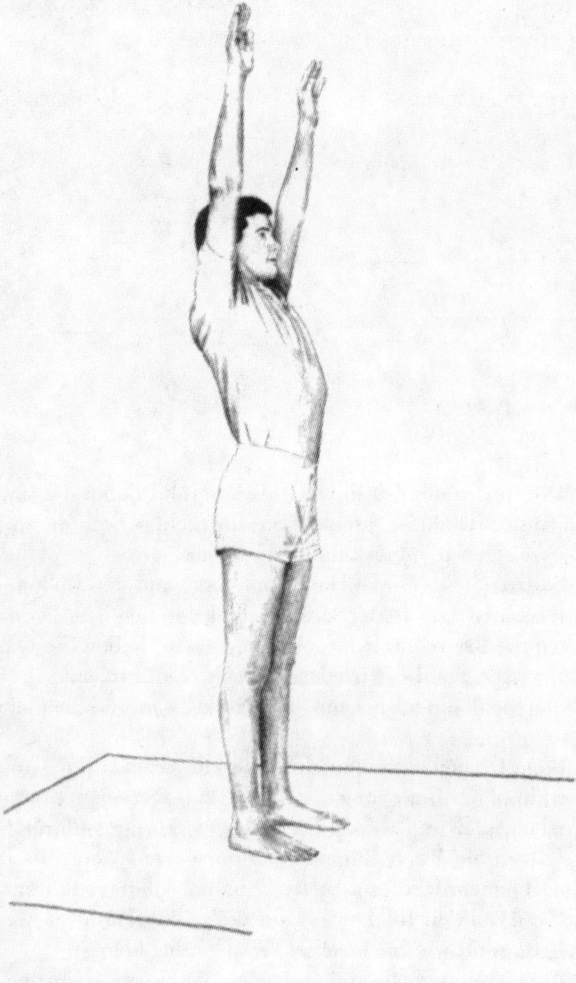

Vorwärtsbeuge im Stehen

wichtig, den Atem richtig einzusetzen und die Drehung aus dem Ausatmen kommen zu lassen. Führen Sie die Drehung stets mit gestreckter, nicht mit gekrümmter Wirbelsäule durch.

Diese Haltung verstärkt die Durchblutung der Organe des Unterleibs, lockert Spannungen in den Schultern und im oberen Rückenbereich, strafft den Hals und stimuliert Nebennieren, Leber und Nieren.

Uttanasana
(Vorwärtsbeuge im Stehen, bis zu 1 Minute)

1. Stehen Sie auf, und stellen Sie die Füße in Hüftweite gerade nebeneinander; das Gewicht ruht auf beiden Füßen. Strecken Sie die Wirbelsäule, während Sie den Brustkorb weiten. Blicken Sie geradeaus, und atmen Sie normal.
2. Lassen Sie die Arme locker seitwärts hängen; entspannen Sie die Schultern.
3. Beim Einatmen heben Sie die Arme langsam über den Kopf, während Sie den Oberkörper heben und dehnen. Beim Ausatmen beugen Sie sich mit gestreckter Wirbelsäule und mit gestreckten Armen zum Boden. Arme und Kopf sind in die Bewegung eingebunden. Entspannen Sie die Knie, notfalls knicken Sie sie etwas ein, und berühren Sie mit den Händen den Boden. Ellenbogen, Schultern und Knie bleiben entspannt.
4. Atmen Sie leicht und gleichmäßig. Bleiben Sie einige Atemzüge lang in dieser Stellung. Beim Ausatmen heben Sie die Arme vom oberen Rückenbereich aus an, während Sie den Oberkörper nach vorn und aufwärts öffnen. Richten Sie sich vollständig auf, die Arme über den Kopf gestreckt. Atmen Sie aus, und lassen Sie die Arme an den Seiten herabsinken.

Diese Stellung stärkt Leber, Magen, Galle, Nieren und Wirbelsäule und wirkt beruhigend.

Chitasana
(Wache Ruhelage, mindestens 1 Minute)

1. Legen Sie sich auf den Rücken, so daß beide Rückenhälften den Boden gleichermaßen berühren.

2. Strecken Sie Ihre Beine vom Becken weg, und lassen Sie Ihre Füße nach außen kippen. Entspannen Sie Kopf, Hals, Schultern und Hüften. Lassen Sie die Arme locker und mit den Handflächen nach oben neben dem Körper ruhen.

3. Lassen Sie Ihren Körper sich vollständig entspannen. Schließen Sie die Augen, und ruhen Sie mindestens eine Minute. Atmen Sie leicht und frei.

Die Ruhelage kräftigt und erfrischt sowohl den Körper als auch den Geist, beseitigt Müdigkeit und wirkt auf das ganze System besänftigend.

AUSGEGLICHENES ATMEN (PRANAYAMA)

Dauer: 5 Minuten
Häufigkeit: jeweils morgens und abends

Diese Atemübung des Maharishi-Ayurveda ist ein behutsames Verfahren, den Atem auszubalancieren. Dabei verlagert man die Atmung abwechselnd von einer Nasenöffnung auf die andere – das sogenannte Pranayama. Sein Zweck ist es, den Atemrhythmus regelmäßiger zu machen, was sich wiederum beruhigend auf das gesamte Nervensystem auswirkt (aus diesem Grunde nennen wir es in unseren Kliniken auch »neurorespiratorische Übung«). Einige Minuten des ausgeglichenen Atmens im Sitzen und mit geschlossenen Augen wirken sehr entspannend. Viele Menschen spüren anschließend eine angenehme Leichtigkeit im Kopf und ein Gefühl der Wärme im Körper. Pranayama ist die beste Einstimmung auf die Meditation, da es die Aufmerksamkeit nach innen lenkt und die ungeordneten Gedanken und die äußere Ablenkung eindämmt, die üblicherweise den Geist erfüllen.

Die moderne Medizin hat entdeckt, daß die Gehirnfunktionen auf die linke und rechte Gehirnhälfte verteilt sind, die jeweils ihre Hauptaufgabe haben. Die Aktivität der rechten Hirnhälfte ist vor-

Vorwärtsbeuge im Stehen

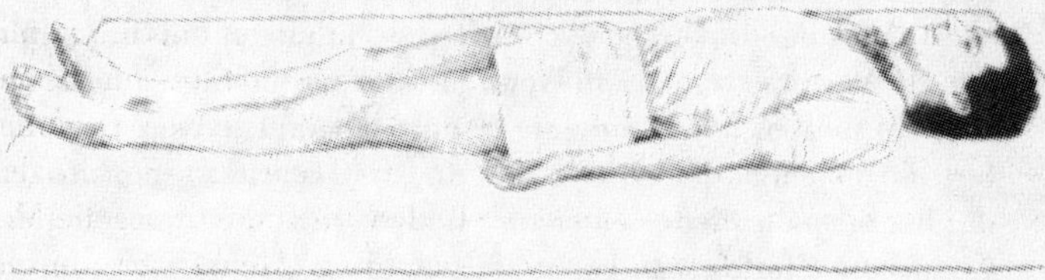

Wache Ruhelage

wiegend intuitiver und emotionaler Art, die der linken mehr rationaler und ordnender Art. Mit der Pranayama-Atemtechnik hat der Maharishi-Ayurveda ein Mittel gefunden, um beide Gehirnhälften kommunizieren zu lassen und sie in Einklang zu bringen. Wenn der Atem ausgeglichener wird, geschehen mehrere Dinge: Sie atmen regelmäßig abwechselnd durch die linke und die rechte Nasenöffnung, Ihr Geist wird klarer und wacher, und keine Körperhälfte ist merklich schwächer als die andere.

Als Bestandteil einer idealen ayurvedischen Tagesroutine empfehlen wir Ihnen täglich morgens und abends jeweils fünf Minuten Pranayama.

Bevor Sie beginnen, hier noch einige Hinweise:

- Jede Art der Anspannung ist zu vermeiden. Sobald ein Schwindelgefühl aufkommt oder Sie zu keuchen beginnen, halten Sie einen Moment inne und sitzen mit geschlossenen Augen still da, bis Sie sich wieder normal fühlen. Schnauben Sie sich nicht die Nase, um eine verstopfte Nasenöffnung freizubekommen. Falls Sie eine Allergie oder Schnupfen haben, setzen Sie mit dem Pranayama aus.
- Es ist normal, wenn sich die Schleimhäute bei den ersten Malen während der Übung zusammenziehen. Lassen Sie sie sich wieder entspannen. Innerhalb weniger Tage werden sie sich an die Übung gewöhnen.
- Führen Sie das Pranayama in einem ruhigen Raum und ohne Musik oder laufende Fernseh- oder Radiosendungen durch. Halten Sie die Augen geschlossen. Wenn Sie sich irgendwann einmal beängstigt fühlen, hören Sie eine Minute lang auf, ohne jedoch sofort aufzustehen. Sitzen Sie still und mit geschlossenen Augen da, bis Sie sich wieder entspannt fühlen. Falls die unangenehme Empfindung fortdauert, legen Sie sich einige Minuten hin, bis es Ihnen wieder bessergeht.
- Halten Sie niemals den Atem an, und zählen Sie auch nicht mit, wie lange Sie ein- oder ausatmen. Dies wird zwar in manchen Yoga-Büchern empfohlen, aber alle solche Praktiken laufen dem Zweck dieser Übung zuwider, die es dem Körper ermöglichen

will, seinen Atem selbst auszubalancieren. Ihr üblicher Atemrhythmus ist der richtige für Sie.

Wie man das ausgeglichene Atmen durchführen kann (Pranayama)

Nehmen Sie einen bequemen Stuhl, der es Ihnen gestattet, mit geradem Rücken aufrecht zu sitzen, wobei beide Füße fest auf dem Boden stehen. Es ist am besten, wenn Sie sich beim Pranayama nicht zurücklehnen. Schließen Sie die Augen, lassen Sie ihren Geist zur Ruhe kommen, und bringen Sie die rechte Hand in die abgebildete Position – der Daumen wird an die rechte Nasenöffnung gelegt, die beiden mittleren Finger an die linke. Beginnen Sie nun die Übung, indem Sie abwechselnd behutsam erst eine Nasenöffnung und dann die andere schließen, während Sie normal weiteratmen. Damit der Arm nicht ermüdet, können Sie ihn an den Brustkorb anlehnen, aber stützen Sie ihn nicht auf die Stuhllehne oder auf einen Tisch.

Der Ablauf von Pranayama ist folgender:

1. Verschließen Sie behutsam die rechte Nasenöffnung mit dem Daumen, und atmen Sie durch die linke Nasenöffnung aus. Atmen Sie sodann leicht durch die linke Nasenöffnung ein.

2. Verschließen Sie die linke Nasenöffnung mit den beiden mittleren Fingern, und atmen Sie rechts aus. Atmen Sie anschließend leicht durch die rechte Nasenöffnung wieder ein.

3. Atmen Sie so fünf Minuten lang im Wechsel. Dann senken Sie den Arm und setzen sich mit geschlossenen Augen eine bis zwei Minuten lang bequem zurück. Sie können die Meditation unmittelbar anschließen, sofern das Ihre nächste Aktivität ist.

Achten Sie darauf, daß Sie jeweils mit dem Ausatmen beginnen und mit dem Einatmen abschließen. Das ist anders als bei den meisten westlichen Atemübungen, bei denen man anfangs tief Luft holt. Beim Pranayama braucht man das nicht zu tun. Lassen Sie den Atem ganz natürlich kommen, nur etwas langsamer und tiefer als gewöhnlich. Wenn Sie irgendwann einmal das Bedürfnis haben, durch den Mund zu atmen, tun Sie dies und fahren dann mit der Übung fort, sobald Sie sich wieder wohl fühlen. Bei manchen Menschen verändert sich bisweilen der Atemrhythmus; das ist normal und ein gutes Zeichen, daß Sie eine ausgewogenere Atemweise gefunden haben.

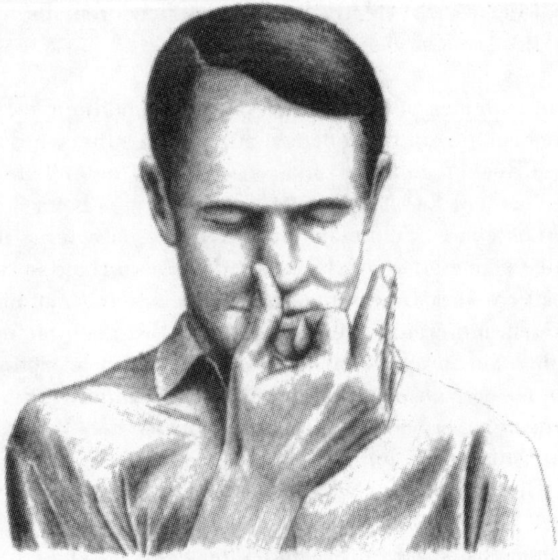

Beim Pranayama wechselt die Fingerstellung nach jedem Ausatmen.

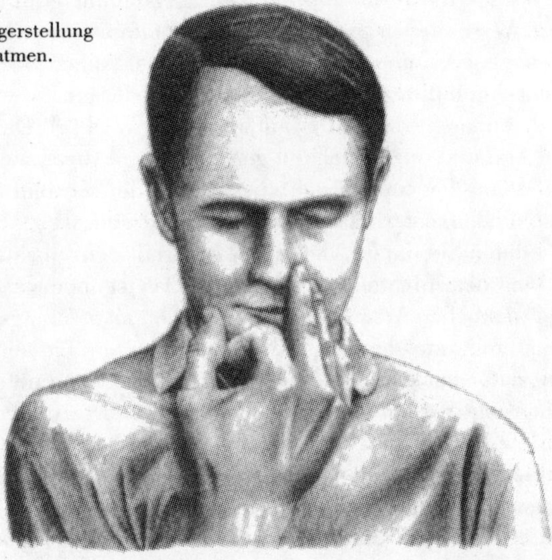

5 JAHRESZEITEN-ROUTINE – GLEICHGEWICHT FÜR DAS GANZE JAHR

Aus der Existenz des quantenmechanischen Körpers ergibt sich, daß ein Mensch nicht an der Grenze seiner Haut aufhört, sondern sich nach außen hin durch die ganze Natur hindurch fortsetzt. Vata, Pitta und Kapha wirken überall um uns herum und verbinden unsere Physiologie mit dem Universum. Deshalb verändert sich z.B. auch der Körper mit der Witterung – man spürt einen aufziehenden Regen »in den Knochen« oder zu Beginn des erwachenden Jahres die sprichwörtliche Frühjahrsmüdigkeit. Unsere Doshas registrieren das Wetter – Hitze, Kälte, Wind, Feuchtigkeit und alle anderen Veränderungen, die die Jahreszeiten mit sich bringen.

Wenn ein kalter, trockener Wind aufkommt, reagiert Vata in uns, denn es ist ebenfalls kalt, trocken und beweglich. Es spürt, daß etwas ihm Verwandtes die Szene beherrscht. Jedes Dosha erkennt die ihm entsprechende Witterung, durch die es automatisch aktiviert wird:

- Bei kaltem, trockenem, windigem Wetter sammelt sich Vata an.
- Bei heißem und insbesondere bei schwülem Wetter sammelt sich Pitta an.
- Bei kaltem, feuchtem Wetter oder bei Schnee sammelt sich Kapha an.

Das Wort »ansammeln« bedeutet, daß ein Dosha als Reaktion auf die es umgebenden Umwelteinflüsse zunimmt; nimmt es zu sehr zu, entsteht ein ernsthaftes Ungleichgewicht. Wenn ein Dosha Sie außerhalb der betreffenden Jahreszeit durcheinanderbringen kann – wie beispielsweise bei einem Schnupfen im Sommer –, so deshalb, weil es eine Weile dauert, bis ein Dosha so zugenommen hat, daß es die Funktionsweise des Körpers beeinträchtigt. Die ersten Herbstwochen können vollkommen ungestört verlaufen, bis Sie mit einem Male Angstgefühle bekommen oder einen Anflug von Schmerzen in den Gelenken.

Das hier wirksame Prinzip ist dasselbe wie bei einem morgendlichen Kater: Der Körper braucht eine Weile, bevor er einen Fehler verarbeitet und ihn in Form eines Symptoms wieder von sich gibt.

Vata bewegt sich am schnellsten, weshalb sein Ungleichgewicht auch am raschesten zutage tritt. Ihm folgt Pitta, das einen Monat brauchen kann, bevor sichtbare Beschwerden auftreten, und schließlich Kapha, das typischerweise den ganzen Winter zäh festsitzen kann, um dann im Frühling herauszuschmelzen. (Laufnasen und Nebenhöhlenprobleme im April und Mai sind ein Hinweis darauf, daß Sie im Februar etwas mehr auf Ihr Kapha hätten achten müssen.)

DIE DOSHAS UND IHRE JAHRESZEITEN

Wie der Tag seinen Rhythmus hat, so hat das Jahr seine den Doshas entsprechenden Hauptzyklen. Unsere Körper fließen mit diesen Veränderungen, solange wir nicht eingreifen. Der Maharishi-Ayurveda unterteilt das Jahr in drei Jahreszeiten statt der üblichen vier:

- Die Kapha-Zeit ist der Frühling – Mitte März bis Mitte Juni.
- Die Pitta-Zeit ist der Sommer und Frühherbst – Mitte Juni bis Mitte Oktober.
- Die Vata-Zeit dauert vom Spätherbst durch den Winter – Mitte Oktober bis Mitte März.

Ein vollständiger Jahreszyklus führt uns durch Kapha, Pitta und Vata; in dieser Abfolge ist er ein Abbild des Tageszyklus. Eine klassische Jahreszeit verschwindet – der Herbst. Er wird zwischen zwei Doshas aufgeteilt. Der Herbst gilt als Pitta, solange das warme Wetter andauert, und als Vata, sobald es kalt, trocken und windig wird. Menschen mit einer Vata-Dominanz verlassen das Haus an einem frischen Herbsttag und fühlen, daß das Wetter ihnen so ganz und gar nach dem Herzen ist – vielleicht sogar allzusehr. Es ist nur ein Schritt von der belebenden, anregenden Herbststimmung zur Müdigkeit und Niedergeschlagenheit, die manche Menschen zu dieser Jahreszeit befällt. Der Vata-Wind scheint ihren inneren Zunder in Brand zu setzen und ihn ebensoschnell wieder auszublasen. Es ist daher gut, das ganze Jahr über das Gleichgewicht zu wahren, besonders dann, wenn die für Ihren Konstitutionstyp kritische Zeit herankommt.

Die drei ayurvedischen Jahreszeiten müssen, den örtlichen Gegebenheiten entsprechend, bestimmt werden. In Indien gibt es beispielsweise sechs Jahreszeiten, da dort der Monsun und andere klimatische Besonderheiten herrschen, die wir hierzulande nicht kennen. Es ist also nicht der Kalender, sondern die Natur, die uns sagt, wann die Doshas beeinflußt werden. Jeder feuchtkalte, verhangene Tag bewirkt eine Zunahme von Kapha, ganz gleich, ob es Herbst, Winter oder Frühling ist. Die Doshas sind geborene Meteorologen. Sogar in südlichen Ländern registrieren sie die kleinsten Veränderungen des dortigen Klimas und vermitteln uns über das Jahr hinweg die Erfahrung eines vollständigen Kapha-, Pitta- und Vata-Zyklus.

JAHRESZEITENROUTINE

Der Ayurveda empfiehlt jedem, eine Jahreszeitenroutine *(ritucharya)* zu befolgen, um im Wechsel der Jahreszeiten sein Gleichgewicht zu bewahren. Dies erfordert keine wesentlichen Veränderungen Ihrer Lebensweise; es ist eher eine Verlagerung der Aufmerksamkeit. Sie sollten stets Ihren ayurvedischen Tagesrhythmus einhalten – dies ist von größter Bedeutung – und sich außerdem Ihrer Dosha-Dominanz (oder der Anweisung Ihres ayurvedischen Arztes) entsprechend ernähren, wobei Sie je nach Jahreszeit etwas variieren sollten.

DIE KAPHA-ZEIT (FRÜHLING UND FRÜHSOMMER)

Geben Sie einer Ernährung den Vorzug, die leichter, trockener und weniger fett ist als während der übrigen Jahreszeiten. Schwerverdauliche Milchprodukte wie Käse, Joghurt oder Milchspeiseeis sollten eingeschränkt werden, da sie besonders zu einer Verstärkung von Vata beitragen. Bevorzugen Sie warme Speisen und Getränke. Essen Sie mehr scharfe, bittere und herbe Speisen und weniger süße, saure und salzige.

DIE PITTA-ZEIT (HOCHSOMMER BIS FRÜHHERBST)

Agni ist bei heißem Wetter von Natur aus geringer, weshalb Sie im Sommer oft eine Verminderung des Appetits feststellen. Tragen Sie diesem Umstand Rechnung, indem Sie nicht zu viel essen. Geben Sie kühlen Speisen und Getränken den Vorzug, nicht jedoch eisgekühlten. Unser Körper braucht bei heißem Wetter mehr Flüssigkeit, aber man sollte das Verdauungsfeuer nach der Mahlzeit nicht mit kalten Getränken löschen. Geben Sie süßen, bitteren und herben Speisen den Vorzug, und nehmen Sie weniger saure, salzige und scharfe Lebensmittel zu sich.

DIE VATA-ZEIT (SPÄTHERBST UND WINTER)

Geben Sie warmen Speisen und Getränken den Vorzug; sie sollten deftiger und fetter als während des übrigen Jahres sein. Achten Sie darauf, daß Ihr Essen gargekocht und leichtverdaulich ist, und trinken Sie dazu reichlich warme Getränke – am besten Wasser oder Vata-Tee. Essen Sie mehr süße, saure und salzige Speisen anstelle von bitteren, herben und scharfen. Vermeiden Sie trockene und rohe Nahrung wie Salate, rohes Obst und Gemüse. Machen Sie sich keine Sorgen, wenn Ihr Appetit zunimmt – das ist eine natürliche Tendenz im Winter und hilft, das Vata-Dosha zu beruhigen. Essen Sie allerdings nicht mehr, als Sie problemlos verdauen können.

Zum Abschluß zwei wichtige Hinweise:

- Essen Sie das Jahr hindurch frische Erzeugnisse, nach Möglichkeit von Erzeugern aus Ihrer Gegend.
- Vermeiden Sie Erzeugnisse, die in Ihrer Gegend nicht wachsen, beispielsweise Tomaten und Salat im Winter, von weither herangeschaffte Früchte und so fort.

Wie Sie sehen, beinhaltet das Ritucharya vernünftige Eßgewohnheiten, die viele Menschen bereits befolgen. Aber schauen Sie sich einmal an einem eisigen Februartag im Restaurant um, und Sie werden bemerken, wie viele Leute Salate oder Eis essen, ganz zu schweigen von den Getränken – Milchshakes, kaltes Bier und gekühlter Weißwein, die sämtlich schlecht für Vata in seiner kritischen Zeit sind.

Im allgemeinen ist die Jahreszeit, in der Sie am wachsamsten sein müssen, diejenige, die Ihrem Konstitutionstyp entspricht – Sommer für die Pittas, Winter für die Vatas, Frühling für die Kaphas. Zu diesen Zeiten sollten Sie sich verstärkt an die Ihrem Dosha förderliche Ernährungsweise halten. Außerdem ist das Vata-Dosha bei jedem Jahreszeitenwechsel besonders empfindlich, so daß man auf Vata achten sollte, wenn der Winter in den Frühling, der Frühling in den Sommer und so fort übergeht, denn hier schlagen leicht die für diese Jahreszeit typischen Erkältungen zu.

Wenn Sie eine doppelte Dosha-Dominanz in Ihrer Prakriti haben – was bei den meisten Menschen der Fall ist –, können Sie jedes Dosha dann ausbalancieren, wenn seine Zeit kommt: Wenn Sie ein Vata-Pitta sind, würden Sie im Spätherbst und frühen Winter (Vata-Zeit) einer Vata-beruhigenden Ernährungsweise den Vorzug geben, im Sommer (Pitta-Zeit) einer Pitta-beruhigenden. Die verbleibende Jahreszeit ist Kapha, also der Frühling. Hier würden Sie Vata-Kost, die Ihrem Hauptdosha entspricht, mit einer Kapha-Kost kombinieren, die der Jahreszeit Rechnung trägt. Hierzu stellen Sie jeweils die Hälfte Ihrer Nahrung aus den in der Spalte »vorzuziehen« bei Vata und bei Kapha aufgeführten Speisen zusammen.

Das Leben wird schwer, wenn man aus der Anpassung der Ernährung an die Witterung einen Kult macht. Die Jahreszeitenroutine ist daher nur als ein weiterer Weg zu begreifen, es den natürlichen Instinkten Ihres Körpers zu erlauben, sich zu entfalten.

EPILOG: BLUMEN IN EINEM QUANTENFELD

Die meisten Menschen nehmen unhinterfragt an, daß ihre Körper zu einem bestimmten Zeitpunkt entstanden sind und sich unerbittlich auf ein festgelegtes Ende zubewegen: Jeder von uns begann als einzelne Zelle im Schoße seiner Mutter und wird sich als Staub zu Staub gesellen. Doch sind dies kulturell bedingte Überzeugungen und keine absoluten Tatsachen. Der menschliche Körper hat keinen eindeutigen Anfang und kein eindeutiges Ende. Er erzeugt sich ständig selbst, immer und immer wieder, Tag um Tag. Das bedeutet, daß jede Minute eine Art Schöpfung ihren Lauf nimmt und gleichzeitig etwas zu Ende geht, wobei wir dem, was Staub ist, etwas von unserem Staub hinzufügen.

Wenn wir uns selbst aber ständig neu erzeugen, dann ist es niemals zu spät dafür, daß wir uns den Körper schaffen, den wir haben wollen, statt den, von dem wir fälschlicherweise annehmen, daß er unser unentrinnbares Schicksal ist. Jeder unserer Atemzüge ist ein Schöpfungsakt. Die Moleküle in der Luft sind zufällig angeordnet: Hier herrscht das Chaos. Wenn die Moleküle dann unversehens in unseren Körper geraten, bekommen sie gleichsam wie durch ein Zauberwort eine ganz konkrete Struktur. Könnte irgend etwas schöpferischer sein? Vergegenwärtigen Sie sich doch einmal, was mit einem einzigen Sauerstoffatom geschieht, das Sie einatmen. Innerhalb weniger Tausendstelsekunden dringt es durch die feuchten, fast durchsichtigen Membranen der Lungen. Es bindet sich an das Hämoglobin Ihrer roten Blutkörperchen an, und sofort findet eine erstaunliche Verwandlung statt: Die Blutzelle ändert ihre Farbe, vom Dunkelblau-Schwarz des sauerstoffarmen Hämoglobins zum Hellrot des sauerstoffangereicherten Hämoglobins, und plötzlich ist ein herumstreunendes Atom der Luft zu einem Teil von Ihnen geworden. Es hat die unsichtbare Grenze überschritten, die das Leblose vom Lebendigen trennt.

Innerhalb einer Minute macht dasselbe Sauerstoffatom im Blutkreislauf eine vollständige Rundreise durch Ihren Körper; bei starker körperlicher Betätigung dauert die Reise sogar nur 15 Sekunden. Während dieser Zeit wird etwa die Hälfte des neuen Sauerstoffs im Körper das Blut verlassen und sich in einer Nierenzelle, einem Bizepsmuskel, einem Neuron oder irgendeiner anderen Körperzelle einlagern. Das Atom wird an diesem Ort zwischen einigen Minuten und einem Jahr bleiben und dort so viele Funktionen erfüllen, wie man sich nur vorstellen kann. Ein Sauerstoffatom könnte Bestandteil eines glücklichen Gedankens werden, indem es sich an einen Neurotransmitter anhängt. Oder es könnte einen Angstschauer durch Ihren Körper jagen, indem es sich zu einem Adrenalinmolekül gesellt. Es könnte eine Hirnzelle mit Glukose nähren oder sich als Teil einer Immunzelle beim Zurückschlagen eines Bakterienangriffs opfern. Auf diese Art fließt der Strom des Lebens – und der Strom des Körpers – mit höchster Flüssigkeit, Intelligenz und Kreativität dahin.

Wir haben nun einen Überblick über die Prinzipien des Maharishi-Ayurveda gewonnen, und es wird deutlich, daß unsere Verantwortung uns selbst gegenüber ebenfalls kreativ ist. Wir sind hier in diese Welt gestellt worden, um ein Projekt durchzuführen, das gleichbedeutend mit der täglichen Erschaffung eines Universums ist. Diese Selbsterschaffung nimmt nicht nur unsere ganze Zeit in Anspruch – sie ist geradezu überwältigend. Mit jedem Atemzug setzen wir 5 Billionen rote Blutkörperchen dem Luftkontakt aus. Jedes von ihnen enthält 280 Millionen Hämoglobinmoleküle. Jedes Hämoglobinmolekül kann acht Sauerstoffatome an sich binden und transportieren.

Stellt man sich jedes Sauerstoffatom als einen neuen Baustein vor, dann fügen wir uns mit jedem Atemzug 11×10^{21} oder 11 000 000 000 000 000 000 000 neue Bausteine hinzu, die an verschiedene Stellen unseres Körpers befördert werden. Sie alle fügen sich mit höchster Präzision ein, und kein einziger neuer Baustein stört die Position eines alten. Das Alte macht dem Neuen genauso selbstverständlich und mühelos Platz, wie das Wasser in einen Strom fließt.

Der einzige Grund dafür, warum wir heute nicht alle vollkommen gesund sind, ist der, daß wir diese unerschöpflich neuen Bausteine immer wieder in dieselben Lücken setzen. Warum tun wir das? Letztlich ist das eine Frage der Wachheit – also dessen, wie wir uns sehen. Wenn Sie Ihr eigenes Leben aufmerksam betrachten, so werden Sie bemerken, daß Sie Signale an Ihren Körper senden, in denen immer dieselbe alte Weltanschauung, dieselben Ängste und Wünsche, dieselben Gewohnheiten von gestern und vorgestern übermittelt werden. Deshalb bleiben Sie demselben alten Körper verhaftet.

DAS LEBEN ALS ETWAS GANZHEITLICHES BEGREIFEN

Die neuen Bausteine, die in Ihren Körper gelangen, finden ihre Stelle nicht einfach so; sie werden auf Grund einer inneren Intelligenz eingefügt, die weiß, wie Ihr Herz, Ihre Nieren, Ihre Haut, Ihre Enzyme, Ihre Hormone, Ihre DNS und alles übrige zu strukturieren sind. Diese Intelligenz ist buchstäblich unbegrenzt, und sie befindet sich ganz und gar unter unserer Kontrolle. Die meiste Zeit jedoch bemächtigen wir uns der unendlichen Kreativität des Quantenfeldes und bombardieren sie mit schmalen Strahlen von Aufmerksamkeit. Jeder Gedanke, den Sie haben, ist nichts anderes als ein Strahl gebündelter Aufmerksamkeit, den Ihr Quanten-Selbst aussendet. Es bedarf nur einiger solcher schmaler Strahlen oder Gedanken, um das Leben etwas länger oder etwas besser zu machen. Sie können Ihr Leben im Schnitt um fünf Jahre verlängern, wenn Sie beschließen, mit dem Rauchen aufzuhören. Sie können noch ein paar Jahre dazurechnen, wenn sie überflüssiges Gewicht loswerden oder richtig essen oder regelmäßig Körperübungen machen. Aber diese schmalen Strahlenbündel der Aufmerksamkeit sind beschränkt. Sie werden Sie nicht vollkommen gesund machen. Sie werden Ihr Leben nicht um das Doppelte oder Zehnfache verlängern – wenn das überhaupt möglich ist – oder Ihre Lebensqualität in diesen Proportionen verbessern. Dazu bedarf es des anfangs erwähnten visionären Denkens.

Wie kann man also das volle Potential des quantenmechanischen Körpers aktivieren? Die Antwort ist verblüffend einfach. Der überwältigend komplexe Prozeß der Selbsterzeugung kann in einige wenige Schritte unterteilt werden, die Sie jeden Tag selbst steuern:

Essen. Essen ist der schöpferische Akt, der die Rohstoffe der Welt auswählt, die zu Bestandteilen von Ihnen werden sollen. Um sicherzustellen, daß dieser Vorgang in geordneter Weise abläuft, brauchen Sie nur Ihren Konstitutionstyp zu kennen und sich in der entsprechenden Weise zu ernähren. Lesen Sie noch einmal den Abschnitt über die Dosha-gerechte Ernährung durch, bis Sie die Leitgedanken verstanden haben. Essen Sie nun diesen Prinzipien entsprechend, einfach und mühelos.

Verdauung und Stoffwechsel. Verdauung und Stoffwechsel sind die schöpferischen Akte, die die »Bausteine« in lebendiges Gewebe umwandeln. Agni, das Verdauungsfeuer Ihres Körpers, steuert diese beiden Vorgänge und koordiniert sie in perfekter Weise. Lesen Sie nochmals den Abschnitt über Agni, lernen Sie, wie Ihr Konstitutionstyp funktioniert, und beachten Sie Ihr Verdauungsfeuer, indem Sie es regelmäßig normalisieren.

Ausscheidung. Die Ausscheidung ist der schöpferische Akt, der den Körper reinigt, die unverdaulichen Bestandteile der Nahrung ausscheidet und die Zellen von Giftstoffen und anderen »alten Bausteinen« befreit. Sie können Ihre Verdauung verbessern, indem Sie nach einem regelmäßigen Tagesrhythmus leben und die ayurvedischen Reinigungstherapien nutzen. Im Abschnitt über Agni sprach ich über die reinigenden Kräuter; eine sattvische Nahrung ist ebenfalls hilfreich, da so die Einnahme von schädlichen Stoffen auf ein absolutes Minimum vermindert wird. Schließen Sie nach Möglichkeit Panchakarma in Ihre Jahreszeitenroutine ein, am besten dreimal jährlich oder zumindest einmal. Dies ist die wirksamste Therapie zur Förderung der Ausscheidung.

Atem. Als grundlegender Lebensrhythmus, der alle anderen Rhythmen unterstützt, sollte das Atmen als der kreativste Akt angesehen werden, den wir mit unserem Körper ausführen. Richtiges Atmen stimmt unsere Zellen auf die Naturrhythmen ein, und je natürlicher und verfeinerter unser Atmen wird, desto mehr sind wir mit der Natur im Einklang. Zahlreiche ayurvedische Maßnahmen helfen dabei, die Ausgewogenheit des Atmens wiederherzustellen. Alle Formen der Drei-Dosha-Übungen sind hier nützlich, desgleichen das sanfte Pranayama (oder ausgewogenes Atmen), das man jeden Tag einige Minuten lang durchführen kann.

Wir können all diese verschiedenen Dinge unter einer Überschrift zusammenfassen: Leben im Einklang mit unserem quantenmechanischen Körper. Dies ist der vollständige schöpferische Akt des Lebens. Wenn Sie im Einklang mit Ihrem quantenmechanischen Körper leben, werden all Ihre täglichen Aktivitäten so mühelos ablaufen wie die Funktionen Ihres Körpers – atmen, essen, verdauen, Stoffwechsel und ausscheiden.

Der wichtigste hierfür erforderliche Schritt ist das Transzendieren, der Vorgang, durch den wir mit unserer Quantenebene in Kontakt treten. Lesen Sie noch einmal den Abschnitt über TM durch, und schließen Sie morgens und abends einige Minuten des Transzendierens in Ihren Tagesablauf ein. Nach Ansicht des Maharishi-Ayurveda ist dies der beste Weg, um die gewöhnliche Existenz auf eine höhere Ebene zu bringen.

Wenn wir nur einige Verfahren meistern, wird die dem Körper innewohnende Tendenz, das Gleichgewicht zu bewahren, den Rest besorgen. Auf der Ebene der Quanten sind wir alle Baumeister. Es ist lediglich nötig, sich der Intelligenz unserer Eigennatur – unserer Prakriti – anzuvertrauen, und die unendliche Komplexität unseres Körpers wird mit derselben Vollkommenheit funktionieren wie die Jahreszeiten, die Gezeiten und die Sterne, die uns umgeben.

WELLEN IM OZEAN DES BEWUSSTSEINS

Die »Wissenschaft des Lebens« ist eine sehr persönliche und beruhigende Art von Wissen. Sie läßt Sie zu sich selbst zurückkehren. Sie können sich nun auf den Weg machen, dieses Wissen umzusetzen. Als Sie das Buch aufschlugen und das Wort *vollkommene Gesundheit* lasen, waren Sie möglicherweise etwas schockiert. Jeder ist darauf eingestellt, irgendwann in seinem Leben einmal krank zu sein; es anders zu erwarten erscheint fast als illegitim. Die ayurvedischen Weisen sahen das Leben jedoch mit anderen Augen. Ein berühmter vedischer Vers lautet: »Es ist unsere Pflicht gegenüber der Menschheit, vollkommen gesund zu sein, denn wir sind Wellen im Ozean des Bewußtseins. Und wenn wir auch nur ein bißchen krank werden, stören wir die kosmische Harmonie.«

Inzwischen verstehen Sie die Grundlage für diese außergewöhnliche Aussage. Es ist nicht richtig, wenn wir uns als einen in Zeit und Raum begrenzten Organismus sehen, dessen Volumen noch nicht einmal einen Kubikmeter ausmacht und der bloß sechs bis sieben Jahrzehnte Bestand hat. Sie sind vielmehr eine Zelle im kosmischen Körper und haben ein Anrecht auf alle Privilegien Ihres kosmischen Status, einschließlich einer vollkommenen Gesundheit. Die Natur hat uns zu denkenden Wesen gemacht, damit wir diese Wahrheit begreifen. Ein anderer vedischer Vers verkündet: »Die innere Intelligenz des Körpers ist die letzte und höchste schöpferische Instanz der Natur. Sie spiegelt die Weisheit des Kosmos wider.« Diese Instanz ist Teil Ihres inneren Programms, das nicht gelöscht werden kann.

Auf der quantenmechanischen Ebene gibt es keine klare Trennungslinie zwischen Ihnen und dem restlichen Universum. In jedem von uns herrscht ein Gleichgewicht zwischen dem Endlichen und dem Unendlichen. Dieselben Protonen, die im Inneren der Sterne zu finden sind, die seit mindestens fünf Milliarden Jahren bestehen, sind auch in uns zu finden. Die Neutrinos, die in Millionstelsekunden durch die Erde flitzen, sind ebenfalls für einen kurzen Moment ein Teil von uns. Wir sind ein unaufhörlicher Strom von Atomen und Molekülen, der sich aus allen Ecken und Enden des Kosmos angesammelt hat. Wir sind ein Wellenkamm in einem Energiemeer, das das gesamte einheitliche Feld umfaßt. Wir sind ein Reservoir von Intelligenz, das nicht erschöpft werden kann, denn die Natur als Ganzes ist unerschöpflich.

Der Maharishi-Ayurveda ist zu einem Zeitpunkt an die Öffentlichkeit getreten, in dem bei den Vordenkern der Physik die »Wiederverzauberung der Natur« um sich greift. Die Vorstellung, daß das Universum ein lebendiger, atmender, denkender Organismus ist, wäre noch vor einer Generation belacht worden und könnte sich schon bald als Leitgedanke einer neuen Naturwissenschaft erweisen. Dann wird der Maharishi-Ayurveda den ersten quantenmedizinischen Ansatz unserer Zeit darstellen.

Für den modernen Menschen ist Krankheit kein Schicksal, sondern etwas Selbstgewähltes. – Die Natur hat keine Bakterie und keinen Virus zum Herrn über Herzattacken, Krebs, Arthritis oder Knochenschwund eingesetzt. Sie sind höchst zweifelhafte Erzeugnisse der menschlichen Vorstellung. Was aber der Mensch heraufbeschworen hat, dem kann er auch wieder abschwören.

Wenn dieses Buch dazu beigetragen hat, Sie auf den Weg zur Selbsterkenntnis zu führen, werden Sie sich niemals wieder in denselben alten Begrenzungen gefangen sehen. Wenn der Körper, so widerspenstig und scheinbar fest er auch sein mag, diesen Weg ebenfalls beschreiten kann, wird noch Größeres erreicht werden. Dann werden wir nicht länger nur davon träumen, daß wir von Gebrechen, dem Erbe allen Fleisches, verschont bleiben, sondern wir werden wirklich frei und mit einem Fleisch ausgestattet sein, das so vollkommen geworden ist wie unsere Ideale.

WÖRTERVERZEICHNIS

Abhyanga – tägliche Ölmassage

Agni – Verdauungsfeuer, in der westlichen Medizin gleichbedeutend mit ausgewogenem Stoffwechsel

Ama – durch schlechte Verdauung in den Zellen abgelagerte Schlakken. Geistiges oder auch mentales Ama sind unreine oder negative Gedanken und Gefühle.

Ananda – (Glück)Seligkeit, gleichbedeutend mit »reiner Freude«

Asana – Yoga-Stellung

Dhatu – einer der sieben Grundbestandteile des Körpers, in der westlichen Medizin gleichbedeutend mit »Gewebe«

Dinacharya – ayurvedische Tagesroutine

Doshas – die drei grundlegenden, Geist und Körper verbindenden Stoffwechselprinzipien

Gandharva – auch Gandharva-Veda; alte vedische Musiktradition

Ghee – geklärte Butter

Guna – jegliche grundlegende Eigenschaft in der Natur (beispielsweise trocken, feucht, heiß, kalt und so fort). Bezieht sich auch auf Sattva, Rajas und Tama, die »drei Gunas«

Kapha – für den Körperbau verantwortliches Dosha

Mahabhutas – die fünf Elemente Raum, Luft, Feuer, Wasser und Erde

Maharishi – »großer Seher«; Titel für einen anerkannten Meister der vedischen Tradition. Maharishi Mahesh Yogi ist der Neubegründer des Ayurveda in seiner ganzheitlichen Form. Der Maharishi-Ayurveda zeichnet sich durch die Einbeziehung der uralten Klangtechniken, Transzendentalen Meditation, Urklangtechnik, Bliss-Technik sowie durch den musiktherapeutischen Ansatz des Gandharva-Veda aus.

Marma – Verbindungspunkt zwischen Bewußtsein und Materie (Es gibt 107 Marma-Punkte auf der Haut, die durch Berührung stimuliert werden können.) Mahamarmas – die drei Haupt-Marma-Punkte

Nadi vigyana – ayurvedische Pulsdiagnose

Ojas – reinstes Stoffwechselprodukt; Endprodukt von richtiger Verdauung und Assimilierung der Nahrung

Panchakarma – Reinigungstherapie (wörtlich »fünf Handlungen«)

Pitta – für den Stoffwechsel verantwortliches Dosha (eng assoziiert mit Agni, der lebenswichtigen Wärme)

Pragya aparadh – »Fehler des Intellekts«; die Identifizierung mit dem Teil auf Kosten des Ganzen

Prakriti – Natur; bezieht sich entweder auf die menschliche Eigennatur (Konstitutionstyp) oder auf die Natur als Ganzes

Pranayama – ayurvedische Atemübung; auch »ausgeglichenes Atmen« genannt

Rajas – angeborener Impuls zu handeln

Rasas – die sechs Geschmacksrichtungen

Rasayana – traditionelles ayurvedisches Kräuter- oder Mineralstoffpräparat für Langlebigkeit und Verjüngung

Rishi – vedischer Seher

Ritucharya – ayurvedische Jahreszeitenroutine

Sattva – Reinheit; angeborener Impuls, sich zu entwickeln

Smriti – Erinnerung; bezieht sich auf das Wiedergewinnen der Erkenntnis menschlicher Herkunft aus reinem Bewußtsein

Surya Namaskara – Sonnengruß; zwölfteilige ayurvedische Körperübung

Tamas – Trägheit; angeborener Impuls gleichzubleiben

Vata – für alle Bewegungen im Körper verantwortliches Dosha

Veda – wörtlich »Wissen« oder »Wissenschaft«; bezieht sich auf das vollständige Wissen von der manifesten und der unmanifesten Schöpfung. Ayurveda, das »Wissen vom Leben« oder »Lehre von den Lebensspannen«, ist die angewandte Wissenschaft des Veda.

Vikriti – Gegenteil von Prakriti; Verfallszustand des angeborenen Gleichgewichts der Doshas

Vipak – Nachgeschmack

Yoga – vedisches Wissen zur Verwirklichung der Einheit mit dem Transzendenten, gleichbedeutend mit »transzendieren«. Der sich mit Körperübungen befassende Zweig des Yoga wird korrekterweise Hatha-Yoga genannt.

MAHARISHI-AYURVEDA-PRODUKTE

Sie brauchen grundsätzlich keine speziellen Erzeugnisse oder Anweisungen von Experten, um Ihre Doshas ausbalancieren und im Einklang mit ayurvedischen Prinzipien leben zu können. Daher habe ich auch versucht, jegliche Abhängigkeit von bestimmten Bezugsquellen zu vermeiden. Es gibt jedoch Ausnahmen; einige Erzeugnisse sind nur über die weiter unten aufgeführten Adressen zu beziehen.

Nahrungsmittel: Jedes natürlich erzeugte und von chemischen Zusätzen freie Nahrungsmittel kann als ayurvedisch angesehen werden. Hinzu kommen einige Spezialitäten, die die Ernährung in angenehmer Weise ergänzen: Rosenblütengelee beruhigt Pitta hervorragend und wird außerdem als sehr rein und sattvisch angesehen; gesüßte Mandelbutter mit Kräutern gilt traditionsgemäß als ausgezeichnetes Mittel zur Förderung von geistiger Wachheit. Wenn Sie Ihr Ghee nicht selbst herstellen möchten, gibt es im Handel verschiedene Sorten zu kaufen. (Butterreinfett allerdings ist mit Konservierungsstoffen versetzt und daher nicht rein, Anm. des Übersetzers.)

Kräuter und Nahrungsergänzungsmittel: Es empfiehlt sich, die speziellen Vata-, Pitta- und Kapha-Kräutertees in Beuteln zu kaufen. Die Tees werden je nach Jahreszeit getrunken. Churna-Gewürzmischungen sind ebenfalls empfehlenswert, da sie bei Tisch über das Essen gestreut werden können, um den jeweils gewünschten Vata-, Pitta- oder Kapha-beruhigenden Effekt zu erreichen. Von komplexerer Art und zu Hause nicht herzustellen sind die traditionellen Rasayanas (Nahrungsergänzungsmittel auf Kräuterbasis), deren besondere Mixturen oft auf Dutzenden von verschiedenen Zubereitungen und exotischen Zutaten basieren.

Aroma-Öle: Diese speziell zubereiteten Öle werden bei der Aroma-Therapie wie auch bei der Heim-Marma-Behandlung eingesetzt.

Toilettenartikel: Kräuterseife, Kräuter-Zahncreme, Hautfunktions-Öl usw. werden nach ayurvedischen Prinzipien hergestellt. Sie sind kein offizieller Bestandteil des Maharishi-Ayurveda, sind aber eine naturbelassene, ansprechende Alternative zu den handelsüblichen Produkten.

Verschiedenes: Die speziellen Rohseide-Handschuhe für die Garshana-Trockenmassage sind über die angegebenen Quellen zu beziehen.

Besuch in einer Maharishi-Ayurveda-Klinik: Einige der in diesem Buch beschriebenen Spezialtherapien machen die Betreuung durch einen ausgebildeten Arzt erforderlich. Sie schließen die Panchakarma-Reinigungskur und eine Pulsdiagnose ein. Die Marma-Therapie kann zu Hause durchgeführt werden, ist aber zunächst bei einem ausgebildeten Therapeuten zu erlernen. Wenn Sie in die Urklang- oder Bliss-Technik eingeführt werden wollen, werden auch diese unter ärztlicher Aufsicht gelehrt, da ihnen eine ärztliche Untersuchung vorausgehen muß. Diese Dienstleistungen erhalten Sie in den gesondert aufgeführten Maharishi-Ayurveda-Kliniken und Gesundheitszentren.

Das Erlernen der Yoga-Stellungen und Atemübungen sollte ebenfalls *nur* unter der Aufsicht eines erfahrenen Trainers erfolgen.

Wenn Sie krank sind, rate ich Ihnen eindringlich, einen in Maharishi-Ayurveda ausgebildeten Arzt aufzusuchen, *bevor* Sie mit irgendeiner der empfohlenen Maßnahmen beginnen. Außer den in unseren Kliniken tätigen Ärzten gibt es niedergelassene Ärzte, die eine Zusatzausbildung in Ayurveda gemacht haben. Sie erhalten ihre Adressen über Ihr örtliches Ayurveda- oder TM-Zentrum.

Nur durch eine gründliche Untersuchung kann die richtige Behandlung ermittelt werden; sogar die einfachsten ayurvedischen Leitlinien wie die Feststellung des Konstitutionstyps können sich bei einem akuten Krankheitszustand als kompliziert erweisen. Versuchen Sie daher in solch einem Fall nicht, Ihr eigener ayurvedischer Arzt zu sein.

ADRESSEN

Zentren für Transzendentale Meditation (TM) im deutschsprachigen Raum und Bezugsquellen für Ayurveda-Produkte:

Zur praktischen Anwendung der in diesem Buch enthaltenen Informationen wenden Sie sich an die folgenden aufgelisteten Adressen. An allen Adressen unter I. und II. finden Grundkurse in der Technik der Transzendentalen Meditation statt, die sowohl die Asanas-Körperübungen wie die Pranayama-Atemübung einschließen. Über das weitere Angebot der Lehrinstitute und Kliniken erkundigen Sie sich bitte vor Ort. Zentrale Auskunftstelle ist die Samhita Gesellschaft zur Förderung Maharishis Vedischer Wissenschaft mbH, Am Berg 13, D 49143 Bissendorf, Tel. 05402-7227 oder 8483

I. Lehrinstitute

I. 1 Bundesrepublik Deutschland

Hauptzentrum für TM
und Ayurveda
Tempelhofer Ufer 23/24
10963 Berlin
Tel. (030) 2159324/5

TM im Maharishi Ayur-Ved
Gesundheitszentrum
Rothebaumchaussee 26
20148 Hamburg
Tel. (040) 452080, Fax 447697

Veda-Institut
Hartwicusstr. 4
22087 Hamburg
Tel. (040) 2207877
Fax 2203613

TM-Lehrinstitut und
Ayur-Veda Beratung
Archenholzstr. 12
22117 Hamburg
Tel. (040) 7328316

TM-Center Lübeck
An der Mauer 142 a
23552 Lübeck
Tel. (0451) 74375

TM-Center
24768 Rendsburg
Tel. (04331) 23638

Transzendentale Meditation
Satruper Str. 23
24860 Böklund
Tel. (04623) 812

TM-Pension Insel Föhr
»TM in den Ferien« Dörpstraat 8
25938 Oevenum
Tel. (04681) 2185

Transzendentale Meditation
Maharishi Ayur-Ved
Bloher Landstr. 35
26160 Bad Zwischenahn-Bloh
Tel. (0441) 69482

TM-Center Wittmund
Am Markt 34
26409 Wittmund
Tel. (04462) 6789

SRM-TM-Center Bremen
Parkstr. 97
28209 Bremen
Tel. (0421) 341314

Center für
Transzendentale Meditation
Münzstr. 7
29451 Dannenberg
Tel. (05861) 7918
Fax 1564

Transzendentale Meditation
Hohenzollernstr. 31 a
30161 Hannover
Tel. (0511) 3885886

Transzendentale Meditation
Am kleinen Berge 14
31832 Springe
Tel. (05041) 62482

Transzendentale Meditation
Obernstr. 19
33602 Bielefeld
Tel. (0521) 67172,
122647, 130263

TM-Center Kassel
Aschrottstr. 2
34119 Kassel
Tel. (0561) 18161

Veda-Lehrinstitut
Transzendentale Meditation
Unterer Hardthof 29
35398 Giessen
Tel. (0641) 61179,
65109 u. 54485

Maharishi Ayur-Veda
Transzendentale Meditation
Am Kirschenrain 8 a
37242 Bad Sooden-Allendorf
Tel. (05652) 1800
Fax 2192

Transzendentale Meditation
Sonnenberger Ring 16
38159 Vechelde-Sonnenberg
Tel. (05300) 6167

Transzendentale Meditation
40883 Ratingen (Hösel)
Tel. (02102) 67020

Transzendentale Meditation
Körnerstr. 7
41061 Mönchengladbach
Tel. (02161) 205746, 209939

Maharishi Ayur Veda Info
und TM-Center Ruhrgebiet
Gustav-Hegler-Ring 37
44652 Herne
Tel. (02325) 47329, 44643
Fax 42804

TM Lehrinstitut Bochum
Am Hedtberg 65
44879 Bochum
Tel. (0234) 412363

Veda Lehrinstitut
Transzendentale Meditation
Wilhelm-Busch-Str. 1
49661 Cloppenburg
Tel. (04471) 5654

Kölner Lehrinstitut für
Transzendentale Meditation
Kaiser-Wilhelm-Ring 6–8
50672 Köln
Tel. (0221) 124633, 687669

Ayurveda-Transzendentale
Meditation
Meisenweg 4
56154 Boppard-Buchenau
Tel. (06742) 4412

Management-Training
Dr. Heiner Röder
Parkstr. 24
57635 Weyerbusch
Tel. (02686) 8382

Transzendentale Meditation
Hagen
Emster Str. 47
58093 Hagen
Tel. (02331) 53281

Transzendentale Meditation
Am Neheimer Kopf 12
59755 Arnsberg
Tel. (02932) 28101
Fax 26993

Transzendentale Meditation
Eppsteiner Str. 27
60323 Frankfurt
Tel. (069) 727193

Ayurveda/TM-Center
Praxis Dr. med. M. Kossatz
Wiesenhüttenstr. 17
60329 Frankfurt
Tel. (069) 231750
und (06172) 81248
(Bad Homburg)

Institut für Vedische
Wissenschaft
Am Elisabethenbrunnen 1
61348 Bad Homburg
Tel. (06172) 44000

Transzendentale Meditation
Am Eichkopf 16
61462 Königstein/Ts.
Tel. (06174) 4026

TM-Center c/o Dr. T. Holtz
63589 Linsengericht-Waldrode
Tel. (06051) 68954
und (069) 598414

Lehrinstitut für Vedische
Wissenschaft
Transzendentale Meditation
Wacholderweg 8
63741 Aschaffenburg
Tel. (06021) 89997

Transzendentale Meditation
Nieder-Ramstädter Str. 5a
64283 Darmstadt
Tel. (06151) 425542

Center für Transzendentale
Meditation
Bahnhofstr. 8
66111 Saarbrücken
(06898) 294567

Transzendentale Meditation
Saarbrücken
Fechingerstr. 9
66130 Saarbrücken-Güdingen
Tel. (0681) 871627

Maharishi Veda Lehrinstitut
Transzendentale Meditation
Waldfischbacher Str. 21
66978 Leimen/Pfalz
Tel. (06397) 363

TM-Center Bobenheim-Roxheim
Theodor-Storm-Str. 1
67240 Bobenheim-Roxheim
Tel. (06239) 6390

Transzendentale Meditation
Heidelberger Ring 21
67227 Frankenthal
Tel. (06233) 63114

Transzendentale Meditation
Bensheimer Ring 1
67227 Frankenthal
Tel. (06233) 61861

Veda Lehrinstitut
Dr. Lehmann-Str. 16
67251 Freinsheim
Tel. (06353) 8011

Transzendentale Meditation
Am Vogelgesang 25
67657 Kaiserslautern
Tel. (0631) 61235

Transzendentale Meditation
Heidelberg-Neckargemünd
Pf. 105508
69045 Heidelberg
Tel. (06223) 71388, Fax 2443

Transzendentale Meditation
Hauptstr. 213
69117 Heidelberg
Tel. (06221) 23085, Fax 12991

Gesellschaft für Ayur-Veda und
Transzendentale Meditation
Eibenweg 20
70839 Gerlingen
Tel. (07156) 24163

Institut für Maharishi Ayur-Veda
Imbröderstr. 10
71634 Ludwigsburg
Tel. (07141) 92613

Transzendentale Meditation
Scheefstr. 45
72074 Tübingen
Tel. (07071) 52958, Fax 23776

Transzendentale Meditation
Konrad-Adenauer-Str. 40
72108 Rottenburg
Tel. (07472) 42364, 6722

Naturheilpraxis Schuster
Schloßstr. 3
72793 Pfullingen
Tel. (07121) 77166

TM Reutlingen –
Schwäbische Alb
Im Vogelsang 21
72818 Mägerkingen
Tel. (07124) 2236

Transzendentale Meditation
Plüderhausen
Spittelberg 1
73655 Plüderhausen
Tel. (07181) 82770

TM-Lehrinstitut Heilbronn
Zehentgasse 25
74072 Heilbronn
Tel. (07131) 80387

Transzendentale Meditation
Panoramaweg 22
74078 Heilbronn
Tel. (07131) 484781

Maharishi Veda,
Lehrinstitut Karlsruhe
Amalienstr. 63–65
76133 Karlsruhe
Tel. (0721) 27053

Transzendentale Meditation
76530 Baden-Baden
Tel. (07221) 38100

Transzendentale Meditation
Anton-Fischer-Str. 34
76571 Gaggenau-Sulzbach
Tel. (07225) 2438

Transzendentale Meditation
Bühl
Hauptstr. 79
77815 Bühl
Tel. (07223) 22934

TM-Lehrzentrum München
Augustenstr. 79 Rückgebäude
80333 München
Tel. (089) 522036

Transzendentale Meditation
Hubertusstr. 10
82284 Grafrath
Tel. (08144) 7693

Center für
Transzendentale Meditation
Bräuhausstr. 19
84524 Neuötting
Tel. (08671) 71976

Transzendentale Meditation
Ayur-Veda
85000 Ingolstadt
Tel. (08407) 617

Transzendentale Meditation
Wiesenweg 5
85122 Hitzhofen
Tel. (08458) 8643

Transzendentale Meditation
Landsberg
Stoffener Str. 3
86899 Landsberg
Tel. (08191) 5200

Transzendentale Meditation
Manlichstr. 19
88444 Ummendorf
Tel. (07351) 24821

Transzendentale Meditation
Ulm/Neu-Ulm
Riedleinweg 12
89075 Ulm
Tel. (0731) 56297

TM-Center Nürnberg
Hochstr. 33
90429 Nürnberg
Tel. (0911) 261090, 356630

Transzendentale Meditation
Ziegelgasse 10
93444 Kötzting
Tel. (09941) 8887

Transzendentale Meditation
Bamberg e. V.
Fischerstr. 4
96163 Gundelsheim
Tel. (0951) 43210

TM-Lehrinstitut Würzburg
97000 Würzburg
Tel. (09771) 5113
Fax. (09771) 5113

TM-Lehrinstitut (IMS)
Bahnhofstr. 19
4910 Ried
Tel. (07752) 86622

I.2 Österreich

Internationale Meditations-
gesellschaft (IMS)
Österreichischer Verband,
Sekretariat
Biberstr. 22/2
1010 Wien
Tel. (0222) 5127859

I.3 Schweiz

Transzendentale Meditation
Hochbühlstr. 3
3012 Bern
Tel. (031) 238908

Transzendentale Meditation
Ostschweiz
Waldhofstr. 16
9240 Uzwil
Tel. (07351) 2812

II. Kliniken

II. 1 Bundesrepublik Deutschland

Maharishi Ayur Ved
Gesundheitszentrum
Rothenbaumchaussee 26
20148 Hamburg
Tel. (040) 452080, Fax 447697

Maharishi Ayurveda
Gesundheitszentrum
Hohenzollernstr. 31 a
30161 Hannover
Tel. (0511) 3885886

Maharishi Ayur-Ved
Gesundheitszentrum
Borchener Str. 4
33098 Paderborn
Tel. (05251) 72367,
(02943) 2546

Maharishi Ayurveda
Gesundheitszentrum
Akademie Schledehausen e. V.
Am Berg 11
49143 Bissendorf
Tel. (05402) 7551

Maharishi Ayurved
Gesundheitszentrum
Wilhelm-Busch-Str. 1
49661 Cloppenburg
Tel. (04471) 5654 u. 81218,
Fax 81219

Maharishi Ayur-Ved
im Parkschlößchen Bad Wildstein
Wildbadstr. 201
56841 Traben-Trarbach
Tel. (06541) 705-0, Fax 705120

Maharishi-Institut für Ayur-Ved
Breitenbrunnen
77887 Sasbachwalden
Tel. (07841) 6820, Fax (07481)
23122

Maharishi Ayurved
Gesundheitszentrum Starnberger See
Hindenburgstr. 21
82343 Pöcking
Tel. (08157) 7133, 7152, Fax 7068

Maharishi Ayur-Ved
Gesundheitszentrum
Hans-Sachs-Str. 9b
93049 Regensburg
Tel. (0941) 26771, Fax 22294

II.2 Österreich

Maharishi Ayur-Ved
Gesundheitszentrum
Biberstr. 22/2
1010 Wien
Tel. (0222) 5127859, Fax 5139660

Maharishi Ayur-Ved
Gesundheitszentrum
Bahnhofstr. 19
4910 Ried
Tel. (07752) 88110, 86622

II.3 Schweiz

Maharishi Ayur-Ved Gesundheitszentrum
Pilgerheim
6377 Seelisberg
Tel. (043) 312796, 315286

III. Maharishi Ayurved-Produkte

AMRITA Naturprodukte
Am Deutschen Eck 2
41844 Wegberg 3
Tel. (02436) 2064

Maharishi Ayur-Veda Center
Gymnasiumstr. 7–9
88400 Biberach
Tel. (07351) 73571, Fax 71753

Maharishi-Ayurved Produkte
Sattva Naturkost
Am Berg 5
49143 Bissendorf 2
Tel. (05402) 7430, Fax 8138

IV. Regelmäßige Information

Monatlich Aktuelles über Bewußtsein und gesundes Leben, TM und Ayurveda. Probeheft DM 6,– Vorauskasse in Briefmarken: Die TM-Zeitung, Pf. 1224, 27723 Worpswede.

REGISTER